# 秦汉编户民问题研究

## ——以与吏民、爵制、皇权关系为重点

The Research on the Problem of Registered Population in Qin and Han Dynasties

刘敏 著

**图书在版编目(CIP)数据**

秦汉编户民问题研究:以与吏民、爵制、皇权关系为重点/刘敏著. —北京:中华书局,2014.5(2024.4 重印)
(国家社科基金后期资助项目)
ISBN 978-7-101-10026-6

Ⅰ.秦… Ⅱ.刘… Ⅲ.户籍制度-研究-中国-秦汉时代
Ⅳ.D691.6

中国版本图书馆 CIP 数据核字(2014)第 034472 号

---

| | |
|---|---|
| 书　　名 | 秦汉编户民问题研究——以与吏民、爵制、皇权关系为重点 |
| 著　　者 | 刘　敏 |
| 丛 书 名 | 国家社科基金后期资助项目 |
| 责任编辑 | 罗华彤 |
| 责任印制 | 陈丽娜 |
| 出版发行 | 中华书局<br>(北京市丰台区太平桥西里 38 号　100073)<br>http://www.zhbc.com.cn<br>E-mail:zhbc@zhbc.com.cn |
| 印　　刷 | 三河市中晟雅豪印务有限公司 |
| 版　　次 | 2014 年 5 月第 1 版<br>2024 年 4 月第 2 次印刷 |
| 规　　格 | 开本/710×1000 毫米　1/16<br>印张 23　插页 2　字数 376 千字 |
| 国际书号 | ISBN 978-7-101-10026-6 |
| 定　　价 | 76.00 元 |

# 国家社科基金后期资助项目
# 出 版 说 明

后期资助项目是国家社科基金设立的一类重要项目，旨在鼓励广大社科研究者潜心治学，支持基础研究多出优秀成果。它是经过严格评审，从接近完成的科研成果中遴选立项的。为扩大后期资助项目的影响，更好地推动学术发展，促进成果转化，全国哲学社会科学规划办公室按照“统一设计、统一标识、统一版式、形成系列”的总体要求，组织出版国家社科基金后期资助项目成果。

全国哲学社会科学规划办公室

# 目　录

# 绪 言

战国到秦汉，是中国古代历史发展的转型时期，用清人顾炎武的说法，是古代风俗大变的时期，人们经常引用他关于“周末风俗”转变的那段经典之论：

《春秋》终于敬王三十九年庚申之岁，西狩获麟。又十四年，为贞定王元年癸酉之岁，鲁哀公出奔。二年，卒于有山氏。《左传》以是终焉。又六十五年，威烈王二十三年戊寅之岁，初命晋大夫魏斯、赵籍、韩虔为诸侯。又一十七年，安王十六年乙未之岁，初命齐大夫田和为诸侯。又五十二年，显王三十五年丁亥之岁，六国以次称王，苏秦为从长。自此之后，事乃可得而纪。自《左传》之终以至此，凡一百三十三年，史文阙轶，考古者为之茫昧。如春秋时犹尊礼重信，而七国则绝不言礼与信矣。春秋时犹宗周王，而七国则绝不言王矣。春秋时犹严祭祀，重聘享，而七国则无其事矣。春秋时犹论宗姓氏族，而七国则无一言及之矣。春秋时犹宴会赋诗，而七国则不闻矣。春秋时犹有赴告策书，而七国则无有矣。邦无定交，士无定主，此皆变于一百三十三年之间。史之阙文，而后人可以意推者也。不待始皇之并天下，而文、武之道尽矣。驯至西汉，此风未改，故刘向谓其“承千岁之衰周，继暴秦之余弊”，“贪饕险诐，不闲义理”。观夫史之所录，无非功名势利之人，笔札喉舌之辈，而如董生之言“正谊明道”者，不一二见也。盖自春秋之后，至东京而其风俗稍复乎古，吾是以知光武、明、章果有变齐至鲁之功，而惜其未纯乎道也。自斯以降，则宋庆历、元祐之间为优矣。嗟乎，论世而不考其风俗，无以明人主之功。余之所以斥周末而进东京，亦《春秋》之意也。[①]

---

① 顾炎武撰，黄汝成集释，栾保群、吕宗力校点：《日知录集释》卷13《周末风俗》(中册)，上海古籍出版社，2006年，第749—750页。

顾氏特重世之风俗，将其看作是“明人主之功”的依据，但其将战国以降古代中国覆地翻天的变革，主要或仅仅归之为风俗的转变，恐怕考虑还欠周全，其实这种转变涉及到国家和社会的方方面面。另外，对于战国以来制度及风俗的变化，顾氏又是明显持否定态度，这是比较令人遗憾的。但在这种否定中，我们又看到顾氏的一个有价值的看法，那就是周末，即战国时期，不过是风俗之变的肇始之端，之后的秦、甚至汉都是“此风未改”，延续发展了这种变化，只可惜他是用刘向贬义的批判，即“承千岁之衰周，继暴秦之余弊”来加以认定的。确定这样一个发展变化的脉络很重要，这是我们所关注的秦汉时期的社会、制度、思想，包括风俗在内的一切历史问题的基础和前提。

秦、汉二代，或者更准确地说是秦、前汉、新、后汉四代，距离我们今天实在是过于遥远，而我们有时却又觉得它们并不太远，颇感熟悉甚至亲切。究其原因，主要是这段历史名声太大，对于我们民族和国家的影响异常深远。秦皇定制，汉武拓疆，项羽灭秦，刘邦建汉……由于熟悉，误感接近。这种贴近感使人们觉得比较了解，甚至认为熟悉那个时代，其实这仅是一种表象，甚至在一定意义上可以说是一种假象，实际上是两千多年自然和社会的沧桑巨变，湮没了太多的历史的真实，它们隐藏甚至消失在有形和无形的当年边关的沙丘下、内郡无法计数的墓穴枯井中。人们自以为对秦汉时代的熟悉和了解，主要来源于一代又一代历史学家对这个时代的采择记录和训诂加工，而由于时代久远，未经过历史学家取舍加工过的原始史料已大多亡佚，所剩无多。

对秦汉历史的记录和研究，从有汉当代就开始了，从此前赴后继，代不乏人，或传、或注、或疏、或补，使两千年后的人们都熟悉了那个时代。但从汉代人的《史记》、《汉书》到今天各种版本的秦汉史研究著作，其客观性和真实性如何，这是个让人不能太乐观的问题。由于研究的主、客体都具有诸多局限，所以客观真实应该只能是相对的。尤其是对于本书所要关注和讨论的生活于社会基层的普通人民，即有关秦汉“编户齐民”的相关问题来说更是如此。传统文献中有关编户民群体的记载极少，由于时间久远，原始的没有人为加工过的档案等素材史料或者是永远消失，或者是深深湮埋于地下。不过刚刚过去的一百多年，是考古学大丰收大发展的黄金岁月，而秦汉史又是深受其惠的一个断代。一系列秦汉考古遗址的发掘、一批批简牍的出土，大大丰富了有关编户民问题研究的原始史料，特别是 20 世纪

70 年代以来出土的简牍史料尤为丰富而有价值。但在考古所发现的新史料的作用从证经补史到独立展示和解决历史问题的过程中,同时也产生了一系列需要历史学家们面对和解释的问题,即地上与地下、传统文献与出土史料的矛盾与不合问题。兹举几例与本书研究相关的问题来说明这一点。

其一,秦汉的爵制恐怕是这个时期最具时代特色的政治制度,爵位不仅与贵族,而且特别是与非贵族的普通民众亦有关系。传统文献中有大量关于普遍"赐民爵"的史料,或赐一级,或赐二级。据统计,两汉历史四百年,皇帝下诏普遍赐民以爵位约 71 次,共赐爵级约 94 级,平均五六年赐爵一次,平均四五年赐爵一级。正因如此,传统观点认为,秦汉时期,主要是汉代,生活在社会基层的民,特别是户主,普遍应该是有爵位的。那么这种认识是否客观地反映了汉代基层社会的真实状况呢? 20 世纪 80 年代中期,在湖北省江陵市风凰山地区所发现的关于汉代乡里情况的档案文书,涉及户口、爵位身份、占地赋税、借贷粮种等丰富的内容,从中显示出,当时乡里的绝大多数居民并无爵位①。这是一个明显的矛盾,甚至可以说是对传统研究的一种挑战,到底是传统文献记载有差,还是后人对前人记载的理解有误,对此学术界一直没能作出令人信服的解释。

其二,汉代社会是一个十分讲究孝亲和敬老的社会,不仅是在家庭中,而且在乡里社区,在地方郡县,甚至在京师朝廷,都大力倡导孝、敬,不仅作为一种道德提倡,而且作为王朝的制度法令而强制执行。汉代在实施敬老的具体举措中,有一项"王杖制度",据传统文献记载,汉代"仲秋之月,县道皆案户比民。年始七十者,授之以王杖,餔之糜粥。八十九十,礼有加赐。王杖长[九]尺,端以鸠鸟为饰。鸠者,不噎之鸟也。欲老人不噎。是月也,祀老人星于国都南郊老人庙"②。而且考古发掘到了王杖的实物及相关的文字及图画史料③,如武威磨咀子十三号汉墓中出土的《王杖十简》载:"制诏御史:年七十受王杖者比六百石,入官廷不趋。"④特别是记载了一位名字叫先的受杖者被名字叫吴赏的游徼的随从殴打,结果廷尉判吴赏弃市的

① 参见裘锡圭:《湖北江陵凤凰山十号汉墓出土简牍考释》,《文物》1974 年第 7 期。

② 《续汉书》志第 5《礼仪志中》,《后汉书》,中华书局,1965 年,第 3124 页。

③ 参见中国科学院考古研究所、甘肃省博物馆编:《武威汉简》,文物出版社,1964 年;武威县博物馆:《武威新出王杖诏令策》,载甘肃省文物工作队、甘肃省博物馆编:《汉简研究文集》,甘肃人民出版社,1984 年;刘志远等著:《四川汉代画像砖与汉代社会》,文物出版社,1983 年。

④ 中国科学院考古研究所、甘肃省博物馆编:《武威汉简》,第 140 页。

案件。于是又形成了一种传统认识，即汉代七十岁以上的老人，均是手持王杖，受到全社会的敬养尊侍。同样，这种认识是否也是客观地反映了汉代社会的真实情况呢？20世纪90年代，在江苏省连云港市东海县尹湾村所发掘的汉代墓葬中，出土了西汉后期东海郡郡府的行政档案文书，其中包含了丰富的土地、人口、年龄结构等各类统计数据。其中七十岁以上的老年人数约有数万，而被授予王杖者仅有二千八百廿三人，绝大多数七十岁以上老人并未被授予王杖①。这里又出现了矛盾和疑点，同样，到底是古人对汉家制度的记录有误呢，还是后人的理解错上了歧途。此外，20世纪80年代出土的张家山汉简又显示，授王杖的年龄并非一律七十岁，爵位不同授王杖的年龄也不一样，爵位越高，授王杖年龄越低，反之，爵位越低，授王杖年龄越高②。至于上面说到的武威《王杖十简》中的受杖者，我们估计也不是一般老年人，而是父老、三老一类的有地位者。

其三，秦汉，特别是汉代土地性质问题，或者说占主导的土地所有权问题，是个非常传统，甚至可以说是古老的问题，历来备受学术界关注。在古代农耕文明的社会中，在农业占绝对主导地位的经济结构中，土地的重要是不言而喻的。理论界甚至有一种颇有影响的说法，封建剥削的原因和基础，主要不在于超经济的强制，而在于封建的土地所有制形式，这种理论虽然颇受质疑，但却显示出对土地所有权问题的高度重视。秦汉时期占主导的土地所有制形式是国有还是私有，学界曾长期争论。由于自战国以来就存在土地买卖的事实这一充足理由，终于使私有论者压倒了国有论者，土地私有几乎成为最终的定论。为了解释文献中大量存在的国家收授赐夺土地的事实，不得已在土地私有的大前提下又提出了“相对私有”和“双重所有”的概念。可是，当20世纪80年代中期在湖北省江陵市张家山汉墓中发现的简牍，于世纪之交出版公示时，其中国家按照爵位等级大量颁赐土地的法律文书，足以让学术界震惊。这说明秦汉时期土地所有制形式问题依然有继续关注的必要，尤其是对于本书所要研究的编户民来说，这个问题更显重要。编户民与土地关系的性质，反映了他们与皇权的关系，或者说是他们与国家关系的前提、基础和重要内容。对于秦汉时期土地所有

① 参见连云港市博物馆、中国社会科学院简帛研究中心等编：《尹湾汉墓简牍》，《集簿(一反)》，中华书局，1997年，第78页。

② 参见张家山二四七号汉墓竹简整理小组编著：《张家山汉墓竹简〔二四七号墓〕》(释文修订本)，《二年律令·傅律》，文物出版社，2006年，第57页。

权的性质和形式，简单说，笔者主张土地国有是占支配地位的，尤其是秦和西汉。秦始皇东巡刻石中说“六合之内，皇帝之土”，“人迹所致，无不臣者”[①]，这同周天子古老的宣言“普天之下，莫非王土；率土之滨，莫非王臣”[②]极为相似。然而，世上的有些话是实话，有些话则是空话，那么周天子和秦始皇比，到底谁对天下的土地更有支配权呢，显然是秦始皇。秦始皇的刻石中语绝非空言，也不是单纯的观念问题，而是实在的制度问题。秦晖的一个说法学术界似乎可以借鉴，他说商鞅变法是国家领导的私有制，是“国家主义外形下伪个人主义的一个结合”[③]。至于说到战国至秦汉存在土地买卖的事实，而土地买卖与土地国有的矛盾，对土地国有占支配地位说法的挑战，笔者认为学术界在该问题上普遍存在一个认识的误区，应该说这是一个理论的问题。简单说，笔者认为不能一见到土地买卖，就断言土地是私有。这可以参照今天的房地产市场，我国城镇的土地所有权无疑是国家所有的，但地皮的转让和交易几乎每天都在发生，我们知道地产商们转让和抵押的并非土地的所有权，而仅仅是土地的使用权。秦汉社会也应该是一样，关于土地的赏赐剥夺也好，买进卖出也好，其实质都是占有权和使用权的问题。从这一认识出发，“相对私有”和“双重所有”，究其绝对和最终，还是国有，或者说君主所有。

与以上三方面问题相类似的矛盾和挑战还有一些，所涉及的层面也比较广泛，也都是令笔者比较感兴趣的问题，这应该是本书要继续前人已经开始的研究的部分原因之所在。

秦汉时期的编户民问题、皇权问题、爵制问题，以及编户民与皇权及爵制的关系问题，几乎都是学术界早有学者关注的问题，而且均产生过比较有影响的研究成果。

关于秦汉时期的爵制，由于与其它国家和中国古代其它历史时期爵制相比具有一定的特殊性，由于其在秦汉历史时期的重要作用和影响，自魏晋以降直至今天，始终没有被历史学家忽视，特别是清代以来，梳理研究得愈加详细，以日本为主的外国学者对此问题也有不少的关注和研究。但以往的研究比较偏向高爵，如王、侯等，注重于爵制对秦汉上层社会的作用与

---

① 《史记》卷6《秦始皇本纪》，中华书局，1982年，第245页。

② 《毛诗正义》卷13《小雅·北山》，阮元校刻：《十三经注疏》，中华书局，1980年，第463页。

③ 参见秦晖《十字路口的中国二元土地制度》(上)，腾讯评论网2011年2月22日，链接为：http://view.news.qq.com/a/20110222/000046.htm。

影响，而对于爵制中的低爵部分，即下层社会中的居民可以占有的爵位，研究则相对较少。可喜的是，20 世纪 60 年代，日本学者西嶋定生出版了一部颇有影响的专著，甚至有学者誉之为经典，那就是《中国古代帝国的形成与结构》，也称为《二十等爵制》或《二十等爵制研究》[①]。

西嶋定生虽然对中国史所关注和倾力的方向颇多，范围颇广，但《二十等爵制研究》一书，就其史料搜集之充分、研究方法之细腻，在海内外有关秦汉时期爵制问题的研究者中，堪称第一人。在一定意义上可以说，在此之前现当代学者中还没有人如西嶋定生这样重视秦汉时期的爵制，特别是低爵问题，也没有人如西嶋定生这样给二十等爵制，特别是低爵的作用和影响如此高的定位。简赅地概括西嶋定生的研究结论，就像其书名《中国古代帝国的形成与结构——二十等爵制研究》所直观显示的那样，秦汉帝国是中国历史上最早的统一帝国，其形成的基础和国家结构的基本形态就是皇帝对编户民所施行的个别人身支配。这种支配结构得以成立的前提在于两个方面，一是春秋以前处于权力支配地位的氏族组织解体，从中产生父家长式的君主，二是处于被支配地位的氏族也相应解体，氏族成员演变为一家一户的个体小农。而君主、皇帝对小农、编户民的个别人身支配就是通过二十等爵所形成的秩序场所来实现的，也就是说，二十等爵制是秦汉大一统帝国社会和政治结构的基础，是皇帝支配广大庶民并形成国家政治与社会结构秩序的基本途径。该书研究虽然涉及了二十等爵各个部分，既包括贵族或官僚才可以占有的高爵，也包括一般庶民均可以占有的低爵，但其关注和研究的重点却是一般庶民均可以占有的低爵，作者称为民爵，特别是重点研究了有关“民爵赐与”方面的系列问题。

与西嶋定生初始关注秦汉时期的爵制问题的情况有些相似，笔者也是由于庶民可以占有爵位这一古今中外独特的历史现象，在初涉秦汉史这一断代时就对这个时期的爵制问题发生了兴趣，也曾经从西嶋定生有关二十等爵的研究中受到启发和激励，但也一直感觉到西嶋定生研究中的一些重要结论和观点是可以商榷的。比如说西嶋定生二十等爵制研究的最主要的一个观点，也是对二十等爵制在秦汉时期政治和社会中的作用影响的基本定位，即主张爵位决定身份，身份决定社会等级结构中的位置，二十等爵

① 西嶋定生:《中国古代帝国的形成与结构》，东京大学出版会，1961 年。汉译本见武尚清译《二十等爵制》(国际文化出版公司，1992 年）和《中国古代帝国的形成与结构——二十等爵制研究》(中华书局，2004 年)。

制是秦汉时期皇帝或皇权对社会中所有人民，尤其是作为社会中最基本最主要的群体编户民，实施人身支配的基础。这种看法应该说与秦汉时期，特别是汉代的历史实际有较大的距离，有把复杂多彩的历史过于简单化抑或将爵位制度的作用影响人为拔高之嫌。其实笔者并不否认秦汉时期的二十等爵在确定人们身份等级中的作用影响，但不认为这是唯一的。尤其是在汉代，官爵分离后，官重于爵，爵位高低甚至不是决定人们身份等级的最主要依据，它仅仅是其中的因素之一，此外起码还有官职的高低、资财的多寡等因素影响着人们身份等级的定位。如居延汉简中就有不少爵位高者为普通田卒、戍卒，爵位低者却为隧长等边吏的史料，因此说这是一个复杂的综合性问题。另外就爵制的作用影响而言，虽然对占有爵位者的身份等级有影响，但对于皇帝和国家而言，它与先秦三代的旧爵制有着明显的差异。如果说三代，特别是周朝以五等为核心的爵制主要体现的是国家统治形式和等级结构，而秦汉时期的二十等爵则不同，其中庶民可以占有的低爵，主要体现的是统治的具体方法，甚至是支配人民的策略，是社会激励措施，甚至是利益交换手段。特别是二十等爵具有出于君主之口而无穷的特点，当人们可以通过钱买到，通过粮食换得时，更使得其利益交换性，甚至可以说是商品性暴露无遗。西嶋定生以及国内学术界有关秦汉时期爵制研究的另外一些具体问题，比如像爵制名称问题，二十等爵内部的类别划分问题，普遍赐爵的对象身份及年龄问题，土地占有与二十等爵的本质特权之间的关系问题，皇帝与二十等爵结构秩序的关系到底是凌驾其上还是身处其中的问题等等，本书将进行重新研究，提出有别于传统，特别是异于西嶋定生的看法。

西嶋定生二十等爵制研究的重点不在高爵，而在低爵，而低爵的赐予对象则是所谓的“编户齐民”，也称为“编户民”、“编户”或“齐民”，西嶋定生又称之为“编户良民”。说到编户齐民问题，学术界以专门论著进行专门研究的学者虽然不是太多，但在研究中涉及该问题的却不少，也有诸家颇有影响者，包括日本（如日本中国史专家木村正雄在其有关中国古代帝国形成的研究中就提出了“齐民制”的理论①）和韩国（如韩国中国史专家李成

① 木村正雄：《中国古代帝国の形成：特にその成立の基礎条件》，不昧堂书店，1965年。

珪也在中国古代帝国形成问题的研究中提出了“齐民支配体制”的观点[①])的学者，不过最值得关注的研究无疑是台湾学者杜正胜的《编户齐民——传统政治社会结构之形成》一书[②]。如同西嶋定生把二十等爵制看成是秦汉大一统帝国社会和政治结构的基础，看成是皇帝支配广大庶民并形成国家政治与社会结构秩序的基本途径一样，杜正胜则把编户齐民看作是战国以后两千多年间中国传统政治社会结构的基本骨架，当然秦汉时期更不例外，不过杜氏研究的时代界限主要是战国和秦，用其自己的话说，也就是古代社会由春秋以前“城邦氏族”的“古典”时期向“编户齐民”的“传统”时期转变的时代，也就是“编户齐民”初始形成的时代。当然，在其研究中对汉代的情况也时有涉及。杜氏的研究细致且恢宏，几乎学术界对春秋战国这一公认的重大转变时期所关注的重大历史问题，他均有专门章节进行讨论，比如像户籍制度问题，军制与兵制问题，地方行政系统问题，土地权属与形式问题，居民聚落及结构问题，法典与徒刑、劳役问题，平民占有爵位的问题等等。

考察这些有代表性的关于“编户齐民”问题的研究，会发现他们之间存在明显的分歧，其中主要分歧表现在，一方面是编户齐民形成和存在的时间，再一方面则是编户齐民的性质，即这一人群的身份特点。如木村正雄的“齐民制”理论就主张：“中国古代的基本生产关系，是一种可称为‘齐民制’的奴隶制的特殊形态。它不是像希腊和罗马那样的、以自由市民与他们所占有并役使的私人奴隶的生产关系为基础，构成多数的自律生产体，而是所有的人民基本被纳入所谓国家生产体之中，作为国家的劳动力而隶属于国家的这种生产关系。人民在国家生产体之中，虽然每一个家族可以分得标准为一百亩的耕地，但终于不能形成独立的生产体。从而在经济上、政治上、社会上都不能完成自由和独立，基本上作为国家的劳动力，为出生地的户籍所束缚（编户齐民），没有迁徙自由（本籍主义），税役等按人头缴纳（直接的、个别的、人头的支配），处于国家的支配、隶属之下（人身支配）。”[③]可见，他认为编户齐民的身份虽然有别于希腊、罗马的古典的私人

① 李成珪：《中国古代帝国成立史研究：秦国齐民支配体制的形成》，一潮阁，1984 年；《秦统治体制结构的特性》，载东洋史学会编：《中国史研究的成果与展望》（东洋史学会第十届研讨会暨国际学术讨论会），中国社会科学出版社，1991 年。

② 杜正胜：《编户齐民——传统政治社会结构之形成》，联经出版事业公司，1990 年。

③ 木村正雄著，索介然译：《中国古代专制主义的基础条件（节译）》，载刘文俊主编《日本学者研究中国史论著选译》（三），中华书局，1993 年，第 682 页。

奴隶，但却是有中国古代历史特色的隶属于国家的奴隶。而且认为这种奴隶性质的“齐民制”时代，从先秦开始一直持续到隋唐均田制时代以前。而李成珪“齐民支配体制”理论则完全不同，首先在编户齐民的性质和身份特点方面，他既不认为编户齐民是国家的奴隶，也不认为他们是国家的农奴，而是把他们看作是社会人群中的一个等级，尤其独特地把他们看作是与秦汉时期的爵位没有关系的一个身份等级，即介于有爵位者与贱民之间的一个社会等级。其次就编户齐民存在的时间而言，则认为主要是在有秦一代，这种看法也是颇为独到的。

杜正胜与以上二人的观点理论可以说完全不同，他认为编户齐民作为传统政治社会结构的骨干的历史至少存在了两千年，他说：“从宏观的角度观察中国政治社会结构的发展，自‘国家’形成以下至近现代，基本上可以用‘城邦氏族’和‘编户齐民’这两个概念来涵括，它们的分界点大概在春秋战国之际，即中国古代晚期。也可以这么说，战国以后，中国政治社会结构的基本骨架在于编户齐民，春秋以前则是城邦氏族。它们占居中国有史时期的前后两半，至少各有两千年之久。用我的术语说，前一阶段是‘古典’时期，后一阶段是‘传统’时期。对于中国历史的发展，化作概念性的说法，前者可以称作‘城邦论’，后者则是‘编户齐民论’……大约从公元前600年至前100年，这五百年可以说是‘古典’到‘传统’的转型期，它的基本性质，可以概括为‘编户齐民’，构成秦汉以下两千年传统政治社会结构的骨干。”这是就编户齐民存在的时代而言，而就其性质来说，杜正胜认为“‘编户齐民’就是列入国家户籍而身份平等的人民”，而所谓的“‘齐等’是政府相对于被统治人民而言，只具备政治性和法律性的统治意义，与个人的社会地位和经济财富没有关系”。他认为战国秦汉时期作为“国家主体的编户齐民，在政治社会结构中，至少具有五种特性：(一)构成国家武力骨干、(二)是严密组织下的国家公民、(三)拥有田地私有权、(四)是国家法律主要的保护对象，以及(五)居住在‘共同体’性的聚落内，但个人的发展并未被抹杀”①。特别应该指出的是，杜正胜十分强调编户齐民的“齐等”仅仅具有政治性和法律性意义，认为与社会地位和经济财富没有关系；另外，虽然他原则上肯定秦汉时期存在贱民，但基本是认为包括七科谪在内的国家籍录人口均属于编户齐民。

---

① 杜正胜：《“编户齐民论”的剖析》，《清华学报》新24卷2期，1994年。

笔者对编户齐民的基本看法，与以上学者的研究和观点相比较，既有相近点，也有差距较大的地方。概括地讲，笔者认为，编户齐民是在先秦时期特定历史条件下产生的具有特殊针对性的社会人群，其名称应该是滞后于这一群体的出现，而且似乎更应该将“编户齐民”这四个字看作是一个词组，即“编户”与“齐民”的组合。编户制度虽然出现在先秦时期，但将“编户”作为平民百姓的称谓，似乎是汉代的事情，因为我们在先秦时期的文献史料中基本不见“编户齐民”的合并称谓，能够看到的仅仅是“齐民”。在先秦初始时期，“齐民”的名称先于“编户”而存在，因为当时的关键和重点在于“齐民”，而不在于“编户”，编户只是途径和手段，齐民才是目的和实质。所谓特定历史条件，就是指春秋晚期以后，特别是战国和秦朝这几百年间的社会变革，古代中国实现了由贵族分权的分封制（中国传统称为“封建”）向君主集权的郡县制的转变，正是在这样一个重大的转变中，产生了国家按照以户为单位的原则，统一籍录在册的齐民，这种齐民既是社会变革的产物，更是变革本身，是变革的重要内容。关于“齐民”二字的解释，学术界一般都是依据汉人如淳的训诂“齐等无有贵贱”[①]，但这种解释有些过于字面化，笔者以为，这个“齐”，其实主要不在于民与民相互之间有无贵贱的比较，而是专门针对于与国家君主的关系而言的，即指消除了原来在分封采邑制下国人与野人之差、公民（臣属于国君）与私人（臣属于卿大夫）之别，使民统一地成为接受国家授田，并为国家提供赋税、徭役和兵役的“齐等”臣民，也就是国家之公民。离开这种有特殊针对性的前提条件，齐民并不具备完全平等、没有贵贱的特点。实际上秦朝统一天下后，在古代中国完成了由贵族分权的分封制向君主集权的郡县制的转变后，上面所说的编户齐民所具有的针对性的内涵已不重要，这一名称作为人民大众的一种泛泛称谓而被延续使用。秦汉以后，其含义类似于后来的老百姓，以区别于贵族官僚，虽然如此，但其不具有严格的等级身份性，“齐”是相对的，仅就他们都是国家的编户民，为国家承担赋役而言是一样的；而不齐是绝对的，经济上有贫富差异自不待言，就是政治上和法律上也不是完全平等的。一个简单的事实就可以说明，编户民的主体是汉代赐民以爵的主要对象，而爵制内部的等级性决定了占有不同等级爵位的编户民之间是不可能完全平等的，经济上也好，政治和法律上也好，均是如此。

① 《史记》卷30《平准书》，第1417页。

杜正胜《编户齐民》一书，开篇即言："'编户齐民'一词习见于汉人的著作……"[①]这一说法应该说与事实稍有距离。与前面所述在先秦时期的文献史料中基本不见"编户齐民"一词的情况相似，出现在秦汉时期的文献史料中的"编户齐民"一词也是屈指可数的，"编户"、"编户（之）民"出现的几率也同样很低，稍微多见者与先秦时期一样，也是"齐民"，但大约也只有二十几次。同时，这些记载中除了极其个别的，例如王莽曾经在诏令中使用了"编户齐民"之外，上述词汇基本只是存在于当时以及后世思想家、政论家、历史学家及大臣们的议论中，主要不是在国家的法律文书和皇帝的诏令中。这种情况进一步说明，不管是"编户"还是"齐民"，或者是"编户齐民"，在秦汉时期的历史上，应该是一种区别于贵族官僚、含义类似于后来的老百姓的泛泛称谓，不具有当时的政治法律制度所规定的严格的等级身份性。那么，与相对来说属于自由平民的编户民相对应的，大量存在于秦汉史料中，特别是存在于皇帝诏令中的代表等级身份的名词是什么呢？笔者以为应该是"吏民"。

与"编户齐民"仅数见于文献史料不同，"吏民"却数百千次出现在古籍和考古史料中，但却少有人对其格外关注，原因应该主要是大家理所当然地将其理解为"吏"与"民"的合称，认为似乎没有深入研究的必要。笔者不否认秦汉时期史料中的"吏民"有些确实是代表了"吏"和"民"，但数百上千次地"吏"与"民"并列合称，恐怕不仅仅是个语言习惯问题，而是有着深刻的政治内涵，二者实质上是不能分离的。与学术界对"吏民"这种普遍认识不同，笔者主张秦汉时期的"吏民"应该被视为一个专门的一体词汇，是有特别内涵的，是秦汉时期一个特定的社会等级，这种认识得到了前些年出土的长沙走马楼三国吴简的有力佐证[②]。笔者认为，秦汉时期虽然不像先秦那样，国列五爵，人分十等，但依然是一个等级制时代，社会中基本存在五个大的社会等级，由高到低依次为：皇帝及其家族、其他的贵族及其官僚、吏民、贫贱之民、奴隶。吏民是身份地位低于贵族官僚而又高于贱民的

① 杜正胜：《编户齐民——传统政治社会结构之形成》，第1页。

② 长沙市文物考古研究所、中国文物研究所、北京大学历史学系走马楼简牍整理组编著：《长沙走马楼三国吴简·嘉禾吏民田家莂》，文物出版社，1999年；长沙市文物考古研究所、中国文物研究所、北京大学历史学系走马楼简牍整理组编著：《长沙走马楼三国吴简·竹简〔壹〕》，文物出版社，2003年；长沙简牍博物馆、中国文物研究所、北京大学历史学系走马楼简牍整理组编著：《长沙走马楼三国吴简·竹简〔贰〕》，文物出版社，2007年；长沙简牍博物馆、中国文物研究所、北京大学历史学系走马楼简牍整理组编著：《长沙走马楼三国吴简·竹简〔叁〕》，文物出版社，2008年。

中间等级，是一个基本自由而无特权的等级，吏民等级是国家授田和赐爵的主要对象，也是国家赋税、徭役和兵役的主要承担者，因此吏民阶层是秦汉国家存在的基础，也是国家权力和法律刻意维持其稳定存在的一个人群。人们所说的编户齐民的主体就是吏民这个等级，因此研究编户民问题时要格外关注吏民这一等级的人群。

把政治思想史的研究延及扩展到下层民众，这是一件十分有意义的工作，学术界已经有一批学者在做这方面的工作。秦汉时期编户民或吏民与皇权主义的关系，是本书所要讨论的重点问题之一。其实皇权主义不单纯是思想文化层面的问题，同时也是制度文化层面的问题。中国君主专制延续数千年，皇权主义思想可以说是根深蒂固。因此，自20世纪初以来，君主集权制度以及皇权主义思想研究代不乏人，包括大陆、台湾及日本等海外的名家名著迭出，尤其这二十多年，以刘泽华教授为代表的一批学者，更将皇权主义研究引向深入。但有一些问题尚有继续讨论的余地，比如皇权主义与王权主义的关系问题、皇权主义的层次问题、皇权是否深入乡里的问题、皇权与编户民之间的关系互动问题等。

笔者认为，中国古代政治制度和政治思想的致命病源在于专制主义铺天盖地，皇权思想无微不至，正如《诗·小雅》所言“谓天盖高，不敢不局。谓地盖厚，不敢不蹐”①，世间所有人均被拘押在皇权主义的“天盖”之下。致使皇权主义浸润为社会性观念意识，不仅是上层社会（皇帝、贵族、官僚）、士人知识分子（思想家、政论家、文学家和历史学家）的信仰和追求，甚至是社会基层或底层，即生活于乡里的编户民的信仰和追求。秦汉时期生活于郡县乡里的编户民，其主体是接受国家“授田”和“赐爵”并为国家纳税服役的小农。对秦汉国家来说，编户民既是剥削压迫的对象，也是统治的基石和工具；对至高无上的皇权来说，编户民既是顶礼膜拜的信徒和卫士，在特殊情况下也是觊觎和替代者。这所有的角色均与皇权主义对编户民的控驭和影响有关。皇权主义的思想意识在小农阶层中根深蒂固的存在，也正是中国专制皇权长期超稳定存在的关键原因。

长期以来主要由于两方面原因，学术界对秦汉时期皇权主义与编户民的关系未能给以应有的注意。其一是认识原因，简单说，就是人们总是理所当然地认为政治主要是上层社会的事情，思想是士人知识分子的专利，

---

① 王先谦撰，吴格点校：《诗三家义集疏》卷17《小雅·正月》，中华书局，1987年，第668页。

因此在有关皇权主义的研究中，关注点基本在社会上层，在君臣策对及思想家、政论家的著述中，而关注皇权主义与乡里编户民的关系不够。虽然在上世纪五六十年代农民战争研究中，对皇权主义有不少涉及，但关注点是农民起义中的皇权思想，深度和广度均不够，事实上皇权主义对于编户民的生活、习俗、教育及理想追求，具有全方位的制约和影响。其二是史料原因，传统的文献史料较少有关于编户民的具体记载，至于这一群体的思想、意识、观念、信仰等精神层面的史料更是缺乏。值得庆幸的是，20世纪70年代以来，丰富的秦汉考古成果，主要是多批次大量的简牍的出土，如睡虎地秦简、龙岗秦简、放马滩秦简、里耶秦简、凤凰山汉简、张家山汉简、尹湾汉简、居延新简等的出土和陆续公开出版，使这个方面问题的研究前景变得乐观。同时，以皇权主义为核心的秦汉政治思想研究的进一步发展，也需要向这一层面拓展延伸。

秦汉时期的皇权主义包括两个而非一个层面的内涵，那就是制度层面和思想层面。首先它是一种政治体制，是统治集团对社会进行管理的一种模式；同时它是一种社会性观念意识和思潮。就后一层面而论，又可分为低、中、高三个层次：低是指社会（大众）性的皇权主义观念信仰，中是指系统化的皇权主义政治思想学说，高则是指皇权主义思想所含示的政治哲学观。而秦汉编户民的皇权主义思想基本是低层次的，应该说基本是通俗且粗糙的皇权主义观念信仰。因此在皇权主义与编户民的关系问题上，笔者是不同意学术界关于“皇权主义与乡里社会分离”的观点的，而是认为国家通过授田制、赐爵制，通过以经学为核心的地方教育，通过大力宣传和提倡忠孝德法、天人感应、阴阳五行等观念信仰，加强皇权主义对编户民全方位的影响。而皇权主义在秦汉编户民身上的反映主要表现有二：一是崇拜依附，二是觊觎替代。因此他们既是皇权的基础，也是皇朝的灭亡者，但秦汉历史上的农民起义反的仅仅是一姓皇朝，对皇权主义依然是崇拜追求的，陈胜、刘邦即为典型代表。编户民通俗粗糙的皇权观念和他们对皇权的崇拜、依附及追求，正是中国皇权主义异常强大稳固的背景和基础。

以上笔者概述了本书所涉问题的研究出发点和缘由、对所涉问题的学术继承和批判，特别是简要介绍了笔者重新研究的结论和观点，目的是便于读者，特别是不方便细读全书者了解本书的主要内容。

# 第一章　秦汉时期的“编户齐民”与“吏民”

## 第一节　“编户齐民”的称谓和史料分析

《汉书·高帝纪》颜师古注曰：“编户者，言列次名籍也。”[①]《汉书·梅福传》注曰：“列为庶人也。”[②]故“编户齐民”一词所指称的大致应该是中国古代君主专制统治下的社会中，被国家统一编入户籍进行管理，并按照规定同样担负赋役的居民，是一个主要区别于社会中不入什伍编户的官僚贵族和没有独立户籍的奴婢的人群。编户齐民这种人群的形成和这一称谓的产生并不同步，按照事物发展的一般逻辑，应该是前者早于后者，这也符合中国上古历史中编户齐民发展的实际。完整的“编户齐民”一词出现于何时，始见于何种文献，学人少有述及。据笔者所见，应该是在汉代，首见于汉代人笔下，《淮南子》一书中有言曰：

> 夫鸟飞千仞之上，兽走丛薄之中，祸犹及之，又况编户齐民乎？由此观之，体道者，不专在于我，亦有系于世矣。[③]
>
> 且富人则车舆衣纂锦，马饰傅旄象，帷幕茵席，绮绣条组，青黄相错，不可为象；贫人则夏被褐带索，含菽饮水，以充肠，以支暑热，冬则羊裘解札，短褐不掩形而炀灶口；故其为编户齐民无以异，然贫富之相去也，犹人君与仆虏，不足以论之。[④]

---

① 《汉书》卷1下《高帝纪下》，中华书局，1962年，第80页。

② 《汉书》卷67《梅福传》，第2925页。

③ 何宁：《淮南子集释》卷2《俶真训》，中华书局，1998年，第160页。

④ 何宁：《淮南子集释》卷11《齐俗训》，第822—823页。

汉代人有借古说今的传统,《淮南子》也不例外,看似谈论的是先秦之事,所基于的对天地人间事物的观察理解却主要是作者生活的时代。

在有关“编户齐民”问题的研究中,台湾学者杜正胜的《编户齐民——传统政治社会结构之形成》一书,无疑是最有成绩和最值得关注的,对笔者多有启发。当然,许多问题还可以进行讨论,比如像杜书开篇即言:“‘编户齐民’一词习见于汉人的著作……”①这一说法应该说有它的合理之处,但同时又与事实稍有距离。就前者而言,虽然杜正胜《编户齐民》一书所界定的时间是从春秋到秦朝这五六百年,但产生于这个时期的文献史料中难以觅见“编户齐民”这一称谓,要到汉代人的著作中才出现,这是上面这句话的合理之处。但是与先秦时期的文献史料中基本不见“编户齐民”一词的情况相类似,出现在秦汉时期的文献史料中的“编户齐民”一词也并非是习见不鲜,相反却是屈指可数的。除了上引《淮南子》中的两条史料外,其余也仅有四五条,史料因稀少而珍贵,故岁列于下面以备分析说明。

文学曰:“荆、扬南有桂林之饶,内有江、湖之利,左陵阳之金,右蜀、汉之材,伐木而树谷,燔莱而播粟,火耕而水耨,地广而饶材;然民鲨窳偷生,好衣甘食,虽白屋草庐,歌讴鼓琴,日给月单,朝歌暮戚。赵、中山带大河,纂四通神衢,当天下之蹊,商贾错于路,诸侯交于道;然民淫好末,侈靡而不务本,田畴不修,男女矜饰,家无斗筲,鸣琴在室。是以楚、赵之民,均贫而寡富。宋、卫、韩、梁,好本稼穑,编户齐民,无不家衍人给。故利在自惜,不在势居街衢;富在俭力趣时,不在岁司羽鸠也。”②

(王)莽知民苦之,复下诏曰:“夫盐,食肴之将;酒,百药之长,嘉会之好;铁,(曰)[田]农之本;名山大泽,饶衍之臧;五均赊贷,百姓所取平,卬以给澹;铁布铜冶,通行有无,备民用也。此六者,非编户齐民所能家作,必卬于市,虽贵数倍,不得不买。豪民富贾,即要贫弱,先圣知其然也,故斡之。每一斡为设科条防禁,犯者罪至死。”③

陵夷至乎桓、文之后,礼谊大坏,上下相冒,国异政,家殊俗,耆欲

---

① 杜正胜:《编户齐民——传统政治社会结构之形成》,第1页。杜氏所说的“汉人”应该不是汉族人,而是汉代人,因其下面所引均是汉代人所著书目。

② 王利器:《盐铁论校注》(定本)卷1《通有第三》,中华书局,1992年,第41—42页。

③ 《汉书》卷24下《食货志下》,第1183页。

不制，僭差亡极。于是商通难得之货，工作亡用之器，士设反道之行，以追时好而取世资。伪民背实而要名，奸夫犯害而求利，篡弑取国者为王公，圉夺成家者为雄杰。礼谊不足以拘君子，刑戮不足以威小人。富者土木被文锦，犬马余肉粟，而贫者裋褐不完，唅菽饮水。其为编户齐民，同列而以财力相君，虽为仆虏，犹亡愠色。故夫饰变诈为奸轨者，自足乎一世之间；守道循理者，不免于饥寒之患。[①]

汉兴以来，相与同为编户齐民，而以财力相君长者，世无数焉。而清洁之士，徒自苦于茨棘之间，无所益损于风俗也。豪人之室，连栋数百，膏田满野，奴婢千群，徒附万计。船车贾贩，周于四方；废居积贮，满于都城。琦赂宝货，巨室不能容；马牛羊豕，山谷不能受。妖童美妾，填乎绮室；倡讴（妓）[伎]乐，列乎深堂。宾客待见而不敢去，车骑交错而不敢进。三牲之肉，臭而不可食；清醇之酎，败而不可饮。睇盼则人从其目之所视，喜怒则人随其心之所虑。此皆公侯之广乐，君长之厚实也。[②]

陵迟至于桓、文之后，礼义大坏，上下相冒，国异政，家殊俗，奢靡不制，僭差无极。于是商通难得之货，工作无用之器，士设反道之行，以追时好而取世资。伪民倍实而要名，奸夫犯难而求利，篡杀取国者为王公，劫夺成家者为侯伯。礼义不足以制君子，刑戮不足以威小人。富者木土被文绣，犬马餧菽粟；贫者（短）[裋]褐不完，食（疏）[菽]饮水。俱为编户齐民，而以财力相（窘）[君]，虽为仆虏，犹无愠色。故夫饰变诈为奸轨，自足乎一世之间；守道随理，不免乎饥寒之患。[③]

在以上五条有关“编户齐民”的史料中，最后一条是荀悦的赞语，完全同于《食货志》中的一条，而除了王莽曾经在诏令中使用了“编户齐民”一词之外，其它几条基本只是存在于当时以及后世思想家、政论家、历史学家及大臣们的议论中，即主要不是在当时国家的法律文书和皇帝的诏令中，所以这一称谓的性质，更接近于世间的俗称，其政治性和法律性特点并不突出。

① 《汉书》卷91《货殖传》，第3682页。

② 《后汉书》卷49《仲长统列传》，中华书局，1965年，第1648页。

③ 张烈点校：《汉纪》卷第7《孝文皇帝纪上》，《两汉纪》（上册），中华书局，2002年，第98—99页。

当然，正如学术界普遍认同的，“编户齐民”也异称或简称为“编户之民”、“编列之民”、“编户民”，或者进一步称为“编户”或者是“齐民”。但是，即便是加入这些或简略或变通的称谓，除了“齐民”的称谓相对多见之外，其它称谓，如“编户之民”、“编列之民”、“编户民”、“编户”出现的几率也同“编户齐民”一样低，特别是包括秦朝在内的秦以前时期，此类称谓更是少见，似乎只在《吴越春秋》中出现一次“编户之民”，其文曰：

> 禹以下六世，而得帝少康。少康恐禹祭之绝祀，乃封其庶子于越，号曰无余。余始受封，人民山居，虽有鸟田之利，租贡才给宗庙祭祀之费。乃复随陵陆而耕种，或逐禽鹿而给食。无余质朴，不设宫室之饰，从民所居。春秋祠禹墓于会稽。无余传世十余，末君微劣，不能自立，转从众庶为编户之民。禹祀断绝十有余岁……[①]

需要指出的是，这段文字虽然描述的是春秋时期的历史，是东南方越国祖先世系传衍升降的情况，但就《吴越春秋》这本书而言，首先是它的作者并非先秦时人，一般认为是东汉人赵晔所撰[②]，另外就其内容而言，虽然也采择了《国语》、《左传》、《史记》、《越绝书》中的有关内容，但同时也融入了大量的民间传说，故难以将其完全作为信史，难以根据这样一条孤证而认定早在春秋时代就已经有了“编户之民”的称谓，很有可能是东汉人赵晔把汉代当时对庶民百姓的俗称用在了越王勾践那传说中的又一度没落了的祖先的头上。因此，就目前所能见到的史料看，完整意义的“编户齐民”，或者是“编户之民”等用“编户”一类的名词称谓社会中的居民百姓，可以说是从汉代开始的。

与先秦时期相比，在两汉时期的文献史料中，“编户之民”、“编列之民”、“编户民”、“编户”出现的频率稍高，但仍然称不上是习见不鲜。大约是“编户之民”三见，“编户民”一见，“编户”四见，“编列之民”一见，“编户之列”一见，合计十见，再加上“编户齐民”六见，总共也只有十六次，这种称谓在史料中出现的几率应该说是很低的。这种现象不能认为是偶然，也不能

---

① 周春生：《吴越春秋辑校汇考》卷6《越王无余外传》，上海古籍出版社，1997年，第108—109页。

② 也有人认为《吴越春秋》的文字不像出自汉代人之手，而是东晋人杨方撰著，之后又有人将之析卷并附会于汉人赵晔。

看作是无关重要，其意义我们将在本章下面所述的问题中分析。

与“编户齐民”、“编户之民”、“编列之民”、“编户之列”、“编户民”、“编户”相比，单独的“齐民”称谓出现的几率稍微高些。在先秦时期的文献中“齐民”称谓大约六见，在秦汉时期的文献中“齐民”称谓大约出现了二十次左右。

值得注意的是，先秦时期文献中的“齐民”一词主要是出现在先秦诸子的著作中，特别是在战国中后期思想家们的言论中，其中包括《管子》、《庄子》、《韩非子》、《吕氏春秋》等，其文曰：

君子食于道，则义审而礼明。义审而礼明，则伦等不踰，虽有偏卒之大夫，不敢有幸心，则上无危矣。齐民食于力，作本。作本者众，农以听命。是以明君立世，民之制于上，犹草木之制于时也。故民赶则流之，民流通则迁之。①

客曰："孔氏者何治也？"子路未应，子贡对曰："孔氏者，性服忠信，身行仁义，饰礼乐，选人伦，上以忠于世主，下以化于齐民，将以利天下。此孔氏之所治也。"②

客曰："同类相从，同声相应，固天之理也。吾请释吾之所有而经子之所以。子之所以者，人事也。天子诸侯大夫庶人，此四者自正，治之美也，四者离位而乱莫大焉。官治其职，人忧其事，乃无所陵。故田荒室露，衣食不足，征赋不属，妻妾不和，长少无序，庶人之忧也；能不胜任，官事不治，行不清白，群下荒怠，功美不有，爵禄不持，大夫之忧也；廷无忠臣，国家昏乱，工技不巧，贡职不美，春秋后伦，不顺天子，诸侯之忧也；阴阳不和，寒暑不时，以伤庶物，诸侯暴乱，擅相攘伐，以残民人，礼乐不节，财用穷匮，人伦不饬，百姓淫乱，天子有司之忧也。今子既上无君侯有司之势而下无大臣职事之官，而擅饰礼乐，选人伦，以化齐民，不泰多事乎？"③

明主之守禁也，贲育见侵于其所不能胜，盗跖见害于其所不能取。故能禁贲育之所不能犯，守盗跖之所不能取，则暴者守愿，邪者反正。

① 黎翔凤撰，梁运华整理：《管子校注》卷11《君臣下第三十一》，中华书局，2004年，第584—585页。

② 郭庆藩辑，王孝鱼整理：《庄子集释》卷10上《渔父第三十一》，中华书局，1961年，第1024—1025页。

③ 郭庆藩辑，王孝鱼整理：《庄子集释》卷10上《渔父第三十一》，第1027—1028页。

大勇愿，巨盗贞，则天下公平，而齐民之情正矣。①

故当今之世，求有道之士，则于四海之内、山谷之中、僻远幽闲之所，若此则幸于得之矣。得之则何欲而不得？何为而不成？太公钓于滋泉，遭纣之世也，故文王得之而王。文王，千乘也；纣，天子也。天子失之而千乘得之，知之与不知也。诸众齐民，不待知而使，不待礼而令。若夫有道之士，必礼必知，然后其智能可尽。②

从上面所引关于"齐民"称谓的史料可以看出，在先秦时期，特别是战国中叶以后，当时的人们已经用"齐民"来称谓社会下层中的居民百姓了，这一称谓的出现，要早于"编户"类的称谓，不待汉代已有矣。这也是一个应该注意的问题。

笔者在搜集有关"齐民"史料的工作中发现，不论是在先秦时期的文献中，还是两汉时期的史料中，都存在一些关于"齐民"的记载实际并不是指称社会中的居民百姓的情况，并不构成对社会上一种人群的称谓。兹举几例说明：

……故明君不道也。必将修礼以齐朝，正法以齐官，平政以齐民，然后节奏齐于朝，百事齐于官，众庶齐于下。③

人主不自刻以尧，而责人臣以子胥，是幸殷人之尽如比干。尽如比干则上不失，下不亡。不权其力而有田成，而幸其身尽如比干，故国不得一安。废尧、舜而立桀、纣，则人不得乐所长而忧所短。失所长，则国家无功；守所短，则民不乐生，以无功御不乐生，不可行于齐民。如此则上无以使下，下无以事上。④

明主之道，臣不得以行义成荣，不得以家利为功。功名所生，必出于官法。法之所外，虽有难行，不以显焉，故民无以私名。设法度以齐

---

① 王先慎撰，钟哲点校：《韩非子集解》卷8《守道第二十六》，中华书局，1998年，第202页。

② 陈奇猷：《吕氏春秋新校释》卷13《有始览第一·谨听》，上海古籍出版社，2002年，第710页。《吕氏春秋·观世》作："故欲求有道之士，则于江河之上，山谷之中，僻远幽闲之所，若此则幸于得之矣。太公钓于滋泉，遭纣之世也，故文王得之。文王千乘也，纣天子也，天子失之，而千乘得之，知之与不知也。诸众齐民，不待知而使，不待礼而令；若夫有道之士，必礼必知，然后其智能可尽也。"（陈奇猷：《吕氏春秋新校释》卷16《先识览第四·观世》，第968页）

③ 王先谦撰，沈啸寰、王星贤点校：《荀子集解》卷6《富国篇第十》，中华书局，1988年，第201页。

④ 王先慎撰，钟哲点校：《韩非子集解》卷8《安危第二十五》，第200页。

民，信赏罚以尽能，明诽誉以劝沮；名号、赏罚、法令三隅，故大臣有行则尊君，百姓有功则利上，此之谓有道之国也。①

孔子适卫。卫将军文子问曰："吾闻鲁公父氏不能听狱，信乎？"孔子答曰："不知其不能也。夫公父氏之听狱，有罪者惧，无罪者耻。"文子曰："有罪者惧是听之察，刑之当也；无罪者耻，何乎？"孔子曰："齐之以礼，则民耻矣；刑以止刑，则民惧矣。"文子曰："今齐之以刑，刑犹弗胜，何礼之齐？"孔子曰："以礼齐民，譬之于御，则辔也。以刑齐民，譬之于御，则鞭也。执辔于此而动于彼，御之良也。无辔而用策，则马失道矣。"文子曰："以御言之，左手执辔，右手运策，不亦速乎？若徒辔无策，马何惧哉？"孔子曰："吾闻古之善御者，执辔如组，两骖如舞，非策之助也。是以先王盛于礼而薄于刑，故民从命。今也废礼而尚刑，故民弥暴。"②

以上为先秦史料，汉代的史料则有：

丞相史曰："尧任鲧、驩兜，得舜、禹而放殛之以其罪，而天下咸服，诛不仁也。人君用之齐民，而颜异，济南亭长也，先帝举而加之高位，官至上卿。狄山起布衣，为汉议臣，处舜、禹之位，执天下之中，不能以治，而反坐讪上；故驩兜之诛加而刑戮至焉。贤者受赏而不肖者被刑，固其然也。文学又何怪焉？"③

井田之变，豪人货殖，馆舍布于州郡，田亩连于方国。身无半通青纶之命，而窃三辰龙章之服；不为编户一伍之长，而有千室名邑之役。荣乐过于封君，势力侔于守令。财赂自营，犯法不坐。刺客死士，为之投命。至使弱力少智之子，被穿帷败，寄死不敛，冤枉穷困，不敢自理。虽亦由网禁疏阔，盖分田无限使之然也。今欲张太平之纪纲，立至化之基趾，齐民财之丰寡，正风俗之奢俭，非井田实莫由也。此变有所败，而宜复者也。④

① 王先慎撰，钟哲点校：《韩非子集解》卷18《八经第四十八·类柄》，第441页。

② 孔鲋撰：《孔丛子》卷上《刑论第四》，王云五主编：《丛书集成初编》，商务印书馆，1936年，第23—25页。

③ 王利器：《盐铁论校注》（定本）卷5《论诽第二十四》，第300页。

④ 《后汉书》卷49《仲长统列传》，第1651页。

现对以上史料稍加分析。其中第一条《荀子·富国篇》中的“齐民”，是与“齐朝”、“齐官”相对仗而言的，是说明君之道就是要通过“修礼”以整顿朝堂，通过“正法”以整顿官府，通过“平政”以治理万民。第二条《韩非子·安危篇》中的这段话，是说不能把“失所长”而使“国家无功”，“守所短”而使“民不乐生”的这种“以无功御不乐生”的统治办法，用于治理民众。第三条《韩非子·八经篇》中这一段话的意思更加明确，即明主之道就是要通过制定法度来治理民众，通过慎明赏罚之别以引导民众把能力用在正道上，是典型的法家学派的治国治民的思想主张。第四条《孔丛子·刑论篇》的一段话，记的是有关孔子的一则颇为有名的故事，即孔子周游列国时到达卫国，答卫国将军文子之所问，孔子说“以礼齐民譬之于御则辔”，“以刑齐民譬之于御则鞭”，这是用驾驭马车作形象的比喻，来说明以礼治民和以刑治民的区别，极力宣传“盛于礼而薄于刑”的“先王”之道。有一点应指出，《孔丛子》一书虽然是有关孔子及其弟子们言论的丛集，但其编著者及成书年代不会早于秦汉之际，学术界甚至有人主张该书成书在汉代以后[①]。这就是说，用“齐民”来表示治理民众，治理平民百姓，是汉代甚至汉以后承继先秦之用法。第五条《盐铁论》卷五《论诽》中的一段话是盐铁会议上丞相史所言，以尧任舜、禹而放殛鲧、驩兜的远古故事，以及汉朝当代颜异和狄山“处舜、禹之位，执天下之中，不能以治，而反坐讪上，故欢兜之诛加而刑戮至”的例证，来说明“贤者受赏而不肖者被刑”，是人君用以治理天下民众的手段和方法。最后第六条是《后汉书·仲长统列传》中仲长统主张恢复井田制的一段言论，“齐民”所在之句，即“齐民财之丰寡”，是“今欲”实现的四个理想治政目标之一，在语句的结构上是和其它三句的结构一一对仗的：其中“齐”字与“张”、“立”、“正”相对应；“民财”二字与“太平”、“至化”、“风俗”相对应，“之丰寡”三字与“之纪纲”、“之基趾”、“之奢俭”相对应，非常整齐。那么，“齐民财之丰寡”就是整齐民财的多少，或者说是使民均贫富，缩小贫富之间的差距。

综合以上的史料及分析，在以上的各个句子中，“齐”不管是释为“治理”也好，还是释为“整齐”、“整治”、“管理”、“统治”也好，它都是一个动词，“民”仅是它作用的对象“民财”词组中的定语，上面的“齐民财”是一个动宾结构的词组，其中的“齐民”并不构成一个专门的名词，与作为名词且指称

---

① 按照传统说法，《孔丛子》的作者是秦汉之际的孔鲋，其中的《连丛子》上下两篇为西汉的孔臧所撰，但清人认为该书是曹魏时期的王肃伪作。

居民百姓的"齐民"是不同的，因此是应该注意区别的。古人在把"齐"作为动词使用时，为了意思更清楚，明确区别于用于名词专门称谓的"齐民"，还常常在"齐"与"民"二字之间加用修饰的字，而句子的原意一般来说并无太大的改变。其中比较常见的如："齐常民"、"齐庶民"、"齐黎民"、"齐万民"，各举一条史料以证之：

是以圣人利身之谓服，便事之谓教。进退之谓节，衣服之制，所以齐常民，非所以论贤者也。①

行赏罚而齐万民者，治国也；君立法而下不行者，乱国也；臣作政而君不制者，亡国也。②

夫子陈、蔡之厄，豆饭菜羹，不足以接馁，二三子布弊褞袍，不足以御寒，倥偬屈厄，自处甚矣；然而夫子当于道，二三子近于义，自布衣之士，上□天子，下齐庶民，而累其身而匡上也。③

大夫君运筹策，建国用，笼天下盐、铁诸利，以排富商大贾，买官赎罪，损有余，补不足，以齐黎民。④

通过对以上史料的归纳和分析，可以看出作为社会中具有平民百姓涵义的"编户齐民"这种身份特点的人群，不管其开始出现是在春秋时期，还是在战国时代，作为成熟化、固定化的名词称谓却是在汉代，包括完整的"编户齐民"，也包括带有"编户"字眼的各种省称、别称，而只有"齐民"这一称谓是出现在先秦时期。

## 第二节 "编户齐民"的出现及其内涵的演变

从上一个问题中对"齐民"的分析可以看出，其在文献史料中的存在形态有两种，一种是名词形态的"齐民"，一种是动宾结构词组形态的齐民。二者之间是否有关系？指明这两种形态的存在，对于认识社会中"编户齐

① 诸祖耿：《战国策集注汇考》卷19《赵二》，江苏古籍出版社，1985年，第969—970页。

② 王符著，汪继培笺，彭铎校正：《潜夫论笺校正》卷5《衰制第二十》，中华书局，1985年，第238页。

③ 王利器：《新语校注》卷下《本行第十》，中华书局，1986年，第142页。

④ 王利器：《盐铁论校注》(定本)卷3《轻重第十四》，第179页。

民”这一人群的形成是否有意义和价值？笔者的回答都是肯定的。

把中国历史上“编户齐民”制的最初形成时代，大致确定在战国时期，应该没有什么问题，学术界多数人均是如是主张。春秋战国时期是中国历史上社会变革空前剧烈的时代，之所以称这个时期的变革空前和剧烈，是由于变革不是个别的制度或者是政策的改变，而是整个社会全方位的革新，从国家形态到社会结构，从土地到赋税、徭役、兵役、军事等各项制度，从礼法规矩到思想观念习俗，几乎没有哪一个方面是不革新而依旧的。虽然按照历史传统，人们总是把春秋和战国放在一起，看作是一个大的历史发展时期，但如果真是把春秋前期和战国中期以后进行对比，会明显看出这两个时期的中国社会截然不同。正如本书绪言中所引顾炎武对于春秋战国两个时期古代中国社会的变化的经典描述那样：

> 《春秋》终于敬王三十九年庚申之岁，西狩获麟。又十四年，为贞定王元年癸酉之岁，鲁哀公出奔。二年，卒于有山氏。《左传》以是终焉。又六十五年，威烈王二十三年戊寅之岁，初命晋大夫魏斯、赵籍、韩虔为诸侯。又一十七年，安王十六年乙未之岁，初命齐大夫田和为诸侯。又五十二年，显王三十五年丁亥之岁，六国以次称王，苏秦为从长。自此之后，事乃可得而纪。自《左传》之终以至此，凡一百三十三年，史文阙轶，考古者为之茫昧。如春秋时犹尊礼重信，而七国则绝不言礼与信矣。春秋时犹宗周王，而七国则绝不言王矣。春秋时犹严祭祀，重聘享，而七国则无其事矣。春秋时犹论宗姓氏族，而七国则无一言及之矣。春秋时犹宴会赋诗，而七国则不闻矣。春秋时犹有赴告策书，而七国则无有矣。邦无定交，士无定主，此皆变于一百三十三年之间。史之阙文，而后人可以意推者也。不待始皇之并天下，而文、武之道尽矣。①

顾炎武的这段文字主要论及到的，一是封国的兴亡，一是礼仪风俗的嬗变。然而春秋战国间的变革却远远不止于此，甚至可以说更重要的变革也不在于此，顾炎武指出的这些可以看作是继发的变化。那么什么是最重要的变革呢？笔者以为应该是根基性的，会引发其它全方位变化的改革，

① 顾炎武撰，黄汝成集释，栾保群、吕宗力点校：《日知录集释》卷13《周末风俗》（中册），第749—750页。

在春秋战国时期应该是国家统治形式,或者称之为国家政权形态以及社会人群结构的变革。

就国家统治的形式或政权形态而言,主要包含两个方面的问题:第一个方面是,春秋以前的周朝国家,是一个宗法(或者称之为"宗族")贵族层层分封、分级统治的天下,其中以周天子为核心和代表而统治天下的宗族就是姬姓周族,此外还有臣服于姬周的异性宗族,既包括在灭殷中的功臣宗族,也包括"兴灭继绝"的先王圣贤的后裔宗族,同时还有殷商的后裔宗族。周人自灭殷而王有天下以后,实行了大规模的分封,中国古史称之为"封建",即封邦建国,建立和认定了一大批按照宗族宗法实行统治的城邦国。其中数量最多,影响最大的无疑是那些姬姓子孙所建之国。诚如古史所记:

> 昔武王克商,光有天下,其兄弟之国者十有五人,姬姓之国者四十人,皆举亲也。①
>
> 于是乎贵道果立,贵名果明,兼制天下,立七十一国,姬姓独居五十三人,周之子孙苟不狂惑者,莫不为天下之显诸侯,如是者,能爱人也。②

此外还有非姬姓封国,如功臣之国,典型者莫如齐:

> 于是封功臣谋士,而师尚父为首封。封尚父于营丘,曰齐。③

又如封先王圣贤之后:

> 武王追思先圣王,乃褒封神农之后于焦,黄帝之后于祝,帝尧之后于蓟,帝舜之后于陈,大禹之后于杞。④

此外还有对那些不管周人是否分封,客观上都是存在的宗族方国给以加封

---

① 杨伯峻编著:《春秋左传注》(修订本),昭公二十八年,中华书局,1990年第2版,第1494—1495页。

② 王先谦撰,沈啸寰、王星贤点校:《荀子集解》卷8《君道第十二》,第243页。

③ 《史记》卷4《周本纪》,第127页。

④ 《史记》卷4《周本纪》,第127页。

认定，如楚、徐、淮及后来的秦等国。这些封国，不管是同姓还是异姓，各自都是族权与政权合而为一的自主性相对很强的独立国家，俗称为“诸侯国”。然而各国之间是存在等级差异的，周朝所谓的五等爵制，指称和划分的就是这些所谓的诸侯国，其实它们并非全是侯国。周王室与诸侯国的关系，虽然不同于各个诸侯国之间的关系，但也决不是后世那种中央领导地方的关系。诸侯只是臣服王室，承认周天子天下共主和天下大宗的地位，双方存在一定的权利和义务。这些权利和义务简要如下：首先，周王要用庄严的仪式对诸侯行封，即所谓的“授民授疆土”，授爵位，公、侯、伯、子、男等，授予代表身份地位的贵重礼器。其次，为诸侯国制订一些制度或政令，特别是在周人王有天下的初期，特别是在那些与周王室血缘关系较近，关系比较亲密的诸侯国中，如：

> 故周公相王室，以尹天下，于周为睦。分鲁公以大路、大旂，夏后氏之璜，封父之繁弱，殷民六族，条氏、徐氏、萧氏、索氏、长勺氏、尾勺氏，使帅其宗氏，辑其分族，将其类丑，以法则周公。用即命于周。是使之职事于鲁，以昭周公之明德。分之土田陪敦、祝、宗、卜、史，备物、典策，官司、彝器；因商奄之民，命以伯禽而封于少皞之虚。分康叔以大路、少帛、綪茷、旃旌、大吕，殷民七族，陶氏、施氏、繁氏、锜氏、樊氏、饥氏、终葵氏；封畛土略，自武父以南及圃田之北竟，取于有阎之土以共王职；取于相土之东都以会王之东搜。聃季授土，陶叔授民，命以《康诰》而封于殷虚。皆启以商政，疆以周索。分唐叔以大路、密须之鼓、阙巩、沽洗，怀姓九宗，职官五正。命以《唐诰》而封于夏虚，启以夏政，疆以戎索。①

同时王室还为诸侯国任命某些重要的官吏，比如周天子就曾为齐国任命有国氏、高氏为上卿。第三，周天子要定期对诸侯国进行巡视，谓之巡守天下；而当诸侯国有难时，不管是受到外部的侵扰还是发生内部的变乱，王室要采取措施给以保护和解决。就诸侯国对王室而言，也主要有三个方面的义务：其一，如有需要，诸侯国君有义务到王室任卿士，为王室服务。其二，按照周朝礼制的规定，诸侯要定期到京师朝觐天子和派卿大夫前往聘周，

① 杨伯峻编著：《春秋左传注》（修订本），定公四年，第1536—1539页。

要向王室交纳贡赋。其三，为王室提供力役和兵役，主要是筑造宫殿和城池、戍卫和征讨，特别是当天子有难之时，诸侯要火速率军队前往勤王。

不过需要指出的是，以上这些周天子与诸侯之间、王室与封国之间的权利和义务，主要是周初的制度和规矩，随着历史的发展，随着天子的式微和诸侯的坐大，不论是哪个方面均难守其制。所以就周朝的王室和诸侯国的关系而言，虽有君臣之名，但实质上各自又都是独立性、自主性较强的国家，诸侯对外臣服于天子，对内则是君临其国，臣其国民。而且天子与诸侯之间的这种关系特点，在一定程度上也表现在诸侯国内诸侯与卿大夫之间。

在诸侯国内，诸侯也效法天子，按照宗法制原则分封卿大夫。卿大夫的封地称为“采邑”，本来采邑和封国是有本质差别的，它是爵位、职官和俸禄的综合体现。卿大夫在采邑内主要是经济受益和邑政管理，不同于诸侯的“授民授疆土”，对采邑内的土地和人民并不具有法定意义的臣属权，但同样随着历史的发展，卿大夫势力的强盛，采邑的独立性越来越强，与诸侯的封国已经没有太大的实质性的差别。诸侯通常被称作“公”、“公室”、“公门”，与之相对，卿大夫则称为“私”、“私家”、“私门”。诸侯掌握的人民称作“公民”，卿大夫控制的人民称作“私人”，所谓“公民少而私人众”，[①]说的就是这两种人民。在诸侯国内，公室与私家之间对于权力、人民和土地的争夺十分激烈，最生动的例证莫过于齐国大夫陈(田)氏与齐国公室对民的争夺，史载：

> 景公与晏子游于少海，登柏寝之台而还望其国曰：“美哉！泱泱乎，堂堂乎，后世将孰有此?”晏子对曰：“其田成氏乎!”景公曰：“寡人有此国也，而曰田成氏有之，何也?”晏子对曰：“夫田成氏甚得齐民，其于民也，上之请爵禄行诸大臣，下之私大斗斛区釜以出贷，小斗斛区釜以收之。杀一牛，取一豆肉，余以食士。终岁，布帛取二制焉，余以衣士。故市木之价不加贵于山，泽之鱼盐龟鳖蠃蚌不加贵于海。君重敛，而田成氏厚施。齐尝大饥，道旁饿死者不可胜数也，父子相牵而趋田成氏者不闻不生。故周秦之民相与歌之曰：‘讴乎，其已乎！苞乎，其往归田成子乎!’《诗》曰：‘虽无德与女，式歌且舞。’今田成氏之德而

① 王先慎撰，钟哲点校：《韩非子集解》卷19《五蠹第四十九》，第455页。

民之歌舞，民德归之矣。故曰：‘其田成氏乎。’”公泫然出涕曰：“不亦悲乎！寡人有国而田成氏有之，今为之奈何？”晏子对曰：“君何患焉！若君欲夺之，则近贤而远不肖，治其烦乱，缓其刑罚；振贫穷而恤孤寡，行恩惠而给不足，民将归君，则虽有十田成氏其如君何！”[①]

同样，孔老夫子也哀叹道：“禄之去公室，五世矣；政逮于大夫，四世矣；故夫三桓之子孙，微矣。”[②]尤其是到春秋后期，一些势力特别强大的卿大夫，甚至采邑自主、专国擅政、“民归之若流水”[③]，还嫌不够，陆续发生了“三桓分鲁”、“六家分晋”、“田氏代齐”等革命事变，卿大夫变成了周天子正式册封的名副其实的诸侯，私家变成了新的公室，而公与私之间的争斗依然在继续，直至战国时期。

第二个方面是，不论是在周天子直辖的王畿还是诸侯的封国，都实行国野制，即《周礼》所谓“惟王建国，辨方正位，体国经野，设官分职，以为民极”[④]。《周礼》一书对于国野制大量且过于精细的描述，使学术界质疑其史料的可信度，但考之《左传》、《国语》等书，周朝存在国野制，分别国野进行统治，基本是可信的。“国”和“野”二字的内涵都是比较广泛的，但当二者作为国家统治区域而对言时，国应该是指都城及其近郊地区，野则是指城郊以外的地区，国野之间的关系是统治和被统治的关系。国野制最初是源于上古部族之间的征服，一般来说，胜利的征服者居于设有城防的国中及其近郊，被征服者居于郊以外的四野，但这又不是绝对的，因为在国中居住者也有被征服的奴隶，特别是手工工匠。

国野之间存在政治上的对立关系，这是由于国人与野人之间源自部族、等级和阶级的对立引发的。关于国人的身份和内涵，是学术界长期争论不休的问题，或曰居于国中者均为国人；或曰专指国中的平民，即自由民；或曰指居于国中的士农，包括低级贵族和官吏；或曰国之内的士、农、工、商俱列其中。而学术界对于野人问题的分歧，主要在于野人身份的界定，奴隶乎，农奴乎，自由民乎。由于这个时代和这个问题均不是笔者本书重点要研究的，仅仅是作为秦汉时期编户民问题研究的前提和背景，故这

---

① 王先慎撰，钟哲点校：《韩非子集解》卷13《外储说右上第三十四》，第312—313页。

② 《论语注疏》卷16《季氏第十六》，阮元校刻：《十三经注疏》，中华书局，1980年，第2521页。

③ 陈奇猷：《吕氏春秋新校释》卷7《孟秋纪第七·怀宠》，第418页。

④ 《周礼注疏》卷1《天官冢宰第一》，阮元校刻：《十三经注疏》，第639页。

里只谈观点,不做详细考证。国人和野人主要是政治身份名词,所以其内涵主要不是按照所居之地来界定,而是依据身份及权力特点来认定。因此笔者倾向有关国人的第三种看法,即居于国中的士农,包括国中的低级贵族和官吏在内的士人与从事农耕的"小人",他们都属于征服者部族。野人,更多的时候被称为是"庶人"或"庶民",关于其身份性质,笔者认为他们可以算作半自由民,作为被征服部族,他们是被剥削被压迫者,从这一方面来说,他们是非自由的,他们与国人最大的差别是政治上的,比如据《左传》记载:

> 十月,晋阴饴甥会秦伯,盟于王城。秦伯曰:"晋国和乎?"对曰:"不和。小人耻失其君而悼丧其亲,不惮征缮以立圉也,曰:'必报仇,宁事戎狄。'君子爱其君而知其罪,不惮征缮以待秦命,曰:'必报德,有死无二。'以此不和。"秦伯曰:"国谓君何?"对曰:"小人慼,谓之不免;君子恕,以为必归。小人曰:'我毒秦,秦岂归君?'君子曰:'我知罪矣,秦必归君。……'"①

这里的"小人"就是指国人,"君子"是指贵族。其中可见小人也就是国人对国家事务具有发言权,而野人则没有。又据《管子》一书记载:

> 桓公曰:"参国奈何?"管子对曰:"制国以为二十一乡,商工之乡六,士农之乡十五。公帅十一乡②,高子帅五乡,国子帅五乡,参国故为三军。公立三官之臣,市立三乡,工立三族,泽立三虞,山立三衡。制五家为轨,轨有长。十轨为里,里有司。四里为连,连有长。十连为乡,乡有良人。三乡一帅。"桓公曰:"五鄙奈何?"管子对曰:"制五家为轨,轨有长。六轨为邑,邑有司。十邑为率,率有长。十率为乡,乡有良人。三乡为属,属有帅。五属一大夫,武政听属,文政听乡,各保而听,毋有淫泆者。"③

---

① 杨伯峻编著:《春秋左传注》(修订本),僖公十五年,第366页。

② 《国语》卷6《齐语》记载略有不同:桓公曰:"定民之居若何?"管子对曰:"制国以为二十一乡。"桓公曰:"善。"管子于是制国以为二十一乡:工商之乡六,士乡十五,公帅五乡焉,国子帅五乡焉,高子帅五乡焉。(徐元诰撰,王树民、沈长云点校:《国语集解》,《齐语第六》,中华书局,2002年,第222页。)与此略有差异。

③ 黎翔凤撰,梁运华整理:《管子校注》卷8《小匡第二十》,第400页。

可见国和野各自实行不同的管理形式，国人有为国家当兵打仗的权利和荣耀，而野人则没有。又据《周礼》记载：

保氏掌谏王恶。而养国子以道：乃教之六艺，一曰五礼，二曰六乐，三曰五射，四曰五驭，五曰六书，六曰九数；乃教之六仪，一曰祭祀之容，二曰宾客之容，三曰朝廷之容，四曰丧纪之容，五曰军旅之容，六曰车马之容。凡祭祀、宾客、会同、丧纪、军旅，王举则从。听治亦如之。使其属守王闱。[①]

以乡三物教万民而宾兴之。一曰六德，知、仁、圣、义、忠、和；二曰六行，孝、友、睦、姻、任、恤；三曰六艺，礼、乐、射、御、书、数。[②]

这里的“万民”也应是指国人，而“国子”则应是指国人中的低级贵族“士”，上面两段史料说明国人还具有受教育的权利，而野人同样没有这样的权力。野人虽然是被征服者，却是以宗族共同体的形式存在着，《汉书·食货志》中对周朝国野分治下人们的生存状况有一大段详细叙述，不一定与周朝的历史情况完全相符，但作为大体的参考应没有问题。其文曰：

殷周之盛，《诗》《书》所述，要在安民，富而教之……理民之道，地著为本。故必建步立亩，正其经界。六尺为步，步百为亩，亩百为夫，夫三为屋，屋三为井，井方一里，是为九夫。八家共之，各受私田百亩，公田十亩，是为八百八十亩，余二十亩以为庐舍。出入相友，守望相助，疾病(则)[相]救，民是以和睦，而教化齐同，力役生产可得而平也。民受田，上田夫百亩，中田夫二百亩，下田夫三百亩。岁耕种者为不易上田；休一岁者为一易中田；休二岁者为再易下田，三岁更耕之，自爰其处。农民户人已受田，其家众男为余夫，亦以口受田如比。士工商家受田，五口乃当农夫一人。此谓平土可以为法者也。若山林薮泽原陵淳卤之地，各以肥硗多少为差。有赋有税。税谓公田什一及工商衡虞之入也。赋共车马甲兵士徒之役，充实府库赐予之用。税给郊社宗庙百神之祀，天子奉养百官禄食庶事之费。民年二十受田，六十归田。

---

① 孙诒让撰，王文锦、陈玉霞点校：《周礼正义》卷26《地官·保氏》，中华书局，1987年，第1010—1019页。

② 《周礼正义》卷19《地官·大司徒》，第756页。

七十以上，上所养也；十岁以下，上所长也；十一以上，上所强也。种谷必杂五种，以备灾害。田中不得有树，用妨五谷。力耕数耘，收获如寇盗之至。还庐树桑，菜茹有畦，瓜瓠果蓏殖于疆易。鸡豚狗彘毋失其时，女修蚕织，则五十可以衣帛，七十可以食肉。在野曰庐，在邑曰里。五家为邻，五邻为里，四里为族，五族为党，五党为州，五州为乡。乡，万二千五百户也。邻长位下士，自此以上，稍登一级，至乡而为卿也。于[是]里有序而乡有庠。序以明教，庠则行礼而视化焉。春令民毕出在野，冬则毕入于邑。其《诗》曰："四之日举止，同我妇子，馌彼南亩。"又曰："十月蟋蟀，入我床下，嗟我妇子，聿为改岁，入此室处。"所以顺阴阳，备寇贼，习礼文也。春，(秋)[将]出民，里胥平旦坐于右塾，邻长坐于(右)[左]塾，毕出然后归，夕亦如之。入者必持薪樵，轻重相分，班白不提挈。冬，民既入，妇人同巷，相从夜绩，女工一月得四十五日。必相从者，所以省费燎火，同巧拙而合习俗也。男女有不得其所者，因相与歌咏，各言其伤。是月，余子亦在于序室。八岁入小学，学六甲五方书计之事，始知室家长幼之节。十五入大学，学先圣礼乐，而知朝廷君臣之礼。其有秀异者，移乡学于庠序；庠序之异者，移国学于少学。诸侯岁贡少学之异者于天子，学于大学，命曰造士。行同能偶，则别之以射，然后爵命焉。孟春之月，群居者将散，行人振木铎徇于路，以采诗，献之大师，比其音律，以闻于天子。故曰王者不窥牖户而知下天下。此先王制土处民富而教之之大略也。[①]

从班固的叙述可以看出，庶人的经济生产和社会生活，具有相对的自由性，并非典型意义上的农奴，更不是奴隶，且带有血缘共同体的色彩。

《国语》曰"地有高下，天有晦明，民有君臣，国有都鄙"[②]，《左传》曰："天有十日，人有十等。下所以事上，上所以共神也。故王臣公，公臣大夫，大夫臣士，士臣皁，皁臣舆，舆臣隶，隶臣僚，僚臣仆，仆臣台。马有圉，牛有牧，以待百事。"[③]周朝是一个等级繁多而复杂的社会，不仅存在因部族不同而造成的等级差异，而且同一宗族内部也存在等级和阶级的差别。从上文也可以看出，不论是在天子的王畿或是诸侯的封国之中都存在公民与私

① 《汉书》卷24《食货志》，第1117—1123页。

② 徐元诰撰，王树民、沈长云点校：《国语集解》，《楚语上第十七》，第499页。

③ 杨伯峻编著：《春秋左传注》(修订本)，昭公七年，第1284页。

人、国人与野人的差别和对立，不过进入战国以后，这种状况发生了彻底的变化。

春秋战国时期是中国古代生产力发展最明显的时期，生产力的进步，促进了私有制的发展，土地的价值空前提升，争夺土地、人口的战争越演越烈，如太史公所言：

> 《春秋》之中，弑君三十六，亡国五十二，诸侯奔走不得保其社稷者不可胜数。察其所以，皆失其本已。①

为了在战争和争夺中获胜，各国诸侯和卿大夫纷纷实行改革，其中对于整个社会结构变革发生重大影响的新制度包括：体现君主集权的官僚制，消除公民与私人差别的郡县制，弥合国野差异、国人与野人不齐等的编户制，以及按户籍实行的国家授田制和普遍征兵制。在这个变化过程中，社会组合的血缘共同体特点被弱化，而地缘性国家的特点被凸显。由于分封制的瓦解，贵族采邑制被官僚郡县制取代，臣属于卿大夫的私人绝大部分都变成了国家的公民，而且不管其居于国中还是居于野中，都成为政治上齐等的公民。可以说到战国中期以后，生活在各个诸侯国中的基本人民大众已经陆续变为统一编户民，即接受国家授田，负担国家的赋税、徭役和兵役的所谓"齐民"。生活于战国中期的孟子曾经针对当时的社会变化状况说："在国曰市井之臣，在野曰草莽之臣，皆谓庶人。"②国、野作为居民生活的不同区域虽然依旧存在，但其政治上的等级性和对立性已不复存在，"皆谓庶人"者，都被一样地称为"庶人"，这些庶人也就是编户齐民。

编户齐民是在先秦时期特定历史条件下产生的具有特殊针对性的社会人群，其名称应该是滞后于这一群体本身的出现，而且"编户齐民"这四个字开始出现时似乎更应该首先将其看作是一个词组，即"编户"与"齐民"的组合。编户制度虽然在先秦时期出现，但将"编户"作为平民百姓的称谓，似乎是汉代的事情，因为我们在先秦时期的文献史料中基本不见"编户齐民"的合并称谓，能够看到的仅仅是"齐民"。在先秦"编户齐民"开始形成时期，"齐民"的名称先于"编户"而存在，估计是因为当时社会结构变革的关键和重点在于"齐民"，齐民是目的和实质，其途径和手段是通过统一

---

① 《史记》卷130《太史公自序》，第3297页。

② 《孟子注疏》卷10下《万章章句下》，阮元校刻：《十三经注疏》，第2745页。

编户，使民不再分公、私，人不再别国、野，使民达到齐。所以就这一点而言，“齐民”开始时又可以将其看作是动词，更准确说应为动宾词组，后来发展为名词，而这种非名词化的用法，不仅在先秦，即便是在汉代的史料中，也可以明显看出。例如：

必将修礼以齐朝，正法以齐官，平政以齐民，然后节奏齐于朝，百事齐于官，众庶齐于下。①

明君在上，忠臣佐之，则齐民以政刑。②

明主之道，臣不得以行义成荣，不得以家利为功。功名所生，必出于官法。法之所外，虽有难行，不以显焉，故民无以私名。设法度以齐民，信赏罚以尽能，明诽誉以劝沮；名号、赏罚、法令三隅，故大臣有行则尊君，百姓有功则利上，此之谓有道之国也。③

孔子曰：“以礼齐民，譬之于御则辔也；以刑齐民，譬之于御则鞭也。”④

且圣人利身谓之服，便事谓之礼。夫进退之节，衣服之制者，所以齐常民也，非所以论贤者也。故齐民与俗流，贤者与变俱。⑤

人道经纬万端，规矩无所不贯，诱进以仁义，束缚以刑罚，故德厚者位尊，禄重者宠荣，所以总一海内而整齐万民也。⑥

井田之变，豪人货殖，馆舍布于州郡，田亩连于方国。身无半通青纶之命，而窃三辰龙章之服；不为编户一伍之长，而有千室名邑之役。荣乐过于封君，势力侔于守令。财赂自营，犯法不坐。刺客死士，为之投命。至使弱力少智之子，被穿帷败，寄死不敛，冤枉穷困，不敢自理。虽亦由网禁疏阔，盖分田无限使之然也。今欲张太平之纪纲，立至化之基趾，齐民财之丰寡，正风俗之奢俭，非井田实莫由也。此变有所败，而宜复者也。⑦

---

① 王先谦撰，沈啸寰、王星贤点校：《荀子集解》卷6《富国篇第十》，第201页。
② 黎翔凤撰，梁运华整理：《管子校注》卷11《君臣下第三十一》，第584页。
③ 王先慎撰，钟哲点校：《韩非子集解》卷18《八经第四十八》，第441页。
④ 孔鲋：《孔丛子》卷上《刑论第四》，王云五主编：《丛书集成初编》，第24页。
⑤ 《史记》卷43《赵世家》，第1810页。
⑥ 《史记》卷23《礼书》，第1157—1158页。
⑦ 《后汉书》卷49《仲长统列传》，第1651页。

“齐民”既是社会变革的产物，更是变革本身，是变革的重要内容。关于“齐民”二字的解释，学术界一般都是依据曹魏人如淳的训诂“齐等无有贵贱”①，但这种解释有些过于字面化，通过以上对“齐民”产生历史背景的分析，笔者以为这个“齐”，其实主要不在于民与民相互之间的“齐等无有贵贱”的比较，而是主要针对于他们与国家君主的关系而言的，即指消除了原来在分封采邑制下国人与野人之异、公民（臣属于国君）与私人（臣属于卿大夫）之别，使民统一地均成为接受国家授田，并为国家提供赋税、徭役和兵役的所谓“齐等”臣民，也就是国家的公民。离开这种有特殊针对性的前提条件，齐民并不具备完全平等、没有贵贱的特点。特别是进入战国中期以及秦汉时期，所谓“凡编户之民，富相什则卑下之，伯则畏惮之，千则役，万则仆，物之理也”②，经济上的不“齐等”自不待言，即便是政治上和法律上也并不“齐等”。一个十分明显的事实就是，当时针对一般编户齐民而实行的二十等爵制，本身就是一种重视差别的等级制，各级爵位之间，经济利益有别，政治和法律地位也不完全相等，如史载：

> 秦制二十爵。男子赐爵一级以上，有罪以减，年五十六免。无爵为士伍，年六十乃免者，有罪，各尽其刑。③

关于编户不齐、齐民不等的问题，我们在此只是强调提出，还会在后面详细讨论。实际上秦朝统一天下后，古代中国完成了由贵族分权的分封制向君主集权的郡县制的转变后，上面所说的编户齐民所具有的针对性内涵已不重要，这一名称是作为人民大众的一种泛泛称谓而被延续使用着。

## 第三节　“编户齐民”与秦汉户籍的类别

### 一、户籍制度的滥觞

所谓“编户齐民”，本义是指以户为单位编排籍录齐民人口，随之演变而

① 《史记》卷8《平准书》，第1417页。
② 《史记》卷129《货殖列传》，第3274页。
③ 孙星衍等辑，周天游点校：《汉官旧仪》卷下，《汉官六种》，中华书局，990年，第53页。

名词化，所以讨论编户齐民问题离不开户籍制度。中国的户籍制度不但历史悠久，而且影响重大，它不仅仅是国家管理居民、维持行政秩序的途径和手段，而且是人们社会身份的体现，直接关系社会等级结构的形式和稳定，特别是它与国家赋税的征收，徭役、兵役的征发密切相关。因此，尽管秦汉时期籍录居民的簿籍有很多种，如戍卒籍、田卒籍、吏卒籍、宦籍、市籍、弟子籍、游士籍、(宗室)属籍等等，但最普遍最重要的还是编户民的户籍。

户籍制度源于国家对人口的统计和管理，但一般性的人口统计并不是户籍，只能算是户籍制度的滥觞。据古代文献和出土文物资料证明，早在血缘宗族国家初始的夏、商和西周早期，中国就有了人口统计制度。据《帝王世纪》记载：

> 及禹平水土，还为九州，今《禹贡》是也。是以其时九州之地，凡二千四百三十万八千二十四顷，定垦者九百(一)[三]十万(八)[六]千二十四顷，不垦者千五百万二千顷，民口千三百五十五万三千九百二十三人。[①]

又据商代出土的甲骨卜辞，有关于“登旅”(征兵打仗)和“伐祭”(杀人祭祀)等方面的人口统计，如：

> □卯卜，㱿，贞登人三千乎…… 06170 正(1)
> 丙午卜，㱿，贞登人三千乎[伐𢀛方，受㞢又]。 06172(3)
> ……登人三千乎伐土方。 06407(1)
> 己未卜，㱿，贞王登三千人，乎伐[illegible]方𢦏。 06639(一)
> 己未卜，㱿，贞王登三千人，乎伐[illegible]方𢦏。 06640(三)
> [己]未卜，㱿，[贞]王登[三]千[人]，乎伐[[illegible]方]𢦏。 06643[②]
> 王登人五千征土方。[③]
> 登妇好三千登旅万乎伐羌。[④]

---

① 《续汉书·郡国志一》注，《后汉书》，第3387页。

② 胡厚宣主编，王宇信、杨升南总审校：《甲骨文合集释文》，中国社会科学出版社，1999年。

③ 罗振玉编印：《殷虚书契后编》上，影印本，1916年。

④ [美]方法敛摹，白瑞华校：《库方二氏所藏甲骨卜辞》310号，商务印书馆，1935年。

《帝王世纪》关于西周时期记载说：

> 及周公相成王，致治刑错，民口千三百七十一万四千九百二十三人，多禹十六万一千人，周之极盛也。其后七十余岁，天下无事，民弥以息。及昭王南征不反，穆王失荒，加以幽、厉之乱，平王东迁，三十余载，至齐桓公二年，周庄王之十三年，五千里内，非天王九傧之御，自世子公侯以下至于庶民，凡千一百八十四万七千人，除有土老疾，定受田者九百万四千人。[①]

属于西周前期的金文，周康王二十三年大盂鼎的铭文中记载曰：

> 易女邦嗣四白、人鬲自駿至于庶人六百又五十又九夫。易夷嗣王臣十又三白、人鬲千又五丨夫。[②]

同时代的宜侯夨簋铭文也载有：

> 赐宜庶人六百又□六夫。　4320—9[③]

《周礼》中更有较为理想化的描述：

> 司民掌登万民之数，自生齿以上皆书于版，辨其国中与其都鄙及其郊野，异其男女，岁登下其死生。及三年大比，以万民之数诏司寇。司寇及孟冬祀司民之日献其数于王，王拜受之，登于天府。[④]

而文献中有关西周人口统计的最经典、最被重视的史料当属关于周宣王“料民”的记载，据《竹书纪年》载：

> （周宣王）三十九年，王师伐姜戎，战于千亩，王师败逋。

---

① 《续汉书·郡国志一》注，《后汉书》，第3387页。

② ［日］白川静通释，曹兆兰选译：《金文通释选译》，武汉大学出版社，2000年，第82页。

③ 中国社会科学院考古研究所编：《殷周金文集成释文》（第3卷），香港中文大学中国文化研究所出版，2001年，第452页。

④ 孙诒让撰，王文锦、陈玉霞点校：《周礼正义》卷68《秋官·司民》，第2833—2834页。

四十年，料民于太原。①

所谓“料民”就是人口普查，目的很明确，掌握人力资源，以便于进一步补充兵员。这件事情被看成是西周后期的严重事变，而在《国语》中有较《竹书纪年》更为详尽的记载：

宣王既丧南国之师，乃料民于大原。仲山父谏曰：“民不可料也。夫古者不料民而知其多少，司民协终孤，司商协民姓，司徒协旅，司寇协奸，牧协职，工协革，场协入，廪协出，是则少多、死生、出入、往来者，皆可知也。于是乎又审之以事，王治农于籍，搜于农隙，狝于既烝，狩于毕时，耨获亦于籍，是皆习民数者也，又何料焉？不谓其少而大料之，是示少而恶事也。临政示少，诸侯避之。治民恶事，无以赋令。且无故而料民，天之所恶也，害于政而妨于后嗣。”王卒料之，及幽王乃废灭。②

这一段史料非常重要，从中不但可以看出西周以前国家掌控人口的制度和状况，而且可以看出君主与贵族在控御人口方面的矛盾和斗争，看出与社会结构演变密切相关的人口制度变化的新动向。

首先，周宣王因为在与姜戎的战争中遭到全军覆没的惨败，致使把从江汉一带调去的南国军队全部损失，为了补充兵员，决定在大原这个地方清查人口，但却遭到了仲山父的谏阻，说“民不可料”，理由是古代的时候不必刻意清查民数而知道民之多少，知晓民数的途径有两个方面：一个方面是通过官吏平时记录而掌握民之死生多寡，其中司民掌管庶民的数量，生者著，死者削，司商掌管贵族的人数，赐予生者族姓，司徒掌管军旅的人数，司寇掌管违法者的人数，而牧、工、场、廪则分别是掌管畜牧业、手工业、珍奇物品收藏、仓廪谷物入出的官员，也都各自掌握着手下的人员数量，从这里反映出西周时期存在不同的官吏分别掌管各种不同类型人员数量的制度；再一个方面是通过籍田与搜狩等活动也可以大略知晓民数多少。所以仲山父认为没有必要刻意清查民数，如果要“料民”的话，反而会向天下暴

① 王国维：《今本竹书纪年疏证》卷下，见方诗铭、王修龄《古本竹书纪年辑证》附录，上海古籍出版社，1981年，第257页。

② 徐元诰撰，王树民、沈长云点校：《国语集解》第一《周语上》，第23—25页。

露人民寡少，会使诸侯不亲附，躲避和疏远王室，不但会败坏政事，而且会有碍于子孙后代，甚至将会导致祸乱发生，这是天所厌恶的事情。为什么呢？因为天道贵清静，不喜混乱。

其次，仲山父的话看似很有道理，但只要稍加思索就会意识到事情真相并非如其所言。如果周宣王真的可以通过上面所说的制度和途径知晓民数多少，他何乐而不为呢？如果“料民”真的是完全没有必要去做的、有多害而无一利之事，那么作为“中兴之主”的周宣王为何要冒“天之所恶”、“诸侯避之”、“害于政而妨于后嗣”的严重后果而为之，即“卒料之”呢？答案只能是，周宣王并不能靠固有的官吏制度，通过传统的“习民数”途径掌握和控制天下的人民，所以不得不采取不合以往的做法。这种情况的出现，应该说是有深刻的政治与社会原因的。西周王朝建立在以血缘宗法关系为基础的贵族等级分权制之上，不论是封国采邑还是王室的官职都是世袭的，具有血缘宗族性的特点。在贵族内部，在对于土地、人民和权力的归属，特别是人民的占有方面，存在着尖锐的矛盾和争夺，周宣王的“料民”在一定程度上也是这种争夺的反映。“料民”的目的在某种意义上就是要清查贵族门下的隐民，使之成为周王可以直接征调的人口，所以料民之前，受到仲山父的劝阻，料民之后，加剧了贵族内部的矛盾，在一定意义上也加速了西周王朝的灭亡。如后来周灵王太子晋所言“自我先王厉、宣、幽、平而贪天祸，至于今未弭”[①]，就是说由于周厉王的暴虐、周宣王的料民、周幽王的昏乱而使西周招致了灭亡，周平王不能修政，以至于微弱、祸败至今未止。

第三，周宣王最终还是实行了料民，这是他认为可以解决社会危机的办法，遗憾的是，他的改革没有达到期望的目的。西周王朝只是如回光返照了一下，终于灭亡东迁了，但它却是一个发出的信号，周天子希望对天下的臣民能有更多更直接的支配权力，调整贵族内部对人民的掌握和支配权，促进贵族分权向君主集权的方向转变。但由于西周的灭亡，王室进一步衰微，集权政治没有按照周宣王所希望的轨迹发展，而是走了一条曲折的道路，通过春秋以降各个诸侯国不断的改革，逐步实行国家统一的郡县制、官僚制、编户制、赋税制、征兵制等，终于在战国时期实现了各个诸侯国内部的君主集权。

---

① 徐元诰撰，王树民、沈长云点校：《国语集解》第三《周语下》，第99页。

总之，西周以前，在甲骨文、金文以及传世文献中有丰富的有关人口的数字记载，通过这些人口数字可以透视出当时存在登录人口的簿籍类的东西，这些簿籍应该基本是以单个人为单位登记，反映的量词单位主要是“人”或“夫”，如“登人三千”、“登人五千”，又如“自驭至于庶人六百又五十又九夫”、“人鬲千又五十夫”等，而不是以户为单位的人口籍录，更不具备户籍所应有的要素，故而笔者称这些中国历史上早期的有关人口的登录簿籍为户籍及户籍制度的滥觞。

## 二、户籍制度的形成

户籍制度是国家对隶属的居民进行登录和管理的途径和手段，如前所述，当国家处在血缘宗族的发展阶段，贵族内部按照等级分领土地、人民及其权力时，国、野对立，公、私相争，国家不可能对国人和野人、公民和私人，进行统一的按户逐人的登录和管理，客观上也没有这种需要。但随着国、野和公、私的融合混同，国家由血缘向地缘的转化，由贵族分权的采邑制向君主集权的郡县制转化，土地、人民由贵族分级领有向国有的转化，普遍授田制、赋役制、征兵制的出现，就要求国家要有相对成型的户籍制度，在这种情况下也就不会再有仲山父一类的反对派，不会再有《国语》作者将宣王的“料民”与厉王的“暴虐”、幽王的“昏乱”一并加以抨击的思想家，而定期“料民”的户籍管理也就成为了国家正常的行政制度。所以，严格意义上的户籍制度的产生，应该是与春秋以降中国社会结构的变革密切相关的，与编户齐民这一社会群体同步出现的，它是在春秋战国时期逐渐确立起来的。

春秋战国时期户籍制度以及编户齐民这一社会群体的真正形成，与该时期土地制度、赋役制度、征兵制度的变革密切相关。春秋时期的齐国是较早实行这种变革的国家，“相地而衰征”是改革的标志：

> 桓公曰：“伍鄙若何?”管子对曰：“相地而衰征，则民不移；政不旅旧，则民不偷；山泽各致其时，则民不苟；陵、阜、陆、墐，井田畴均，则民不憾；无夺民时，则百姓富；牺牲不略，则牛羊遂。”[①]

① 徐元诰撰，王树民、沈长云点校：《国语集解》第六《齐语》，第227—228页。

关于“相地而衰征”的解释，传统观点认为是根据国家授予土地的好坏收取不同的租税。但这种看法受到了臧知非的批驳，他主要依据《周礼》中下面两段记载：

> 不易之地家百晦，一易之地家二百晦，再易之地家三百晦。①
>
> 任甿以土均平政，辨其野之土，上地，中地，下地，以颁田里。上地，夫一廛，田百晦，莱五十晦，余夫亦如之。中地，夫一廛，田百晦，莱百晦，余夫亦如之。下地，夫一廛，田百晦，莱二百晦，余夫亦如之。②

认为这两条史料，“可以说是‘相地而衰征’的具体化，授田均以百亩为标准，而后增加授田数量以调节其质量的差别；无论实授多少，每户都出百亩良田的租税”。不同之处在于，管仲的“相地而衰征”比《周礼》的“上地”、“中地”、“下地”，或者是“不易”、“一易”、“再易”之法，“分得细一些而已”③。但笔者以为，这两种看法没有实质性的差别，按照每户计算纳税额大体是一致的，而按照每亩计算税额，就是“相地”而有差异的收税了，这也就是《管子·匡君大匡》所说的：“案田而税，二岁而税一。上年什取三，中年什取二，下年什取一，岁饥不税。”④此后又一个大国晋国也进行了以“作爰田”、“作州兵”为代表的改革：

> 晋侯使郤乞告瑕吕饴甥，且召之。子金教之言曰：“朝国人而以君命赏。且告之曰：‘孤虽归，辱社稷矣，其卜贰圉也。’”众皆哭，晋于是乎作爰田。吕甥曰：“君亡之不恤，而群臣是忧，惠之至也，将若君何？”众曰：“何为而可？”对曰：“征缮以辅孺子。诸侯闻之，丧君有君，群臣辑睦，甲兵益多。好我者劝，恶我者惧，庶有益乎！”众说，晋于是乎作州兵。⑤

“作爰田”，在古文献中也为“作辕田”：

---

① 孙诒让撰，王文锦、陈玉霞点校：《周礼正义》卷19《地官·大司徒》，第735页。

② 《周礼注疏》卷15《地官司徒·遂人》，阮元校刻：《十三经注疏》，第740页。

③ 田昌五、臧知非：《周秦社会结构研究》，西北大学出版社，1996年，第102页。

④ 黎翔凤撰，梁运华整理：《管子校注》卷7《大匡第十八》，第368页。

⑤ 杨伯峻编著：《春秋左传注》（修订本），僖公十五年，第360—363页。

公在秦三月，闻秦将成，乃使郤乞告吕甥。吕甥教之言，令国人于朝曰：“君使乞告二三子曰：‘秦将归寡人，寡人不足以辱社稷，二三子其改置以代圉也。’”且赏以悦众，众皆哭，焉作辕田。[①]

训诂“作爰田”或“作辕田”之意，历史上也有诸多释法，大体说应该是国家把公田分赐给国民；而“作州兵”则是扩大征兵范围，“州”属于“野”的一种称谓，“作州兵”就是打破国野界限，在原来属于野人的范围内征兵。

与之相类似的改革，在各个诸侯国中几乎都先后发生，如鲁国的“初税亩”[②]和“作丘甲”[③]，楚国的“书土、田”“量入修赋”[④]，郑国的“田有封洫，庐井有伍”[⑤]，以及稍晚发生在秦国的“初租禾”[⑥]与“为户籍相伍”[⑦]。列国的改革，在具体名称、内容以及具体做法上存在差异，但改革的目的、实质和影响，基本上是相类似的，主要表现为几个方面：一是作为农耕经济基础的土地制度，由原来的藉田制变化为国家按户授田制，与之相应的租税也由劳役制转变为实物制；二是消除国野之间政治上的对立和等级上的差别，居民无论居于国中还是居于野中都是国家授田和征兵的对象；三是社会基层组织的血缘宗族性弱化，以郡县、乡里、什伍、编户为标志的地缘性大大加强。

正是在上面这样一个发展与变革的背景之下，中国历史上才产生了真正严格意义上的户籍制，而户籍所登录人口的主体就是以户为单位接受国家授田并为国家提供赋税、徭役、兵役的公民，也就是所谓的“编户齐民”。先秦时期各国正式建立户籍制度的时间绝大多数都难以确定，但春秋时期在一些诸侯国存在把居民的基层组织称为“书社”的情况，学术界普遍认为这与户籍制度的产生有关。如：

景公谓晏子曰：“昔吾先君桓公，以书社五百封管仲，不辞而受，子

① 徐元诰撰，王树民、沈长云点校：《国语集解》第九《晋语三》，第313页。

② 杨伯峻编著：《春秋左传注》（修订本），宣公十五年，第766页。

③ 杨伯峻编著：《春秋左传注》（修订本），成公元年，第783页。

④ 杨伯峻编著：《春秋左传注》（修订本），襄公二十五年，第1107页。

⑤ 杨伯峻编著：《春秋左传注》（修订本），襄公三十年，第1181页。

⑥ 《史记》卷15《六国年表》，第707页。

⑦ 《史记》卷6《秦始皇本纪》，第289页。

辞之何也？”①

昔晋人伐卫，齐为卫故，伐晋冠氏，丧车五百。因与卫地，自济以西，禚、媚、杏以南，书社五百。②

三十一年，鲁昭公辟季氏难，奔齐。齐欲以千社封之，子家止昭公，昭公乃请齐伐鲁，取郓以居昭公。③

（楚）昭王将以书社地七百里封孔子。④

裴骃《史记集解》引贾逵曰：“二十五家为一社。千社，二万五千家也。”⑤又引服虔曰：“书，籍也。”司马贞《史记索隐》曰：“古者二十五家为里，里则各立社，则书社者，书其社之人名于籍。盖以七百里书社之人封孔子也，故下冉求云‘虽累千社而夫子不利’是也。”⑥从以上记载及训诂基本可以认定“书社”是以里社为单位，逐户登录人口的书簿版籍。但书社户籍制到底始于何时，仍然难以断言，估计不会早于春秋中期列国的改革之前。成书于战国时期的《管子》、《商君书》及《吕氏春秋》等诸子著作将书社的产生提前到周武王时代，结合当时的社会发展状态，似嫌太早，正像杜正胜所说：“盖以后世背景传述前代的故事，不必实录。”⑦考诸史料，有关春秋战国时期户籍制度的比较明确而具体的史料，还当属秦国相对比较丰富和清晰。

据文献史料记载，秦国在献公“十年，为户籍相伍”⑧。秦献公十年是公元前375年，这一年秦国开始编录户口簿籍，并以每五家编为一伍。这应该是秦国建立户籍制度的开始。“伍”的组织作用在于互保和连坐，这一点在献公之后的秦孝公时期的商鞅变法中有更加明确的规定和说明：

（孝公）以卫鞅为左庶长，卒定变法之令。令民为什伍，而相牧司连坐。不告奸者腰斩，告奸者与斩敌首同赏，匿奸者与降敌同罚。⑨

---

① 吴则虞：《晏子春秋集释》卷6《内篇杂下第六》，中华书局，1982年，第411页。

② 杨伯峻编著：《春秋左传注》（修订本），哀公十五年，第1693页。

③ 《史记》卷32《齐太公世家》，第1503—1504页。

④ 《史记》卷47《孔子世家》，第1932页。

⑤ 《史记》卷32《齐太公世家》注引，第1504页。

⑥ 《史记》卷47《孔子世家》，第1932页。

⑦ 杜正胜：《编户齐民——传统政治社会结构之形成》，联经出版事业公司，1990年，第24页。

⑧ 《史记》卷6《秦始皇本纪》，第289页。

⑨ 《史记》卷68《商君列传》，第2229—2230页。

对秦国、甚至对整个中国历史发展有重大影响的商鞅变法，十分重视完善户籍制度。商鞅认为要想使国家强盛，就必须"知十三数"，即掌握十三个方面的统计数字，具体为：

> 境内仓口之数，壮男壮女之数，老弱之数，官士之数，以言说取食者之数，利民之数，马牛刍稾之数。

否则的话，"不知国十三数，地虽利，民虽众，国愈弱至削"①。而要想掌握这样一些数据及其不断的演变情况，就必须建立和完善户籍制度，这样国家的赋税、徭役、兵役才会方便征集，所以商鞅当时就力主在秦国范围内建立户籍制度，实行编户什伍的连坐互保，他要求：

> 四境之内，丈夫女子皆有名于上，[生]者著，死者削。②
>
> 举民众口数，生者著，死者削。③

可见，不仅仅是成年男子，而是举国人民，包括男女老幼在内，统统都要书录于籍版，这显然不是一般的名籍，而是逐家逐人的户籍。秦国杂处于西戎，与山东列国相比，政治经济文化的发展均比较落后，整个制度和社会结构的演变均落后于山东各国，那么在山东各国，与社会结构变化相适应的户籍制度的出现也应该是早于秦国方为合理。虽然有关于山东列国尚未见如秦国"为户籍相伍"这样明确的正式建立户籍制度的史料，但较为间接地涉及户籍制度的史料还是可以看到的。首先，是在上面一个小问题中曾经引过的《周礼》中极为理想化的掌管"万民之数"的史料，即：

> 司民掌登万民之数，自生齿以上皆书于版，辨其国中与其都鄙及其郊野，异其男女，岁登下其死生。及三年大比，以万民之数诏司寇。司寇及孟冬祀司民之日献其数于王，王拜受之，登于天府。④

---

① 蒋礼鸿：《商君书锥指》卷1《去强第四》，中华书局，1986年，第34页。

② 蒋礼鸿：《商君书锥指》卷5《境内第十九》，第114页。

③ 蒋礼鸿：《商君书锥指》卷1《去强第四》，第32页。

④ 孙诒让撰，王文锦、陈玉霞点校：《周礼正义》卷68《秋官·司民》，第2833—2834页。

这一记载更有可能是春秋中叶社会变革以后情况的反映。另外以齐国为例，管仲曾说：

> 常以秋岁末之时，阅其民，案家人比地，定什伍口数，别男女大小。其不为用者辄免之。有锢病不可作者疾之，可省作者半事之。并行，以定甲士当被兵之数，上其都。都以临下，视有余不足之处，辄下水官。水官亦以甲士当被兵之数。与三老里有司伍长行里，因父母案行……①

应该说这条史料还是比较清楚地反映出当时的齐国已经建立了比较完备的户籍制度，每年岁末核验其民，“案家人、比地、定什伍口数”，目的一是分别“男女大小”，以确定赋役的人数，二是确定“甲士，当被兵之数”。到汉代时，国家把查验户口称之为“案比”，如东汉孝安帝元初四年诏曰：“方今八月案比之时。”②汉代的户籍制度及其“案比”称谓之源流应该就在于此，汉代规定核验户口在每年八月进行，案比时人们要亲自到官府接受查验。对于户籍等问题，《管子》中还议论道：

> 故万民无籍，而国利归于君也。夫以室庑籍，谓之毁成。以六畜籍，谓之止生。以田亩籍，谓之禁耕。以正人籍，谓之离情。以正户籍，谓之养赢。五者不可毕用，故王者徧行而不尽也。故天子籍于币，诸侯籍于食。中岁之谷，粜石十钱。大男食四石，月有四十之籍。大女食三石，月有三十之籍。吾子食二石，月有二十之籍。岁凶谷贵，籴石二十钱，则大男有八十之籍，大女有六十之籍，吾子有四十之籍。是人君非发号令收穑而户籍也。彼人君守其本委谨，而男女诸君吾子无不服籍者也。③

从文中可见，“籍”的实质就是征收赋税。房玄龄（尹知章）注云：“小曰室，大曰庑。（毁成）是使人毁坏庐室。（止生）是使人不兢牧养也。（禁耕）是止其耕稼也。（正人是）正数之人，若丁壮也。离情，谓离心也。赢，谓大贾

① 黎翔凤撰，梁运华整理：《管子校注》卷18《度地第五十七》，第1059页。
② 刘珍等撰，吴树平校注：《东观汉记校注》卷3，中州古籍出版社，1987年，第102页。
③ 黎翔凤撰，梁运华整理：《管子校注》卷22《国蓄第七十三》，第1272—1273页。

蓄家也。正数之户,既避其籍,则至浮浪,为大贾蓄家之所役属,增其利耳。”姚永概云:“‘以正人籍’,计口而籍之也。计口则人无免者,故曰‘离情’。‘以正户籍’,计户而籍之也。计户则大户口多者利矣。故曰‘养赢’。”①《管子·国蓄》的这段文字反映出对国家直接征收各种赋税的质疑,但同时也透露出,伴随着春秋时期的社会变革,适应君主集权的地域国家的形成,户籍等各类簿籍制度纷纷产生,齐国是这样,山东其它诸侯国也不例外。至于公元前375年秦国的“为户籍相伍”则是比较晚的事情,但却在《史记》中留下了明确的记载。

春秋战国时期各国先后产生的按户逐人登录的户籍制度,不仅仅是“生者著,死者削”,而且对于户籍上所登录的内容要定期进行查验复核。根据现有的史料看,基本是每年岁末进行一次案比,三年进行一次大比。如上引管仲所言“常以秋岁末之时阅其民,案家人、比地、定什伍口数”,即是每年一次的案比,而大比的记载则见之于《周礼》:

及三年,则大比。大比则受邦国之比要。乃会万民之卒伍而用之。五人为伍,五伍为两,四两为卒,五卒为旅,五旅为师,五师为军。以起军旅,以作田役,以比追胥,以令贡赋。乃均土地,以稽其人民而周知其数。②

司民掌登万民之数,自生齿以上皆书于版,辨其国中与其都鄙及其郊野,异其男女,岁登下其死生。及三年大比,以万民之数诏司寇。司寇及孟冬祀司民之日献其数于王,王拜受之,登于天府。内史、司会、冢宰贰之,以赞王治。③

先秦时期产生的户籍,具体是什么样子?完备的户籍应该具备哪些要素,或者说是主要的信息?对于如此重要的问题,可以说传世文献中几乎看不到踪迹,倒是出土的简牍中有一点遗迹,但完整的秦汉时期以前的户籍同样没有见到。出土于20世纪70年代的湖北省云梦县睡虎地秦简,主要反映的是战国后期的历史情况,在《封诊式》这种简中记载了如下内容:

---

① 黎翔凤撰,梁运华整理:《管子校注》卷22《国蓄第七十三》,第1272—1273页。

② 孙诒让撰,王文锦、陈玉霞点校:《周礼正义》卷20《地官·小司徒》,第775—779页。

③ 孙诒让撰,王文锦、陈玉霞点校:《周礼正义》卷68《秋官·司民》,第2833—2834页。

> 乡某爰书：以某县丞某书，封有鞫者某里士五（伍）甲家室、妻、子、臣妾、衣器、畜产。•甲室、人：一宇二内，各有户，内室皆瓦盖，木大具，门桑十木。•妻曰某，亡，不会封。•子大女子某，未有夫。子小男子某，高六尺五寸。•臣某，妾小女子某。•牡犬一。[①]

从这段简文可以看出，这篇爰书不是一般意义的判处案件的司法文书，而是查封案件当事人户口资产的文书，从中可见当时户籍登录的一般内容，主要包括：1. 所居里名（某里）、2. 户主的身份（士五）、3. 户主姓名（甲）、4. 家室（一宇二内，各有户，内室皆瓦盖，木大具门，桑十木）、5. 妻子（妻曰某，亡，不会封）、6. 儿女（子大女子某，未有夫；子小男子某，高六尺五寸）、7. 臣妾（臣某，妾小女子某）、8. 牲畜（牡犬一）等。

说到秦汉的户籍，不能不论说里耶秦简，它的年代估计略晚于睡虎地秦简，属于秦始皇到秦二世时期，其中所谓的户籍简也是备受学术界关注，笔者曾撰文讨论其中的有关问题[②]，现将原文略作一些改动，附在本问题之后，此处不再详论。

另外，到秦始皇十六年，秦国又“初令男子书年”[③]，这件事在云梦睡虎地秦简的《编年纪》中则记载为“自占年”，就是要求在户籍登录中增加男子的年龄一项。这种规定不仅在秦时实行，而且被之后的汉朝承继和发展，不仅男子要登录年龄，妇女也不例外，这种承继和发展从居延汉简中可以看出。居延汉简中的各类人员簿籍，严格说还不是汉代一般的编户齐民的户籍，但其中吏卒的财产及家属名籍、符传、廪簿，具有类似于户籍的准户籍性质。略举数简可证：

> 三堆燧长居延西道里公乘徐宗年五十　徐宗年五十
> 妻妻　宅一区直三千　妻　妻一人
> 子男一人　　田五十亩直五千　男子一人　　子男二人
> 男同产二人　用牛二直五千　　　　子女二人
> 女同产二人　　　　　　　　　　男同产二人

① 睡虎地秦墓竹简整理小组：《封诊式·封守》，《睡虎地秦墓竹简》，文物出版社，1990 年，第 149 页。

② 原文题为《关于里耶秦“户籍”档案简的几点臆测》，刊于《历史档案》2008 年 4 期。

③ 《史记》卷 6《秦始皇本纪》，第 232 页。

女同产二人

24・1B[①]

这是一种人口及主要财产籍簿。

妻大女眇年卅五

第五燧卒徐谊　子使女待年九　见署用谷五石三斗一升少

子未使男有年三

203・3[②]

这是一种庶卒家属廪籍簿。

妻大女昭武万岁里□□年卌二

永光四年正月己酉　子大男辅年十九岁

橐佗吞胡隧长张彭祖符　子小男广宗年十二岁

子小女女足年九岁

辅妻南来年十五岁　皆黑色　29・2[③]

这是一种戍吏家属的符传。

另外，在湖北荆州高台汉墓的编号为M18∶35墓中出土了甲乙丙丁叠放在一起的四块木牍，其内容主要是与一个叫燕的妇女的迁徙户籍相关的文书。其中甲牍的正面共有6个字，上面有"安都"二字，下面偏右方有"江陵丞印"四个字，表示这份文书是江陵县丞发送给安都县的；乙牍的正面是一封原居地县丞将乡吏上报的户籍迁移材料转给迁移地县丞的公文，其文曰：

七年十月丙子朔[庚子]，中乡起敢言之：新安大女燕自言，与大奴甲、乙、[大]婢妨徙安都，谒告安都受[名]数，书到为报，敢言之。

十月庚子，江陵龙氏丞敬移安都丞。亭手

① 谢桂华、李均明等：《居延汉简释文合校》，文物出版社，1987年，第34—35页。

② 谢桂华、李均明等：《居延汉简释文合校》，第315页。

③ 谢桂华、李均明等：《居延汉简释文合校》，第44页。

丙牍的正面则是燕家的户籍，书有四行文字：

新安户人大女燕关内侯寡
大奴甲
大奴乙
大婢妨　　　　家优　不算不颢[①]

这里的“七年十月丙子朔[庚子]”，据简牍发掘整理者所出报告认为是西汉前期汉文帝七年(前174年)十月二十五日。申请迁移转户的户主是名字叫燕的成年女子，具有关内侯的爵位，是个没有丈夫的寡妇，有两个成年男奴和一个成年女奴。该户是个国家给以优待的家庭，不必出人头税(即算赋)和免役钱(即雇更)。这份户籍有两个问题需要澄清。一是“大女燕”与“关内侯”的关系，学术界一般认为关内侯是燕的丈夫生前的爵位，燕是关内侯某的遗孀[②]。但笔者认为，不论是从户籍内容的文字排列顺序，还是从汉代爵位继承的法律规定来看，户籍上所记的关内侯应该是大女燕的爵位。在张家山汉简《二年律令·置后律》中对爵位的继承有明确规定：

□□□□为县官有为也，以其故死若伤二旬中死，皆为死事者，令子男袭其爵。毋爵者，其后为公士。毋子男以女，毋女以父，毋父以母，毋母以男同产，毋男同产以女同产，毋女同产以妻。[③]

大女燕的关内侯爵位应该是继承其亲属的，从律令条文看，这个亲属有可能是其父亲、其兄弟或其丈夫，在这三种可能中，又由于她是寡妇，所以继承其丈夫爵位的可能性最大。从户籍所记人口看，她的家中除了奴婢之外，没有子、女、公、婆，所以其死去丈夫的爵位只能由她继承，同时她也成为这个家的“户人”，即户主。第二个问题是，这份出自墓葬之中的户籍，到底是实实在在的官府所造的文书(或者是文书的副本)，还是当事人专门用于随葬的“告地书”一类的冥物。由于这份户籍出自墓葬中，而有关于家中

---

① 湖北省荆州博物馆：《荆州高台秦汉墓：宜黄公路荆州段田野考古报告之一》，科学出版社，2000年，第234页。

② 张荣强：《孙吴简中的户籍文书》，《历史研究》2006年4期。

③ 张家山二四七号汉墓竹简整理小组编著：《张家山汉墓竹简〔二四七号墓〕》(释文修订本)，文物出版社，2006年，第59页。

人员的信息又过于简略，如没有乡里、年龄等重要的户口信息，故以发掘整理者为代表的学者主张其为随葬冥物。笔者认为这种认识虽然有明显的道理，但同时又主张，不管这份户籍是否为现实世界中的官府文书，它都与现实世界中的户籍文书有雷同的关系。至于它的简略，笔者认为有可能是这样的缘由造成：首先，这不是一份普通编户民的户籍，而是有一定身份和特权地位的家庭的户籍，关内侯是二十等爵中的第十九级，是仅低于列侯的高爵，不承担赋役自不待言，有的关内侯甚至还要食邑，分食国家的税收；其次，据《睡虎地秦墓竹简》中的《法律答问》，二十等爵中的第五级大夫都不"当伍及人"①，即不编于什伍组织之中，那么关内侯的户籍不书乡里也应该是正常的现象；再者，户籍中的年龄记录，主要是为征集赋役提供依据，大女燕家免赋免役，加之家中除了女人就是奴婢，登不登录年龄似乎关系不大。

另外张家山汉简的《二年律令》中有《户律》，其中的一些律文也涉及户籍问题：

> 民宅园户籍、年细籍、田比地籍、田命籍、田租籍，谨副上县廷，皆以箧若匣匮盛，缄闭，以令若丞、官啬夫印封……
>
> 恒以八月令乡部啬夫、吏、令史相杂案户籍，副臧（藏）其廷。有移徙者，辄移户及年籍爵细徙所，并封。留弗移，移不并封……②

第一段律文中的"年细籍"应该就是第二段律文中的"年籍爵细"，即有关年龄和身份爵位的具体情况。从《二年律令·户律》看，当时的户籍包括两个方面的重要内容：一是家中的人口、性别、年龄、爵位、人头税和徭役等状况；一是与土地占有相关的情况，如田的数量、位置、田租数额等。而当民户要搬家迁徙时，主要迁移的是户籍中与人口信息有关的情况，即人口数、性别、年龄、爵位、人头税和徭役等，而不是土地，因为土地是不能移动的。至于民户所居乡里，由于户籍本身就是由其所在的乡编录，并抄录副本封存在所在的县府，所以民户所属的县和乡里是自明的，但如果是离开当地到外地徭戍，则一定是要注明所属郡、县、里，有些还有乡，这方面的例证在

---

① 睡虎地秦墓竹简整理小组：《睡虎地秦墓竹简》，文物出版社，1990年，第129页。

② 张家山二四七号汉墓竹简整理小组编著：《张家山汉墓竹简〔二四七号墓〕》（释文修订本），第54页。

居延汉简中比比皆是，不赘举。

综上，战国至秦汉时期户籍的内容大致包括所居乡里、户主身份、户主姓名、妻子儿女及同产的性别、大小年龄与体貌特征、臣妾奴婢、房屋、土地、畜产和赋役状况等诸方面的要素，但不一定整齐划一。户籍的管理则包括随时随地的生者著、死者削，一年一次的案比，三年一次的大比。此外还特别重视户籍的稳定，所谓“理民之道，地著为本”①，周知民数也成为固国之本，这是中国古代统治者一贯的治民理念，是安定社会秩序的最重要措施，将编户固着于乡里，五家相比，互保连坐，不得擅自流亡迁徙。秦国商鞅变法就规定：

> 使民无得擅徙，则诛愚乱农（农）【之】民无所于食而必农；愚心躁欲之民壹意，则农民必静。农静，诛愚，【乱农之民欲农，】则草必垦矣。②

《管子》一书也明确指明户籍什伍制度的主要功能之一就在于止民“奔亡”：

> 夫善牧民者，非以城郭也。辅之以什，司之以伍。伍无非其人，人无非其里，里无非其家。故奔亡者无所匿，迁徙者无所容。不求而约，不召而来，故民无流亡之意，吏无备追之忧。故主政可往于民，民心可系于主。③

从春秋战国降至秦汉，不论是纷争割据的列国诸侯，还是一统天下后的秦汉皇帝，为了稳定社会秩序，保证赋税、徭役和兵役的征发，都建立了户籍登记和管理制度。秦汉之际，出身刀笔吏的萧何，深知户籍的重要性，所以刘邦入关亡秦后，军将们纷纷争取“金帛财物”，唯有萧何急忙收取秦朝的“律令图书”，其中包括户籍、法律、地理等文书，故而使刘邦掌握了“天下厄塞，户口多少，强弱之处，民所疾苦”④。刘邦击败项羽，建立统一汉朝后，首先做的事情，也是重新恢复和完善户籍制度。这在汉高帝著名的五年诏

---

① 《汉书》卷24《食货志》，第1119页。

② 蒋礼鸿：《商君书锥指》卷1《垦令第二》，第13—14页。【】内为拟补脱文。

③ 黎翔凤撰，梁运华整理：《管子校注》卷17《禁藏第五十三》，第1023页。

④ 《史记》卷53《萧相国世家》，第2014页。

令中有明确的记载：

> 民前或相聚保山泽，不书名数，今天下已定，令各归其县，复故爵田宅，吏以文法教训辨告，勿笞辱。民以饥饿自卖为人奴婢者，皆免为庶人。①

这是诏令战乱期间脱离户籍、流亡在外者重归乡里，并办理户籍登记。西汉初年萧何等人定汉律九章②，据《唐律疏议》考订，九章之中就有《户律》一章③，这是可信的，因为在近年出土的张家山汉简《二年律令》中，让人们实实在在看到了汉代《户律》的内容④。终两汉时代，国家一直十分重视户籍的管理，而且随着君主集权制的发展，户籍管理也越来越严格，制度日趋成熟，日趋完善。

## 附录　关于里耶秦"户籍简"相关问题的讨论

### （一）秦里耶"户籍简"的命名和数量

在湘西龙山里耶所发现的秦简有三万六千多枚，现已公布的虽仅是冰山一角，但也让学术界感到兴奋。据发掘及研究者确认，这批简的年代属于秦始皇和秦二世时期，稍晚于云梦睡虎地秦简，故更能够反映秦统一天下后的历史情况。已经公布的里耶秦简基本属于秦朝地方政府的档案资料，内容包括国家政令，各级政府机关之间的往来公文，司法文书，当地土地、人口、赋税、吏员、罪犯以及物资（包括罚没财产）等方面的资料。其中尤其是出土于里耶古城北护城壕中段底部一凹坑中的所谓"户籍"简牍（编

① 《汉书》卷1《高帝纪》，第54页。

② 《论衡校释》卷12载："问曰：'《九章》，谁所作也？'……或曰：'萧何也。'"（黄晖：《论衡校释》卷12《谢短篇》，中华书局，1990年，第564—565页。）《汉书·刑法志》载："汉兴，高祖初入关，约法三章曰：'杀人者死，伤人及盗抵罪。'蠲削烦苛，兆民大说。其后四夷未附，兵革未息，三章之法不足以御奸，于是相国萧何捃摭秦法，取其宜于时者，作律九章。"（第1096页）

③ 《唐律疏议》卷1曰："周衰刑重，战国异制，魏文侯师于里悝，集诸国刑典，造《法经》六篇，一、《盗法》；二、《贼法》；三、《囚法》；四、《捕法》；五、《杂法》；六、《具法》。商鞅传授，改法为律。汉相萧何，更加悝所造《户》、《兴》、《厩》三篇，谓《九章之律》。"（长孙无忌等撰，刘俊文点校：《唐律疏议》，中华书局，1983年，第2页）

④ 张家山二四七号汉墓竹简整理小组编著：详见《张家山汉简·二年律令·户律》，《张家山汉墓竹简〔二四七号墓〕》（释文修订本），第51—56页。

号 K11)，更引起笔者的注意。

通过编录户籍对居民进行控制管理，在中国有非常悠久的历史。就秦而言，据传统文献史料记载，早在先秦，甚至在商鞅变法以前就已经产生了户籍。史载，秦献公十年(公元前 375 年)“为户籍相伍”①，商鞅变法时更是强化和完善户籍制度，于秦孝公六年下令：“令民为什伍，而相牧司连坐……民有二男以上不分异者，倍其赋。”②史书又载：“四境之内，丈夫女子皆有名于上，生者著，死者削。”③不论男女老幼均被编录在户籍中。秦始皇亲政后，在户籍制度方面也有新做法，于秦王政十六年(公元前 231 年)“初令男子书年”④。即在户籍上注明男子的年龄，显然是为了兵役徭役的征发。秦不但建立了不断完善的户籍制度，而且把户籍管理通过法律加以严格维护，这在云梦睡虎地出土的秦律，如《游士律》、《除弟子律》、《傅律》以及转录的《魏户律》中都有不少反映：

> 有为故秦人出，削籍，上造以上为鬼薪，公士以下刑为城旦。
>
> 匿敖童，及占瘩(癃)不审，典、老赎耐。百姓不当老，至老时不用请，敢为酢(诈)伪者，赀二甲；典、老弗告，赀各一甲；伍人，户一盾，皆䙴(迁)之。
>
> 自今以来，叚(假)门逆吕(旅)，赘壻后父，勿令为户，勿鼠(予)田宇，三枼(世)之后，欲士(仕)士(仕)之，乃(仍)署其籍曰：故某虑赘壻某叟之乃(仍)孙。⑤

这些记载反映出秦户籍管理的严格，户籍法律的细密具体，但遗憾的是人们始终没有看到过秦具体的户籍实物是什么样子，包括一些什么内容，所以当里耶这批被称为“户籍简”的档案出土时，学术界倍感兴奋和珍贵，并快速将之命名为“户籍简”，但这批简并不包括各户人家所居乡里、人口的年龄、家庭财产等方面户籍所应具有的至关重要内容。为了方便起见，笔者在本文中也暂且用“户籍简”称之，至于这批简是否真的是秦的户籍实物，或者是户籍中的一种，或者是一种其它的什么簿籍，笔者以为是可

---

① 《史记》卷 6《秦始皇本纪》，第 289 页。

② 《史记》卷 68《商君列传》，第 2230 页。

③ 蒋礼鸿：《商君书锥指》卷 5《境内第十九》，第 114 页。

④ 《史记》卷 6《秦始皇本纪》，第 232 页。

⑤ 睡虎地秦墓竹简整理小组编：《睡虎地秦墓竹简》，第 80、87、174 页。

以进一步讨论的问题。

里耶这批户籍简的数量很少(也许还有一些这类简牍尚未公布),出土时共有51个残断,经过拼复缀合的整理,共获得有文字的整简10枚,残简14枚(段)。为了下文讨论便利,先将这24枚简中有代表性的9枚简文抄录在下面:

1(K27)
第一栏:南阳户人荆不更蛮强
第二栏:妻曰嗛
第三栏:子小上造□
第四栏:子小女子驼
第五栏:臣曰聚
伍长
完整。宽1.6厘米。“伍长”字体大。
2(K1/25/50)
第一栏:南阳户人荆不更黄得
第二栏:妻曰嗛
第三栏:子小上造台
子小上造
子小上造[定]
第四栏:子小女虖
子小女移
子小女[平]
第五栏:五长
完整。宽3厘米。“五长”字体大且偏左。
3(K43)
第一栏:南阳户人荆不更大□
弟不更[庆]
第二栏:妻曰嬽
庆妻规
第三栏:子小上造视
子小造□

完整。宽1.8厘米。

4(K28/29)

第一栏:南阳户人荆不更黄□

第二栏:妻曰负刍

第三栏:子小上造□

第四栏:子小女子女[祠]　毋室

完整。宽1.6厘米。“毋室”字体大而隔开。

5(K17)

第一栏:南阳户人荆不更黄□

　　　子不更昌

第二栏:妻曰不实

第三栏:子小上造悍

　　　子小上造

第四栏:子小女规

　　　子小女移

完整。宽1.9厘米。

8(K30/45)

第一栏:南阳户人不更彭奄

　　　弟不更说

第二栏:母曰错

　　　妾曰□

第三栏:子小上造状

残长32、宽2厘米。

9(K4)

第一栏:南阳户人荆不更緐喜

　　　子不更衍

第二栏:妻大女子媐

　　　隶大女子华

第三栏:子小上造章

　　　子小上造

第四栏:子小女子赵

　　　子小女子见

残长32.8、宽2.9厘米。

10(K2/23)

第一栏:南阳户人荆不更宋午

弟不更熊

弟不更卫

第二栏:熊妻曰□□

卫妻曰□

第三栏:子小上造传

子小上造逐

□子小上造□

熊子小上造□

第四栏:卫子小女子□

第五栏:臣曰褯

完整。宽2.3厘米。第二栏第一行应是宋午妻名,原有文字削去。

11(K13/48)

第一栏:南阳户人荆不更□□

第二栏:妻曰有

第三栏:子小上造绰

第四栏:母◇

残长32.8、宽1.7厘米。[①]

**(二)秦里耶"户籍简"的分栏原则**

这批户籍简中内容齐备完整的每枚最多包括五个部分,即上面所谓的五个"栏",少的也有四三个,最少的甚至只有二个。部分的多少不是由于简的完整和断残,而是由该民户的人员构成情况决定的。原简各个部分是用墨线或硬划痕将其分栏的。据某些学者文章认为:第一栏是户主栏,第二栏是配偶栏,第三栏是子男栏,第四栏是子女栏,第五栏是备注栏。应该

① 详见湖南省文物考古研究所编著:《里耶发掘报告》,岳麓书社,2007年,第203—206页。

说这种概括不太能够反映这组简的实际情况，并进而影响到对这组简性质的认识以及对其命名。实际情况是，第一栏并非户主栏，而是“丁壮男子栏”，因为不但登记有某地户人（即户主）某某的爵位和姓名，同时也登记有户中其他丁壮男子，包括户人的兄弟以及成年儿子的爵位和名字；第二栏也并非配偶栏，而是“丁壮女子栏”，不但登记有户人妻子的名字，而且还登记有尚未免老的母亲、妾及兄弟妻子的名字；第三栏看似是子男栏，但因为已经成年的儿子并不在这一栏中，所以如此称谓仍不准确，应该称为“非丁壮男子栏”，登记有老弱男子的爵位和名字，由于这一组民户中没有免老的男子，故实际只包括未成年儿子及兄弟们的儿子们的爵位和名字；第四栏同样不能够称为子女栏，因为其中不但包括户主的女儿及其兄弟们的女儿的名字，还包括已经免老的母亲的名字，所以应该称为“非丁壮女子栏”；最后一栏属于备注栏没有什么问题，主要是注明一些非普遍性的特别情况，如注明户人是伍长，或登记该户拥有臣，即奴婢等情况。刘欣宁认为里耶户籍简“分类的主要架构，并非亲属关系或年龄大小，而是赋役身分之不同：第一栏：大男，第二栏：大女，第三栏：小男，第四栏：小女，第五栏：奴婢”[①]。这其中有可取之处，如认为“分类的主要架构，并非亲属关系”，而是“赋役身分之不同”，但认为“分类的主要架构，并非……年龄大小”，显然有问题，不但与简文的分栏原则不符，也与他自己提出的“赋役身分之不同”相矛盾，因为年龄与赋役身份是直接相关的。至于“第一栏：大男，第二栏：大女，第三栏：小男，第四栏：小女，第五栏：奴婢”的抽象命名也欠完美，主要是忽略了免老男女的归类问题。

从以上所引9组简文及上面的分析可以看出，这组简实际主要包括两个方面的信息，一是户内成员的身份及与户人（即户主）的关系，身份包括籍贯、爵位、吏职、良贱和犯罪等情况；二是性别及是否为丁壮的情况，不但男女分列，且丁壮与老弱分栏。这组简的分栏原则不是以户主为中心、以与户主的血缘关系远近亲疏为序排列户中成员，而绝对是以男女和丁壮老弱为分栏的原则和依据，该簿籍作为徭役、兵役征发依据的性质十分突出。

鉴于以下四点原因：第一，户人即户主在簿籍中没有突出和独立的位置，而是和自己的兄弟，甚至和成年的儿子登记在同一栏中，如上引第5(K17)简和第9(K4)简；第二，户人的母亲有的登记在第二栏，即丁壮女子

---

① 刘欣宁：《里耶户籍简牍与“小上造”再探》，简帛网2007年11月6日，链接为：http://www.bsm.org.cn/show_article.php?id=751。

栏中,如第 8(K30/450)简,而有的则登记在第四栏,即非丁壮女子栏中,如第 11(K13/48)简;第三,户人的儿子们,既有登记在第一栏,即丁壮男子栏中,像刚引证的第 5(K17)简和第 9(K4)简,也有(绝大多数)登记在第四栏,即非丁壮男子栏中;第四,簿籍中所有成员,特别是男性成员都没有年龄登记,这不符合上面所引秦始皇十六年(公元前 231 年)"令男子书年"的户籍管理原则,也不符合户籍的一般要素,还与同时出土的里耶其它简牍史料所反映的十分重视年龄登记的情况不符合①。所以笔者臆测,里耶"户籍简"并非秦朝正规的户籍原样,而是一种统一该地区后即时性的以户为单位的各类人口(男女丁壮老弱)分类登记表。

### (三)"户籍简"中的"毋室"疑为"母室"

学术界对里耶"户籍简"中的"毋室"二字存在较多的疑问,笔者当然也是一样,在此略抒臆测。

上引第 4(K28/29)简的第四栏,在"子小女子女祠"后有"毋室"二字,《里耶发掘报告》说:"'毋室'二字,是指女祠无房宅还是户主一家无房宅,不得而知。"②把"毋室"二字解释为"无房宅",至于是这个名字叫女祠的小女孩无房宅,还是这一户人家无房宅,无法确定,因而存疑。笔者以为,在第四栏中出现"毋室"二字,实在是不伦不类,在同时出土的 24 枚简中绝无仅有,包括这枚简在内的全部"户籍简"完全没有关于土地等资产状况的登记,其它 23 枚简也完全没有房产的情况。退一步说,在这 24 户人家中就是只有这一家没有房室,那也应该或者登记在第一栏,即户人(户主)所在的栏内,或者更应该登记在第五栏,即备注栏内,而不应该登记在第四栏,即非丁壮女子栏内。至于说"毋室"是指"子小女子女祠"没有房室,其可能性则更小,因为"子小女子女祠"属于未成年人,又是女孩。基于这些考虑,笔者怀疑"毋室"二字中的"毋"字是登录或誊写过程中发生了笔误,是"母"字之误,"毋室"可能是"母室",即户主的母亲名字叫"室",由于年纪较大,故没有登记在第二栏,即丁壮女子栏,而是登记在第四栏,即非丁壮女子栏内。

---

① 如《里耶发掘报告》,第 194 页,第⑯9 简:"廿六年五月辛巳朔庚子,启陵乡□敢言之:都乡守嘉言渚里□□(第一行)劾等十七户徙都乡,皆不移年籍。令曰移言,今问之劾等徙□(第二行)书告都乡,曰启陵乡未有枼(牒),毋以智(知)劾等初产至今年数,□(第三行)□□□谒令,都乡具问劾等年数。敢言之。"

② 湖南省文物考古研究所编著:《里耶发掘报告》,第 209 页。

### (四)“户籍简”中“隶大女子华”的身份讨论

上引第9(K4)简的第二栏,在“妻大女子媐”下面有“隶大女子华”,这个名字叫“华”的大女子的身份,非妻非妾也非子(女性之子,即女儿),而是“隶”。《里耶发掘报告》认为“‘隶大女子华’,可能是女奴隶充当妾室”①,但并不十分肯定。对《里耶发掘报告》的这个解释,刘欣宁认为“恐怕未得其实”,并指出“所谓‘隶’应指罪隶而非奴隶,由睡虎地秦律可知,罪隶同于凡人亦有大、小之分”②,笔者也有相同的看法。但是对于“罪隶为何列入户籍”,刘文只是说“仍须再作探究”③,没有具体解释。笔者在此想略抒臆测。

大女子华的身份是“隶”,而“隶”是罪犯,这基本是学术界的共识。由于“隶”大量出现在云梦睡虎地秦墓竹简中,大约要有几十处之多:“隶臣”、“隶妾”、“隶臣妾”、“隶臣田者”等等④,学术界对其有过长期深入的研究,故笔者在此不再赘论。此处问题的关键在于,既然大女子华是罪犯,正常情况理应在牢狱等服刑场所,为什么会出现在民户的簿籍中。笔者以为,既然罪犯不在监狱等服刑场所之中,而在之外,就应该属于类似于今天的“监外执行”。根据现代刑法理论,监外罪犯主要包括假释和监外执行两种类型,其中假释是根据罪犯在服刑期间良好的悔改表现而有条件地予以提前释放,只要罪犯在假释考验期间没有再犯新罪,就认定原判刑罚已经执行完毕,不存在再收监执行的问题;而监外执行则是为了解决罪犯的某些特殊情况,譬如有严重疾病需保外就医,或者是妇女怀孕、分娩、哺乳婴儿等,法律采取暂不在监内执行的临时措施,一旦这些妨碍在监内执行的因素消失,罪犯如果刑期未满,即使在监外执行期间没有再犯新罪,仍然须要收监,继续执行未完毕的刑期。可以说,“隶大女子华”的史料,使我们了解到秦代已经存在监外罪犯,但大女子华是属于假释还是属于监外执行,显然难以确定。

秦代存在类似于现代刑罚的监外刑,除了“隶大女子华”这一条孤证外,似乎没有其它的佐证,但是有关联的间接证据还是有的,主要存在于当时的“恤刑”和“赎刑”中。

---

① 湖南省文物考古研究所编著:《里耶发掘报告》,第208页。

② 如《秦律十八种·仓律》:“小隶臣妾以八月傅为大隶臣妾,以十月益食。”

③ 刘欣宁:《里耶户籍简牍与“小上造”再探》,简帛网2007年11月6日,链接为:http://www.bsm.org.cn/show_article.php?id=751。

④ 详见《睡虎地秦墓竹简》。

《左传》曰："妇人无刑，虽有刑，不在朝市。"[①]这表现了中国古代对妇女的恤刑思想。又据《汉书·刑法志》记载，西周时期法律规定："凡有爵者，与七十者，与未龀者，皆不为奴。"[②]反映了对老弱犯罪的恤刑原则。发展到秦汉时期，恤刑的范围进一步扩大，不仅对老弱犯罪有所宽待，而且对有残疾病患者，对妇女（尤其是孕妇）犯罪都有所宽免。《秦简·法律答问》载：

> 女子为隶臣妻，有子焉，今隶臣死，女子北其子，以为非隶臣子殹（也），问女子论可（何）殹（也）？或黥颜頯为隶妾，或曰完，完之当殹（也）。[③]

以严酷著称的秦律对该女子的"完之"处罚，显然是包含了对女子的宽恤成分。而汉代此类史料则比较丰富，也更加直接。如汉景帝后元三年诏令：

> 年八十以上，八岁以下，及孕者未乳、师、朱儒当鞠系者，颂系之。[④]

汉平帝元始四年诏令：

> 盖夫妇正则父子亲，人伦定矣。前诏有司复贞妇，归女徒，诚欲以防邪辟，全贞信。及眊悼之人刑罚所不加，圣王之所制也。惟苛暴吏多拘系犯法者亲属，妇女老弱，构怨伤化，百姓苦之。其明敕百寮，妇女非身犯法，及男子年八十以上七岁以下，家非坐不道，诏所名捕，它皆无得系。其当验者，即验问。[⑤]

汉光武帝建武三年诏曰：

> 男子八十以上、十岁以下，及妇人从坐者，自非不道，诏所名捕，皆

① 杨伯峻编著：《春秋左传注》（修订本），襄公十九年，第1049页。
② 《汉书》卷23《刑法志》，第1091页。
③ 睡虎地秦墓竹简整理小组：《睡虎地秦墓竹简·法律答问》，第134页。
④ 《汉书》卷23《刑法志》，第1106页。
⑤ 《汉书》卷12《平帝纪》，第356页。

不得系。当验问者即就验。[①]

汉和帝十一年二月诏曰：

郡国中都官徒及笃癃老小女徒各除半刑，其未竟三月者，皆免归田里。[②]

上面所引，不论是“孕者未乳”者“颂系之”，还是“归女徒”，或是“妇女非身犯法”，只要不是“坐不道”，不是“诏所名捕”，“皆无得系”，“其当验者，即验问”，或是“女徒各除半刑”，“未竟三月者，皆免归田里”。这一系列的规定，显然都是对妇女犯罪的相对宽恤。

还应该指出，许多学者都将“不(无)得系”解释为“在狱中取掉枷锁”，而对其后面的“其当验者，即验问”，又遵从颜师古在上引《平帝纪》中所注“就其所居而问”，即认为“审问也在自己家进行”[③]。这里对“系”的解释显然不合理，怎么可能人关在监狱中，审问时又回到自己的家中呢。笔者认为，这里的“系”应该释作“关押”或“囚禁”，“系”在古汉语中本身就有这种含义，如《战国策・燕策三》载：“使者过赵，赵王系之。”[④]赵王是将燕国的使者软禁起来，并非捆绑。又《后汉书・鲍昱传》载：“臣前在汝南，典理楚事，系者千余人，恐未能尽当其罪。先帝诏言，大狱一起，冤者过半。”[⑤]这里也是说有千余人因为楚王英谋反案被关押在狱中。所以上面的“不得系”就是不能关押，令实行监外审问控制，而这同样是对妇女和老弱病残者的宽恤。

监外刑与恤刑有关，也与赎刑有关。赎刑简单说就是由犯人用缴纳一定数量资财(也有用役力)的办法来赎免或减轻其被判处的刑罚。赎刑存在的历史非常久远，据说夏朝时就已存在。据司马贞《〈史记・平准书〉索隐》引《尚书大传》曰：“夏后氏不杀不刑，死罪罚二千馔。”[⑥]《路史・后纪》也说：“夏后氏罪疑为轻，死者千馔，中罪五百，下罪二百。”是否可信，暂且

① 《后汉书》卷1《光武帝纪上》，第35页。

② 《后汉书》卷4《和帝纪》，第185页。

③ 堀毅：《秦汉法制史论考》，法律出版社，1988年，第204页。

④ 刘向集录，范祥雍笺证，范邦瑾协校：《战国策笺证》，第1784页。

⑤ 《后汉书》卷29《鲍永列传》，第1022页。

⑥ 《史记》卷30《平准书》，《索隐》，第1427页。

不论。但秦代的赎刑制度不但清楚，而且得到了进一步的发展。按云梦睡虎地出土的秦律所示，当时有赎耐、赎黥、赎迁、赎鬼薪鋈足、赎宫、赎死，而赎的手段，既可以金赎，也可以赀或役来赎①。汉承秦制，赎刑的理论和实践都进一步发展。而两《汉书》中有关"顾山赎罪"的三条史料，对于我们释解里耶"户籍简"中的"隶大女子华"的疑问非常有价值，笔者认为，这几条材料在一定意义上可以说回答了"隶大女子华"为何登记在民户的簿籍中的问题。

《汉书·平帝纪》载：元始元年，"天下女徒已论，归家，顾山钱月三百。"如淳注曰："已论者，罪已定也。令甲，女子犯罪，作如徒六月，顾山遣归。说以为当于山伐木，听使入钱顾功直，故谓之顾山。"应劭注曰："旧刑鬼薪，取薪于山以给宗庙，今使女徒出钱顾薪，故曰顾山也。"颜师古注曰："谓女徒论罪已定，并放归家，不亲役之，但令一月出钱三百，以顾人也。为此恩者，所以行太皇太后之德，施惠政于妇人。"②又汉光武帝建武三年诏："女徒雇山归家。"李贤注引《前书音义》曰："《令甲》：女子犯徒遣归家，每月出钱雇人于山伐木，名曰雇山。"③而桓谭在上疏中则说："今宜申明旧令，若已伏官诛而私相伤杀者，虽一身逃亡，皆徙家属于边，其相伤者，加常二等，不得雇山赎罪。"④不允许拿钱赎罪。从以上三条史料可以看出，顾山是一种赎刑，是一种用每月三百钱换得的监外刑，而且主要是"施惠政于妇人"。

最后回到"隶大女子华"，从以上曲折取证分析可大体确定，大女子华是一名监外罪犯，与户主的关系，有三种可能：妾、女、母；监外执行的原因，也有三种可能：有疾病保外就医，是孕产妇，属于顾山一类的赎刑，即用钱换得的监外刑。

## 三、秦汉时期户籍的种类

秦汉时期与户口相关的簿籍名称，除了"户籍"之外，还有其它的称谓，如"名数"、"名籍"、"名"、"命"、"版"、"版籍"、"命籍"等：

---

① 详见《睡虎地秦墓竹简》。

② 《汉书》卷12《平帝纪》，第351页。

③ 《后汉书》卷1《光武帝纪上》及李注，第35页。

④ 《后汉书》卷28上《桓谭列传》，第958页。

献公立七年，初行为市。十年，为户籍相伍。[①]

元封四年中，关东流民二百万口，无名数者四十万。《索隐》曰：案：小颜云：“无名数，若今之无户籍。”[②]

元鼎五年，侯圣嗣，坐知人脱亡名数，以为保，杀人，免。师古曰：“脱亡名数，谓不占户籍也。以此人为庸保，而又别杀人也。”[③]

元帝即位，征霸，以师赐爵关内侯，食邑八百户，号褒成君，给事中，加赐黄金二百斤，第一区，徙名数于长安。师古曰：“名数，户籍也。”[④]

郑当时字庄，陈人也。其先郑君尝事项籍，籍死而属汉。高祖令诸故项籍臣名籍，郑君独不奉诏。诏尽拜名籍者为大夫，而逐郑君。[⑤]

其令天下上此五姓名籍于秩宗，皆以为宗室。世世复，无有所与。[⑥]

宗正，卿一人，中二千石。本注曰：掌序录王国嫡庶之次，及诸宗室亲属远近，郡国岁因计上宗室名籍。[⑦]

昌陵后罢，大臣名家皆占数于长安。师古注曰：“占，度也。自隐度家之(曰)[口]数而著名籍也。”[⑧]

今远州之县，或相去数百千里，虽多山陵洿泽，犹有可居人种谷者焉。当更制其境界，使远者不过二百里。明版籍以相数阅，审什伍以相连持……李贤注曰：“《周礼》曰：‘凡在版者。’注云：‘版，名籍也，以版为之也。’”[⑨]

王常字颜卿，颍川舞阳人也。王莽末，为弟报仇，亡命江夏。李贤注曰：“命者，名也。言背其名籍而逃亡也。”[⑩]

吴汉字子颜，南阳宛人也。家贫，给事县为亭长。王莽末，以宾客犯法，乃亡命至渔阳。注曰：“命，名也。谓脱其名籍而逃亡。”[⑪]

① 《史记》卷6《秦始皇本纪》，第289页。
② 《史记》卷103《万石君列传》，第2768页。
③ 《汉书》卷15《王子侯表》，第437页。
④ 《汉书》卷81《孔光传》，第3353页。
⑤ 《汉书》卷50《郑当时传》，第2323页。
⑥ 《汉书》卷99《王莽传》，第4106页。
⑦ 《后汉书》卷116《百官志》，第3589页。
⑧ 《汉书》卷100《叙传上》，第4198页。
⑨ 《后汉书》卷49《仲长统列传》，第1653页。
⑩ 《后汉书》卷15《王常列传》，第578页。
⑪ 《后汉书》卷18《吴盖陈臧列传》，第675页。

殊能思行天上之事，得天神要言，用其诫，动作使可思，可易命籍，转在长寿之曹。

善自得生，恶自早死，与民何争。故置善人文以示生民，各知寿命吉凶所起，为道其诫，使不犯耳。行善之人，无恶文辞。天见善，使神随之，移其命籍，著长寿之曹神，遂成其功。[①]

遣光禄大夫循行举籍。师古注曰："举其名籍也。"[②]

秦汉时期是等级社会，不同政治身份的人所占著的户籍类型是不同的，当然，所谓不同的政治身份主要是指户主。在各类户籍中主要而且大量的是编户民的户籍，这其中既包括可以占爵为官为吏的吏民的户籍，也包含各类罪犯和贫贱之民组成的所谓"七科谪"籍[③]。编户民的户籍之外还应该有皇族成员的宗室籍，常称为"（宗室）属籍"[④]，还有贵族的侯籍。这几类户籍基本属于学术界普遍认可的，此外为官者是否也有专门的宦籍，则是有不同认识的。下面分别作简单论述。

在各类户籍中主要的而且是大量和基本的是编户民的户籍，这一类民户按照社会地位和等级划分，其主体部分的吏民属于平民或者说是自由民，按照职业划分则主要是农民。这些民户虽然不具备王侯贵族、宗室子弟的特权和国家经常赋予的优惠利益，但由于他们具有平民的编户籍，因此也具有一般的"民权"，这种权利简单说包括受田权、受爵权、察举任官权、推择为吏权等。

秦汉时期的编户民虽然沿袭先秦时期的改革，被称为"齐民"，但不论是政治上还是经济上他们彼此之间都是不齐等的。简单说，由于秦汉时期存在由罪犯和贫贱民组成的七科谪群体，又由于秦汉时期实行二十等爵位

---

① 王明编：《太平经合校》卷114《见诫不触恶诀第一百九十五》、《为父母不易诀第二百三》，中华书局，1960年，第602、625页。

② 《汉书》卷11《哀帝纪》，第337页。

③ 据《汉书·武帝纪》注引张晏曰："吏有罪一，亡(人)[命]二，赘婿三，贾人四，故有市籍五，父母有市籍六，大父母有市籍七，凡七科也。"(《汉书》卷6《武帝纪》，第205页)

④ 如《汉书·文帝纪》：四年"夏五月，复诸刘有属籍，家无所与。"(《汉书》卷4《文帝纪》，第120页)《汉书·宣帝纪》："后有诏掖庭养视，上属籍宗正。"应劭曰："诏敕掖庭养视之，始令宗正著其属籍。"(《汉书》卷8《宣帝纪》，第236页)《汉书·楚元王传》："初，休侯富既奔京师，而王戊反，富等皆坐免侯，削属籍。"(《汉书》卷36《楚元王传》，第1925页)《后汉书·伏隆列传》："梁王刘永，幸以宗室属籍，爵为侯王，不知厌足，自求祸弃，遂封爵牧守，造为诈逆。"(《后汉书》卷26《伏湛列传》，第899页)等等。

制，编户民所占爵位的等级，乃至身份地位都不相同，因而必然存在政治上的不齐等；又由于各种原因造成经济状况的不同，彼此之间存在悬殊的资产差异，存在所谓“大家”、“中家”和“小家”的划分[①]。“大家”也称为“上家”，家庭的资产标准大约是百万钱以上；“中家”是中等资产的民户，资产数下限约在十万钱左右；“小家”也称为“下户”，资产在三四万钱以下。编户民之间在经济上也是不齐等的，所以太史公不无感慨地说：“凡编户之民，富相什则卑下之，伯则畏惮之，千则役，万则仆，物之理也。”[②]关于这个问题，本书在后面会详细讨论。

关于宗室属籍，即皇族成员的名籍问题，虽然本书主要关注的是社会中的下层民众，但那些因各种原因而脱离宗室属籍的皇族成员也会变更户籍类型，加入下层民户的队伍，后文中我们不会用专门的章节讨论皇族宗室这一群体，现在提到户籍类型的问题，故笔者在此稍作讨论。

首先，皇族成员，包括旁支后裔，无疑是当时社会上最特殊的群体。其中绝大多数是社会上的特权阶层，皇帝及其国家赋予他们不少的优惠利益，他们与一般的编户齐民完全不可同日而语，故需要有单独的户籍，有专门的机构负责管理，这个机构就是朝廷中作为九卿之一的宗正。《史记·三王世家》曰：“宗正者，主宗室诸刘属籍……”[③]《汉书·百官公卿表》曰：“宗正，秦官，掌亲属……”但应劭认为在秦以前，甚至在西周前期就已经有“宗正”之官职：“周成王之时彤伯入为宗正也。”而颜师古纠正说：“彤伯为宗伯，不谓之宗正。”[④]而“宗伯”之名在汉代也使用过，即“平帝元始四年更名宗伯”，当时是王莽掌权，改名是其为政的特点，之后王莽又将之改为“秩宗”[⑤]，但其职掌是一样的，即掌管皇家宗族事务，包括宗室属籍的管理。《后汉书·百官志》曰：

> 宗正，卿一人，中二千石。本注曰：掌序录王国嫡庶之次，及诸宗室亲属远近，郡国岁因计上宗室名籍。若有犯法当髡以上，先上诸宗

① 诸多学者在其论著中称汉代民户存在“上户”、“中户”和“下户”的等级划分，其实这是一种想当然或人云亦云，实际上是存在“上家”、“中家”和“小家”的划分，而只有“小家”又被称为“下户”，却没有“上户”和“中户”之称。

② 《史记》卷129《货殖列传》，第3274页。

③ 《史记》卷60《三王世家》，第2118页。

④ 《汉书》卷19《百官公卿表上》，第730页。

⑤ 《后汉书》卷116《百官志》，第3589页。

正，宗正以闻，乃报决。[①]

宗正一官由皇族宗室之人担当，在汉代来说就是刘姓皇族，而且据《史记索隐》说，“必以宗室有德者为之”[②]。汉家制度的这种规定，当是出于行使职权的方便，这一点在处理宗室人员犯罪时表现尤为明显，汉代历史上诸起刘氏王侯反叛罪案的处理，都是以宗正官为主。如吴楚七国之乱时，汉景帝“以（爰）盎为泰常，奉宗庙，使吴王，吴王弟子德侯为宗正，辅亲戚，使至吴，吴楚兵已攻梁壁矣。宗正以亲故，先入见，谕吴王拜受诏。”颜师古也明确指出，这是“以亲戚之意谕说也。”[③]同样，淮南王刘安谋反时，汉武帝也是“使宗正以符节治王”。之后，衡山王刘赐又反，公卿大臣们同样是请求“遣宗正、大行与沛郡杂治王”[④]。汉武帝死后，燕王刘旦谋反，史书记载：

> 欲发兵。事发觉，当诛。昭帝缘恩宽忍，抑案不扬。公卿使大臣请，遣宗正与太中大夫公户满意、御史二人，偕往使燕，风喻之。到燕，各异日，更见责王。宗正者，主宗室诸刘属籍，先见王，为列陈道昭帝实武帝子状。侍御史乃复见王，责之以正法……[⑤]

以上数例可见宗室属籍是由宗正机构专门负责管理，在处理宗室内部事务中，特别是王侯犯罪反叛时，遵照皇帝的旨意，宗正充当着极为重要的角色。

其次，并非所有皇族后裔都具有宗室属籍。早在战国时期，商鞅在秦国变法就规定：“宗室非有军功论，不得为属籍。”[⑥]即没有军功的嬴姓宗族之人也不具有宗室的属籍，激励宗室之人首先要为国建功，然后才可享有贵族的待遇，体现了战国时期军功新贵的朝气和革命精神。平心而论，这种规定有些过于严格，这与当时的历史环境密切相关，秦国统治者要图强、争胜、统一天下，如此做法又是必要的。进入汉代以后，天下一统，基本告别了大规模和经常性的战争，严格按照“宗室以军功定属籍”已经丧失其存

---

① 《续汉书·百官志三》，《后汉书》，第3589页。

② 《史记》卷60《三王世家》注，第2118页。

③ 《汉书》卷35《吴王濞传》及注，第1912页。

④ 《汉书》卷44《淮南衡山传》，第2156页。

⑤ 《史记》卷60《三王世家》，第2118页。

⑥ 《史记》卷68《商君列传》，第2230页。

在的必要和可能，但依然不是所有的刘姓族人都具有宗室属籍。如《汉书》中记载：

> （孝文四年）夏五月，复诸刘有属籍，家无所与。①
>
> 赐宗室有属籍者马一匹至二驷……②
>
> 赐诸侯王、丞相、将军、列侯、王太后、公主、王主、吏二千石黄金，宗室诸官吏千石以下至二百石及宗室子有属籍者、三老、孝弟力田、鳏寡孤独钱帛，各有差……③
>
> 赐九卿已下至六百石、宗室有属籍者爵，自五大夫以上各有差。④

从以上四条史料看，无论是“诸刘有属籍”，还是“宗室有属籍者”，或者是“宗室子有属籍者”，都对应地反映出，在“诸刘”、“宗室”或“宗室子”中存在着“有属籍”和无属籍者的区别，而且应该是有相当部分的具有刘姓血统者不具有宗室的属籍。那么，其中的哪些人不具有或者说是丧失了宗室属籍呢？从两汉的文献史料看，首先应该是谋反等罪犯及其家属：

> 复七国宗室前绝属者。师古曰：“此等宗室前坐七国反，故绝属。今加恩赦之，更令上属籍于宗正也”。⑤
>
> 大赦天下，改元元兴。宗室以罪绝者，悉复属籍。⑥
>
> （孝顺帝）永建元年春正月甲寅，诏曰：“……其大赦天下……宗室以罪绝，皆复属籍。其与阎显、江京等交通者，悉勿考。”⑦
>
> （阳嘉元年）三月……庚寅，帝临辟雍飨射，大赦天下，改元阳嘉。诏宗室绝属籍者，一切复籍……⑧

除了违法的罪犯及其被牵连的家属外，宗室中缺乏德行者，有时也会绝其

---

① 《汉书》卷4《孝文帝纪》，第120页。
② 《汉书》卷9《元帝纪》，第279页。
③ 《汉书》卷10《成帝纪》，第303页。
④ 《汉书》卷12《平帝纪》，第357页。
⑤ 《汉书》卷6《武帝纪》，第160页。
⑥ 《后汉书》卷4《和帝纪》，第193页
⑦ 《后汉书》卷6《顺帝纪》，第251—252页。
⑧ 《后汉书》卷6《顺帝纪》，第260页。

宗室属籍，如汉武帝即位后：

> 魏其、武安俱好儒术，推毂赵绾为御史大夫，王臧为郎中令。迎鲁申公，欲设明堂，令列侯就国，除关，以礼为服制，以兴太平。举适诸窦宗室毋节行者，除其属籍。①

这里的“毋节行”，应该主要是指违反礼法道德、伦常纲纪等，比如像通奸乱伦等问题，虽然也很严重，但与谋反叛乱不同，不至于危及君主的政权、国家的安全，所以这一类罪行不一定都会招致被削除宗室属籍的处罚。但如果同时牵涉到政治斗争，就会成为被处罚，被绝属籍的重要原因，像我们所引的这条史料，就是因为以魏其侯窦婴、武安侯田蚡为代表的尊儒派官僚要“以礼为服制，以兴太平”，所以才大规模地“举适诸窦宗室毋节行者，除其属籍”。

上面所说消除宗室属籍的原因是由于谋叛、违礼犯法、没有节行，就问题的本质而言，可以说都是属于非正常的丧失宗室的属籍。那么，在丧失宗室属籍方面，既然存在“非正常”，是否就意味着还有正常的失去宗室属籍的情况呢？回答是肯定的。因为《汉纪》中有这样的记载：

> （汉宣帝）地节元年……夏六月，诏宗室属籍未尽而罪绝者复属，使得自新。②

所谓“属籍未尽而罪绝”，就是说属籍还没有到正常的该尽绝的时候，由于犯罪而遭到尽绝的处罚。从这句话可以推断，即便没有犯罪，也有自然正常的应该尽绝的时候。这属于比较重大的问题，理应有制度上的明文规定，但是在现有文献史料中找不到直接的证明，只能用古代相关的制度，特别是宗法礼仪制度加以推论，辅证以简牍材料。

“宗室”一词大约有三种重要含义。一是指宗庙，《诗经·国风·召南》：“于以奠之，宗室牖下。”《笺》：“宗室，大宗之庙也。”③二是指大宗之家，《仪礼·士昏礼》：“祖庙未毁。教于公宫三月。若祖庙已毁。则教于宗

---

① 《史记》卷107《魏其武安侯列传》，第2843页。

② 张烈点校：《汉纪》卷第17《孝宣皇帝纪》，《两汉纪》（上册），第301页。

③ 《毛诗正义》卷1《国风·采苹》，阮元校刻：《十三经注疏》，第286页。

室。”《注》曰：“宗室，大宗之家。”三是专指君主的宗族，《史记·三王世家》：“宗正者，主宗室诸刘属籍……”按照第三种含义，凡是与君主有血缘关系的王族或皇族成员及后裔均是宗室，但不是所有的宗室都有属籍，有属籍的宗室应包括“百世不迁”的大宗之家，包括“五世则迁”之前的，即五世之内的小宗旁支，也就是所谓的“五服”或“五属”之内的族人。汉人说：“天序五行，人亲五属……”颜师古注曰：“五属，谓同族之五服，斩衰、齐衰、大功、小功、缌麻也。”[①]张晏注曰：“礼，服尽于玄孙……”[②]李贤于《后汉书》注中也说：“五属谓五服内亲也。”[③]“谓斩衰、齐衰、大功、小功、缌麻也。”[④]“五属”或“五服”以外之宗室，由于血缘关系已远，所以亲尽属绝，正如《新唐书·宗室世系》所言：

> 其初皆有封爵，至其世远亲尽，则各随其人贤愚，遂与异姓之臣杂而仕宦，至或流落于民间，甚可叹也！[⑤]

汉代皇族宗室亲尽属绝的情况，不仅在传统的文献史料中有所记载，而且在出土的简牍史料中也有生动的反映，比如20世纪70年代初出土的甘谷汉简。甘谷汉简仅有23枚，且残损严重，完好的仅有几枚，但可以清晰地看出，这组简的内容是汉桓帝延熹元年宗正府卿刘柜针对宗室问题给皇帝的奏书及皇帝的诏书，其中就记载了一些东汉时期散于地方的“属尽”宗室者的具体情况。[⑥] 如其中第十号简记载：

> 徐沙福亭长樊赦□令宗室刘江刘瑜刘树刘举等著赤帻为伍长守街治滞□□☐

“伍长”，是什伍编户民组织的五家之长，刘江等宗室之人担任伍长，一方面说明他们所具有的是一般编户民的户籍，而脱离了宗室属籍；另一方面则说明他们不是因违法犯罪被剥夺宗室属籍，而是属于自然的亲绝属尽。又

① 《汉书》卷73《韦玄成传》，第3122页。
② 《汉书》卷14《诸侯王表》注，第397页。
③ 《后汉书》卷8《灵帝纪》，第330页。
④ 《后汉书》卷67《党锢列传》，第2189页。
⑤ 《新唐书》卷70《宗室世系表上》，中华书局，1975年，第1955页。
⑥ 李均明、何双全编：《散见简牍合辑》，文物出版社，1990年，第5—8页。

如其中第二简记载：

> 审诸侯五属内居国界有罪请五属外便以法令治流客虽五属内不得行复除宗室刘槐刘直自讼为乡县所侵不行复除

“流客”应该是指脱离户籍，流徙客居他乡。第八号简：

> ☐□(宗室)尽皆勿事永和☐年八月☐

第十二简记载：

> □☐州牧举宗室有属尽励无所☐

第十三简记载：

> ☐有□☐诏书宗室属尽当复譤廷□☐

第十九简记载：

> ☐□□□□诏书宗室有属属尽皆勿事户令☐犯者□行罪罚勿令为吏☐

从以上史料基本可以确定，五属内和五属外是宗室属籍尽否的界限：五属以内的宗室有属籍，享有政治和法律的特权，有罪先“请”；五属以外的宗室属尽，有罪则“以法令治”，与一般编户民无异。至于那些脱离名数的宗室，即便是五属以内，也不能享受“复除”，即免除徭役的待遇，与之相反，虽然是五属以外的“属尽”宗室，老老实实著籍乡里，还是会常常被诏令免除徭役，但与有属籍的宗室相比，自然是不可同日而语。

第三，不仅仅是有着皇族（或王族）血统的人才具有宗室属籍，那些与皇室（或王室）有姻亲关系者也可以具有宗室属籍，如：

> 周阳由者，其父赵兼以淮南王舅父侯周阳，故因姓周阳氏。由以

宗家任为郎……［索隐］案：与国家有外戚姻属，比于宗室，故曰“宗家”也。①

二年冬十月，丞相窦婴、太尉田蚡皆免，御史大夫赵绾、郎中令王臧下狱死。蚡、婴、绾、臧皆同心欲兴太学，建立明堂以朝诸侯。而婴请无奏事太皇【太】后，又罢窦氏子弟无行者，绝属籍，故毁谤日至。窦太后怒，皆抵之罪。明堂遂不立。②

初，太夫人葬，起坟微高，太后以为言，兄廖等即时减削。其外亲有谦素义行者，辄假借温言，赏以财位。如有纤介，则先见严恪之色，然后加谴。其美车服不轨法度者，便绝属籍，遣归田里。③

夷安侯珍子康，少有操行。兄良袭封，无后。永初六年，绍封康为夷安侯。时诸绍封者皆食故国半租，康以皇太后戚属，独三分食二，以侍祠侯为越骑校尉。康以太后久临朝政，宗门盛满，数上书长乐宫谏争，宜崇公室，自损私权，言甚切至。太后不从。康心怀畏惧，永宁元年，遂谢病不朝。太后使内侍者问之。时宫人出入，多能有所毁誉，其中耆宿皆称中大人。所使者乃康家先婢，亦自通中大人。康闻，诟之曰：“汝我家出，亦敢尔邪！”婢怨恚，还说康诈疾而言不逊。太后大怒，遂免康官，遣归国，绝属籍。④

周阳由、窦氏子弟、马氏子弟、邓康等人均因为是外戚而具有宗室属籍。另外《汉书·百官公卿表》记载：

宗正，秦官，掌亲属，有丞。平帝元始四年更名宗伯。属官有都司空令丞，内官长丞。又诸公主家令、门尉皆属焉。⑤

宗正掌管宗室事务，既然“公主家令、门尉皆属”，则说明公主家人也具有宗室属籍。秦朝的时间也短，史料也缺乏，公主的婚姻和家庭情况基本不晓，只是知道秦朝皇室与大臣李斯有儿女亲家关系，所谓李斯“诸男皆尚秦公

---

① 《史记》卷122《酷吏列传》，第3135—3136页。

② 张烈点校：《汉纪》卷第10《孝武皇帝纪一》，《两汉纪》(上册)，第157页。

③ 《后汉书》卷10《皇后纪·马皇后纪》，第413页。

④ 《后汉书》卷16《邓禹列传》，第606页。

⑤ 《汉书》卷19《百官公卿表上》，第730页。

主,女悉嫁秦诸公子”[①]。汉代的情况大不一样,时间长,史料也相对丰富。汉代“诸外家为列侯,列侯多尚公主”[②],此乃“国家故事”[③],所以在汉代史料中有大量列侯尚公主的记载,尤其是那些掌权的列侯和气焰冲天的外戚,像东汉的耿弇、梁冀竟然是一门“尚公主三人”[④]。根据《汉书·百官公卿表》,秦汉时期先是由主爵中尉掌管列侯事务,汉景帝时更名都尉,汉武帝时列侯事务更属大鸿胪掌管,但那些因“尚公主”而与皇室联姻的列侯,应该是不同一般,特别是上引“公主家令、门尉皆属”宗正,所以可以间接认为公主的家人也同其他的外戚一样,是可以拥有宗室属籍的。另外顺便指出一点,汉代虽然有驸马和驸马都尉,虽然有担任驸马都尉而尚公主者,如韩光:

> 皇女红夫,十五年封馆陶公主,适驸马都尉韩光。[⑤]

但就现有史料看,在汉代驸马仅仅是一种官职,尚未成为公主丈夫的专门称谓。

最后,宗室还不仅仅是个自然的血缘或姻缘概念,它还可以是刻意制造而成的,人为地宣布一些本不是皇族血统的人为宗室,比如赐予皇族姓氏。汉朝赐人以刘姓,最早见于刘邦刚刚打败项羽后,封赏对汉有功的项氏族人,下令:

> 封项伯等四人为列侯,赐姓刘氏。[⑥]

再有,汉初娄敬建议徙都关中,《史记》记载曰:

> 高帝问群臣,群臣皆山东人,争言周王数百年,秦二世即亡,不如都周。上疑未能决。及留侯明言入关便,即日车驾西都关中。于是上

① 《史记》卷87《李斯列传》,第2547页。
② 《汉书》卷52《窦婴传》,第2379页。
③ 《汉书》卷68《霍光传》,第2934页。
④ 《后汉书》卷19《耿弇列传》,第724页。
⑤ 《后汉书》卷10《皇后纪》,第458页。
⑥ 《汉书》卷1《高帝纪》,第50页。

曰:“本言都秦地者娄敬,‘娄’者乃‘刘’也。”赐姓刘氏,拜为郎中,号为奉春君。[①]

另外也有一些人不是被赐以皇族的姓氏,而是宣布他们的姓氏本身就与皇室同族,属于宗室,如王莽时就曾诏令:

姚、妫、陈、田、王氏凡五姓者,皆黄、虞苗裔,予之同族也。《书》不云乎?“惇序九族。”其令天下上此五姓名籍于秩宗,皆以为宗室。[②]

总之,与后来的朝代相比,秦汉两代宗室有属籍者的数量相对有限。秦自商鞅变法以来始终采取抑制宗室的政策,“宗室非有军功论,不得为属籍”[③],秦始皇统一天下后,“自号为皇帝,而子弟为匹夫”[④]。到了汉朝,虽然是皇子封王,王子封侯,“以广亲亲”,但是仍有大量的宗室后裔,“子弟为匹夫,轻重不相准”[⑤],更何况汉武帝为了削弱诸侯王的实力,先于元朔二年(前127年),采取“析国”之策,“令诸侯得推恩分子弟,以地侯之”[⑥],致使一大批宗室子弟封侯,但才仅仅过了十几年,到元鼎五年(前112年)时,武帝就故意发难,以王侯所献助酎之金,“小不如斤两,色恶”为由[⑦],大兴处罚,“列侯坐酎金失侯者百余人”[⑧],一大批刚刚为侯的王子,甚至没有传嗣二代,就纷纷失爵为庶人。以汉武帝为代表的汉代最高统治者,为何对刘氏宗族下如此“毒手”?汉末著名思想家和政论家王符曾言:

当今列侯,率皆袭先人之爵,因祖考之位,其身无功于汉,无德于民,专国南面,卧食重禄,下殚百姓,富有国家,此素餐之甚者也。孝武皇帝患其如此,乃令酎金以黜之,而益多怨。[⑨]

---

① 《史记》卷99《刘敬列传》,第2717页。

② 《汉书》卷99《王莽传》,第4106页。

③ 《史记》卷68《商君列传》,第2230页。

④ 《汉书》卷14《诸侯王表》,第393页。

⑤ 《汉书》卷15《王子侯表》,第427页。

⑥ 《汉书》卷64《主父偃传》,第2802页。

⑦ 据《汉旧仪》卷下载:“王子为侯。侯、王岁以户口酎黄金,献于汉庙,皇帝临受献金以助祭。大祠曰饮酎,饮酎受金,小不如斤两,色恶,王夺户,侯免国。”(孙星衍等辑,周天游点校:《汉官六种》,中华书局,1990年,第80—81页)

⑧ 《汉书》卷24《食货志》,第1173页。

⑨ 王符著,汪继培笺,彭铎校正:《潜夫论笺校正》卷4《三式第十七》,第200页。

可见，秦人“宗室非有军功论，不得为属籍”的思想，对汉人仍然有着明显的影响。严格约束宗室，抑制其枝蔓，不使更多的人成为“素餐”者，仍是汉人治国的明显理念。对于宗室问题，宋代大思想家朱熹曾感叹宋朝宗室人口之众，开支之巨，祸患之大，说“朝廷不虑久远，宗室日盛，为州郡之患”，在感叹忧虑之时他谈到了汉代，应该是认为汉代的宗室制度有可取之处：

> 如汉法：宗室惟天子之子，则裂土地而王之；其王之子，则嫡者一人继王，庶子则皆封侯；侯惟嫡子继侯，而其诸子则皆无封。故数世之后，皆与庶人无异，其势无以自给，则不免躬农亩之事。如光武少年自贩米，是也。①

又说：

> 因论今宗室与汉差别。汉宗室只是天子之子封王，王子封侯，嫡子世袭，支庶以下皆同百姓，只是免其繇戍，如汉光武皆是起于民间也。②

明人朗瑛于《七修类稿》卷十二《国事类》中也对比了汉、明两朝宗室的情况，曰：

> 汉封诸王惟嫡世袭其爵，余同庶人，但免其役而已……本朝王爵封及二代，子孙六世尚得为校尉，余有禄，亲亲之恩，可谓隆矣。不知数世之后尾大难掉，故韩王一脉，一府之钱谷不足支也。③

总之，秦汉时期基本是宗室有属籍者才有特权利益，单靠久远的血缘是不行的，亲尽属绝者则为编户民，基本没有出现宗室泛滥为患的局面。

在特权类户籍中，除皇族宗室外，还应有异姓列侯的名籍，一般称“侯籍”或“通侯籍”。如史书中记载：

---

① 黎靖德编，王星贤点校：《朱子语类》卷111《朱子八·论财》，中华书局，1986年，第2721页。

② 黎靖德编，王星贤点校：《朱子语类》卷128《本朝二·法制》，第3068页。

③ 郎瑛：《七修类稿》卷12《国事类·本朝封王》，上海书店，2001年，第127页。

哀、平之世，增修曹参、周勃之属，得其宜矣。以缀续前记，究其本末，并序位次，尽于孝文，以昭元功之侯籍。①

利几反，上自击破之。利几者，项羽将。羽败，利几为陈令，降，上侯之颍川。上至雒阳，举通侯籍召之，而利几恐，反。②

关于这一类型的户籍，研究中国古代户籍的学者少有人提及。西汉时期的侯国属于县一级行政单位，东汉稍微复杂，侯国中有县、乡、亭侯之分，属于县及以下行政单位。所以两汉时期的侯国首先受郡的管辖，又由于其贵族身份的特殊性，中央也设有专门掌管列侯事务的机构。关于这一点，正史中有明确记载：

主爵中尉，秦官，掌列侯。景帝中六年更名都尉，武帝太初元年更名右扶风，治内史右地。属官有掌畜令丞。又（有）[右]都水、铁官、厩、廱厨四长丞皆属焉。与左冯翊、京兆尹是为三辅，皆有两丞。列侯更属大鸿胪。③

典客，秦官，掌诸侯归义蛮夷，有丞。景帝中六年更名大行令，武帝太初元年更名大鸿胪。④

而司马贞《史记索隐》又曰：

韦昭云：“大行，官名，秦时云典客，景帝初改云大行，后更名大鸿胪，武帝因而不改，故《汉书·景纪》有大鸿胪。《百官表》又云武帝改名大鸿胪。鸿，声也。胪，附皮。以言其掌四夷宾客，若皮胪之在外附于身也。复有大行令。故诸侯薨，大鸿胪奏谥；列侯薨，则大行奏诔。”按：此大行令即鸿胪之属官也。⑤

但唐人颜师古认为这个过程应该是：

---

① 《汉书》卷16《高惠高后文功臣表》，第531页。

② 《汉书》卷1《高祖本纪》，第58页。

③ 《汉书》卷19《百官公卿表》，第736页。

④ 《汉书》卷19《百官公卿表》，第730页。

⑤ 《史记》卷11《孝景帝本纪》注，第447页。

> 大鸿胪者，本名典客，后改曰大鸿胪。大行令者，本名行人，即典客之属官也，后改曰大行令。故事之尊重者遣大鸿胪，而轻贱者遣大行也。据此纪文(引者按：指《景帝纪》)，则景帝已改典客为大鸿胪，改行人为大行矣。而《百官公卿表》乃云景帝中六年更名典客为大行令，武帝太初元年更名大行令为大鸿胪，更名行人为大行令。当是表误。①

从以上史料可见，列侯事务，秦朝及汉初主要由主爵中尉管理，汉景帝以后改由大鸿胪掌管，而且重大事务由大鸿胪亲自管，一般事务则由大鸿胪属下的大行令来管，应该包括对侯家人口名籍的辑录管理。

有关官爵人家户籍的问题。秦汉时期除了宗室王侯有专门的属籍之外，其他的官爵人家是否也有独立于编户籍的专门户籍，学术界明显地存在肯定、否定以及秦代有但汉代没有的三种意见。朱绍侯较早就指出，汉代在一般编户民的户籍之外，还存在官籍，因为当时的官吏家庭享有一些政治、经济和法律的特权，像免租免役、官吏犯法判罪先请等规定②。林甘泉等则认为汉代的官吏，“似乎没有像秦代那样专门的宦籍”③，也就是说肯定了秦代有而否定了汉代。而袁延胜却主张，汉代官吏确实另有名籍，也称官牒，“但这种名籍只是官吏的名册，绝非户籍”④。作了彻底的否定。下面谈谈笔者的看法。

凡是主张秦汉时期，特别是秦代存在官宦人家单独的宦籍或官籍的学者，几乎都以关于赵高的那条可谓是稀少而又经典的史料为依据，其文是：

> 赵高者，诸赵疏远属也。赵高昆弟数人，皆生隐宫，其母被刑僇，世世卑贱。秦王闻高强力，通于狱法，举以为中车府令。高即私事公子胡亥，喻之决狱。高有大罪，秦王令蒙毅法治之。毅不敢阿法，当高罪死，除其宦籍，帝以高之敦于事也，赦之，复其官爵。⑤

认为这里所说的“宦籍”也就是“官籍”，是当时官吏另有户籍的明证。确实

① 《汉书》卷5《景帝纪》注，第145页。

② 朱绍侯：《秦汉土地制度与阶级关系》，中州古籍出版社，1985年，第201—202页。

③ 林甘泉主编：《中国经济通史·秦汉经济卷(上)》，经济日报出版社，1999年，第117—118页。

④ 袁延胜：《论东汉的户籍问题》，《中国史研究》2005年1期。

⑤ 《史记》卷88《蒙恬列传》，第2566页。

如此，笔者也同意这种看法，而且认为还不仅仅是官吏家有专门的户籍，那些有较高爵位者之家也有专门的户籍（当然秦汉时期爵位的高低与官职的大小是相互对应的，尤其是秦代更是如此），这种特殊的户籍制度应该是自商鞅变法以来就在实行的。关于这一点，无论是在文献史料中还是在出土的简牍中都有迹可寻：

明尊卑爵秩等级，各以差次名田宅，臣妾衣服以家次（《索隐》曰：谓各随其家爵秩之班次，亦不使僭侈逾等）。[①]

大夫寡，当伍及人不当？不当。[②]

只要具有二十等爵中的第五级大夫以上的爵位，就不应当与一般的编户民为伍，不应当实行互保连坐，这明显是一种特殊或者说特权的户籍。第五级爵大夫如果任官，与之对应的官职是什么呢？

商君之法曰：“斩一首者爵一级，欲为官者为五十石之官；斩二首者爵二级，欲为官者为百石之官。”[③]

秦时的官吏等次有多少级，没有留下明确的记载，可以比照两汉的官秩记载：

秩四百石至二百石，是为长吏。百石以下有斗食、佐史之秩，是为少吏。[④]

百石以下基本是斗食小吏，二百石以上的长吏就是朝廷命官了，而大夫是第五等爵，大约可以做三四百石的官职，比如像小县的丞、尉等。如果能达到六百石以上，那就更加显赫了，如《睡虎地秦墓竹简》又解释说：

可（何）谓“宦者显大夫?”·宦及智（知）于王，及六百石吏以上，皆

① 《史记》卷68《商君列传》，第2230—2231页。

② 睡虎地秦墓竹简整理小组：《睡虎地秦墓竹简·法律答问》，第129页。

③ 王先慎撰，钟哲点校：《韩非子集解》卷17《定法第四十三》，第399页。

④ 《汉书》卷19《百官公卿表》，第742页。

为“显大夫”。[①]

在秦代大约是大夫爵和朝廷命官以上的官爵之家都不与编户为伍，是有专门的户籍的。

秦以后的汉代是不是官爵人家也有专门的户籍，在这个方面是否也是汉承秦制，答案应该是肯定的。但不论是官还是爵的特权户籍的等级都比秦代有所提高，按照文献史料应该是六百石以上的官吏、五大夫以上的爵位，如《汉书》中记载：

爵五大夫、吏六百石以上及宦皇帝而知名者，有罪当盗械者，皆颂系。……今吏六百石以上父母妻子与同居，及故吏尝佩将军都尉印将兵及佩二千石官印者，家唯给军赋，他无有所与。[②]

吏六百石位大夫，有罪先请，秩禄上通……[③]

赐九卿已下至六百石、宗室有属籍者爵，自五大夫以上各有差。[④]

五大夫是二十等爵制中的第九级，但从出土简牍，主要是张家山汉简来看，不入编户民户籍的爵位等级标准似乎是要高于五大夫，如《二年律令》的律文曰：

自五大夫以下，比地为伍，以辨券为信，居处相察，出入相司。有为盗贼及亡者，辄谒吏、典。田典更挟里门籥(钥)，以时开。[⑤]

比地为伍者应该是包括五大夫之家。高于五大夫的爵位是第十级左庶长，自左庶长以上至第十八级大庶长的共计十一级爵位统称之为卿爵，就是说卿爵之家具有不同于一般编户民的特殊户籍。在《二年律令》的多种法律条令中都有对这一类家庭的优待，涉及占田数量、受房宅数量、死后赐棺椁钱数、延迟儿子傅籍年龄等诸多方面。略引数条：

---

① 睡虎地秦墓竹简整理小组：《睡虎地秦墓竹简·法律答问》，第139页。

② 《汉书》卷2《惠帝纪》，第85—86页。

③ 《汉书》卷8《宣帝纪》，第274页。

④ 《汉书》卷12《平帝纪》，第357页。

⑤ 张家山二四七号汉墓竹简整理小组编著：《张家山汉墓竹简·二年律令·户律》，《张家山汉墓竹简〔二四七号墓〕》(释文修订本)，第51页。

关内侯九十五顷，大庶长九十顷，驷车庶长八十八顷，大上造八十六顷，少上造八十四顷，右更八十二顷，中更八十顷，左更七十八顷，右庶长七十六顷，左庶长七十四顷，五大夫廿五顷，公乘廿顷，公大夫九顷，官大夫七顷，大夫五顷，不更四顷，簪袅三顷，上造二顷，公士一顷半顷，公卒、士五（伍）、庶人各一顷，司寇、隐官各五十亩。不幸死者，令其后先择田，乃行其余。它子男欲为户，以为其□田予之。其已前为户而毋田宅，田宅不盈，得以盈。宅不比，不得。

宅之大方卅步。彻侯受百五宅，关内侯九十五宅，大庶长九十宅，驷车庶长八十八宅，大上造八十六宅，少上造八十四宅，右更八十二宅，中更八十宅，左更七十八宅，右庶长七十六宅，左庶长七十四宅，五大夫廿五宅，公乘廿宅，公大夫九宅，官大夫七宅，大夫五宅，不更四宅，簪袅三宅，上造二宅，公士一宅半宅，公卒、士五（伍）、庶人一宅，司寇、隐官半宅。欲为户者，许之。①

不更以下子年廿岁，大夫以上至五大夫子及小爵不更以下至上造年廿二岁，卿以上子及小爵大夫以上年廿四岁，皆傅之。②

赐棺享（椁）而欲受赍者，卿以上予棺钱级千、享（椁）级六百；五大夫以下棺钱级六百、享（椁）级三百；毋爵者棺钱三百。③

应该说，由于张家山汉简的面世，西汉初年王侯贵族之外的高官高爵之家是否也有专门的户籍，而不与一般的编户民为伍的问题，已经可以得出肯定的结论了。当然，两汉四百多年，这个问题不是一成不变的，仅仅到汉昭帝时期，桑弘羊在盐铁会议上就说过这样的话：

故今自关内侯以下，比地于伍，居家相察，出入相司，父不教子，兄不正弟，舍是谁责乎？④

---

① 张家山二四七号汉墓竹简整理小组编著：《张家山汉墓竹简·二年律令·户律》，《张家山汉墓竹简〔二四七号墓〕》（释文修订本），第52页。

② 张家山二四七号汉墓竹简整理小组编著：《张家山汉墓竹简·二年律令·傅律》，《张家山汉墓竹简〔二四七号墓〕》（释文修订本），第58页。

③ 张家山二四七号汉墓竹简整理小组编著：《张家山汉墓竹简·二年律令·赐律》，《张家山汉墓竹简〔二四七号墓〕》（释文修订本），第49页。

④ 王利器：《盐铁论校注》（定本）卷10《周秦第五十七》，第584页。

关内侯以下的卿爵似乎已归入编户民的乡里什伍之中，所以在西汉后期的史料中又出现了如下的记载：

> 有司条奏："诸王、列侯得名田国中，列侯在长安及公主名田县道，关内侯、吏民名田，皆无得过三十顷。诸侯王奴婢二百人，列侯、公主百人，关内侯、吏民三十人。年六十以上，十岁以下，不在数中。"①

关内侯与一般的编户吏民在占田、占奴这些重大利益上已经没有区别。

不过还要顺便指出，不论是汉朝还是秦代，确实都存在不是户籍的官员的名籍、名录、名簿，有的还称之为"官牒"。如袁延胜文中所举的，东汉循吏任延拜会稽都尉，礼请吴地隐士龙丘苌，"积一岁，苌乃乘辇诣府门，愿得先死备录"，李贤注"请编名录于郡职也"②，这个名录就是会稽郡官吏的花名册。又如，王龚任汝南太守："政崇温和，好才爱士，引进郡人黄宪、陈蕃等。宪虽不屈，蕃遂就吏。蕃性气高明，初到，龚不即召见之，乃留记谢病去。龚怒，使除其录。"③这里的"除其录"，就是从汝南郡掾史的名册中除去陈蕃的名字。名簿还称为"官牒"，但比较少见。据《后汉书·李固列传》载，外戚梁冀等人曾故意诬蔑李固，说其任太尉："所辟召，靡非先旧。或富室财赂，或子婿婚属，其列在官牒者凡四十九人。"④而20世纪90年代尹湾汉简的出土，更向人们展示了汉代当时实实在在的官吏的名册。在生前任东海郡功曹的师饶的六号汉墓中，出土有《东海郡吏员簿》、《东海郡下辖长吏名籍》、《东海郡下辖长吏不在署、未到官者名籍》、《东海郡属吏设置簿》等各种官吏名册。像其中的《东海郡下辖长吏名籍》，就登记着东海郡长吏的官职、籍贯、姓名、原任官职及迁除原因⑤。这些名册确实不属于户籍。其实何止是官吏的名册不属于户籍，军队中士卒的名册，居延汉简中各种类型的吏卒名籍，官、私学校中学生弟子的名簿⑥，甚至还有出入宫禁

---

① 《汉书》卷11《哀帝纪》，第336页。

② 《后汉书》卷76《任延列传》，第2461页。

③ 《后汉书》卷56《王龚列传》，第1820页。

④ 《后汉书》卷63《李固列传》，第2084页。

⑤ 连云港市博物馆、中国社会科学院简帛研究中心等编：《尹湾汉墓简牍》，第85—95页。

⑥ 《淮南子·道应训》："公孙龙曰：'与之弟子之籍。'"（何宁：《淮南子集释》卷12《道应训》，第867页）《睡虎地秦墓竹简·秦律杂抄》："当除弟子籍不得，置任不审，皆耐为侯（候）。"（睡虎地秦墓竹简整理小组：《睡虎地秦墓竹简》，第80页）

者的“门籍”[①]，后宫宫女名籍等等[②]，这些名册簿籍全都不是户籍。但是这属于另外的问题，并不影响载入这些名册的人在家乡籍贯还有各自的户籍，他们的家庭或者属于一般的编户吏民户籍，或者属于较高官爵的特权户籍，另外也有的属于编户民中的贫贱民户籍。

秦汉时期存在贫贱民等级，他们的身份低劣于编户吏民，高优于奴婢。《史记·淮阴侯列传》载：

> 淮阴侯韩信者，淮阴人也。始为布衣时，贫无行，不得推择为吏，又不能治生商贾，常从人寄食饮，人多厌之者。[③]

《睡虎地秦墓竹简·魏户律》载：

> 自今以来，叚(假)门逆吕(旅)，赘壻后父，勿令为户，勿鼠(予)田宇。三枼(世)之后，欲士(仕)士(仕)之，乃(仍)署其籍曰：故某虑赘壻某叟之乃(仍)孙。[④]

“贫无行”、“从人寄食饮”的韩信和“勿令为户，勿鼠(予)田宅”的“叚(假)门逆吕(旅)，赘壻后父”，应该就属于这种贫贱民等级。秦汉时期的奴婢是没有单独户籍的，他们作为财产附着于主人的户籍之上；而贫贱民则不同，他们有自己的名籍，所谓的“叚(假)门逆吕(旅)，赘壻后父，勿令为户”，并不是说他们不用登记户口，没有户籍，只是说他们不能拥有编户吏民的户籍，不能拥有可以享受国家授田、赐爵、察举任官、推择为吏的户籍，不能拥有国家“公民”的户籍。

秦汉时期的贫贱民等级具体应当包括哪些人群，介入此问题时首先要注意一个“谪”字，贫贱等级之人往往都与被“谪”有关。《说文解字·言部》：“谪，罚也。”故“谪”字的本义就是惩罚。至于惩罚的原因则有多种，如

---

① 《史记·魏其武安侯列传》：“太后由此憎窦婴。窦婴亦薄其官，因病免。太后除窦婴门籍，不得入朝请。”(《史记》卷107《魏其武安侯列传》，第2839页)

② 《汉书·外戚传》：“孝文窦皇后，景帝母也，吕太后时以良家子选入宫。太后出宫人以赐诸王各五人，窦姬与在行中。家在清河，愿如赵，近家，请其主遣宦者吏‘必置我籍赵之伍中’。宦者忘之，误置籍代伍中。籍奏，诏可。”(《汉书》卷97《外戚传》，第2942—2943页)

③ 《史记》卷92《淮阴侯列传》，第2609页。

④ 睡虎地秦墓竹简整理小组：《睡虎地秦墓竹简》，第174页。

官吏犯法，汉武帝元狩三年有“发谪吏穿昆明池”之举，颜师古注曰：“谪吏，吏有罪者，罚而役之。”①再一种则是为了逃避赋税徭役或犯法逃避惩罚而亡命，脱离户籍，逃离乡里，秦始皇三十三年南戍五岭时，首先征发的就是这种人：

> 三十三年，发诸尝逋亡人、赘婿、贾人略取陆梁地，为桂林、象郡、南海，以适遣戍。西北斥逐匈奴。自榆中并河以东，属之阴山，以为(三)[四]十四县，城河上为塞。又使蒙恬渡河取高阙、(陶)[阳]山、北假中，筑亭障以逐戎人。徙谪，实之初县。[索隐]曰：徙有罪而谪之，以实初县，即上“自榆中属阴山。以为三十四县”是也……②

“适”也就是“谪”，在“以适遣戍”者中，除了“尝逋亡人”之外，还有“赘婿”和“贾人”。

赘婿被谪戍的原因就是过于贫穷。在秦汉时期，特别是嬴秦统治时期，贫穷是一种罪恶，是要受到打击和惩罚的，早在商鞅变法时秦就规定：“僇力本业，耕织致粟帛多者复其身。事末利及怠而贫者，举以为收孥。”③惩罚贫穷的办法或者是没入官府成为官奴婢，再有就是打入户籍另册，不予编户吏民的待遇，如前面所引《睡虎地秦墓竹简·为吏之道》引《魏户律》：

> 廿五年闰再十二月丙午朔辛亥，○告相邦：民或弃邑居壄(野)，入人孤寡，徼人妇女，非邦之故也。自今以来，叚(假)门逆吕(旅)，赘壻后父，勿令为户，勿鼠(予)田宇。三枼(世)之后，欲士(仕)士(仕)之，乃(仍)署其籍曰：故某虑赘壻某叟之乃(仍)孙。

又引《魏奔命律》：

> 廿五年闰再十二月丙午朔辛亥，○告将军：叚(假)门逆闒(旅)，赘壻后父，或衛(率)民不作，不治室屋，寡人弗欲。且杀之，不忍其宗族

---

① 《汉书》卷6《武帝纪》及注，178页。

② 《史记》卷6《秦始皇本纪》，第253—254页。

③ 《史记》卷68《商君列传》，第2230页。

昆弟。今遣从军，将军勿恤视。享（烹）牛食士，赐之参饭而勿鼠（予）殽。攻城用其不足，将军以堙豪（壕）。[①]

这些“叚（假）门逆吕（旅），赘壻后父”，他们“衛（率）民不作，不治室屋”，“弃邑居壄（野）”，成为官府歧视和惩罚的对象。另外就是强令谪罚者戍边，这在新近出土的里耶秦简中也有所反映。在编号为 J⑨1—J⑨12 的一组简中[②]，颇为详细地登录了一批由阳陵县前往洞庭郡迁陵县戍边的戍卒的情况，现将这些简的正面简文抄录于下：

简⑨1：

卅三年四月辛丑朔丙午，司空腾敢言之：阳陵宜居士五（伍）毋死有赀，余钱八千六十四。毋死戍洞庭郡，不智（知）何县署，今为钱校券一上谒，言洞庭尉令毋死署所县责（債）以受阳陵司空，[司空]不名计，问何县官，计年为报。已訾其家，[家]贫弗能入，乃移戍所，报，署主责发。敢言之。

四月已酉阳陵守丞厨敢言之。写上谒报，[报]署金布发，敢言之。儋手。

简⑨2：

卅三年三月辛未朔戊戌，司空腾敢言之：阳陵仁阳士五（伍）不豺有赀钱八百卅六。不豺戍洞庭郡，不智（知）何县署，今为钱校券一上谒，言洞庭尉令不豺署所县责以受（授）阳陵司空，[司空]不名计，问何县官计付署。计年为报，已訾责不豺家，[家]贫弗能入，报署主责发，敢言之。四月壬寅阳陵守丞恬敢言之。写上谒报，[报]署金布发，敢言之。堪手。卅四年八月癸巳朔[朔]日，阳陵遬敢言之，至今未报。谒报。敢言之。堪手

简⑨3：

① 上两条皆见睡虎地秦墓竹简整理小组：《睡虎地秦墓竹简·为吏之道》，第174—175页。

② 湖南省文物考古研究所编著：《里耶发掘报告》，第185—190页。

卅三年三月辛未朔戊戌，司空腾敢言之：阳陵下里士五(伍)不识有赀，余钱千七百廿八。不识戍洞庭郡，不智(知)何县署。今为钱校券一上谒，言洞庭尉令署所县责以受(授)阳陵司空，[司空]不名计，问何县官计付署，计年为报，已訾责其家，[家]贫弗能入。有物故，弗服，毋听流辞，以环书道远报署主责发，敢言之。四月壬寅阳陵守丞恬敢言之，写上竭报，[报]署金布发，敢言之。

简⑨4：

卅三年四月辛丑朔丙午，司空腾敢言之：阳陵孝里士五(伍)衷有赀钱千三百卌四。衷戍洞庭郡，不智(知)县署，今为钱校券一上谒，言洞庭尉令衷署所县责以受(授)阳陵司空，[司空]不名计，问何县官计付署。计年为报，已訾责(债)其家，[家贫]弗能入，乃移戍所，报署主责发，敢言之。

四月己酉阳陵守丞厨敢言之，写上谒报，报署金布发，敢言之。儋手。

卅四年八月癸巳朔甲午，阳陵守丞欣敢言之，至今未报，谒追，敢言之。堪手。

简⑨5：

卅三年四月辛丑朔丙午，司空腾敢言之：阳陵下里士五(伍)盐有赀钱三百八十四。盐戍洞庭郡，不智(知)何县署，今为钱校券一上谒，言洞庭尉令盐署所县责以受(授)阳陵司空，[司空]不名计，问何县官计付署。计年为报，已訾责其家，[家]贫弗能入，乃移戍所，报署主责发，敢言之。

四月己酉阳陵守丞厨敢言之，写上谒报，报署金布发，敢言之。儋手。

卅四年八月癸巳朔[朔]日，阳陵速敢言之，至今未报。谒追，敢言之。堪手。

简⑨6：

卅三年四月辛丑朔戊申，司空腾敢言之：阳陵褆阳上造徐有赀钱二千六百八十八。徐戍洞庭郡，不智（知）何县署，今为钱校券一上谒，言洞庭尉令署所县责以受（授）阳陵司空，[司空]不名计，问何县官计付署。计年为报，已訾其家，[家]贫弗能入，乃移戍所，报署主责发，敢言之。

四月庚戌阳陵守丞目买敢言之，写上谒报，报署金布发，敢言之。儋手

卅四年八月癸巳朔[朔]日，阳陵速敢言之，至今未报，谒追，敢言之。堪手

简⑨7：

卅三年四月辛丑朔戊申，司空腾敢言之：阳陵褆阳士五（伍）小欬有赀钱万一千二百一十一。欬戍洞庭郡，不智（知）何县署，今为钱校券一上谒，言洞庭尉令署所县责以受（授）阳陵司空，[司空]不名计，问何县官计付署。计年为报，已訾其家，[家]贫弗能入，乃移报署主责发，敢言之。四月己酉阳陵守丞厨敢言之，写上谒报，报署金布发，敢言之。

简⑨8：

卅三年四月辛丑朔丙午，司空腾敢言之：阳陵逆都士五（伍）越人有赀钱千三百卌。越人戍洞庭郡，不智（知）何县署，今为钱校券一上谒令，洞庭尉令越人署所县责以受（授）阳陵司空，[司空]不名计，问何县官计付署。计年为报，已訾其家，[家]贫弗能入，乃移戍所，报署主责发，敢言之。

四月戊申阳陵守丞厨敢言之，写上谒报，[报]署金布发，敢言之。儋手

卅四年八月癸巳朔[朔]日，阳陵速敢言之，至今未报，谒追，敢言之。堪手

简⑨9：

卅三年辛未朔戊戌，司空腾敢言之：阳陵仁阳士五(伍)颡有赎钱七千六百八十。颡戍洞庭郡，不智(知)何县署。今为钱校券一上谒，言洞庭尉令颡署所县受责以受(授)阳陵司空，[司空]不名计，问何县官计付署。计年为报，已訾责颡家，[家]贫弗能入。

颡有流辞，弗服弗听，道远毋环书。报署主责发，敢言之。

四月壬寅阳陵守丞恬敢言之，写上谒报，[报]署金布发，敢言之。堪手

简⑨10：

卅三年四月辛丑朔丙午，司空腾敢言之：阳陵戚作士五(伍)胜日有赀钱千三百卌四。胜日戍洞庭郡，不智(知)何县署，今为钱校券一上谒，言洞庭尉令胜日署所县责以受(授)阳陵司空，[司空]不名计，问何县官。计年为报，已訾其家，[家]贫弗能入，乃移戍所，报署主责发，敢言之。

四月己酉阳陵守丞厨敢言之，写上谒报，报署金布发，敢言之。儋手

简⑨11：

卅三年三月辛未朔丁酉，司空腾敢言之：阳陵溪里士五(伍)采有赀，余钱八百五十二。不采戍洞庭郡，不智(知)何县署，今为钱校券一上谒，洞庭尉令署所县责以受(授)阳陵司空，[司空]不名计，问何县官计付署。计年为报，已訾责其家，[家]贫弗能入，乃移戍所，报署主责发，敢言之。四月壬寅阳陵守丞恬敢言之，写上谒报，[报]署金布发，敢言之。卅四年八月癸巳朔[朔]日，阳陵速敢言之，至今未报，谒追，敢言之。[①]

简⑨12：

卅三年[四]月辛丑朔丙午，司空腾敢言之：阳陵□□公卒广有赀钱千三百卌四。广戍洞庭郡，不智(知)何县署，今为钱校券上谒，言洞庭尉

① “敢言之”三字在简的反面。

令广署所县责以受(授)阳陵司空,[司空]不名计,问何县官计付署。计年为报,已訾责其家,[家]贫弗能入,乃移戍所,报署主责发,敢言之。

以上十二条简所反映的十二名迁徙者的情况非常有价值,他们具有许多共同特点。首先是身份低下,其中除了简⑨6 的一人为第二等爵上造外,其余十一人均无爵位,其中一人为公卒,十人为士伍。其次是非常穷困,所谓"家贫弗能入",负债累累,其中有的欠"赀钱"数百,有的欠几千钱,有的甚至欠上万钱,贫穷应该是他们"移戍所",即被谪徙的主要原因。

贫穷使人身份低贱,还突出地反映在赘婿身上。贾谊说:"故秦人家富子壮则出分,家贫子壮则出赘。"[①]严助说:"间者,数年岁比不登,民待卖爵赘子以接衣食……"[②]应劭曰:"出作赘婿也。"师古曰:"赘,质也,家贫无有聘财,以身为质也。"[③]又曰:"云赘子者,谓令子出就妇家为赘婿耳。"如淳则曰:"淮南俗卖子与人作奴婢,名为赘子,三年不能赎,遂为奴婢。"[④]不论是哪一种解释,都反映了一个共同点,赘婿是非常贫穷的,属于贫贱等级,不具有正常编户吏民的户籍,但还在编户民之列,尚未沦为真正的奴婢。由于贫穷而"出就妇家为赘婿",同样因为贫穷而被谪戍。

贾人被谪戍的原因则是从事国家抑制的经济行业,背离了重农的原则。但当时社会中的商贾又分为有市籍(专门的户籍)和无市籍两类,有市籍是属于合法经商者,无市籍则是非法经营,是"无照"商贩,属于法律打击、惩处的范围。如史料记载:

(尹)赏以三辅高第选守长安令,得一切便宜从事。赏至,修治长安狱,穿地方深各数丈,致令辟为郭,以大石覆其口,名为"虎穴"。乃部户曹掾史,与乡吏、亭长、里正、父老、伍人,杂举长安中轻薄少年恶子,无市籍商贩作务,而鲜衣凶服被铠扞持刀兵者,悉籍记之,得数百人。赏一朝会长安吏,车数百两,分行收捕,皆劾以为通行饮食群盗。[⑤]

---

① 《汉书》卷48《贾谊传》,第2244页。
② 《汉书》卷64《严助传》,第2779页。
③ 《汉书》卷48《贾谊传》注,第2244页。
④ 《汉书》卷64《严助传》注,第2779页。
⑤ 《汉书》卷90《尹赏传》,第3673页。

秦朝在秦始皇三十三年那次谪发的贾人是属于哪一种情况，有市籍还是无市籍，史料看不清楚，但即便是有市籍，也属于贱业，商贾属于贱民，制度和法律对其施行种种打击抑制。如规定：

贾人有市籍及家属，皆无得名田。①

特别是西汉初年，制定了种种抑商的法规，史载：

天下已平，高祖乃令贾人不得衣丝乘车，重租税以困辱之。孝惠、高后时，为天下初定，复弛商贾之律，然市井之子孙亦不得仕宦为吏。②

孝文皇帝时，贵廉洁，贱贪污，贾人、赘婿及吏坐赃者皆禁锢不得为吏……③

（汉景帝时）有市籍不得宦……④

汉武帝时期更是加大抑商力度，公卿大臣上疏要求：

异时算轺车贾人缗钱皆有差，请算如故。诸贾人末作贳贷卖买，居邑稽诸物，及商以取利者，虽无市籍，各以其物自占，率缗钱二千而一算。诸作有租及铸，率缗钱四千一算。非吏比者三老、北边骑士，轺车以一算；商贾人轺车二算，船五丈以上一算。匿不自占，占不悉，戍边一岁，没入缗钱。有能告者，以其半畀之。贾人有市籍者，及其家属，皆无得籍名田，以便农。敢犯令，没入田僮。⑤

贾人皆不得名田、为吏，犯者以律论。⑥

秦汉时期的贫贱民遭遇谪罚的具体内容大体应该包括："勿令为户"、"勿鼠（予）田宅"、"不得仕宦为吏"，特别是要承担惩罚性的戍边，即所谓的"谪戍"。戍边在当时是异常恐怖的差役，九死一生，人们谈"戍"色变，如晁

① 《汉书》卷24《食货志》，第1167页。
② 《史记》卷30《平准书》，第1418页。
③ 《汉书》卷72《贡禹传》，第3077页。
④ 《汉书》卷5《景帝纪》，第152页。
⑤ 《史记》卷30《平准书》，第1430页。
⑥ 《汉书》卷11《哀帝纪》，第336页。

错上汉文帝疏所言：

> 夫胡貉之地，积阴之处也，木皮三寸，冰厚六尺，食肉而饮酪，其人密理，鸟兽毳毛，其性能寒。杨粤之地少阴多阳，其人疏理，鸟兽希毛，其性能暑。秦之戍卒不能其水土，戍者死于边，输者偾于道。秦民见行，如往弃市，因以谪发之，名曰“谪戍”。先发吏有谪及赘壻、贾人，后以尝有市籍者，又后以大父母、父母尝有市籍者，后入闾，取其左。[①]

从晁错的这段话看，秦朝时按照制度规定，编户吏民是不戍边的，强令被谪罚者戍边，遣发的顺序先是吏有谪、赘婿和贾人三类人，然后是曾经有市籍者，再以后是父母与大父母曾经有市籍者，最后是“入闾，取其左”，后人称之为“闾左”。汉代人对秦汉时期被谪发戍边者有所谓“七科谪”的说法，晁错这里没有用“七科谪”这一名词，却也列举了被罚戍边的七类人。不过晁错所说的七类人是否就是“七科谪”，是否每一类人都同样属于七科谪，其中的“闾左”是否也属于七科谪，是需要稍加讨论的问题。

晁错在这里所说的被征戍边者的类型与一些历史家或注释家的说法相同，但与一些人的说法则并不完全一致。与晁错说法相同的是汉末应劭的解释，《汉书·食货志》的原文说：

> 至于始皇，遂并天下，内兴功作，外攘夷狄，收泰半之赋，发闾左之戍。

应劭注释曰：

> 秦时以适发之，名适戍。先发吏有过及赘婿、贾人，后以尝有市籍者发，又后以大父母、父母尝有市籍者。戍者曹辈尽，复入闾，取其左发之，未及取右而秦亡。

与晁错的说法基本一致，而颜师古特别赞成应劭的解释，评论道：

> 闾，里门也。言居在(闾)[里]门之左者，一切发之。此闾左之释，

① 《汉书》卷49《晁错传》，第2284页。

应最得之，诸家之义烦秽舛错，故无所取也。[①]

人们很容易发现一个事实，即晁错与应劭的两段话，从“以谪发之”以下到“取其左”，极其相似，故有学者研究认为，晁错上疏中的这段话不应该是晁错所言，而是应劭的话，是唐以后人误将《汉书》注文衍入正文[②]。这一说法颇有新意，而且也有其合理的地方，但由于两段话毕竟不完全相同，加之没有过硬的旁证佐助，笔者眼下依然还是将第一段话作为《汉书》的正文，也就是作为晁错所言来看待。由于晁错是西汉前期人，那就是说应劭的注释充分参考了晁错的说法，并加以疏通发挥。

仅从上面所引晁错及应劭的话来看，秦朝时谪戍的七类人与另外一些历史家或注释家的说法也有不完全一致的地方。如《汉书·武帝纪》载：

(天汉)四年春正月，朝诸侯王于甘泉宫。发天下七科谪及勇敢士，遣贰师将军李广利将六万骑、步兵七万人出朔方……

张晏注释“七科谪”曰：

吏有罪一，亡(人)[命]二，赘壻三，贾人四，故有市籍五，父母有市籍六，大父母有市籍七，凡七科也。[③]

张晏“七科”的种类较之晁错、应劭所言的被谪戍者少了“闾左”，多了“亡命”，因为看似存在这一差异，致使有的学者认为，秦汉两代虽然都有七科谪，但所包含的种类是不同的，即汉朝用“亡命”代替了秦朝的“闾左”，或者说闾左就是亡命，其他的六类人则是相同的。但笔者认为，这是对史料的误读。首先，上引司马迁《秦始皇本纪》曰：

三十三年，发诸尝逋亡人、赘婿、贾人略取陆梁地，为桂林、象郡、南海，以适遣戍。西北斥逐匈奴。自榆中并河以东，属之阴山，以为四十四县，城河上为塞。又使蒙恬渡河取高阙、(陶)[阳]山、北假中，筑

① 《汉书》卷24上《食货志上》注，第1126页。

② 何晋：《“闾左”考释》，《国学研究》第13卷，北京大学出版社，2004年。

③ 《汉书》卷6《武帝纪》，第205页。

亭障以逐戎人。徙谪，实之初县。

在谪戍者中首先就是“尝逋亡人”，而且唐人司马贞依据汉人司马迁的这一段记载，断言“汉七科谪亦因于秦”[①]，七科的种类是相同的。其次，无论是晁错的上疏还是应劭的注释中均没有出现“七科谪”的字样，他们是否就是把闾左作为七科谪中的一科看待呢？应当说不是。我们先从晁错的上疏看，在前面我们所引的那段文字的后面，紧接着“后入闾，取其左”，晁错又说：

发之不顺，行者深怨，有背畔之心……陈胜行戍，至于大泽，为天下先倡，天下从之如流水者，秦以威劫而行之之敝也。[②]

本来就是因为“秦之戍卒不能其水土，戍者死于边，输者偾于道，秦民见行，如往弃市”，所以才用“谪发”的办法解决戍边问题。如此，编户吏民就可以不赴戍边的苦役，现在晁错批评秦朝“发之不顺”，并认为因为“不顺”，而“行者深怨，有背畔之心”，并进而引发了陈胜揭竿，天下亡秦的严重后果。那么晁错所说的“发之不顺”，也就是说谪发的不合理，到底是指什么，是指他所提到的七种人中的哪些人呢？笔者认为应该是指闾左。因为秦朝被谪发戍边者不仅有晁错提到的吏有谪、赘婿、贾人、尝有市籍者、父母尝有市籍者、大父母尝有市籍者，也确实有《秦始皇本纪》所提到的“尝逋亡人”，他们分别由于犯法、极贫和从商而被惩罚戍边，应该是当时的制度和法律规定的，被视为合理的谪发，也被汉朝所承继。但闾左则不同，他们是安分守法地生活于乡里（闾）并主要从事农耕的百姓，从各个方面看他们都不可能是国家惩罚的对象，按理不应被谪戍边。秦朝正是由于失误地征发这一部分人戍边，才引发了天下大乱。闾左之民不应属于七科谪。再说，如果把闾左之民算在内，那么社会中被谪者就不是七科，而是八科谪了，显然这样会使该问题更加混乱。另外，如果我们细心读史料，可以注意到这样一个事实，那就是《史记》、《汉书》中所有提到“发闾左之戍”都是与“收太半之赋”等并列的[③]，都是作为秦朝的不合理暴政而给以批判的，同样是认为闾

---

① 《史记》卷6《秦始皇本纪》注，第253页。

② 《汉书》卷49《晁错传》，第2284页。

③ 参见《史记·淮南衡山列传》、《汉书·伍被传》、《汉书·食货志》、《淮南子·兵略训》等。

左不应该在谪戍之列的。应劭说"戍者曹辈尽,复入闾,取其左发之,未及取右而秦亡",也是认为闾左不在"戍者曹辈",即不在谪戍者中。

总之,"七科谪"具有不同于编户吏民的另类编户户籍,而闾左不在其中。

关于秦朝的"闾左"问题,长期以来学术界多有关注,仅仅是以"闾左"为标题的专门文章就不下十数篇①,由于本书涉及该问题,故在此说明一下观点,但不做深入讨论。

笔者以为,晁错在前面所引上疏中说的"后入闾,取其左",意思是说之后就到闾中征发戍边者,不是一次征发各个闾中的全体居民,而是先征发居住在闾中左边的居民,所以应劭说:"戍者曹辈尽,复入闾,取其左发之,未及取右而秦亡。"②闾左其实就是指居于闾里左侧的居民,与居于闾里右侧的百姓相比,仅仅是居住地点的不同,并不具备特别的贵与贱、贫与富的差别或对立。在有关秦及以前的全部文献史料和考古史料中,均觅不到"闾左"一词,而且接踵即至的汉代也不存在闾左之人。这在一定意义上可以说明,在秦朝时并不存在"闾左"这样一个专门指称一种人群的专用名词,把"闾"和"左"两个字连在一起成为一个指称某一人群的专门名词,是汉代人所为,"始作俑者"当是《淮南子·兵略训》:

> 二世皇帝,势为天子,富有天下,人迹所至,舟楫所通,莫不为郡县。然纵耳目之欲,穷侈靡之变,不顾百姓之饥寒穷匮也,兴万乘之驾而作阿房之宫,发闾左之戍,收太半之赋,百姓之随逮肆刑,挽辂首路死者,一旦不知千万之数,天下敖然若焦热,倾然若苦烈,上下不相宁,吏民不相憀。戍卒陈胜兴于大泽,攘臂袒右,称为大楚,而天下响应。③

---

① 参见卢南乔:《"闾左"辨疑》,《历史研究》1978年第11期;田人隆:《"闾左"试探》,《中国史研究》1979年第2期;王好立:《"闾左"辨疑》,《中国史研究》1980年第4期;晁福林:《关于"发闾左谪戍渔阳"》,《江汉论坛》1982年6期;郎业成:《说"闾左"》,《宁夏大学学报》1983年第3期;王子今:《"闾左"为"里佐"说》,《西北大学学报》(哲学社会科学版)1985年第1期;卢星:《试论秦汉谪戍的几个问题》,《江西师范大学学报》(哲学社会科学版)1988年第4期;何清谷:《"闾左"新解》,《陕西师大学报》1989年第4期;庄春波:《"闾左"钩沉》,《社会科学辑刊》1991年第4期;蒋非非:《秦代谪戍、赘婿、闾左新考》,《北京大学学报》(哲学社会科学版)1995年第5期;辛德勇:《闾左臆解》,《中国史研究》1996年第4期;王育成:《闾左贱人说初论——兼说陈胜故里在宿州》,《中国历史博物馆馆刊》1998年第2期;何晋:《"闾左"考释》,《国学研究》(第13卷),北京大学出版社,2004年,第329—360页。

② 《汉书》卷24上《食货志上》注,第1126页。

③ 何宁:《淮南子集释》卷15《兵略训》,中华书局,1998年,第1062—1063页。

《史记》、《汉书》继之。《淮南子》把闾里的左边简化为“闾左”，估计是为了达到语言精炼、前后句子对仗的文学效果：“发闾左之戍，收太半之赋”，非但对仗，甚至押韵，这种简练应该是可以的，没有什么语言错误。关键是后人的理解或脱离了该词原生的简单含义，其中主张“复除者”有之，“贫弱”者有之，“不役之民”者也有之，从汉至唐，人们繁琐训诂，使其含义越发复杂。例如三国时孟康曰：

> 秦时复除者居闾之左，后发役不供，复役之也。或云直先发取其左也。①

唐人司马贞《史记索隐》曰：

> 闾左，谓居闾里之左也。秦时复除者居闾左。今力役凡在闾左者尽发之也。又云凡居以富强为右，贫弱为左。秦役戍多，富者役尽，兼取贫弱者也。②

张守节《史记正义》曰：

> 闾左边不役之民，秦则役之也。③

颜师古就不同意这些复杂的解释，曰：

> 闾，里门也。居闾之左者，一切皆发之，非谓复除也。④

综而言之，笔者还是倾向应劭和颜师古的意见，认为闾左就是指代秦朝最基本的编户民，更准确说是编户民中的一部分，因为居处在闾里的左侧，故被汉代人简称为闾左，并非七科谪户。

以上是和秦汉时期户籍的类型相关的基本情况。当时的国家对户籍

① 《汉书》卷49《晁错传》注，第2284页。
② 《史记》卷48《陈涉世家》，第1950页。
③ 《史记》卷118《淮南王列传》，第3091页。
④ 《汉书》卷49《晁错传》，第2284页。

极为重视，究其原因，如果说先秦时期列国对户籍的重视与保证兵员、军费有重大关系，那么秦汉时期随着大规模战争的基本结束，保证兵员与军费已经不是严格户籍管理的最主要原因，而安定社会秩序，保证赋税徭役，则更显重要；但又不仅仅如此，秦汉时期，特别是汉代，以孝治天下，实行敬老养老，甚至将这种政策法律化，也均与户籍制度实行有密切的关系，这方面的问题，我们将在后面讨论。

## 第四节 “编户齐民”与“吏民”、“贱民”

如笔者在前文所指出的，杜正胜在《编户齐民》一书中关于“‘编户齐民’一词习见于汉人的著作”的说法与事实稍有距离。在秦汉时期的文献史料中“编户齐民”一词是屈指可数的，“编户”、“编户(之)民”出现的几率同样也是极低，稍微多见者是“齐民”，但大约也只有二十多次，同时这些记载中除了极其个别是出现在君主的诏令中，例如王莽曾经在诏令中使用了“编户齐民”一词：

> 莽知民苦之，复下诏曰：“夫盐，食肴之将；酒，百药之长，嘉会之好；铁，(曰)[田]农之本，名山大泽，饶衍之臧；五均赊贷，百姓所取平，卬以给澹；铁布铜冶，通行有无，备民用也。此六者，非编户齐民所能家作，必卬于市，虽贵数倍，不得不买。豪民富贾，即要贫弱，先圣知其然也，故斡之。每一斡为设科条防禁，犯者罪至死。”①

除此之外，“编户齐民”一词基本只是存在于当时以及后世思想家、政论家、历史学家及大臣们的议论中，如仲长统于《昌言·理乱篇》云：

> 汉兴以来，相与同为编户齐民，而以财力相君长者，世无数焉。②

《淮南子》也议论说：

---

① 《汉书》卷24《食货志》，第1183页。

② 《后汉书》卷49《仲长统列传》，第1648页。

> 且富人则车舆衣纂锦，马饰傅旄象，帷幕茵席，绮绣条组，青黄相错，不可为象；贫人则夏被褐带索，含菽饮水以充肠，以支暑热，冬则羊裘解札，短褐不掩形而炀灶口；故其为编户齐民无以异，然贫富之相去也，犹人君与仆虏，不足以论之。①

可见，“编户齐民”一词主要不是出现在国家的法律文书和皇帝的诏令中。这种情况进一步说明，不管是“编户”还是“齐民”，或者是“编户齐民”和“编户民”，在秦汉时期应该是一种区别于贵族官僚，其含义类似于后来的平民百姓的泛泛称谓，不具有当时的政治法律制度所规定的严格的等级身份性。那么，与相对来说属于平民百姓的编户齐民相对应的，大量存在于秦汉史料中，特别是存在于皇帝诏令和法令中的代表等级身份的名词是什么呢？笔者以为应该是“吏民”。

与“编户齐民”仅数见于文献史料不同，“吏民”却数百甚至上千次出现在古籍中，特别是出现在出土的简牍史料中，但长期以来只有极个别的学者关注到了这一点，如贺昌群先生早在20世纪60年代就提出，吏民是社会上一部分有特定身份的人，即“庶民之有爵者”②。笔者也于90年代撰文认为：秦汉时期的吏民，是“可以为吏之民”，是“编户民或庶人中有爵者，爵级在八级公乘以下，一级公士以上，主要是五级大夫以上至八级公乘的人”，他们“拥有一定的资财，生活富裕”，“类似周朝的国人阶层”，“是封建政权统治的基础”③。除此之外一直少有学者对“吏民”特别关注，究其原因，或者由于其过于常见而自然不认其为问题，或者理所当然地将其理解为“吏”与“民”的合称，似乎没有深入研究的必要。而自从长沙走马楼三国吴简出土，“吏民”二字大量出现在简文中，其中的大木简还被学界命名为《嘉禾吏民田家莂》④，“吏民”一词才终于被学者较多地关注。但讨论和关注的重点主要是“吏”和“民”的户口是同籍还是分籍，当时是否存在单独的吏户。尽管在这些问题上学者们存在截然不同的看法，但有一点却几乎是共识的，那就是依然认为“吏民”是“吏”与“民”两种人的合并称谓，基本不

---

① 何宁：《淮南子集释》卷11《齐俗训》，第822—823页。

② 贺昌群：《汉唐间封建土地所有制形式研究》，上海人民出版社，1964年，第121页。

③ 刘敏：《秦汉时期的社会等级结构》，载冯尔康主编《中国社会结构的演变》，河南人民出版社，1994年，第332—335页。

④ 长沙市文物考古研究所、中国文物研究所、北京大学历史学系走马楼简牍整理组编著：《长沙走马楼三国吴简·嘉禾吏民田家莂》，文物出版社，1999年。

把"吏民"看成是当时社会中有着特定等级地位和身份特点的专门的一种人之称谓,这让笔者感到遗憾。长期以来,笔者总感觉"吏民"是秦汉(甚至到三国)社会中一个等级群体,他们近似于编户齐民,但比编户齐民具有更为严格的身份性,更政治化和法律化,其身份低于贵族官僚等级,高于贫贱民等级,但这一说法却没有得到学术界的普遍认可①。当然,笔者绝不否认秦汉时期史料中的有些"吏民"确实是代表了"吏"和"民",但数百上千次地"吏"与"民"并列合称,恐怕不仅仅是个语言习惯问题,而是有着深刻的政治内涵,二者实质上是密而难分的。与学术界对"吏民"的普遍认识不同,笔者主张秦汉时期的"吏民"应该被视为一个专门词汇,有其特别内涵,是秦汉时期一个特定的社会等级。这种认识可喜地得到了长沙走马楼三国吴简的有力佐证②。

秦汉时期虽然不像先秦那样,国列五爵,人分十等,但依然是一个等级制时代,社会中基本存在五个大的社会等级,由高到低依次为:皇帝及其家族、其他的贵族及其官僚、吏民、贫贱之民和奴隶。吏民是一个基本自由而无特权的等级,是国家授田和赐爵的主要对象,也是国家赋税、徭役和兵役的主要承担者,因此吏民阶层是秦汉国家存在的基础,也是国家权力和法律刻意维持其稳定存在的一个人群。人们所说的编户齐民的主体基本就是吏民这个等级,因此研究编户齐民问题时要格外关注吏民这一等级的人群。

## 一、"吏民"辨析

不论是"吏"还是"民",这两个字在古代的含义均有一点复杂,既非一种单一内涵,又处于发展和演变中。首先看"吏"字。"吏"字出现比较早,甲骨卜辞中是否有"吏"字,学界意见不一,不过卜辞中习见"我史"一词③,

---

① 在本书写作过程中,在本章节已经撰写完毕后,笔者看到了黎虎先生发表在《文史哲》2007 年第 2 期的《论"吏民"的社会属性》,文中质疑了笔者 90 年代文章的观点,但也认同了"吏民"的一体性,虽然在具体的对一体性解释和对吏民社会属性的认识上彼此依然有很大差异,但获得一点共鸣,仍令笔者颇感欣慰。

② 长沙市文物考古研究所、中国文物研究所、北京大学历史学系走马楼简牍整理组编著:《长沙走马楼三国吴简·嘉禾吏民田家莂》;长沙市文物考古研究所、中国文物研究所、北京大学历史学系走马楼简牍整理组编著:《长沙走马楼三国吴简·竹简〔壹〕》,文物出版社,2003 年;长沙简牍博物馆、中国文物研究所、北京大学历史学系走马楼简牍整理组编著:《长沙走马楼三国吴简·竹简〔贰〕》,文物出版社,2007 年;长沙简牍博物馆、中国文物研究所、北京大学历史学系走马楼简牍整理组编著:《长沙走马楼三国吴简·竹简〔叁〕》,文物出版社,2008 年。

③ 如胡厚宣等编:《甲骨文合集》1、6771、6834 等诸辞所示,中华书局,1978—1983 年。

其中“史”字，或可视为吏。所谓“我史”即“我吏”，也就是商王朝的官吏。“吏”字大量出现是在西周朝，当时的铜器铭文多有反映，如《利簋》、《师虎簋》、《吕服余盘》、《申簋》、《免簋》等诸器铭文所示[①]。到汉代，产生了中国古代经典的字书《说文解字》，许慎释“吏”：“治人者也，从一从史，史亦声。”清人段玉裁注曰：“此亦会意也，天下曰从一大，此不曰从一史者，吏必以一为体，以史为用，一与史二事，故异其词也。史者，记事者也。”[②]大体看来，早期的“吏”是政权机构职事人员的统称，也就是管民治人的官吏，是各种职事人员的统称，是统治者，是贵族，是与民相对而言的。随着春秋战国社会的转型，到战国末及秦汉时期，吏主要是指低等的政府职事人员，虽然当时有“长吏”、“少吏”之分，但长吏实际是朝廷命官，称“长吏”是沿袭先秦“吏”的传统含义和用法。少吏秩禄一般在百石以下，是吏的主体和实质部分，是相对于官而言的。但是吏与官之间的区别和对立，尚不如唐宋以后明显和突出，那时吏多指效力于官府的胥吏和差役，甚至完全没有俸禄。

再看“民”字。“民”字初始时与管民治人的吏完全不同，民是被管治的对象，是社会地位极低的人群。甲骨卜辞中是否有“民”字，学界看法不同，有人据《甲骨文合集》29673、27302 诸辞认为有，但似乎学术界多数学者主张没有，说“民”字不见于甲骨卜辞，而且认为卜辞中也没有以民字为偏旁的字。但笔者以为，无论如何都不能断言在殷商时期绝对没有“民”字，因为在周初的青铜器铭文中，“民”字已经司空见惯，众所周知的例子有：《何尊》的“自之辪民”，《大盂鼎》的“受民受疆土”等[③]。商周的民是奴隶还是自由民，学界也聚讼不一。尽管对中国上古时期是否存在奴隶制为主导的社会形态，是学术界存在重大争议，且至今尚未统一认识的问题，如梁启超在《太古及三代载记·附三苗九黎蚩尤考》中说“因其冥昧，亦谓之民”，又注释说“民之本意为奴虏”[④]，郭沫若等人更是力主“民”是刺目的奴隶[⑤]，这种看法在今天已为许多学者摒弃，但民在初始时社会身份较为低下，处于

---

① 见中国社会科学院考古研究所编：《殷周金文集成》4131、4316、10169、4267、4240，中华书局，1984—1994 年。下引版本同。

② 许慎撰，段玉裁注：《说文解字注》一篇上，一部，浙江古籍出版社，1998 年，第 1 页。

③ 见《殷周金文集成》6014、2837。

④ 梁启超：《饮冰室合集》第五册《饮冰室专集之四十三》，中华书局，1989 年影印本，第 17 页。

⑤ 说民字“象利刃抽入左目而盲之”，“象睛珠流下之目形”，参见康殷：《说文部首》，荣宝斋，1980 年，第 112 页。

社会的下层,应该是没有太大问题的。

《说文解字》第十二卷《民部》:“民,众萌也。从古文之象。凡民之属皆从民。”何谓“萌”也？段玉裁注曰:“萌犹懵懵无知皃也。”古代也有许多注释家改“萌”为“氓”,进而又为“甿”、“芒”、“梦”等,至20世纪著名国学大师黄侃在《说文同文·民部》中也认为:“民同萌、芒、梦,同氓、甿。”[①]但对于这些通假之说,段玉裁并不以为然,他说:

> “民,众萠(萌)也。”萌古本皆不误。毛本作氓。非。古谓民曰萌。汉人所用不可枚数。今周礼以兴锄利甿。许耒部引以兴锄利萌。愚谓郑本亦作萌。故注云变民言萌,异外内也。萌犹懵懵无知皃也。郑本亦断非甿字。大氐汉人萌字。浅人多改为氓。如周礼音义此节摘致氓是也。继又改氓为甿。则今之周礼是也。说详汉读考,民萌异者,析言之也。以萌释民者,浑言之也。[②]

但朱骏声《说文通训定声》坤部第十六《民八名·真》引《广雅·释言》曰:“民,氓也。按:土箸者曰民,外来者曰氓。”又引《谷梁传》成公元年曰:“古者有四民:有士民,有商民,有农民,有工民。”引《左传》桓公六年曰:“夫民,神之主也。”引《谷梁传》桓公十四年曰:“民者,君之本也。”[③]足见“民”字很早就有了复杂的内涵。所以《康熙字典》也解释说:

> 《六书略》:“民,象俯首力作之形。”〇按民字之义非一。有总言人者,《诗》“天生蒸民”、“厥初生民”是也。有对君而言者,《书》“民惟邦本”是也。有别于在位而言者,《诗》宜民宜人。注:人谓臣,“民谓众庶”是也。有对幽而言者,《论语》“务民之义”,《左传》“先成民而后致力于神”是也。有对己而言者,《诗》“民莫不谷,我独于罹”是也。有对农而言者,《汉·食货志》“粟甚贵伤民,甚贱伤农”是也。况四民兼士农工商,岂力田始称民乎。《六书略》之说穿凿,不可从。

---

① 黄侃:《说文同文》,见黄侃笺识,黄焯编次:《说文笺识四种》,上海古籍出版社,1983年,第70页。

② 《说文解字注》第12卷《民部》,第627页。

③ 朱骏声编著:《说文通训定声》,中华书局,1984年,第838页。

《康熙字典》同样也引《谷梁传》成公元年曰：“古者四民：有士民，有商民，有农民，有工民。”并注释曰：“德能居位曰士，辟土植谷曰农，巧心劳手成器物曰工，通财货曰商。”①

清代学者所引的古书证据，绝大多数都是产生在春秋战国时期。如前文所述，春秋战国是一个社会转型的时期，在这个时期社会全方位的变革中，“吏”和“民”的群体也在分化演变，二者主体部分的身份和内涵，应该说分别沿着下降和上升对向发展，越来越接近，故在战国中后期的著作中就开始出现“吏”“民”连词，如《管子·七主七臣》曰：

> 夫法者，所以兴功惧暴也。律者，所以定分止争也。令者，所以令人知事也。法律政令者，吏民规矩绳墨也。②

《商君书·定分》曰：

> 公问于公孙鞅曰：“法令以当时立之者，明旦欲使天下之吏民皆明知，而用之如一而无私，奈何？”③

《战国策·赵策一》曰：

> 赵王喜，召平原(阳)君而告之曰：“韩不能守上党，且以与秦，其吏民不欲为秦，而皆愿为赵。”④

而这种“吏”“民”连词现象，在春秋以前的文献中少见，在商周的甲骨文和金文中更是难觅踪迹；与此相反，经过春秋战国社会转型以后的秦汉时期，“吏民”在文献史料中可以说是铺天盖地，就是在考古发掘出的同时期的简帛、碑石等出土史料中，也屡屡可以见到。如：

> 今法律令已具矣，而吏民莫用，乡俗淫失(泆)之民不止，是即法

---

① 《康熙字典》，中华书局，1958年，辰集下，氏部，第3—4页。

② 黎翔凤撰，梁运华整理：《管子校注》卷17《七臣七主第五十二》，第998页。

③ 蒋礼鸿：《商君书锥指》卷5《定分第二十六》，第139—140页。

④ 刘向集录，范祥雍笺证，范邦瑾协校：《战国策笺证》，第989页。

（废）主之明法殹（也），而长邪避（僻）淫失（泆）之民，甚害于邦，不便于民。①

制诏御史年七十以上杖王杖比六百石入官府不趋吏民有敢殴辱者逆不道　161②

若一旦田为吏民秦胡所名有，谞子自当解之。③

吏民有罪当笞，谒罚金一两以当笞者，许之。有罪年不盈十岁，除；其杀人，完为城旦舂。④

吏民亡，盈卒岁，耐；不盈卒岁，毄（系）城旦舂；公士、公士妻以上作官府，皆偿亡日。其自出殹（也），笞五十。给逋事，皆籍亡日，軵数盈卒岁而得，亦耐之。⑤

类似的史料不少，这里仅引数例。

与官吏既可以是官与吏的并称，也可以是一个相对于民而言的一体词一样，吏民有的时候是吏与民的合称，但有时相对于官而言却是一个一体词。当官吏是一个一体词时，官吏是官；而当吏民是一个一体词时，吏民是民。以下史料可以证明有些“吏民”是一体词，是与官僚贵族相区别的一种民。

帝崩于未央宫。遗诏赐诸侯王列侯马二驷，吏二千石黄金二斤，吏民户百钱。⑥

募郡国吏民訾百万以上徙平陵。⑦

赐宗室有属籍者马一匹至二驷，三老、孝者帛五匹，弟者、力田三匹，鳏寡孤独二匹，吏民五十户牛酒。⑧

---

① 睡虎地秦墓竹简整理小组:《睡虎地秦墓竹简·语书》，第 13 页。

② 李均明、何双全编:《散见简牍合辑》，第 17 页。

③ 《东汉光和七年平阴县樊利家买地铅券》，见张传玺主编:《中国历代契约会编考释》，北京大学出版，1995 年，第 55 页。

④ 张家山二四七号汉墓竹简整理小组编著:《张家山汉简·二年律令·具律》，《张家山汉墓竹简〔二四七号墓〕》（释文修订本），第 21 页。需要说明的是，原释文将“吏”与“民”顿开，笔者认为没有必要，应该连读。

⑤ 张家山二四七号汉墓竹简整理小组编著:《张家山汉简·二年律令·亡律》，《张家山汉墓竹简〔二四七号墓〕》（释文修订本），第 30 页。

⑥ 《汉书》卷 5《景帝纪》，第 153 页。

⑦ 《汉书》卷 8《宣帝纪》，第 239 页。

⑧ 《汉书》卷 9《元帝纪》，第 279 页。

供职于官府的吏是按照人统计的，但以上三条史料中的吏民却是按照户统计的。这三条史料分别出自汉景帝、汉宣帝、汉元帝的本纪，基本属于西汉的中期，这时尚不存在"吏户"的问题，按户赐予百钱的对象"吏民"就绝不是吏户和民户，而应该是一体的吏民之户。

> 令吏民勉农，尽地利，平繇行水，勿使失时。①

这里的吏民是从事农耕之民，如果吏民是吏与民的合称，那等于是命令吏去从事农耕，而不是从事职役，这也不合情理。

> 文翁终于蜀，吏民为立祠堂，岁时祭祀不绝。
> 吏民皆富实。狱讼止息。②

如果吏民不是一体，而是吏与民合称，那么这里岂不是成了吏与民共同为之立祠堂，成了官方与民间的联合行为，而不是民众自发的举动。同样，"吏民皆富实，狱讼止息"，夸奖的是民都富裕殷实，而不应该是指任职于官府中的吏富裕殷实，官吏富裕殷实恐怕不会作为循吏的治绩而加以赞扬。另外，谷永曾劝谏成帝曰：

> 陛下弃万乘之至贵，乐家人之贱事，厌高美之尊号，好匹夫之卑字，崇聚僄轻无义小人以为私客，数离深宫之固，挺身晨夜，与群小相随，乌集杂会，饮醉吏民之家，乱服共坐，流湎媟嫚，溷殽无别，闵免遁乐，昼夜在路。③

这里的"吏民之家"显然是指普通民户家中，吏民就是指非官僚贵族的平民，而不是指或吏之家和或民之家。

> 益州所仰惟蜀，蜀亦破坏。三分亡二，吏民疲困，思为乱者十户

① 《汉书》卷29《沟洫志》，第1685页。
② 《汉书》卷89《循吏传》，第3627、3640页。
③ 《汉书》卷85《谷永杜邺传》，第3461页。

而八。[①]

吏民是以户数计的平民，而不是指单个的吏和民。

(王)莽乃大募天下丁男及死罪囚、吏民奴，名曰猪突豨勇，以为锐卒。一切税天下吏民，訾三十取一。[②]

这里王莽所募集的是吏民家中之奴，而不会是效力于官府中的吏随身之奴。而征收三十分之一的税，也肯定是向吏民一体的民户征收，不会向民户征税的同时，也向供职役于官府中的吏征收。

使郡国各择吏民之贤者，岁贡一人，以给宿卫。[③]

每年贡荐的只有一人，该人现正为吏也好，正为民也好，不可兼之，但都是被择的吏民，可见吏民的一体性。

其令吏民男女：女年七十已上无夫子，若年十二已下无父母兄弟，及目无所见，手不能作，足不能行，而无妻子父兄产业者，廪食终身。幼者至十二止，贫穷不能自赡者，随口给贷。[④]

这道命令的对象是吏民男女，一般来说汉代妇女是不任官为吏的。由于吏中没有妇女，因此这包括妇女在内的吏民应是一体之民，故其中不但有男，同时也有女。

至道不明，法令不行，吏民不正，百姓不安，而君不悟，此五墨墨也。[⑤]

这条史料中的"吏民"与"百姓"相对而言，如果"吏民"是"吏"与"民"的合

① 《三国志》卷37《蜀书·法正传》，中华书局，1962年，第959页。
② 《汉书》卷99下《王莽传下》，第4155页。
③ 张烈点校：《汉纪》卷第11《孝武皇帝纪二》，《两汉纪》(上册)，第175页。
④ 《三国志》卷1《魏书·武帝纪》注引《魏书》载王令，第51页。
⑤ 石光瑛校释，陈新整理：《新序校释》卷第1《杂事》，中华书局，2001年，第142页。

称，那么“民”和“百姓”就难以形成对立而言，二者基本是一回事，所以不能把“吏民”看成是合称，而要看成专门的一体词。

另外，在汉人留下的碑铭中也有不少有关吏民的宝贵史料，其中有些碑铭很值得注意：如《隶释·汉赵相雝府君碑》按语道：

> 右赵相雝府君碑，其前历叙家世官爵，而所述雝君事，甚略。云赵国相名劝，孝廉成皋令、赵国相，又云在官五载，莅政清平，有甘棠之化。年卌五卒于官，故吏民汉中太守邯郸某等（其名残缺）慕恋恩德，刊石称颂焉。又有阙铭题汉故赵国相雝府君之阙云。①

为赵国相雝劝立碑者，是原来赵国邯郸的吏民、当时任汉中太守的某人等，即“故吏民汉中太守邯郸某”，说明立碑者汉中太守某原为邯郸吏民，而绝不是说他原来在邯郸时曾经是吏又曾经是非吏之民。而《隶释》所辑的《酸枣令刘熊碑》的碑阴镌刻着立碑吏民的姓名和吏职，可以增加人们对吏民一体性的感性认识：

> 故征试博士（下缺）、故华长苏真（下缺）、华长戴耀（下缺）、故上计掾（下缺）、故郎中许弘叔宠三百、故兖州从事仇审季（缺）三百、故（缺）事君仇方孟饬三百、故外黄守令尹松大德五百、故雍丘守令李保世德三百、故雍丘守令（缺）穆元宪三百、故外黄守令李卓卓异三百、故守东昏长苏胜德阳二百、故五百掾王暹宜孟二百、故雍丘守令王习叔河三百、故督邮左位宣高二百、故督邮李琇景德二百、故督邮李徽景台二百、故督邮苏翔山甫二百、故督邮杨茂季曾二百、故督邮颜亮光祖二百、故郡曹史李豫妙高二百、故郡曹史颜诗惠祖二百、故郡曹史杨彪世直二百、故郡曹史王仁公直二百、故郡曹史王贡叔台二百、故郡曹史苏曼曼（缺）二百、故郡曹史仇惟彦成二百、故郡列掾李表宪台二百、故郡文学李义子仁二百、故浚仪守丞李璜伯瑰二百、故（缺二字）守丞仇邵景传二百、故陈留守尉樊殖仲举二百、故河堤从事（缺）万世（缺三字）、故河堤从事李备彦（缺三字）、故兖州书佐尹雒彦真五百、故雍丘守尉李谦子山二百、故外黄守尉诚咸升卓二百、故功曹尹慎元节二百、故功

① 洪适：《隶释》卷26《汉赵相雝府君碑》，中华书局，1986年，第279页。

曹邴磐世高二百、故功曹苏信君咨二百、故功曹马昂卓举二百、故功曹三颂季宁二百、故功曹尹真元真二百、故功曹马汜解卿三百、故功曹苏侨文睢二百、故功曹苏(缺)景真二百、故功曹杨(缺)仲纪二百、故功曹毛仪睢方二百、故功曹李儒公林二百、故功曹苏奉奉祖二百、故功曹皮周睢真二百、故功曹杨芬伯曾二百、故功曹颜规孝举二百、故功曹殷备山祖三百、故功曹常周彦周二百、故功曹田宣宣孟三百、故功曹仇(缺)彦慱二百、故功曹左凤彦皇五百、故功曹李性孝慈三百、故功曹李护子让三百、故主薄卫宣宣台二百、故主薄张芝(缺)真二百、(缺一人)从掾位李奉奉明二百、从掾位(缺二字)子然三百、从掾位尹彬睢方三百、从掾位王东公举三百、从掾位左宜扶风二百、从掾位景殖叔敬二百、从掾位张除叔(缺)二百、从掾位张临(缺二字)二百、从掾位李荣彦德二百、从掾位左修敬祖三百、从掾位宋盖季甫三百、从掾位马萌子明二百、从掾位陈揖文让二百、从掾位彭来叔祖二百、从掾位捋横公节三百、处士宋(缺)仲慱三百、处士许宗衫祖二百、处士李相成祖二百、处士王凤德升三百、处士焦凤德皇二百、处士颜(缺)子礼五百、处士尹官彦高二百、处士苏位云台五百、处士李胜子才三百、处士纪珪孝范三百、处士董悝彦台五百、处士苏玮孔彦五百、处士屈孔子玮三百、处士李绀奉和三百、处士(缺二字)彦宜五百、处士尹茂孔才四百、处士尹玮彦璜五百、处士尹(缺)德横五百、处士殷郁(缺)德二百、处士李礼公仪三百、处士邵畺孔才五百、处士崔鹄孝才五百、处士(缺二字)昭明三百、处士殷经德明三百、处士雄椆景直五百、处士韩庠元序五百、处士尹愘孝让五百、处士尹雄云台二百、处士许将彦荣五百、处士王(缺)德让五百、处士殷智彦直五百、处士殷沉元像二百、处士杨商子翼三百、处士苏艳彦公三百、处士桃诗彦云五百、处士马仪彦周三百、处士马郡彦朝五百、处士公(缺二字)云五百、处士曹长显才五百、处士(缺二字)仲章五百、处士(缺三字)慱五百、处士王鍕叔璜五百、处士马顺德(缺)三百、处士(缺四字)五百、处士樊(下缺)、处士(下缺)、处士苏恩公(缺)五百、处士苏穆公台(缺)百、处士(缺二字)德(缺二字)百、处士杜(缺)彦璜五百、处士左仪德祖二百、处士张(缺)子让五百、处士张(缺)元表三百、处士(缺四字)三百、处士杜(缺)子惠五百、好学尹(下缺)二百、好学韩雕子(缺二字)百、好学鲁庠子序二百、好学李泉叔(缺)二百、好学阎仲叔明二百、好学诚(缺二字)密二百、好学张章子章二百、好学寇高

> 彦高二百、好学雄就子成二百、好学江(缺)敬台二百、好学毛郤彣和二百、好学焦寄子琚二百、好学李恭敬让二百、好学宋茂彦(缺)二百、好学宋曼万岁二百、好学稽详子季二百、好学赵稚景(缺)二百、好学张武彦成二百、好学焦方子政二百、好学(下缺)、好学(下缺)、好学苏(下缺)、好学许礼文耀(已下石皆下缺)、好学程当子(缺)、好学李墨子(缺)、好学李仲叔、好学尹朝子(缺)、好学(缺二字)子(缺)、好学左重彦松、好学李汉子汉、好学李泰子(缺)、好学尹傰(缺二字)、好学卫阿子(缺)、好学江真子真、好学赵(缺)子贤、好学李墅子墅、好学(缺二字)告甫、好学张侣叔(缺)、好学挬(缺)子和、好学李周子周、好学王福子禄、好学翟冯子(缺)、德行苏苍子盈(缺)、好学(缺)、好(缺)、好(缺)、好(缺)。

在碑阴立碑者名录之后,洪适总结说:

> 右刘熊碑阴,其可见者百八十人,不书郡邑,皆酸枣人也。其称故华长、故雍丘令之类,则邑之荐绅大夫也;其称故郡文学、故督邮之类,则尝吏于郡者也;其称从掾位,则酸枣之吏,而不称故吏,则可见刘君之在官也……①

正如洪适所总结的,为刘熊立碑的 180 人都是酸枣县当地人,其中有 61 人职位前都加“故”字,说明他们曾经在本地或外地任过该职;有 15 人现为“从掾位”,属于最低等的散吏,没有“故”字;还有处士 55 人、好学 43 人、不明身份者 6 人。这 180 人中大部分人当时并不担任吏职,但却是当地有头有脸有影响的人物,或是曾经为官为吏之人,或是有资格为官为吏之人,当然还有一些是正在酸枣为吏之人。不管是三种情况中的哪一种,他们均属于吏民,特别是那些带“故”字者,立碑之时早已是非官非吏,赋闲居家,但却依然是吏民,是酸枣县中颇有影响的一个人群,洪适将他们比之他所生活的那个时代,即宋朝时的“荐绅大夫”,不一定很准确,比如说文化素养不及后者,但意识到他们不是一般的民,而是县及乡里社会中有影响的人群,这种看法是不误的。从以上两个碑铭可以看出吏民可以是为官吏之民,也可

---

① 《隶释》卷 5《酸枣令刘熊碑阴》,第 65—68 页。

以是曾经为官吏之民，或者是正在充当吏职之民。

此外，在长沙走马楼三国吴简发现之前，在出土的秦汉时期简牍中，就有丰富的有关“吏民”的史料，仔细研读，也有与上引文献中“吏民”相同，应该视为一体词的现象。如：

> 书到自今以来独令县官铸作钱令应法度禁吏民毋得铸作钱及挟不行钱 E. P. F22：39[①]

这是有关官府垄断铸币，禁止私人造钱和携带已经过时的钱币的法令，吏民在这里是与官府相对立而出现，吏显然不是任职役于官府的公吏，而是对立于官府的私民。

> □□□□书到□移神爵四年十月尽五凤元年五月吏民□疾死者□家□[②] ＊164

这枚简的字迹严重漫漶不清，1991 年版的《敦煌汉简释文》稍有不同：

> □□□□书到所移神爵四年十月尽五凤元年五月吏罪其获死者一家五

吴礽骧等先生在这枚简文的注释中说：“民”，沙畹释文作“民”，王国维释文作“罪”，存疑[③]。笔者感觉释为“民”字，整个句意更顺畅，故暂用“吏民□疾死者一家五”的释文。这条史料大概是记载一户吏民因疾疫死了五口人，也是按家按户称吏民，而不是指按单个人计数的吏和民。

再看一下走马楼吴简中的吏民材料。走马楼吴简中有丰富的吏民资料，甚至第一批出版公布的吴简的名称就包含了“吏民”二字，即《嘉禾吏民田家莂》。其中所载主要为嘉禾四年和五年长沙郡中有关吏民基本状况的信息档案，可以称之为吏民的户籍簿。其中的信息主要包括所居住的基层

---

① 甘肃省文物考古研究所等编：《居延新简》，文物出版社，1990 年，第 478 页。下引版本同。

② 林梅村、李均明编：《疏勒河流域出土汉简》，文物出版社，1984 年，第 42 页。

③ 吴礽骧、李永良、马建华释校：《敦煌汉简释文》，甘肃人民出版社，1991 年，第 177—178 页。

行政单位名称，即“丘（里）”；户主身份，即“州吏”、“郡吏”、“县吏”、“州卒”、“郡卒”、“县卒”、“军吏”、“复民”、“士”、“男子”、“大女”等；姓名；佃田数量；交纳赋税的情况等。嘉禾（232—238 年）虽然说是三国东吴孙权的年号，但去东汉很近，其社会状况直接承继汉代，“吏民”一词的内涵不会有太大的不同。据粗略统计，这批简共涉及吏民 2047 户，除去户主身份不详的 320 户之外，共有 1727 户。其中登录时户主为州吏者 38 人，为郡吏者 57 人，为县吏者 68 人，为军吏者 17 人，为州卒者 10 人，为郡卒者 9 人，为县卒者 13 人，为复民者 13 人，为士者 9 人，为一般男子者 1406 人，为大女者 87 人。这些吏民既有任职的吏，又有不为吏职的民，被一并编录。如嘉禾四年“下伍丘”吏民中的户主就包括州吏 1 人，郡吏 3 人，县吏 1 人，军吏 1 人，州卒 1 人，男子 17 人，身份不详者 1 人。（四·五—四·二九）嘉禾五年“弦丘”吏民中的户主也包括州吏 1 人，郡吏 3 人，县吏 2 人，州卒 2 人，郡卒 1 人，县卒 5 人，男子 26 人，大女 1 人，身份不详者 1 人。（五·四三六—五·四七七）各种吏和各种民完全是杂居共处于丘（里）之中[①]。

据黎虎先生研究统计[②]，这些吏民分布于 140 多个丘中的 84 个丘中，这 84 个丘中都是既有一般的民，又有吏，比如：

下伍丘：州吏 1，郡吏 3，县吏 1，军吏 1，州卒 1，男子 17，不详 1。（4·5—4·29）

弦丘：州吏 1，郡吏 3，县吏 2，州卒 2，郡卒 1，县卒 5，男子 26，大女 1，不详 1。（5·436—5·477）

梦丘：郡吏 3，县吏 2，州卒 1，郡卒 1，县卒 1，男子 18，大女 3。（5·761—5·789）

弹溲丘：州吏 1，郡吏 3，县吏 1，州卒 2，郡卒 1，县卒 2，男子 26，大女 3。（5·921—5·959）

而且，当时基层乡里向上级官府上报人口等统计资料时也都是吏与民一起统计和上报，如：

☑平里新□□□□吏民合十三口□☑　　四一二六

① 长沙市文物考古研究所等：《嘉禾吏民田家莂》（上），第 73—76，216—219 页。

② 黎虎：《“吏户”献疑——从长沙走马楼吴简谈起》，《历史研究》2005 年 3 期。

☐右小武陵乡领四年吏民一百九十四□民口九百五十一人吏口□□□[算]一千三百卌四钱 四九八五

☐□□阳里领吏民合五十八户口食三百☐ 五五七六

☐□中里领吏民卅八户☐ 八一六二

集凡乐乡领嘉禾四年吏民合一百七十三户口食七百九十五人☐ 八四八二

☐[列][所]领吏民合廿七户口食七十四人 八六七七

□迁里领吏民户二百五十五户口一千一百一十三人收□□口算钱合六万二千一百一十八钱 九四〇七

右小赤里领吏民户□□五口食一百廿二…… 九四二〇

右高迁里领吏民卅八户口食一百八十人 一〇二二九

右平阳里领吏民卅六户口食□百□□人 一〇二四八

右吉阳里领吏民卅六户口食一百七十三人 一〇三九七①

吏民一同被编制于同一乡里，故上报户口时也是一起统计、登记、造册，所以出土的《嘉禾吏民田家莂》的“嘉禾四年吏民田家莂”开头是各乡征收赋税时总结上报的明细簿籍的标题，其文曰：

南乡谨列嘉禾四年吏民田家别顷亩旱熟收米钱布付授吏姓名年月都莂 四·一

[环]乐二乡谨列嘉禾四年吏民田家别莂如牒 四·二

[东]乡谨列四年吏民田家别莂 四·三

□□谨嘉禾吏民田顷亩收钱布莂如牒 四·四

《嘉禾吏民田家莂》中丰富的吏民资料，几乎全部都是吏民连称。而且，从被称为吏民户籍簿的《长沙走马楼三国吴简·竹简》中亦可看到，当时基层乡里向上级官府上报人口等统计资料时也都是吏与民一并统计上报，如：

① 长沙市文物考古研究所、中国文物研究所、北京大学历史学系走马楼简牍整理组编著：《长沙走马楼三国吴简·竹简〔壹〕》，第980、998、1011、1063、1070、1074、1088、1105、1108页。

□迁里领吏民户二百五十五户口一千一百一十三人收□□口算钱合六万二千一百一十八钱　九四〇七

右吉阳里领吏民卅六户口食一百七十三人　一〇三九七①

可见，不管是“州吏”、“郡吏”、“县吏”、“军吏”，还是“州卒”、“郡卒”、“县卒”，或者是“复民”、“士”、“男子”、“大女”，都一样编入丘里，一并上计，身份一样都属于吏民，包括正在为吏的，如“州吏”、“郡吏”、“县吏”、“军吏”是吏民，尚未为吏的，如“州卒”、“郡卒”、“县卒”、“男子”、“大女”也是吏民。但学术界一般认为，这是东吴初年承继汉代，吏民虽然是两种人，但尚未分籍的表现，而到孙吴灭亡时，吏、兵、民就已经分别编录户籍了，史料依据主要就是《三国志·吴书·三嗣主传》孙皓天纪四年(280)三月注引《晋阳秋》曰：

(王浚灭吴)收其图籍：领州四，郡四十三，县三百一十三。户五十二万三千，吏三万二千，兵二十三万，男女口二百三十万。米谷二百八十万斛，舟船五千余艘，后宫五千余人。②

单就这条史料而言，笔者以为，并不能说明吏、兵、民分立户籍，正像黎虎先生在文章中所指明的：“承汉代上计制度的三国，其地方政府吏员亦大多数为本地编户民无疑，证之于吴简中的州、郡、县吏均纳入基层编户的户口数之内进行上报，故上述蜀、吴两国吏员统计数字亦必然是在当时全国户口总数之内的数字，而非另外之吏户，这些吏员数是人还是户？持吏户论的著述，往往将他们说成是户，如果蜀、吴之吏‘四万人’、‘吏三万二千’是在两国户口总数之外独立的吏户数，则上引蜀、吴两国的户口总数就不是原来的数字，而都应在原有民户口数基础上加上吏户的数字而发生了变动，蜀国的户二十八万加上吏户四万，就成了三十二万户；如以每个家庭五口计算，则蜀国吏户四万，合二十万人，加上男女口九十四万，就成了一百一十四万人；吴国亦然，户五十二万三千加上吏三万二千户，总户数就成了五十五万五千，男女口二百三十万，加上吏十六万人，就成了二百四十六万人。如果蜀、吴两国的兵户也作如是论，则其总户口数将发生更大的变动。

① 长沙市文物考古研究所、中国文物研究所、北京大学历史学系走马楼简牍整理组编著：《长沙走马楼三国吴简·竹简〔壹〕》，第1088、1108页。

② 《三国志》卷48《吴书·孙皓传》，第1177页。

故我们认为上述蜀、吴吏的统计数字都是指人而非指户，蜀国之吏四万人，明言为人数，已不待言，由此亦可以推知吴国之吏三万二千亦当为人，而不是户。”

这样解读这条史料是正确的，就是说在吴国当时的男女人口二百三十万中，包含了正为吏职的三万二千名吏和正在军队中的二十三万名兵。这个问题似乎离开了本研究的时间范围，但嘉禾却是孙权的年号，与东汉亡国相隔极近，其社会状况与汉代有直接的承继关系，“吏民”一词的内涵也不会有太大的不同。黎虎先生根据上面所引《嘉禾吏民田家莂》中大量材料，在文章中认为上面所说的六种身份的人，即“州吏”、“郡吏”、“县吏”、“州卒”、“郡卒”、“县卒”、“军吏”、“复民”、“士”、“男子”、“大女”都属于吏民的范畴，都属于基层编户民。这是非常正确的，也是与笔者对秦汉时期吏民的看法基本一致的，只是笔者更进一步认为，“吏民”不但并列连称，而且是有特定内涵的社会等级。“吏民”一词从词语的构成来看，有些类似“官商”一词，就如同“官商”并不是“官”和“商”两种人的合称，而是商，一种有特定内涵的商，“吏民”也同样，不是“吏”和“民”的合称，而是民，一种有特定内涵的民。“吏民”不但并列连称，而且是有特定内涵的一体词，是一个有政治、经济和法律特点的社会等级。

## 二、吏民的等级特点

秦汉时期是等级制社会，其等级结构的状态如何，如果要作一个物化性的比喻，这种结构状态更接近什么事物呢？黎虎先生在文章中将之比作金字塔，并认为“‘吏民’是中国古代社会金字塔结构中的底层”。并首先列举《后汉书·韩棱传》中的故事以及应劭的评论以为证据，即东汉明帝时颍川太守葛兴病重，功曹韩棱私自代行郡事二年，后事发被禁锢，应劭评论此事时认为韩棱的行为是“上欺天子，中诬方伯，下诳吏民”①。黎文认为“在这三个社会层级中，‘吏民’被置于‘天子’、‘方伯’之下的底层，是社会金字塔结构中的基础”。其次又举《汉书·景帝纪》：后元三年，“帝崩于未央宫。遗诏赐诸侯王列侯马二驷，吏二千石黄金二斤，吏民户百钱”。认为“这里以‘诸侯王列侯’为一个层次，‘吏二千石’为一个层次，‘吏民’为一个层次。由此可见‘吏民’属于同一层次，而处于社会结构的底层”②。这一段分析

---

① 应劭撰、吴树平校释：《风俗通义校释·过誉第四》，天津人民出版社，1980 年，第 132 页。

② 黎虎：《论“吏民”的社会属性》，《文史哲》2007 年第 2 期。

具有明显的片面性，吏民与天子、诸侯王列侯、守相官僚相比，其社会地位无疑是低的，处在他们下面，但在秦汉社会中不仅仅有比吏民等级高的天子、诸侯王列侯、守相官僚，还有等级地位不如吏民的人群，比如以“七科谪”为代表的贫贱民，还有为数并不太少的官私奴婢。秦汉社会中存在贱民和奴婢，这是学界共识，如果吏民处于社会结构的底层，那么置贱民和奴婢于何处。笔者不赞成把秦汉社会结构状态比作金字塔，更不认为吏民处于金字塔底层，如果也作个物化比喻，秦汉社会结构形态应近似橄榄球，上下两端偏小，人数较少，中间大肚，人数众多，构成中间大肚的人员主要就是吏民。前揭笔者 20 世纪 90 年代文章中提出，秦汉社会存在五大等级：皇帝及其家族、官僚贵族、吏民、贫贱民、奴隶。笔者的这一看法应该说是得到了后来出土的走马楼吴简《嘉禾吏民田家莂》的证明，不仅如此，就是在传统的文献史料中也是有依据的。如《汉书·晁错传》载：

> 秦始乱之时，吏之所先侵者，贫人贱民也；至其中节，所侵者富人吏家也；及其末涂，所侵者宗室大臣也。①

这里吏所先后侵辱者有三种人，而这三种人正是笔者所说的五个等级人中的中间三个等级。而所谓的吏家也就是吏民之家，不会是后来的吏户。吏民的社会地位高于贫人贱民等级，而低于贵族官僚等级。下面就谈一下吏民作为一个社会中人数最为众多的一个等级人群，其主要的特点大致可以概括为五个方面。

首先，吏民是有资格为吏的民户家中之人。他们具备担任职事吏的基本条件，今天他们担任职事，今天他们是吏，明天他们不担任职事，明天他们就是民，但不管是否担任职事，他们都属于吏民。秦汉时期，主要是汉代的一些时期，做官为吏都是有标准的，其中应该包括政治标准和财产标准。就政治标准而言，其从事的职业和身份不是国家抑制或打击的对象，比如商贾及其后代，还有七科谪户，还有医、工、巫卜之户，都不具备做官为吏的政治标准。如史书记载：

> 天下已平，高祖乃令贾人不得衣丝乘车，重租税以困辱之。孝惠、

① 《汉书》卷 49《晁错传》，第 2296 页。

> 高后时，为天下初定，复弛商贾之律，然市井之子孙亦不得仕宦为吏。[①]
>
> 贾人皆不得名田、为吏，犯者以律论。[②]
>
> 孝文皇帝时，贵廉洁，贱贪污，贾人、赘壻及吏坐赃者皆禁锢不得为吏……[③]

职业身份不符合标准不能为吏，家资财产不够规定的标准也不能为吏，如汉景帝后二年五月诏曰：

> 人不患其不知，患其为诈也；不患其不勇，患其为暴也；不患其不富，患其亡厌也。其唯廉士，寡欲易足。今訾算十以上乃得宦，廉士算不必众。有市籍不得宦，无訾又不得宦，朕甚愍之。訾算四得宦，亡令廉士久失职，贪夫长利。

服虔注曰："訾万钱，算百二十七也。"应劭曰："古者疾吏之贪，衣食足知荣辱，限訾十算乃得为吏。十算，十万也。贾人有财不得为吏，廉士无訾又不得宦，故减訾四算得宦矣。"[④]从这段史料可以看出，汉初为吏的财产标准是十万，汉景帝时调整为四万。没有如是家资就不能为吏，即便是佐史斗食小吏也不例外，秦朝与东汉时期的情况也应该是类似。故史书记载说：

> 淮阴侯韩信者，淮阴人也。始为布衣时，贫无行，不得推择为吏……[⑤]
>
> 旧内郡徙人在边者，率多贫弱，为居人所仆役，不得为吏。[⑥]

吏民是可以为吏之民，其中既包括已经为吏但秩禄不满六百石者，也包括虽没有为吏，但具备为吏的标准者，如汉成帝在永始二年的一道诏令就能证明这一点：

---

① 《史记》卷30《平准书》，第1418页。

② 《汉书》卷11《哀帝纪》，第336页。

③ 《汉书》卷72《贡禹传》，第3077页。

④ 《汉书》卷5《景帝纪》及注，第152页。

⑤ 《史记》卷92《淮阴侯列传》，第2609页。

⑥ 《后汉书》卷17《贾复列传》，第667页。

关东比岁不登，吏民以义收食贫民、入谷物助县官振赡者，已赐直，其百万以上，加赐爵右更，欲为吏补三百石，其吏也迁二等。三十万以上，赐爵五大夫，吏亦迁二等，民补郎。十万以上，家无出租赋三岁。万钱以上，一年。①

另外吏民还包括以上已经为吏和尚未为吏两种人的家人，其中有的人可能永远也不能担任吏职，比如像吏民家中的妇女，像《嘉禾吏民田家莂》中的“大女”等，但他们依然属于吏民，因为吏民是一种身份等级，是按户而不是按人生效的。

第二，吏民一般都占有爵位，是编户民中的有爵者。秦汉时期承继战国，主要是商鞅变法以来形成的二十等新爵制，其主要特点，或者说其核心和主体是非贵族性的，即爵位平民化。据《续汉书·百官志》注引刘劭的《爵制》称：

秦依古制，其在军赐爵为等级，其帅人皆更卒也，有功赐爵，则在军吏之例。自一爵以上至不更四等，皆士也。大夫以上至五大夫五等，比大夫也。九等，依九命之义也。自左庶长以上至大庶长，九卿之义也。关内侯者，依古圻内子男之义也。秦都山西，以关内为王畿，故曰关内侯也。列侯者，依古列国诸侯之义也。然则卿大夫士下之品，皆放古，比朝之制而异其名，亦所以殊军国也。古者以车战，兵车一乘，步卒七十二人，分翼左右。车，大夫在左，御者处中，勇士居右，凡七十五人。一爵曰公士者，步卒之有爵为公士者。二爵曰上造。造，成也。古者成士升于司徒曰造士，虽依此名，皆步卒也。三爵曰簪袅，御驷马者。要袅，古之名马也。驾驷马者其形似簪，故曰簪袅也。四爵曰不更。不更者，为车右，不复与凡更卒同也。五爵曰大夫。大夫者，在车左者也。六爵为官大夫，七爵为公大夫，八爵为公乘，九爵为五大夫，皆军吏也。吏民爵不得过公乘者，得贳与子若同产。然则公乘者，军吏之爵最高者也。虽非临战，得公卒车，故曰公乘也。十爵为左庶长，十一爵为右庶长，十二爵为左更，十三爵为中更，十四爵为右更，十五爵为少上造，十六爵为大上造，十七爵为驷车庶长，十八爵为

① 《汉书》卷10《成帝纪》，第321页。

大庶长，十九爵为关内侯，二十爵为列侯。自左庶长已上至大庶长，皆卿大夫，皆军将也。所将皆庶人、更卒也，故以庶更为名。大庶长即大将军也，左右庶长即左右偏裨将军也。①

这恐怕是有关二十等爵制的最集中和全面的史料记载。秦汉时期，二十等爵制逐渐由军爵（在军队中施行）转化为民爵（军队以外的民间也普遍实行），但爵制内部的等级原则却被继承。其中最重要的一点就是有爵者为士、吏，爵位高低与官秩吏禄的等级存在一定的对应关系，但这种对应只具有相对性，不是绝对的。吏民占有的爵位，一般在第八级公乘以下，一级公士以上，这就是刘劭《爵制》中所讲的“吏民爵不得过公乘者，得贯与子若同产。然则公乘者，军吏之爵最高者也”。这一说法可以得到出土简牍史料的证明。两汉特殊时期除外，一般来说爵位只有达到了第九级五大夫以上才能够免除徭役，八级公乘以下均要服徭役，所以在居延汉简服役吏、卒档案中，具有公乘以下爵位者比比皆是，但第九级五大夫以上的高爵却完全不见。此为学界共晓，故不赘例。

由于以前四史为主的传统文献史料，主要记载的是社会上层人物（帝王将相、贵族官僚）的情况，有关吏民的具体情况记载极少，特别是有关他们占有爵位的个案史料更是凤毛麟角，且偶有涉及者也绝非一般吏民，主要是些贵族没落的后裔或原为吏民而后发达封侯拜高官者，而那些一直为编户民又有爵位者的个案，可以说完全看不到。与传统文献的这种尴尬不同，在考古出土的秦汉时期留下的简牍中，却有相对丰富的吏民占爵情况的个案史料，其中尤以居延汉简最为丰富。

与边地的特点相适应，与戍边有关，居延汉简中“吏民”较少，更多的是转成了“吏卒”。在已经公布的居延汉简中，涉及到有爵位的吏民、吏卒的简大约有 350 多枚，其中居延旧简中约有 210 多枚，居延新简中约有 130 多枚，额济纳简中仅有数枚。在这 350 多枚简中，可以判明占爵者身份是吏还是卒者的约有 180 多人，约占 53%，其中为吏者约 106 人，为卒者约 81 人。在为吏者中占有公乘爵位者约有 71 人，约占有爵吏的 67%，占有公大夫以下爵位者 34 人，约占有爵吏的 32%，其中最低爵公士只有 2 人，仅占不足百分之 2%；而在为卒者中占有公士爵位者却有 27 人，约占为卒

① 《续汉书·百官志五》，《后汉书》，第 3631—3632 页。

者的33%，占有上造以上爵位者54人，约占为卒者的67%，其中具有允许吏民占有的最高爵位公乘者23人，约占为卒者的28%。从这一粗略统计可以看出，为吏者比为卒者一般来说占爵者要多，具有的爵位等级要高，绝大多数都占有八级公乘爵位，而为卒者中占有最低一级公士爵位者人数最多，但吏、卒身份与爵位等级之间不存在绝对的对应关系，因为我们在居延三简中看到，既有爵位是公士、上造的吏，也有爵位为公乘的卒，各列二简以证明。

□水候官如意隧长公士☐……　239·78①

居延甲渠箕山隧长居延累山里上造华商年六十　始建国地皇上戊三年正月癸卯除　史　2000ES9S:2②

第十三隧戍卒河南郡成皋宜武里公乘张秋年卅四……　214·7③

戍卒[淮阳郡]阳夏公乘武阳里房相年廿五　2000ES7SF1:134④

所以说爵位等级与职事高低没有严格的对应关系，但这些吏和卒都是占有八级公乘以下爵位的吏民。

第三，吏民是可以为吏之民，为吏有财产标准，这就决定了吏民是一个生活相对富裕的阶层。学术界一般都承认，汉代存在纯粹按照经济状况，即财产数额划分的户等，即大家、中家和小家。但笔者以为在这个问题上有三点需要指明，其一是这种按照财产多寡划分的大家、中家和小家的户等，不是当时制度明确规定的，因此，不但在两汉书的志书中没有相关的记载，而且各个户等之间财产的临界数额也极为不清楚。资产达到多少算是大家，有五十万之说，也有百万之说；中家的资产数额更是含糊不明，有说十万以上，上到多少而止，不言，有说十万左右，左到哪右到哪，难说；小家的资产标准当然也是一样模糊，有说十万以下，有说四万以下。这种情况充分说明大家、中家和小家户等的划分不是汉家制度规定的，而是后人根据史料中有关财产的大量记载归纳形成的模糊概念，但其意义影响还是不能低估的。其二，大家、中家和小家户等划分的依据，表面看纯粹是按照家庭的经济状况，即财产数额，是纯经济因素，但在经济的背后，却仍有政治

① 谢桂华等编：《居延汉简释文合校》，第397页。

② 孙家洲主编：《额济纳汉简释文校本》，文物出版社，2007年，第94页。

③ 谢桂华等编：《居延汉简释文合校》，第334页。

④ 孙家洲主编：《额济纳汉简释文校本》，第55页。

的魔影在发生作用。在秦汉这样一个专制皇权控御的等级社会,以土地为核心的家庭财产的初始形成和主要获取,即第一桶金,基本还是靠军功、事功,即通过政治方式获取。即便是后来资产的扩充或减少,甚至破产,也往往受政治因素的影响和制约。其三,笔者以为,所谓大家、中家和小家的划分,主要是就编户民而言的,不应该包括贵族官僚家庭,因为把贵族官僚家庭包括在内似乎没有什么意义。一般的贵族官僚,其家资少说也是几百万,一般都在千万,甚至数千万以上,正如贤良文学们在盐铁会议上所说"公卿积亿万,大夫积千金"[①],即便是清廉不贪的酷吏张汤,也是有五百万的家资:

> 汤死,家产值不过五百金,皆所得奉赐,无他业。[②]

"不过五百金"中的"不过"二字表现了"五百金"对于像张汤这样的官僚贵族等级的家庭来说是十分寡少的,而一般的贵族官僚家庭的资产都要远远高于五百金,即五百万的财产数额[③]。又如,西汉初年,社会经济刚刚从残破凋敝中恢复生息,整个社会并非富裕,陈平官为右丞相,爵为三万户侯,忧虑诸吕擅权,欲危刘氏天下,于是接受陆贾的建议,主动交欢太尉绛侯周勃,"乃以五百金为绛侯寿,厚具乐饮太尉,太尉亦报如之。两人深相结,吕氏谋益坏"。之后,陈平又"以奴婢百人,车马五十乘,钱五百万,遗贾为食饮费"[④],作为对陆贾的感谢和奖赏。陈平仅仅为了这一次"将相和"的开销,就达一千多万,而其全部资产的数额,更不是用一般编户民中的大家的资产标准可以衡量的。这还是汉初的故事,天下尚穷未富,而到西汉中期以后,官僚贵族聚敛的财富还要多得多,其家庭财产的数额绝不是一般编户民中的豪富大家可以望其项背的。如:

> (韩)安国坐法失官,家居。武帝即位,武安侯田蚡为太尉,亲贵用事。安国以五百金遗蚡,蚡言安国太后,上素闻安国贤,即召以为北地都尉,迁为大司农。闽、东越相攻,遣安国、大行王恢将兵。未至越,越

---

① 王利器:《盐铁论校注》(定本)卷4《地广第十六》,第209页。

② 《史记》卷122《酷吏列传》,第3144页。

③ 据《汉书·食货志》载"黄金重一斤,直钱万"(《汉书》卷24下《食货志下》,第1178页),故五百金即五百万钱。

④ 《汉书》卷43《陆贾传》,第2115页。

杀其王降，汉兵亦罢。其年，田蚡为丞相，安国为御史大夫。[①]

（卫）青赐千金。是时王夫人方幸于上，宁乘说青曰：“将军所以功未甚多，身食万户，三子皆为侯者，以皇后故也。今王夫人幸而宗族未富贵，愿将军奉所赐千金为王夫人亲寿。”青以五百金为王夫人亲寿。[②]

金钱的出入，动则数百万、上千万，反映了贵族官僚阶层家资力量的雄厚，是这个等级在经济上的特点。在这样一个等级和阶层中，全部家产只有五百金的张汤，显然是穷的，甚至可以说是赤贫。而五百金或五百万钱这个数字如果是一般编户民的资产数，那么该民户肯定是属于豪富大家。

秦汉历史上施行过多次徙豪，即把一定数量的豪民富户迁徙到关中或者是边郡，主要是关中的陵县。如：

（秦始皇二十六年）徙天下豪富于咸阳十二万户。[③]

刘敬从匈奴来，因言：“今陛下虽都关中，实少人。北近胡寇，东有六国之族，宗强，一日有变，陛下亦未得高枕而卧也。臣愿陛下徙齐诸田，楚昭、屈、景，燕、赵、韩、魏后，及豪杰名家居关中。无事，可以备胡；诸侯有变，亦足率以东伐。此强本弱末之术也。”上曰：“善。”乃使刘敬徙所言关中十余万口。[④]

（汉武帝元朔二年）徙郡国豪杰及訾三百万以上于茂陵。

（汉武帝）太始元年……徙郡国吏民豪桀于茂陵、云陵。[⑤]

（汉宣帝）本始元年春正月，募郡国吏民訾百万以上徙平陵。[⑥]

平当字子思，祖父以訾百万，自下邑徙平陵。[⑦]

（汉成帝鸿嘉二年）徙郡国豪杰赀五百万以上五千户于昌陵。[⑧]

以上被迁徙的对象，除了秦始皇和汉高祖时期主要涉及了六国贵族及其后

① 《汉书》卷52《韩安国传》，第2398页。
② 《汉书》卷55《卫青传》，第2478页。
③ 《史记》卷6《秦始皇本纪》，第239页。
④ 《史记》卷99《刘敬列传》，第2719—2720页。
⑤ 《汉书》卷6《武帝纪》，第170、205页。
⑥ 《汉书》卷8《宣帝纪》，第239页。
⑦ 《汉书》卷71《平当传》，第3048页。
⑧ 《汉书》卷10《成帝纪》，第317页。

裔外，其它几次的被迁徙者基本是富有的平民，编户民中的大家，而不是普遍富有的贵族官僚。如果被迁徙的是贵族官僚之家，往往是要特别指明的，如汉宣帝元康元年春正月的那次迁徙，就记载曰：

以杜东原上为初陵，更名杜县为杜陵。徙丞相、将军、列侯、吏二千石訾、百万者于杜陵。①

可见与一般的迁徙豪富大家是不同的。所以笔者认为，汉代所谓的大家、中家、小家是针对编户民而言的，而国家对于豪强（豪杰、豪富）的抑制、打击、迁徙，也主要是针对编户民中的大家，而不是政治上的特权等级，即富有的贵族官僚家族。甚至有时"小家"变成为一个非资产的概念，如东汉人陈蕃在给皇帝的上书中说："陛下超从列侯，继承天位。小家畜产百万之资，子孙尚耻愧失其先业，况乃产兼天下，受之先帝，而欲懈怠以自轻忽乎？诚不爱已，不当念先帝得之勤苦邪？"②这里具有百万资产的小家，显然已不是资产概念，而是相对于"产兼天下"的皇帝而言，是指政治上的下等小民。

现在回到与吏民直接相关的资产标准问题。笔者倾向汉代大家的资产应在一百万以上，依据主要是汉代历次迁徙豪富的财产标准均在一百万以上，比如上面所引的几条史料，或者是百万，或者是三百万，或者是五百万。笔者在原来的文章中曾经认为大家的财产标准是五十万以上③，主要依据的也是一条关于徙民的史料：

（伍）被曰："当今诸侯无异心，百姓无怨气。朔方之郡田地广，水草美，民徙者不足以实其地。臣之愚计，可伪为丞相御史请书，徙郡国豪杰任侠及有耐罪以上，赦令除其罪，产五十万以上者，皆徙其家属朔方之郡，益发甲卒，急其会日。又伪为左右都司空上林中都官诏狱书，[逮]诸侯太子幸臣。如此则民怨，诸侯惧，即使辩武随而说之，傥可徼幸什得一乎？"④

---

① 《汉书》卷8《宣帝纪》，第253页。
② 《后汉书》卷66《陈蕃列传》，第2164页。
③ 前揭《秦汉时期的社会等级结构》一文。
④ 《史记》卷118《淮南衡山列传》，第3090页。

这条史料也在《汉书·伍被传》和《前汉纪》中出现：

（伍）被曰：“当今诸侯无异心，百姓无怨气。朔方之郡土地广美，民徙者不足以实其地。可为丞相、御史请书，徙郡国豪杰及耐罪以上，以赦令除，家产五十万以上者，皆徙其家属朔方之郡，益发甲卒，急其会日。又伪为左右都司空上林中都官诏狱书，逮诸侯太子及幸臣。如此，则民怨，诸侯惧，即使辩士随而说之，党可以徼幸。”①

（伍）被曰：“必不得已，被有愚计。方今诸侯无异心，百姓无怨气。朔方之地广美，徙者不足以实其地，可伪为丞相、御史（诈）【请】书，（诏）徙郡国豪杰及耏罪已上，【以】赦令除，家产五十万已上，皆徙朔方郡，益发兵卒，急其会日。又伪为左右都（尉）司空、上林（都）、中【都】官诏狱（官）书，（罪）【逮】诸侯太子及幸臣。如此则民怨，诸侯惧，因使辩士随而说之，傥可以徼幸。”②

这三段文字基本是一样的，稍有差异，此外再不见以百万以下资产者之家为迁徙对象者。而与伍被相关的这条史料，即“家产五十万以上者，皆徙其家属朔方之郡”，笔者后来认为其不能作为大家资产的下限数额，原因主要是这不是汉朝真正实行的迁徙豪民的举措，而是伍被为淮南王谋划反叛，伪造的旨在制造矛盾、煽动民怨的计策文书，而且并未真正施行，同时这也是一条孤证。出于这几种考虑，笔者修正了原来的看法。

关于中家的资产标准，有一条最为经典的史料：

孝文皇帝即位二十三年，宫室苑囿车骑服御无所增益。有不便，辄弛以利民。尝欲作露台，召匠计之，直百金。上曰：“百金，中人十家之产也。吾奉先帝宫室，常恐羞之，何以台为！”③

所以中家资产一般来说应在十万左右及以上，汉代史料在谈到一些名人的家境贫寒时，常可见“十金”（即十万钱）之数，如：

---

① 《汉书》卷45《伍被传》，第2174页。

② 张烈点校：《汉纪》卷第12《孝武皇帝纪三》，《两汉纪》（上册），第207页。

③ 《汉书》卷4《文帝纪》，第134页。

(扬)雄少而好学,不为章句,训诂通而已,博览无所不见。为人简易佚荡,口吃不能剧谈,默而好深湛之思,清静亡为,少耆欲,不汲汲于富贵,不戚戚于贫贱,不修廉隅以徼名当世。家产不过十金,乏无儋石之储,晏如也。①

扬季官至卢江太守,有田一壥,有宅一区,世世以农桑为业,家产不过十金。②

剧孟行大类朱家,而好博,多少年之戏。然孟母死,自远方送丧盖千乘。及孟死,家无十金之财。③

永平初,胡夷内附,野无风尘,乃悉罢边兵,而征(祭)彤为太仆卿。彤在辽东十余年,无十金之资,天(下)[子]知其清。拜日,赐钱百万,马三匹,衣被刀剑下至居家器物,无不备焉。④

可以看出,当时人常常用"十金"来说人说事,这间接反映出家资十万左右是不贫不富的中等编户民一般具有的财产数额,而所谓的右或以上应该是不达百万,左则应该是四万,而且这应该是一个曾经有过变化的数额标准。汉景帝后二年五月曾经下诏曰:

人不患其不知,患其为诈也;不患其不勇,患其为暴也;不患其不富,患其亡厌也。其唯廉士,寡欲易足。今訾算十以上乃得宦,廉士算不必众。有市籍不得宦,无訾又不得宦,朕甚愍之。訾算四得宦,亡令廉士久失职,贪夫长利。

服虔注曰:"訾万钱,算百二十七也。"应劭注曰:"古者疾吏之贪,衣食足知荣辱,限訾十算乃得为吏。十算,十万也。贾人有财不得为吏,廉士无訾又不得宦,故减訾四算得宦矣。"⑤汉文帝说中家的财产是十金十万,汉景帝说訾算十,即家产十万以上乃得为官,说明汉代任官为吏的财产标准大致就是中家的财产标准。所以吏民既然是可以为吏之民,一般来说就应该具有中家以上的资产数额,汉景帝以前大约是十万,以后大约是四万。

---

① 《汉书》卷87《扬雄传》,第3514页。

② 汪荣宝撰,陈仲夫点校:《法言义疏》卷2疏引《扬子云集序》,中华书局,1987年。

③ 《汉书》卷92《游侠传》,第3700页。

④ 张烈点校:《后汉纪》卷第10《孝明皇帝纪下》,《两汉纪》(下册),第192页。

⑤ 《汉书》卷5《景帝纪》及注,第152页。

小家资产大约在三万钱以下。小家也称细民、小民、贫民或下民、下户等：

> 文学曰：“树木数徙则萎，虫兽徙居则坏。故‘代马依北风，飞鸟翔故巢’，莫不哀其生。由此观之，民非利避上公之事而乐流亡也。往者，军阵数起，用度不足，以訾征赋，常取给见民，田家又被其劳，故不齐出于南亩也。大抵逋流，皆在大家，吏正畏惮，不敢笃责，刻急细民，细民不堪，流亡远去；中家为之绝出，后亡者为先亡者服事；录民数创于恶吏，故相仿效，去尤甚而就少愈者多……”①
>
> 豤田以铁器为本，北边郡毋铁官，卬器内郡，令郡以时博卖予细民，毋令豪富吏民得多取，贩卖细民。　E. P. T52：15②

文学们的言论中先后提到了“大家”、“细民”、“中家”，这里的细民俨然就是指小家。居延汉简中豪富吏民与细民对言，豪富吏民应是大家，细民则是小家。又如：

> （董仲舒曰：）至秦则不然，用商鞅之法，改帝王之制，除井田，民得卖买，富者田连仟伯，贫者亡立锥之地。又颛川泽之利，管山林之饶，荒淫越制，逾侈以相高；邑有人君之尊，里有公侯之富，小民安得不困？又加月为更卒，已复为正，一岁屯戍，一岁力役，三十倍于古；田租口赋，盐铁之利，二十倍于古。或耕豪民之田，见税什五。故贫民常衣牛马之衣，而食犬彘之食。重以贪暴之吏，刑戮妄加，民愁亡聊，亡逃山林，转为盗贼，赭衣半道，断狱岁以千万数。汉兴，循而未改。③

颜师古注曰：“言下户贫人，自无田而耕垦豪富家田，十分之中，以五输本田主也。”

> 武帝时，使上林苑中官奴婢，及天下贫民赀不满五千徙置苑中

① 王利器：《盐铁论校注》（定本）卷3《未通第十五》，第191—192页。

② 甘肃省文物考古研究所等编：《居延新简》，第228页。

③ 《汉书》卷24上《食货志上》，第1137页。

养鹿。[①]

董仲舒的说词中提到“富者田连仟伯”的“豪民”、“贫者亡立锥之地”的“小民”、“贫民”，颜师古的注释中又提到“下户贫民”。其中“田连仟伯”的“豪民”应该是大家，“亡立锥之地”的“小民”、“贫民”或“下户贫民”则应属于小家。至于那些“亡立锥之地”，“衣牛马之衣，而食犬彘之食”，“赀不满五千”者，即便是在小家之中，也属于赤贫者，不但是豪民廉价役使的对象，也是官府救济和借贷的编户。由于太穷，资产不达为吏的标准，所以不属于吏民等级，而是更低一等的贫贱民等级。笔者以为，像1973年湖北江陵凤凰山十号汉墓出土的“郑里廪簿”汉简中所录的二十五户人家基本不属于吏民，《郑里廪簿》是政府贷种食的登记簿，记录了每户人家的人口数、能田人数、各户土地亩数及所贷种食数。当时向官府贷种食的多属贫民，所以这二十五户当为贫民，其中仅二个户人为二十等爵中最低的“公士”，其他人均无爵位，郑里中的25户共有田地617亩，平均每户24.7亩，这个数字大大低于张家山汉简《二年律令》所规定的私家占田数：

> 关内侯九十五顷，大庶长九十顷，驷车庶长八十八顷，大上造八十六顷，少上造八十四顷，右更八十二顷，中更八十顷，左更七十八顷，右庶长七十六顷，左庶长七十四顷，五大夫廿五顷，公乘廿顷，公大夫九顷，官大夫七顷，大夫五顷，不更四顷，簪褭三顷，上造二顷，公士一顷半顷，公卒、士五(伍)、庶人各一顷，司寇、隐官各五十亩。[②]

张家山汉简的时间是吕后时期(公元前187—前180年)，而凤凰山汉简的时间是汉文帝晚年到汉景帝初年(公元前160年左右)，这两个时期相距很近，但郑里民户平均占田数远不及张家山汉简中的无爵的公卒、士五、庶人，就更不要说是有爵的编户了，甚至都不如司寇、隐官之徒。郑里民户占有土地比一般民户要少，说明了他们社会地位的低下和经济状况的恶劣，属于低于吏民的贫贱民等级。而相对富裕的吏民则是广占土地，有牛有马，有奴有婢。根据上面张家山汉简《户律》所列，吏民占有公乘以下的爵

① 孙星衍等辑，周天游点校：《汉旧仪》卷下，《汉官六种》，第83页。

② 张家山二四七号汉墓竹简整理小组编著：《张家山汉竹简·二年律令·户律》，《张家山汉墓竹简〔二四七号墓〕》(释文修订本)，第52页。

位，就意味着能够占有二十顷以下、一顷以上不等的土地。不仅如此，在秦汉时期应该是有相当多的编户民家庭中蓄有奴婢，《季布传》等传统文献中学人习知的奴婢史料自不必赘言[①]，大量简牍史料也充分证明了一般民户蓄奴的普遍性。如江陵凤凰山第八、九、一六八号等座汉墓出土的竹简中就有蓄养奴婢的记载：“大奴贤御”，“小奴坚从车”，“大奴息谒”，“大奴不敬从”，“大婢绿奉巾”，“大婢壬侍”[②]，“耕大奴四人”，“大奴一人持锸”，“牛者一人大奴一人”，“侍女子二人大婢”等[③]。居延汉简中著名的“礼忠简”更是学人熟知：

候长觻得广昌里公乘礼忠年卅
小奴二人直三万　用马五匹直二万　宅一区万
大婢一人二万　牛车二两直四千　田五顷五万
轺车二乘直万　服牛二六千　●凡訾直十五万

37.35[④]

至于本书前面所引的徐宗简：

三堠燧长居延西道里公乘徐宗年五十　徐宗年五十
妻妻　宅一区直三千　妻　妻一人
子男一人　田五十亩直五千　男子一人　子男二人
男同产二人　用牛二直五千　子女二人
女同产二人　男同产二人
女同产二人

身为燧长、公乘的徐宗，所报家资看似只有一万三千，严格说都不够为吏的资产标准，但正如陈直先生研究所认为的，他是一个隐瞒家资的偷税漏税者。陈先生据《释文》第517页“二堠燧长徐宗，自言故霸胡亭长宁，就舍钱二千三百卅四，贯不可得”，第581页“☐长徐宗，自言责故三泉亭长石延寿

---

① 《史记·季布列传》：“周氏……乃髡钳季布，衣褐衣，置广柳车中，并与其家僮数十人，之鲁朱家所卖之。朱家心知是季布，乃买而置之田。诫其子曰：‘田事听此奴，必与同食。’”（第2729页）

② 金立：《江陵凤凰山八号汉墓竹简试释》，《文物》1976年第6期。

③ 吉林大学历史系考古专业赴纪南城开门办学小分队：《江陵凤凰山167号汉墓遣策考释》，《文物》1976年第10期。

④ 谢桂华等：《居延汉简释文合校》，第61页。

菱钱，少二百八十数责不可得”，认为徐宗既出租房屋，又兼放高利贷，其全部家赀，决不止一万三千钱①。四川郫县犀浦出土的东汉“簿书”残碑，在民户的财产簿上记载有奴婢的数量及其价格，例如：

> 王岑田□□，直□□万五千；奴田、婢□、奴多、奴白、奴鼠，并五人……田顷五十亩，直卅万。何广周田八十亩，质……五千；奴□、□□、□生、婢小、奴生，并五人，直廿万，牛一头，万五千。元始田八□□，质八万。故王汶田，顷九十亩，贾卅一万。故杨汉………奴立、奴□、□鼠，并五人，直廿万；牛一头，万五千；田二顷六十……田顷卅亩，□□□万；中亭后楼，贾四万。苏伯翔谒舍，贾十七万。张王田卅□亩，质三万；奴俾、婢意、婢最、奴宜、婢营、奴调、婢利，并……②

吏民相对富有，还表现在他们自愿或不自愿地成为官府征集马匹充实军队，举家迁徙以实京师，捐献粮食以赈赡贫民的响应者，以及限田限奴的重要对象。如汉武帝太初二年，“五月，籍吏民马，补车骑马”。颜师古注曰：“籍者，总入籍录而取之。”③又如太始元年春正月，“徙郡国吏民豪桀于茂陵、云陵（阳）”④。元狩三年诏令曰：“遣谒者劝有水灾郡种宿麦，举吏民能假贷贫民者以名闻。”⑤前引汉成帝永始二年诏中曰：“关东比岁不登，吏民以义收食贫民、入谷物助县官振赡。”⑥又如《后汉书》记载：

> （樊重）赀至巨万，而赈赡宗族，恩加乡闾。外孙何氏兄弟争财，重耻之，以田二顷解其忿讼。县中称美，推为三老。⑦

应该指出的是，这种“以义收食贫民”的吏民豪杰毕竟是凤毛麟角，而且其赈赡行为多半也是君命之下的无奈之举。他们与贫民之间关系的主流是

---

① 见陈直：《论居延汉简八事》，《北京大学学报》1963年第4期，第66页。

② 谢雁翔：《四川郫县犀浦出土的东汉残碑》，《文物》1974年第4期。

③ 《汉书》卷6《武帝纪》，第201页。

④ 《汉书》卷6《武帝纪》，第205—206页。“云陵”当为“云阳”，因据颜师古注曰：“此当言云阳，而转写者误为陵耳。茂陵，帝自所起，而云阳甘泉所居，故总使徙豪杰也。钩弋赵婕妤死，葬云阳，至昭帝即位始尊为皇太后而起云陵。武帝时未有云陵。”

⑤ 《汉书》卷6《武帝纪》，第177页。

⑥ 《汉书》卷10《成帝纪》，第321页。

⑦ 《后汉书》卷32《樊宏列传》，第1119页。

役使和兼并，他们是土地兼并的重要力量之一，所以西汉末汉哀帝时期，师丹辅政时建言说：“今累世承平，豪富吏民訾数巨万，而贫弱俞困。”于是有司上奏限田限奴议时规定：

诸侯王、列侯皆得名田国中。列侯在长安，公主名田县道，及关内侯、吏民名田皆毋过三十顷。诸侯王奴婢二百人，列侯、公主百人，关内侯、吏民三十人。期尽三年，犯者没入官。[①]

而贡禹在给皇帝的上书中也激烈地抨击贵族官僚以及吏民豪富的奢靡生活，曰：

诸侯妻妾或至数百人，豪富吏民畜歌者至数十人，是以内多怨女，外多旷夫。[②]

以上所引证的史料可以充分说明，吏民阶层的主体在经济上是相对富裕的。

第四，吏民是秦汉国家统治的基础。吏民在社会中虽然处于被统治的地位，但他们却是秦汉国家生存和统治的基础，在经济、政治、军事、思想文化等各个方面都起了十分重要的作用。从上面所引张家山汉简《二年律令·户律》可知，西汉初年承继嬴秦，按照有无爵位以及爵位的高低实行授田占田制，而吏民无疑是国家授田的主要对象。与之相应，他们也是国家赋税徭役的主要承担者，而赋税是国家存在的经济体现，是国家机器得以正常运转的主要保障。与贵族官僚等级在经济上往往不但能免税免役或者是减税少役，而且还可以分食国家的税收不同，吏民则是汉代社会的主要纳税者和徭役兵役的主要承担者。当初汉高祖刘邦起义反秦，之所以刚一入关，就马上“籍吏民”[③]，重视的无疑是赋税和力役的掌控问题。西汉末年，王莽在内忧外患，统治出现危机之时，为了筹集资财，也主要是在吏民身上打主意：“一切税天下吏民，訾三十取一，缣帛皆输长安。”[④]搜刮的

① 《汉书》卷24上《食货志上》，第1142—1143页。
② 《汉书》卷72《贡禹传》，第3071页。
③ 《汉书》卷1上《高帝纪上》，第25页。
④ 《汉书》卷99《王莽传》，第4155页。

对象主要也是吏民。秦汉时期的土地，除了属于国家所有的公田之外，私有土地则主要掌握在吏民手中。他们是一批政治上没有特权身份，经济上却相对富裕的大、中、小土地主（地主或奴隶主）及自耕农。由于政治上没有特权，所以不能够免税；由于私有土地主要在他们手中，所以又成为国家税收的主要承担者。吏民等级一般来说相对富裕，即使在饥荒之年也无需国家救济，反而还能够佐助官府赈赡济贫，史书中有不少吏民为困乏的贫民献田、献谷以及假贷的记载。例如汉武帝元狩三年诏令："举吏民能假贷贫民者以名闻。"又元鼎二年诏令："吏民有振救饥民免其厄者，具举以闻。"①平帝元始二年又载：

郡国大旱，蝗，青州尤甚，民流亡。安汉公、四辅、三公、卿大夫、吏民为百[姓]困乏献其田宅者二百三十人，以口赋贫民。②

吏民这种佐赈助济的行为，对于缓和矛盾，安定社会，稳固统治，无疑是具有积极作用的。

吏民佐助官府，国家也奖掖吏民，各种表彰、赏赐史不绝书，其中最普遍的就是赏赐爵位和牛酒。例如汉宣帝神爵四年夏四月，诏赐"颍川吏民有行义者爵，人二级"③。又载：

（汉成帝）河平元年春三月，诏曰："河决东郡，流漂二州，校尉王延世堤塞辄平，其改元为河平。赐天下吏民爵，各有差。"④

汉元帝初元元年诏曰：

赐宗室有属籍者马一匹至二驷，三老、孝者帛五匹，弟者、力田三匹，鳏寡孤独二匹，吏民五十户牛酒。⑤

汉成帝建始元年诏曰：

---

① 《汉书》卷6《武帝纪》，第182页。
② 《汉书》卷12《平帝纪》，第353页。
③ 《汉书》卷8《宣帝纪》，第264页。
④ 《汉书》卷8《成帝纪》，第309页。
⑤ 《汉书》卷9《元帝纪》，第279页。

赐诸侯王、丞相、将军、列侯、王太后、公主、王主、吏二千石黄金，宗室诸官吏千石以下至二百石及宗室子有属籍者、三老、孝弟力田、鳏寡孤独钱帛，各有差，吏民五十户牛酒。①

绥和二年三月，成帝崩。四月丙午，太子即皇帝位，谒高庙。尊皇太后曰太皇太后，皇后曰皇太后。大赦天下。赐宗室王子有属者马各一驷，吏民爵，百户牛酒，三老、孝弟力田、鳏寡孤独帛。②

如上面所述，秦汉时期的吏民不但是国家赐爵、赐田、赐牛酒的主要对象，而且也是察举任官的主要对象，不论是在地方乡里，还是在兵役徭役之中，职役吏和民间代表的角色基本都是由他们来充当，同样察举人才补充各级官僚队伍主要也是在这个阶层中选取。这种现象与吏民阶层在社会上所处的政治、经济地位有关，同时也与他们所具有的文化素质有关。相对富裕的经济条件使他们中的许多人可以读书，甚至可以进入官学或者是私学，可以潜心于儒家经典以及为官为吏之道，成为明经、明法、明兵、明刑的贤良茂才，成为察举及征辟任官的主要对象。所以察征吏民中的贤良者为官的诏令，在两《汉书》中屡屡可见。如汉武帝元光五年就下过这种命令：

征吏民有明当时之务习先圣之术者，县次续食，令与计偕。③

吏民是秦汉王朝统治的基础，他们自身一般都拥有土地、资财，有爵位有文化，有拜官为吏的可能性，所以这些人对于国家政事，对于朝廷的命运也比较关心，具有政事参与意识。比如像史书中大量存在的吏民上书言事，就是这种关心和意识的表现。君主和朝廷通过吏民上书获取大量的信息，调整统治政策和措施，同时也通过吏民上书，发现和提拔任用人才。故吏民上书很受统治者重视，并积极加以鼓励，所谓：

今欲致天下之士，民有上书求见者，辄使诣尚书问其所言，言可采取者，秩以升斗之禄，赐以一束之帛。若此，则天下之士发愤懑，吐忠

① 《汉书》卷10《成帝纪》，第303页。
② 《汉书》卷11《哀帝纪》，第334—335页。
③ 《汉书》卷6《武帝纪》，第164页。

言，嘉谋日闻于上，天下条贯，国家表里，烂然可睹矣。[①]

两汉时期的吏民上书，实际已经形成一种制度，朝廷设专门机构负责，还制定相关法律对其加以规范，如史料记载：

公车司马令一人，六百石。本注曰：掌宫南阙门，凡吏民上章，四方贡献，及征诣公车者。[②]

汉兴，萧何草律，亦著其法，曰："太史试学童，能讽书九千字以上，乃得为史。又以六体试之，课最者以为尚书御史史书令史。吏民上书，字或不正，辄举劾。"[③]

吏民上书中有的属于单独的个人行为，其中著名者如娄敬[④]、缇萦[⑤]、东方

① 《汉书》卷67《梅福传》，第2920页。

② 《续汉书·百官志二》，《后汉书》，第3579页。

③ 《汉书》卷30《艺文志》，第1720—1721页。

④ 《汉书·娄敬传》："娄敬，齐人也。汉五年，戍陇西，过雒阳，高帝在焉……敬说曰：'陛下都雒阳，岂欲与周室比隆哉？'上曰：'然。'敬曰：'陛下取天下与周异。周之先自后稷，尧封之邰，积德累善十余世。公刘避桀居豳。大王以狄伐故，去豳，杖马棰去居岐，国人争归之。及文王为西伯，断虞芮讼，始受命，吕望、伯夷自海滨来归之。武王伐纣，不期而会孟津上八百诸侯，遂灭殷。成王即位，周公之属傅相焉，乃营成周都雒，以为此天下中，诸侯四方纳贡职，道里钧矣，有德则易以王，无德则易以亡。凡居此者，欲令务以德致人，不欲阻险，令后世骄奢以虐民也。及周之衰，分而为二，天下莫朝周，周不能制。非德薄，形势弱也。今陛下起丰沛，收卒三千人，以之径往，卷蜀汉，定三秦，与项籍战荥阳，大战七十，小战四十，使天下之民肝脑涂地，父子暴骸中野，不可胜数，哭泣之声不绝，伤夷者未起，而欲比隆成康之时，臣窃以为不侔矣。且夫秦地被山带河，四塞以为固，卒然有急，百万之众可具。因秦之故，资甚美膏腴之地，此所谓天府。陛下入关而都之，山东虽乱，秦故地可全而有也。夫与人斗，不搤其亢，拊其背，未能全胜。今陛下入关而都，按秦之故，此亦扼天下之亢而拊其背也。'……赐姓刘氏，拜为郎中，号曰奉春君。"（《汉书》卷43《娄敬传》，第2119—2121页）

⑤ 《汉书·刑法志》："（文帝）即位十三年，太仓令淳于公有罪当刑，诏狱逮系长安。淳于公无男，有五女，当行会逮，骂其女曰：'生子不生男，缓急非有益！'其少女缇萦，自伤悲泣，乃随其父至长安，上书曰：'妾父为吏，齐中皆称其廉平，今坐法当刑。妾伤夫死者不可复生，刑者不可复属，虽后欲改过自新，其道亡繇也。妾愿没入为官婢，以赎父刑罪，使得自新。'书奏天子，天子怜悲其意，遂下令曰：'制诏御史：盖闻有虞氏之时，画衣冠异章服以为戮，而民弗犯，何治之至也！今法有肉刑三，而奸不止，其咎安在？非乃朕德之薄，而教不明与！吾甚自愧。故夫训道不纯而愚民陷焉。《诗》曰："恺弟君子，民之父母。"今人有过，教未施而刑已加焉，或欲改行为善，而道亡繇至，朕甚怜之。夫刑至断支体，刻肌肤，终身不息，何其刑之痛而不德也！岂称为民父母之意哉？其除肉刑，有以易之；及令罪人各以轻重，不亡逃，有年而免。具为令。'"（《汉书》卷23《刑法志》，第1097—1098页）

朔[①]、朱买臣[②]、壶关三老茂[③]等；也有许多则是属于群体行为，甚至达到数百上千人，如：

> （第五伦）永平五年，坐法征，老小攀车叩马，啼呼相随，日裁行数里，不得前。伦乃伪止亭舍，阴乘船去。众知，复追之。及诣廷尉，吏民上书守阙者千余人。[④]

不过汉代最著名且声势浩大的吏民上书，要数王莽专权的汉平帝时期，先是在元始四年：

> 二月丁未，立皇后王氏，赦天下。遣太仆王恽等八（十）人，置副假节，巡行天下，观风俗。赐九卿已下至六百石、宗室有属籍者爵，各有差，赐民爵一级。鳏寡孤独高年帛。吋吏民上书者八千余人，咸曰：“伊尹为阿衡，周公为太宰，七子皆封。”有司以为宜如所言，遂假安汉公号为宰衡，位上公。

---

① 《史记·滑稽列传》：“武帝时，齐人有东方生名朔，以好古传书，爱经术，多所博观外家之语。朔初入长安，至公车上书，凡用三千奏牍。公车令两人共持举其书，仅然能胜之。人主从上方读之，止，辄乙其处，读之二月乃尽。诏拜以为郎，常在侧侍中。”（《史记》卷126《东方朔列传》，第3205页）

② 《汉书·朱买臣传》：“买臣随上计吏为卒，将重车至长安，诣阙上书，书久不报。待诏公车，粮用乏，上计吏卒更乞丐之。会邑子严助贵幸，荐买臣。召见，说《春秋》，言《楚词》，帝甚说之，拜买臣为中大夫，与严助俱侍中。”（《汉书》卷64《朱买臣传》，第2791页）

③ 《汉书·武五子传》：“（卫）太子兵败，亡，不得。上怒甚，群下忧惧，不知所出。壶关三老茂上书曰：‘臣闻父者犹天，母者犹地，子犹万物也。故天平地安，阴阳和调，物乃茂成；父慈母爱，室家之中，子乃孝顺。阴阳不和则万物夭伤，父子不和则室家（散）［丧］亡。故父不父则子不子，君不君则臣不臣，虽有粟，吾岂得而食诸！昔者虞舜，孝之至也，而不中于瞽叟；孝己被谤，伯奇放流，骨肉至亲，父子相疑。何者？积毁之所生也。由是观之，子无不孝，而父有不察。（令）［今］皇太子为汉适嗣，承万世之业，体祖宗之重，亲则皇帝之宗子也。江充，布衣之人，闾阎之隶臣耳，陛下显而用之，衔至尊之命，以迫蹴皇太子，造饰奸诈，群邪错谬，是以亲戚之路鬲塞而不通。太子进则不得上见，退则困于乱臣，独冤结而亡告，不忍忿忿之心，起而杀充，恐惧逋逃，子盗父兵以救难自免耳，臣窃以为无邪心。《诗》曰：“营营青蝇，止于藩；恺悌君子，无信谗言；谗言罔极，交乱四国。”往者江充谗杀赵太子，天下莫不闻，其罪固宜。陛下不省察，深过太子，发盛怒，举大兵而求之，三公自将，智者不敢言，辩士不敢说，臣窃痛之。臣闻子胥尽忠而忘其号，比干尽仁而遗其身，忠臣竭诚不顾铁钺之诛，以陈其愚，志在匡君安社稷也。《诗》云：“取彼谮人，投畀豺虎。”唯陛下宽心慰意，少察所亲，毋患太子之非，亟罢甲兵，无令太子久亡。臣不胜惓惓，出一旦之命，待罪建章阙下。’书奏，天子感悟。”（《汉书》卷63《武五子传》，第2744—2745页）

④ 《后汉书》卷41《第五伦列传》，第1397页。

随后又于五年：

> 夏四月乙未，太师孔光薨，大司徒冯商为太师。是时吏民上书荐莽者，前后四十八万七千五百七十二人，及诸侯王、公卿见者皆叩头言，宜加赏于安汉公，于是诏策加莽九锡之命。①

这两次上书固然都是王莽的心腹党羽们阴谋策划的结果，但他们之所以用鼓动成千上万的吏民上书的办法来实现其政治目的，就是因为吏民在国家政治生活中具有发言权，有一定的政治影响。也正是因为有四十八万七千多人的浩大上书，才迫使朝廷不得不给王莽加“九锡之命”的封赏，使其在代汉的道路上又前进了重要的一大步。

吏民是王朝统治的基础，正因为如此，他们也就常常成为反对和破坏这个统治的势力要打击和伤害的对象。不管是入侵边郡的少数族，还是因各种原因起事的反叛者，经常以杀掠吏民为行动目标，如：

> （文帝后二年诏）间者累年，匈奴并暴边境，多杀吏民，边臣兵吏（入）[又]不能谕其内志，以重吾不德。②
>
> 其后匈奴数犯塞，侵扰边境，单于深入寇掠，贼害北地都尉，杀略吏民，系虏老弱，驱畜产，烧积聚，候骑至甘泉，烽火通长安，京师震动，无不忧濾。③
>
> 和帝永元四年冬，溇中、澧中蛮潭戎等反，燔烧邮亭，杀略吏民，郡兵击破降之。④
>
> （汉顺帝永建七年）会稽海贼曾于等千余人烧句章，杀长吏，又杀鄞、鄮长，取官兵，拘杀吏民，攻东部都尉；扬州六郡逆贼章何等称将军，犯四十九县，大攻略吏民。⑤

这一类史料在《史记》和两《汉书》中不胜枚举。

第五，吏民也是反抗秦汉国家统治的主要力量。吏民是秦汉国家统治

① 张烈点校：《汉纪》卷第30《孝平皇帝纪》，《两汉纪》（上册），第526—527页。
② 《汉书》卷4《文帝纪》，第129页。
③ 王利器：《风俗通义校注》卷2《正失》，第96—97页。
④ 《后汉书》卷86《南蛮列传》，第2833页。
⑤ 《续汉书·天文志中》，《后汉书》，第3244页。

的基础，同时他们又成为入侵的少数族以及反叛势力杀掠的对象，这是否可以说明吏民与国家、与统治阶级之间的利益是完全一致的呢？当然不可以，而且恰恰相反，二者之间存在尖锐的矛盾和斗争，这种矛盾和斗争给秦汉政治和社会造成极大的影响。

吏民有资财有爵位，可以为吏可以任官，身份相对自由而没有特权，这是吏民等级基本的身份特点。但就其内部的构成来看，仍由于资产的多寡不同而有大家和中家之分，又由于生产经营方式的差别而有无身份土地主和自耕农之分，但不管是中家和自耕农也好，还是大家和无身份土地主也好，他们全部都属于社会中的被统治阶级，这是他们与国家，与贵族官僚之间矛盾斗争的基础。应该承认，一切土地主，不管是贵族地主、官僚地主，还是无身份的平民地主，都是剥削者，但在政治上他们却属于不同的阶级：贵族地主与官僚地主属于统治阶级，平民地主则与自耕农一样，属于被统治阶级。平民土地主不但缺乏特权，而且也要承担国家的赋税、徭役、兵役等负担，特别是国家为了保护小自耕农、抑制兼并，为了增强关中地区的经济实力，经常采取限田、限奴、徙豪、重用酷吏等措施，对他们的发展起到了严重抑制，甚至是打击毁灭的作用，这就决定了他们与国家，与贵族官僚等级存在深刻的矛盾和利益冲突，处理不当就会发展为对抗性的斗争。

在秦汉四百多年的历史上，发生过许多次武装反抗斗争，其中大规模的农民起义就有三次。在这些激烈的对抗中，特别是在秦朝末年和新莽末年的起义中，对抗双方的营垒组成基本分明，被起义打击的主要是各级官府官员及贵族官僚地主，而那些吏民中的地主则往往与一般的农民（包括自耕农、依附农、奴婢）一起处于反抗者的行列中，甚至充当起义的领袖。先看秦末农民起义中的情况。陈胜揭竿后，很快形成了“县杀其令丞，郡杀其守尉”①，“皆刑其长吏，杀之”②的局面，起义军击杀的目标明显的就是那些掌握各级政权的官僚。而在这场斗争中表现最出色，并最终代秦建立西汉政权的刘邦集团，其突出的政治色彩就是布衣皇帝加布衣将相，这些人原来基本属于吏民等级，或曾担任亭长、卒史、狱吏、郡县属吏、县豪等等，多半都是无政治身份的中小地主和自耕农，当然身份更为低下者也有。

再看西汉末年起义队伍中的情况。作为新莽末年农民大起义先声的是发生在公元 14 年吕母领导的起义，吕母原来就是琅玡郡海曲县的地主，

① 《史记》卷 89《张耳陈余列传》，第 2573 页。

② 《史记》卷 48《陈涉世家》，第 1953 页。

其家资有数百万，儿子为县吏，在海曲县里任游徼，他们母子的身份，即他们的家庭明显是属于吏民等级。吕母的儿子因犯小罪而被县宰杀死，吕母变卖家财，购置武器、酒食，召集“贫家少年”百余人，攻下海曲县，杀死县宰。吕母虽然是地主，但她同时也是民，是吏民，她所领导的是一场反抗官僚政府的农民斗争。之后建立东汉王朝的刘秀集团，其成员的社会地位总体比刘邦集团略高，但大部分成员都属于吏民。其中像刘秀等人虽然是刘汉宗族后裔，但已经没落，既无贵族的封邑，也无显赫的官职。而和刘秀一起起兵和追随他的东汉开国功臣，所谓云台二十八将、三十二功臣，以及到建武十三年加封增邑的三百六十五人，其中个别的虽然原来也有是郡守、二千石的，即原来属于贵族官僚等级，但绝大多数人原来仅为郡县属吏以及亭长、狱吏、豪富等①，即大部分成员原来都属于吏民等级。

吏民，其中的农民自不必说，即便是吏民中的地主，他们虽然有剥削压迫依附农民、奴婢的一面，也有反抗贵族官僚、反抗朝廷的一面，他们在秦汉农民战争中的突出表现，并不是偶然的，而是与他们所处的社会等级地位有密切关系。

### 三、“编户齐民”与“吏民”、“贱民”

“编户齐民”在春秋战国时期特定的变革中形成，而其名词化、称谓化则是汉代的事情。但恰恰是在汉代，这种称谓在史料中出现的几率却是很低的。笔者认为这种现象是应该引起重视的，其存在绝不是偶然。主要原因前文已有所涉及，即古代中国在完成了由贵族分权的分封制向君主集权的郡县制的转变后，上文所说的编户齐民所具有的针对性内涵已不重要，其名词化为相当于“人民大众”的一种泛泛称谓而被延续使用。秦汉以后，其含义类似于后来的老百姓，但其不具有当时的政治法律制度所规定的严格的等级身份性，只是存在于当时以及后世思想家、政论家、历史学家及大臣们的议论中，而不是在国家的法律文书和皇帝的诏令中，当时一般的人也很少使用这一名词。杜正胜强调编户齐民的政治性和法律性，李成珪把“编户齐民”看成是一种等级，都是值得讨论

① 据《后汉书》各本传，如寇恂为“郡功曹”，贾复“为县掾”，吴汉“给事县为亭长”，盖延“历郡列掾”，陈俊“少为郡吏”，臧宫“少为县亭长、游徼”，王霸“少为狱吏”，任光“乡啬夫，郡县吏”，王梁“为郡吏”，马成“少为县吏”，傅俊为“县亭长”，坚镡“为郡县吏”，祭遵“少好经书，家富给”等，均属于吏民。

和商榷的。

那么，相对来说是属于编户齐民的范围，且大量存在于秦汉史料中，特别是存在于法律条文、皇帝诏令及官府档案中的代表等级身份的名词，如笔者在前面所说应该是“吏民”，其数百千次出现在古籍和考古史料中。那么，编户齐民与吏民的关系如何？有学者说“‘吏民’与‘编户齐民’是一而二，二而一的”，“编户亦即‘吏民’”①，认为编户齐民就是吏民，这与笔者的认识有一定差距。笔者认为，吏民是编户齐民的主体，二者之间的关系非常密切，但又不能简单地在二者中间画等号。就其主要区别点而言，笔者将之归纳为两个方面：其一，编户齐民是对国家籍录在册居民的一种泛称，不具有严格的政治性和法律性，史料中存在很少，尤其是在考古发现的档案和法律文书中根本不见，而吏民则恰恰相反；二是编户齐民比吏民所指称的人群范围要更广泛，不仅包括有资产、有爵位、有任官为吏资格的吏民，而且也包括家资贫穷、从事贱业、不能任官为吏的贫贱之民。秦汉时期虽然不像先秦那样，国列五爵，人分十等，但依然是一个等级制时代，如前所述，社会中基本存在五个大的社会等级，由高到低依次为：皇帝及其家族、其他的贵族及其官僚、吏民、贫贱之民、奴隶。其中奴隶（古代史料中多做“奴婢”）没有独立户籍，附籍于主人的财产簿中，无疑不属于编户民。皇族宗室和其他贵族官僚属于特权等级，往往因各种原因而免税免役，也不被编入什伍编户中，显然也不属于编户民。那么除了吏民之外，编户民还应包括贫贱之民。

秦汉时期贫贱民等级包括家资不达为吏标准的贫户、赘婿、罪犯和从事商、工、医、巫、卜等贱业者及其后代，其中主要就是史料中所说的被贬抑、被谪罚的“七科谪”户②。贫贱民身份低于吏民，高于奴婢。如《史记·淮阴侯列传》载：

> 淮阴侯韩信者，淮阴人也。始为布衣时，贫无行，不得推择为吏，又不能治生商贾，常从人寄食饮，人多厌之者。③

① 黎虎：《论“吏民”即“编户齐民”——原“吏民”之三》，《中华文史论丛》2007年第2期。

② 古人对“七科谪”的解释并非一致，但学界一般依从张晏的说法。据《汉书·武帝纪》注引张晏曰：“吏有罪一，亡（人）[命]二，赘壻三，贾人四，故有市籍五，父母有市籍六，大父母有市籍七，凡七科也。”（《汉书》卷6《武帝纪》，第205页）

③ 《史记》卷92《淮阴侯列传》，第2609页。

又据出土秦简记载：

> 自今以来，叚(假)门逆吕(旅)，赘壻后父，勿令为户，勿鼠(予)田宇。三粜(世)之后，欲士(仕)士(仕)之，乃(仍)署其籍曰：故某虑赘壻某叟之乃(仍)孙。①

“贫无行”、“从人寄食饮”的韩信和“勿令为户，勿鼠(予)田宅”的“叚(假)门逆吕(旅)，赘壻后父”，就属于这种贫贱民等级。秦汉时期的贫贱民与奴婢不同，他们有自己的名籍，被地方政府控制管理，为国家纳税服役，应该说这就符合了国家编户民的基本条件。所谓的“勿令为户”，并不是说他们不用登记户口，没有户籍，只是说他们不能拥有吏民的户籍，不能享受国家授田、赐爵、察举任官、推择为吏的待遇，户籍还是有的，不但有，而且官府对他们的控制和管理只能是比吏民更加严格，所承受的赋税和力役负担也只能是更重。因为他们贫穷，而成为谪罚戍边的对象，因为他们从事贱业，国家往往“重租税以困辱之”②。可见，贫贱之民既不像贵族官僚等级具有不入编户、减免赋役的特权，也不像奴婢那样仅仅作为主人的财产登记在财产簿中，没有独立户籍的资格，而是与吏民一样，官府通过编户直接管理，同时是国家赋税力役的主要承担者，构成编户齐民的又一大组成部分。

在把贫贱之民归入编户齐民的范围这一点上，笔者是认同杜正胜的，但需要指出的是，杜正胜一方面强调编户齐民“齐等”的政治性和法律意义，一方面又认为包括七科谪在内的贱民均属于政治和法律上地位齐等的编户齐民，这似乎是陷入了自我矛盾之中，不如退后一步，淡化编户齐民身份的政治性和法律性意义，仅仅重视其被国家按户编入簿籍，统一控制管理的特点③。

其实早在中国古代，包括汉朝当代人在内，就已经注意到了编户齐民的名实不符问题，注意到了编户齐民之间的不“齐”不“等”问题，主张对编户齐民内部构成作具体的区分，其根源就在于编户齐民内部存在吏民等级与贱民等级的差异。比如前引《淮南子》言：

---

① 睡虎地秦墓竹简整理小组：《睡虎地秦墓竹简・为吏之道》，第174页。

② 《史记》卷30《平准书》，第1418页。

③ 笔者也注意到了杜正胜在《编户齐民》一书的序(第6页)中说，原来计划把该问题写到汉武帝时期，“交代战国以下齐民中的‘不齐’现象”，使读者“知道齐中仍有不齐，才能得到编户齐民的全貌”。但他所指称的，似乎主要还是经济上的不齐，不齐的原因是工商业的发展所造成的。

且富人则车舆衣纂锦，马饰傅旄象，帷幕茵席，绮绣条组，青黄相错，不可为象；贫人则夏被褐带索，含菽饮水以充肠，以支暑热，冬则羊裘解札，短褐不掩形而炀灶口；故其为编户齐民无以异，然贫富之相去也，犹人君与仆虏，不足以论之。①

从中可见，《淮南子》把编户齐民又区分为“富人”和“贫人”，二者之间的政治经济地位真可谓有天壤之差。之后产生的《盐铁论》，不但是汉代留存下来的少有的经济史论著，而且是比罗贯中笔下的“诸葛亮舌战群儒”可信得多的“桑弘羊舌战群儒”，或者叫做“桑弘羊舌战贤良文学”。《盐铁论》中舌战双方辩论的问题实在太多，下面所引是有关对“民”之认识的精彩片断。

大夫曰：“家人有宝器，尚函匣而藏之，况人主之山海乎？夫权利之处，必在深山穷泽之中，非豪民不能通其利。异时，盐铁未笼，布衣有朐邴，人君有吴王，皆盐铁初议也。吴王专山泽之饶，薄赋其民，赈赡穷乏，以成私威。私威积而逆节之心作。夫不蚤绝其源而忧其末，若决吕梁，沛然，其所伤必多矣。太公曰：‘一家害百家，百家害诸侯，诸侯害天下，王法禁之。’今放民于权利，罢盐铁以资暴强，遂其贪心，众邪群聚，私门成党，则强御日以不制，而并兼之徒奸形成也。”

文学曰：“民人藏于家，诸侯藏于国，天子藏于海内。故民人以垣墙为藏闭，天子以四海为匣匮。天子适诸侯，升自阼阶，诸侯纳管键，执策而听命，示莫为主也。是以王者不畜聚，下藏于民，远浮利，务民之义；义礼立，则民化上。若是，虽汤、武生存于世，无所容其虑。工商之事，欧冶之任，何奸之能成？三桓专鲁，六卿分晋，不以盐铁。故权利深者，不在山海，在朝廷；一家害百家，在萧墙，而不在朐邴也。”

大夫曰：“山海有禁而民不倾，贵贱有平而民不疑。县官设衡立准，人从所欲，虽使五尺童子适市，莫之能欺。今罢去之，则豪民擅其用而专其利。决市闾巷，高下在口吻，贵贱无常，端坐而民豪，是以养强抑弱而藏于跖也。强养弱抑，则齐民消；若众秽之盛而害五谷。一家害百家，不在朐邴，如何也？”②

① 何宁：《淮南子集释》卷11《齐俗训》，第822—823页。

② 王利器：《盐铁论校注》(定本)卷1《禁耕第五》，第67—68页。

桑弘羊抨击了贤良文学口口声声称“民”，打着为民的旗号，实际上是把民之内涵笼统化和模糊化，他主张对民要作具体的分析和区别，并依据富豪和贫穷将民区别为“豪民”与“齐民”。“豪民”与“齐民”虽然都因为政治上没有什么特权而被编入乡里什伍，被泛称为编户齐民，但其差异还是很大的，这种差异不仅仅是经济上的，而且也包括政治上的。桑弘羊所说的“豪民”，应该是吏民，特别是其中的大家富户，而他所说的“齐民”，在与豪民相对立而存在的状况下，齐民就不是一般意义上的编户民，而是特指那些“强养弱抑”中的弱者，不但包括吏民中的相对贫穷者，而且也包括吏民以外的贫贱民。从桑弘羊的抨击，我们是不是可以认为贤良文学们在一定意义上是吏民阶层，特别是其中的豪民的代言人。

同为编户齐民，除了《淮南子》的“富人”与“贫人”、桑弘羊的“豪民”与“齐民”的相异相对之说外，还有“豪富”、“吏民”与“细民”的相对组合。豪富吏民与细民相对而言，二者应该都属于编户民，前者可以为官为吏，后者很难。细者，小也，所以细民是贫民，是穷弱的小老百姓。如史料中记载：

> 自郑国渠起，至元鼎六年，百三十六岁，而儿宽为左内史，奏请穿凿六辅渠，以益溉郑国傍高卬之田。上曰：“农，天下之本也。泉流灌寖，所以育五谷也。左、右内史地，名山川原甚众，细民未知其利，故为通沟渎，畜陂泽，所以备旱也。今内史稻田租挈重，不与郡同，其议减。令吏民勉农，尽地利，平繇行水，勿使失时。”①
>
> 贾谊谏曰：法使天下公得顾租铸铜锡为钱，敢杂以铅铁为它巧者，其罪黥。然铸钱之情，非淆杂为巧，则不可得赢；而淆之甚微，为利甚厚。夫事有召祸而法有起奸，今令细民人操造币之势，各隐屏而铸作，因欲禁其厚利微奸，虽黥罪日报，其势不止。②
>
> 非唯细民为然，自封君王侯贵戚豪富，尤多有之。假举骄奢，以作淫侈，高负千万，不肯偿责。小民守门号哭啼呼，曾无怵惕惭怍哀矜之意。苟崇聚酒徒无行之人，传空引满，啁啾骂詈，昼夜鄂鄂，慢游是好。或殴击责主，入于死亡，群盗攻剽，劫人无异。虽会赦赎，不当复得在选辟之科，而州司公府反争取之。且观诸敢妄骄奢而作大责者，必非

① 《汉书》卷29《沟洫志》，第1685页。
② 《汉书》卷24《食货志》，第1153页。

救饥寒而解困急，振贫穷而行礼义者也，咸以崇骄奢而奉淫湎尔。[①]

貇田以铁器为本北边郡毋铁官卬器内郡令郡以时博卖予细民毋令豪富吏民得多取贩卖细民　E. P. T52:15[②]

直至后世，仍习惯将穷弱的贫民称之为细民，如范祖禹《帝学》卷八就以“细民”称“贫民”：

今闾里富民乘贫者乏无之际，出息钱以贷之。俟其收获，责以谷麦。贫者寒耕热耘，仅得斗斛之收，未离场圃，已尽为富室夺去。彼皆编户齐民，非有上下之势、刑罚之威，徒以富有之故，尚能蚕食细民，使之困瘁，况县官督责之严乎！臣恐细民将不聊生矣。[③]

高敏先生在谈汉代的户籍时曾提到过“细民”，说：“汉代的户等划分，大致可区分为‘细民’和‘小家’、‘中家’与‘大家’三个等级。三等的划分，大体系依据资产多少，但又不十分严格，且无明确的划分标准与界限。大体言之，其家赀不满三万以下者，属于‘细民’或‘小民’。”[④]

大家、中家、小家是汉代编户民中按照资产标准划分的户等，一般较少提到“细民”。据前文所述，吏民应该是中家以上，细民又与吏民相对而言，可以把“细民”看成是财产户等中的“小家”，所以高敏先生的说法基本是可以的，但我们从上面所引的史料又明显地感到，“细民”一般不作为相对具体的资产划分的户等使用，而是泛指相对贫穷的小民。

讨论秦汉历史上的吏民，谈当时编户民的类型，史籍中还有一个看似与“吏民”相关的词，值得我们关注，那就是“吏家”。我们在前面辨析吏民史料时，曾经引过谷永上书谏汉成帝的一段话，即：

陛下弃万乘之至贵，乐家人之贱事，厌高美之尊号，好匹夫之卑字，崇聚僄轻无义小人以为私客，数离深宫之固，挺身晨夜，与群小相随，乌集杂会，饮醉吏民之家，乱服共坐，流湎媟嫚，溷殽无别，闵免遁

① 王符著，汪继培笺，彭铎校正：《潜夫论笺校正》卷5《断讼第十九》，第228页。

② 甘肃省文物考古研究所等编：《居延新简》，第228页。

③ 范祖禹撰，杨淮、杨洹释译：《帝学》卷8《宋神宗皇帝下》，远方出版社，1998年，第322—323页。

④ 高敏：《秦汉的户籍制度》，《求索》1987年第1期。

乐，昼夜在路。典门户奉宿卫之臣执干戈而守空宫，公卿百僚不知陛下所在，积数年矣。[①]

其中提到了“吏民之家”，而“吏民之家”与“吏家”从汉语字义表面上看很像是前者对后者的疏解，那么二者是否真具有一样的内涵，“吏家”是否就是“吏民之家”？《汉书·晁错传》中有一条有关“吏家”的史料：

秦始乱之时，吏之所先侵者，贫人贱民也；至其中节，所侵者富人吏家也；及其末涂，所侵者宗室大臣也。[②]

秦吏先后所侵犯的三类人包括：贫人贱民、富人吏家、宗室大臣。乍一看，这与笔者前文所说的秦汉社会结构五个等级（皇帝及其家族、其他贵族官僚、吏民、贫贱民、奴隶）中的中间三个等级极为近似，除了最高等级的皇帝及其家族和最低等级的奴隶外，其他三个等级，贵族官僚对应宗室大臣，贫贱民对应贫人贱民，吏民则对应富人吏家。如此看来，吏家真可能就是吏民之家，但是有关吏家的史料并非仅此一条，而其它史料所显示的却并不是如此的含义。反映不同含义的史料如：

（召）信臣为民作均水约束，刻石立于田畔，以防分争。禁止嫁娶送终奢靡，务出于俭约。府县吏家子弟好游敖，不以田作为事，辄斥罢之，甚者案其不法，以视好恶。其化大行，郡中莫不耕稼力田，百姓归之，户口增倍，盗贼狱讼衰止。吏民亲爱信臣，号之曰召父。[③]

“府县”就是郡县，召信臣所在郡县中的吏家子弟，因游手好闲不务农事而被整治。这些玩闹的公子哥恐怕不是一般的吏民子弟，可能是父兄政治地位较高的官僚子弟，起码出自朝廷命官之家，召信臣不惧豪族势力，敢于整治他们，所以才值得史家大书特书，如果他所整治的仅仅是一般的吏民及其子弟，那就纯属日常的行政事务，不必大书一笔了。这一分析推断应该说可以得到后汉史料的佐证：

---

① 《汉书》卷85《谷永传》，第3461页。

② 《汉书》卷49《晁错传》，第2296页。

③ 《汉书》卷89《循吏传》，第3642页。

> (耿)纯还京师,自请曰:"臣本吏家子孙,幸遭大汉复兴,圣帝受命,备位列将,爵为通侯。天下略定,臣无所用志,愿试治一郡,尽力自效。"(李贤注曰:"纯父艾,为王莽济平尹,即济阴太守也,故曰本吏家子孙。")①

耿纯的父亲是二千石的郡太守,他自称是"吏家子孙"。类似的用法在魏晋时期依然继续,如:

> (孙)皓内诸宠姬,佩皇后玺绂者多矣。天纪四年,随皓迁于洛阳。(裴注引《江表传》曰:"皓又使黄门备行州郡,科取将吏家女。其二千石大臣子女,皆当岁岁言名。年十五六一简阅,简阅不中,乃得出嫁。后宫千数,而采择无已。")②

孙皓所采择的后宫,均不是一般良家百姓之女,基本上都是二千石以上的官僚家之女。又如晋朝:

> 泰始中,(武)帝博选良家以充后宫……司徒李胤、镇军大将军胡奋、廷尉诸葛冲、太仆臧权、侍中冯荪、秘书郎左思及世族子女并充三夫人九嫔之列。司、冀、兖、豫四州二千石将吏家,补良人以下。名家盛族子女,多败衣瘁貌以避之。③

中央官僚及世族家的女儿,"充三夫人九嫔之列";地方二千石将吏家的女儿,"补良人以下"。从上面这些史料看,"吏家"应该是官僚之家,特别是二千石以上的官僚。另外在史书中,"吏家子孙"有时又称为"世吏子孙",如:

> (赵)广汉由是侵犯贵戚大臣。所居好用世吏子孙新进年少者……颜师古注曰:"言旧吏家子孙而其人后出求进,又年少也。"④

---

① 《后汉书》卷21《耿纯列传》,第764页。

② 《三国志》卷50《吴书·妃嫔传第五》及裴注,第1202—1203页。

③ 《晋书》卷31《后妃传上》,第953页。

④ 《汉书》卷76《赵广汉传》及注,第3204页。

颜师古在这里将“世吏”的“世”解释为“旧”，即过去、原来。笔者以为还是解释为“世代”、“几代”更好，因为“世吏”一词在汉代史料中多次出现，解释为“世代”，文句的意思均很顺畅，而且“世吏”多与“二千石”相连，如：鲁恭“世吏二千石”①；曹节“世吏二千石”②；“济北惠王寿，母申贵人，颍川人也，世吏二千石”③；“邓晨字伟卿，南阳新野人也。世吏二千石”④等等。这种“世吏”与“二千石”的频繁相连，使我们感到，所谓“世吏”实际就是世官，基本不是指郡县属吏，因此吏家也就不应该看成是吏民之家。

---

① 《后汉书》卷25《鲁恭列传》，第873页。

② 《后汉书》卷78《曹节列传》，第2524页。

③ 《后汉书》卷55《济北惠王寿列传》，第1806页。

④ 《后汉书》卷15《邓晨列传》，第582页。

# 第二章　秦汉时期的封爵制与“赐民爵”

从上一章的讨论可以看出，秦汉时期作为编户齐民主体的吏民与爵位有着密切的关系，这一点成为秦汉时期社会历史的一大突出特色。稍通中国历史者都知道如是两句话：“汉承秦制”[①]、“历代都行秦政事”，这两句话反映出秦汉制度的重要性。秦汉时期在中国历史发展中所具有的重要作用和影响，无疑是与这个时期的制度有着直接的关系，而其中的爵位制度应该说是最有时代特点的一项制度，原因很简单，即在古今中外历史上爵位制度虽然是常见不鲜的，但基本是与贵族相关的事情，一般的国家编户民，即平民百姓占有爵位，是极其少见的，这是秦汉时期极具特色的历史风景，故本章将要讨论秦汉时期的爵制，特别是“赐民爵”问题。

## 第一节　秦汉时期爵制的称谓与类别

### 一、辨爵名

对于秦汉时期总的爵制名称，学者们有不同的命名主张，其中主要的称谓有三种：一是“军功爵制”[②]，二是“赐爵制”[③]，三是“二十等爵制”[④]。但笔者以为这些称谓均有其涵盖面不周的缺陷，如“军功爵制”，顾名思义，爵位的赐与原则在于军功，而军功是与战争密切相连的时代产物，具有时间上的特殊性，不能包括秦汉四百多年中主要的非战争时期的爵位获取的复

① 《后汉书》卷40《班彪列传》，第1323页。

② 其代表为朱绍侯，见其《军功爵制研究》，上海人民出版社，1990年。

③ 其代表为高敏，见其《秦汉史论集》，中州书画社，1982年。

④ 其代表为西嶋定生，见其《中国古代帝国的形成与结构——二十等爵制研究》，中华书局，2004年。

杂情况，不但不能包括那些因亲、因姻、因幸的非军功获爵，而且也不能包括那些经常和大量的对官僚、对属吏、对一般编户民的普遍"赐爵"。再如"赐爵制"，表面看这种称谓确实比"军功爵制"的范围要宽，因军功可以被赐爵，因亲、因姻、因幸也可以被赐爵，而普遍给天下的官僚、属吏、编户民爵位，无疑更是被称为"赐爵"，但是大量秦汉时期的史料所反馈给我们的信息是，就一般情况而言，只有二十等级爵位中第十九级关内侯以下的爵位才言"赐"，而诸侯王和各种侯爵是言"封"而较少说"赐"的。如：

> 八年春，封中谒者张释卿为列侯。诸中官、宦者令丞皆赐爵关内侯，食邑。①

张释卿为列侯，言"封"，诸中官、宦者令丞为关内侯，言"赐"。又如：

> 光和元年，遂置鸿都门学，画孔子及七十二弟子像。其诸生皆敕州郡三公举用辟召，或出为刺史、太守，入为尚书、侍中，乃有封侯赐爵者，士君子皆耻与为列焉。②

而胡三省在为《资治通鉴》这一条中"赐爵者"所作的注释中特别强调说："赐爵关内侯以下也。"③就是强调封侯与赐爵的差别。又如：

> 十二月，录从入关者功，封侯赐爵各有差。④

封、赐在使用时表现出明显的差别，王侯之爵很少言赐，多言封，相反，关内侯以下之爵位，多言赐，绝不用封。在极少数场合方可见侯爵言赐者，如秦汉之际，樊哙爵位升迁的情况，就有赐侯的说法：

> 哙以舍人从攻胡陵、方与，还守丰，击泗水监丰下，破之。复东定沛，破泗水守薛西。与司马尼战砀东，却敌，斩首十五级，赐爵国大夫。

---

① 《汉书》卷3《高后纪》，第100页。

② 《后汉书》卷60《蔡邕列传》，第1998页。

③ 司马光：《资治通鉴》卷57《汉纪四十九》，中华书局，1956年，第1845页。

④ 张烈点校：《后汉纪》卷第26《孝献皇帝纪》，《两汉纪》（下册），第513页。

常从，沛公击章邯军濮阳，攻城先登，斩首二十三级，赐爵列大夫。从攻(阳城)[城阳]，先登。下户牖，破李由军，斩首十六级，赐上闻爵。后攻围都尉、东郡守尉于成武，却敌，斩首十四级，捕虏十六人，赐爵五大夫。从攻秦军，出亳南。河间守军于杠里，破之。击破赵贲军开封北，以却敌先登，斩候一人，首六十八级，捕虏二十六人，赐爵卿。从攻破扬熊于曲遇。攻宛陵，先登，斩首八级，捕虏四十四人，赐爵封号贤成君。从攻长社、轘辕，绝河津，东攻秦军尸乡，南攻秦军于犨。破南阳守齮于阳城，东攻宛城，先登。西至郦，以却敌，斩首十四级，捕虏四十(四)人，赐重封。攻武关，至霸上，斩都尉一人，首十级，捕虏百四十六人，降卒二千九百人。……项籍死，汉王即皇帝位，以哙有功，益食邑八百户。其秋，燕王臧荼反，哙从攻虏荼，定燕地。楚王韩信反，哙从至陈，取信，定楚。更赐爵列侯，与剖符，世世勿绝，食舞阳，号为舞阳侯，除前所食。①

樊哙从“赐爵”国大夫，到列大夫、上闻、五大夫、卿、贤成君，直到列侯，但在语句上也不过是“赐爵列侯”，而没有说“赐列侯”，强调的是又赐予更高一级爵位。当时言“赐”者，对象多是关内侯以下的爵位，其中在传统古籍中又以赐关内侯一级爵位最为多见，零星也可见到赐爵为五大夫、左庶长、左更、右更、大上造等，赐关内侯以下的爵位，不涉及到封土立国的问题，所以和赐金、赐钱、赐耕地、赐绢帛等是类似的。

还有“二十等爵制”的称谓，同样也有涵盖范围窄于历史实际的局限性，很明显这一制度名称仅仅包括战国商鞅变法以来逐渐固定下来的二十个等级的爵位，就是其中的第二十等级列侯也在其中，但却不能包括二十等级爵位之外的诸侯王，甚至不应该包括王子侯这种爵位。虽然《后汉书·百官志》中说：

列侯，所食县为侯国。本注曰：承秦爵二十等，为彻侯，金印紫绶，以赏有功。功大者食县，小者食乡、亭，得臣其所食吏民。后避武帝讳，为列侯。武帝元朔二年，令诸王得推恩分众子土，国家为封，亦为列侯。②

① 《汉书》卷41《樊哙传》，第2067—2072页。

② 《后汉书·百官志五》，第3630页。

认为王子侯与功臣侯一样，也属于列侯范围。其实二者有着很大的区别，虽然待遇差不多，但与皇帝的关系和封侯的原则是截然不同的，所以，在《史记》、《汉书》的表中，各个时期的功臣侯表和王子侯表是绝对分列的。退一步讲，即便是把王子侯也包括在二十等爵的列侯之中，还是有诸侯王这一部分爵位是独立于二十等爵之外的。

鉴于以上所言，笔者主张把秦汉时期，主要是汉代的爵位制度称之为封爵制。说到“封爵制”，其实有的学者也已经使用过这一词汇，但与笔者所赋予它的含义不同。如杨光辉先生就著有《汉唐封爵制度》一书[①]，该书所论的“封爵制度”，是指享有封国食邑的王侯贵族的爵位制度。而笔者的封爵制则包括两个组成部分，其中封是指封国，针对和包含的就是王、侯等贵族爵位；而爵则是指赐爵，针对和包含的是二十等级爵位中没有封邑的等级，两个部分合而称之为“封爵制”，实际就是封国（王、侯）赐爵制，如《后汉书·蔡邕传》所记：

> 光和元年，遂置鸿都门学，画孔子及七十二弟子像。其诸生皆敕州郡三公举用辟召，或出为刺史、太守，入为尚书、侍中，乃有封侯赐爵者，士君子皆耻与为列焉。[②]

其中就把“封侯”和“赐爵”分而言之。应该说“封爵”这一名称含括了秦汉时期，特别是汉代全部的爵位等级。

封爵制，即对王侯行封，对吏民行赐，不但爵位的高低不同，更重要的是“封”、“赐”二字的含义有着本质的差异。先看“封”字，汉人许慎《说文解字》释曰：“爵诸侯之土也。”[③]授诸侯以爵土，为什么就称为“封”？郭沫若先生根据对甲骨文和金文的考释认为，原始的“封”字是个象形字：植树于土，以明经界[④]。可见，爵与分土相连，并植树为界，方可谓之“封”，故有“封建”、“封国”、“封邑”、“封疆”、“封界”、“封域”、“封邦”等等的说法。另外，许多古文字学家都认定，“封”与“邦”同源，清人段玉裁《说文解字注》

---

① 杨光辉：《汉唐封爵制度》，学苑出版社，2001年。

② 《后汉书》卷60下《蔡邕列传》，第1998页。

③ 段玉裁：《说文解字注》卷26《说文解字第十三篇下·土部》，第687页。

④ 郭沫若：《甲骨文字研究》，影印收入《甲骨文研究资料汇编》6，北京图书馆出版社，2008年，第93—103页。

曰:“邦之言封也,古邦、封通用。”[①]今人王力在《同源词典》中把“封”和“邦”作为同源字收入[②]。而“邦”和“国”又是互释互注的两个字,如《说文解字》中释:“邦,国也。”[③]“国,邦也。”[④]所以说爵有国邑者称为“封”,以区别于仅有爵名而无土民的“赐”。秦朝是否存在贵族分封的制度,是个有争议可以继续讨论的问题,但汉代是存在封国的,不但有辖地数郡到数县不等的刘氏王、侯,还有异姓的百户、千户,甚至万户侯。这是汉代爵中不但数量可观,而且影响巨大的一部分爵,所以在对秦汉,特别是汉代的爵制命名时不可以抛开、不涵盖这一部分爵位。

至于“赐”字,其含义比较简明,《说文解字》曰:“赐,予也。”[⑤]但许慎的注释毕竟有些过于粗略,实际“赐”并非一般性的给予,而是特指上给下,地位高的人给予地位低的人。但就赏给爵位来说,除个别的外,如“以(曹)参为齐相国。以高祖六年赐爵列侯,与诸侯剖符,世世勿绝,食邑平阳万六百三十户,号曰平阳侯”[⑥],极少数封为列侯而不言“封”却言“赐”的,而言赐者基本都是在西汉初年,刘邦草定天下之时,所以更应该将之看成为特例。就两汉总体情况来看,封与王侯之爵位一般不言“赐”,而赐与大庶长以下之爵位也概不说“封”,只是二十等爵中的第十九级爵关内侯较为特殊,其中既有食邑和不食邑的差别,又有从贵族食邑爵到非贵族食邑爵的性质演变,故既有“封”又有“赐”的说法。如:

(郑)宽中有俊材,以博士授太子,成帝即位,赐爵关内侯,食邑八百户,迁光禄大夫,领尚书事,甚尊重。[⑦]

元帝竟崩,成帝初即位,擢丹为长乐卫尉,迁右将军,赐爵关内侯,食邑三百户,给事中,后徙左将军、光禄大夫。[⑧]

明年,(侯霸)代伏湛为大司徒,封关内侯。[⑨]

---

① 段玉裁:《说文解字注》卷12《说文解字第六篇下·邑部》,第283页。
② 王力:《同源词典》,商务印书馆,1982年,第388页。
③ 段玉裁:《说文解字注》卷12《说文解字第六篇下·邑部》,第283页。
④ 段玉裁:《说文解字注》卷12《说文解字第六篇下·口部》,第277页。
⑤ 段玉裁:《说文解字注》卷12《说文解字第六篇下·贝部》,第280页。
⑥ 《史记》卷54《曹相国世家》,第2028页。
⑦ 《汉书》卷88《儒林传》,第3605页。
⑧ 《汉书》卷82《史丹传》,第3378页。
⑨ 《后汉书》卷26《侯霸列传》,第902页。

丁恭……建武初,为谏议大夫、博士,封关内侯。①

关内侯的爵位性质问题、食邑问题、与二十等爵中其它爵位的关系问题等,都是秦汉爵制问题研究中有歧义,值得深入讨论和研究的问题,但由于关内侯虽然不及王侯,毕竟是秦汉爵制中的高爵,与一般的编户民的距离还是比较远的,不是本书要重点讨论的问题,故不再详述。

"赐爵"就是给与爵,有时也称"拜爵",如:

百姓内粟千石,拜爵一级。②

匈奴数侵盗北边,屯戍者多,边粟不足给食当食者。于是募民能输及转粟于边者拜爵,爵得至大庶长。③

又募运民耕边入谷,远郡千斛,近郡二千斛,拜爵五大夫。④

拜爵的说法同样也是针对大庶长以下的不涉及食邑的爵位,即从第十八级大庶长以下直到第一级公士。

综上所说,笔者主张用"封爵制"来称谓秦汉时期的爵位制度,它克服了"军功爵制"、"赐爵制"、"二十等爵制"等名称的局限,更加全面,因而也就更为合理。秦汉时期的封爵制度具体涵括了二十一个等级的爵位,从高到低排列的具体名称是:诸侯王、列侯(包括王子侯)、关内侯、大庶长、驷车庶长、大良造、少良造、右更、中更、左更、右庶长、左庶长、五大夫、公乘、公大夫、官大夫、大夫、不更、簪袅、上造、公士。当然,由于秦朝废封建行郡县,不封子弟为王,更不封其他宗室为王,也更不封异姓之人为王,故而只存在二十个等级的爵位,这也构成了秦汉两代在封爵制度方面最大的区别点。

## 二、秦汉时期封爵的结构与类别

封爵制强调的是等级之间的差异,区分等级差异的目的在于规制出具有不同等级爵位的人员所具有的不同的权利和义务,即区分权利和义务的

---

① 《后汉书》卷79《丁恭列传》,第2578页。

② 《史记》卷6《秦始皇本纪》,第224页。

③ 《史记》卷30《平准书》,第1419页。

④ 王符著,汪继培笺,彭铎校正:《潜夫论笺校正》卷5《实边第二十四》,第288页。

大小与多寡。严谨地说，二十一个爵位等级之间，每一级与每一级之间还是均有差异的，各不相同，但各个级别之间的差异点和差异程度又不是完全一样的。一些爵位等级在某一些权利义务方面是一致的，区别于同样在某一些权利义务方面是一致的另外一些爵位等级，那么这些在某一些权利义务方面是一致的爵位等级就组成了爵位类别。对于秦汉时期这种封爵内部的类别结构，从古到今，人们给予了不少的关注。较早而且较系统地对秦汉封爵，特别是对其中的二十等爵制内部结构类别进行归类分划的当属前文曾经提到的三国时期的著名学者刘劭，他在《爵制》那一大段论述中对二十等爵内部的类别进行了划分：

> 秦依古制，其在军赐爵为等级，其帅人皆更卒也，有功赐爵，则在军吏之例。自一爵以上至不更四等，皆士也。大夫以上至五大夫五等，比大夫也。九等，依九命之义也。自左庶长以上至大庶长，九卿之义也。关内侯者，依古圻内子男之义也。秦都山西，以关内为王畿，故曰关内侯也。列侯者，依古列国诸侯之义也。然则卿大夫士下之品，皆放古，比朝之制而异其名，亦所以殊军国也。古者以车战，兵车一乘，步卒七十二人，分翼左右。车，大夫在左，御者处中，勇士居右，凡七十五人。一爵曰公士者，步卒之有爵为公士者。二爵曰上造。造，成也。古者成士升于司徒曰造士，虽依此名，皆步卒也。三爵曰簪袅，御驷马者。要袅，古之名马也。驾驷马者其形似簪，故曰簪袅也。四爵曰不更。不更者，为车右，不复与凡更卒同也。五爵曰大夫。大夫者，在车左者也。六爵为官大夫，七爵为公大夫，八爵为公乘，九爵为五大夫，皆军吏也。吏民爵不得过公乘者，得贯与子若同产。然则公乘者，军吏之爵最高者也。虽非临战，得公卒车，故曰公乘也。十爵为左庶长，十一爵为右庶长，十二爵为左更，十三爵为中更，十四爵为右更，十五爵为少上造，十六爵为大上造，十七爵为驷车庶长，十八爵为大庶长，十九爵为关内侯，二十爵为列侯。自左庶长已上至大庶长，皆卿大夫，皆军将也。所将皆庶人、更卒也，故以庶更为名。大庶长即大将军也，左右庶长即左右偏裨将军也。[①]

① 《后汉书·百官志五》注引，第3631—3632页。

刘劭的这一段文字历来被研究秦汉爵制问题的学者们所关注，其中除了对爵名的含义进行解释，更重要的是对其内部结构作了分划归类，参照上古先秦官爵封侯，特别是与军队之中的更卒、士吏、大夫、卿将等相比附，提出四大类别说：即一级公士、二级上造、三级簪袅、四级不更，共四个爵级为"士"类爵；从第五级大夫，包括六级官大夫、七级公大夫、八级公乘、九级五大夫，共五个爵级为"大夫"类爵；从第十级左庶长，包括十一级右庶长、十二级左更、十三级中更、十四级右更、十五级少上造、十六级大上造、十七驷车庶长、十八大庶长，共九个爵级为"卿"类爵；十九级关内侯和二十级列侯两个最高的爵级为"侯"类爵。刘劭也注意到列侯与关内侯之间所存在的明显差异，故分别将他们与上古不同级别的封国相比附，即"依古列国诸侯之义"和"依古圻内子男之义"，但还是属于一个大类别的爵级。不过笔者以为，这样的一种比附还是存在明显问题的，因为关内侯自不待言，即便是列侯也绝对不同于先秦的诸侯。汉代在列侯之上，在二十等爵制之外，还有诸侯王一级爵，诸侯王才相当于古代的诸侯，在这个问题上，汉人蔡邕及唐人颜师古的认识是可取的，他们说：诸侯王，即"汉制皇子封为王，其实诸侯也。周末诸侯或称王，汉天子自以皇帝为称，故以王号加之，总名诸侯王也"①。不过刘劭对秦汉封爵，尤其是二十等级爵位部分内部结构的四类分法，基本是可取的，尤其是张家山汉简的出土，更证明了这一点，当然其中还有问题和麻烦。

除了如曹魏人刘劭二十等爵制内部结构的四分类别之外，还有二分类别和三分类别的分法。所谓二分类别就是分为高爵与低爵，或者是官(吏)爵与民(吏民)爵；所谓三分类别则是分为民爵、官爵和王侯爵。不少学者在论著中都指出过，所谓低爵即是民爵，高爵也就是官(吏)爵。如黄留珠在20世纪80年代发表的《秦仕进制度考述》一文就明确地提出了这种看法②。其实把秦汉时期的爵位分成高、低两部分，汉代人就已经这样做了。据《汉书·高帝纪》载，刘邦初定天下，在诏书中就说："七大夫、公乘以上，皆高爵也。"《汉书·贾谊传》中贾谊说："虽有长爵，不轻得复。"张晏注曰："长爵，高爵也。"《汉书·晁错传》载晁错上疏曰："皆赐高爵，复其家。"高、低爵，或者说官爵、民爵的分界，绝大多数人的看法也是一致的，即低爵、民爵最高一级为公乘，高爵、官爵最低一级为五大夫。三分法是把爵位分成

① 《汉书》卷19《百官公卿表》注，第741页。

② 黄留珠：《秦汉仕进制度考述》，《中国史研究》1982年第1期。

三大类别，如朱绍侯在《军功爵制在西汉的变化》一文中就是这样划分的，他说：“汉代实际存在三种爵制，即民爵八级（由公士至公乘），吏爵十一级（由五大夫至关内侯），王侯爵二级。”①

笔者也是主张秦汉时期，特别是两汉时期的封爵是由三大部分组成的：由低往高，第一部分爵类是民爵，包括二十等爵制中的一至八级，即公士、上造、簪袅、不更、大夫、官大夫、公大夫、公乘；第二部分爵类是官爵或者说吏爵，包括二十等爵中的九至十八级，即五大夫、左庶长、右庶长、左更、中更、右更、少上造、大上造、驷车庶长、大庶长：第三部分爵类是贵族爵，但需要注意的是，贵族爵不仅包括二十等爵中的关内侯、列侯和二十等爵外的诸侯王，而且包括王子侯、外戚恩泽侯、宦者侯，以及宗族外戚中一切食邑者，如太子、皇太后、皇后，夫人、公主、王后、王女等，特别是那些贵族妇女。学术界普遍认为，汉代妇女的社会地位较高，她们与爵位有着密切关系。在西汉初年，多有妇女与男子同样封侯，如《汉书·文帝纪》注引如淳曰：

> 《王子侯表》曰：合阳侯喜以子濞为王，追谥为顷王。顷王后封阴安侯，时吕媭为林光侯，萧何夫人亦为酂侯。又《宗室侯表》此时无阴安侯，知其为顷王后也。案《汉祠令》，阴安侯高帝嫂也。②

后来，妇女即便不与男子一样封侯，但封君食邑者大有人在。如汉武帝尊封王皇后母臧儿为平原君，封同母异父姐姐为修成君，汉宣帝则封赐外祖母为博平君，王莽母赐号为功显君。王莽又曾“白尊太后姊妹君侠为广恩君，君力为广惠君，君弟为广施君，皆食汤沐邑……”③东汉初年，东海恭王刘强无子，三个女儿被封为小国侯，据《后汉书》本传载：

> （刘强）及薨，临命上疏谢曰：“……天恩愍哀，以臣无男之故，处臣三女小国侯……”注曰：即妇人封侯也，若吕后之妹吕须封为临光侯，萧何夫人封为酂侯之类。④

---

① 朱绍侯：《军功爵制在西汉的变化》，《河南师范大学学报》1983 年第 1 期。

② 《汉书》卷 4《文帝纪》，第 109 页。

③ 《汉书》卷 98《元后传》，第 4030 页。

④ 《后汉书》卷 42《东海恭王强列传》及李贤注，第 1424—1425 页。

汉代后宫女子具有同男子相比类的官爵：

> 皇帝五月丙寅即位，年十六，尊高后曰皇太后。凡帝母称皇太后，帝祖母称太皇太后，适称皇后，妾称夫人，又有美人、良(姊)[人]、七子、八子，长使、少使之号。武帝制婕妤、娙娥、容华、充衣。而元帝加昭仪之号。昭仪位视丞相，爵比诸侯王。婕妤视上卿，爵比列侯。娙娥视中二千石，爵比关内侯。容华视真二千石，爵比大上造。美人视二千石，比少上造。八子视千石，爵比中更。充衣视九百石，爵比左更。七子视八百石，比右庶长。良人视七百石，比左庶长。长使视六百石，比五大夫。少使视四百石，比公乘。①

秦汉，主要是汉代的妇女涉足于封爵者的行列队伍中，但就整个社会来看，封侯赐爵主要还是男子的惠利。

进入21世纪以来，秦汉封爵内部结构的三大类别说，受到了出土简牍新史料的挑战，主要就是张家山汉简。在经历了近二十年的等待之后，20世纪80年代出土的张家山二四七号汉墓竹简终于由文物出版社公开出版，其中包含了丰富的有关秦汉封爵，特别是二十等爵制方面的史料，不但印证了传统史料中有关二十等爵的爵名之正确，而且也展示了二十等爵制内部结构的类别分划情况。该书出版后，学术界纷纷撰文，阐发在张家山汉简新史料影响下各自对爵制内部类别划分的新看法。比较突出和一致的倾向是，学者们都注意到了张家山汉简中所反映的二十等爵内部的类别划分，与刘劭《爵制》中的划分是基本一致的，但也提出了疑点，并加以解释，进而对二十等爵内部结构的四分类别加以修正。在这个问题上最值得注意的研究就是李均明发表在《中国史研究》上的一篇文章，题目是《张家山汉简所反映的二十等爵制》②，其中专门讨论了爵位的等序，主要依据《二年律令》中的《户律》中的下面两条简文：

> 关内侯九十五顷，大庶长九十顷，驷车庶长八十八顷，大上造八十六顷，少上造八十四顷，右更八十二顷，中更八十顷，左更七

① 张烈点校：《汉纪》卷第5《孝惠皇帝纪》，《两汉纪》(上册)，第61页。

② 李均明：《张家山汉简所反映的二十等爵制》，《中国史研究》2002年第5期。

十八顷，右庶长七十六顷，左庶长七十四顷，五大夫廿五顷，公乘廿顷，公大夫九顷，官大夫七顷，大夫五顷，不更四顷，簪褭三顷，上造二顷，公士一顷半顷，公卒、士五（伍）、庶人各一顷，司寇、隐官各五十亩。不幸死者，令其后先择田，乃行其余。它子男欲为户，以为其□田予之。其已前为户而毋田宅，田宅不盈，得以盈。宅不比，不得。

宅之大方卅步。彻侯受百五宅，关内侯九十五宅，大庶长九十宅，驷车庶长八十八宅，大上造八十六宅，少上造八十四宅，右更八十二宅，中更八十宅，左更七十八宅，右庶长七十六宅，左庶长七十四宅，五大夫廿五宅，公乘廿宅，公大夫九宅，官大夫七宅，大夫五宅，不更四宅，簪褭三宅，上造二宅，公士一宅半宅，公卒、士五（伍）、庶人一宅，司寇、隐官半宅。欲为户者，许之。①

李文认为：以上二段史料中的爵名，与《汉书·百官公卿表》所载爵制相同，印证了《汉旧仪》所云："汉承秦爵二十等以赐天下。"但同时又指出，上面的二十等爵中，有若干爵级之间所受田、宅数量存较大落差，如："右庶长七十六宅，左庶长七十四宅"，二爵间受宅数量仅差二宅；"五大夫二十五宅，公乘二十宅"，二爵间受宅数量仅差五宅。而左庶长与五大夫虽亦相邻，二者间受宅数量之落差却达四十九。公乘与公大夫间爵级亦相邻，而受宅数量落差亦达十一。落差大的爵级之间显然彼此属于不同的档次。根据这些现象，可把二十等爵划分为四个大的档次，即：彻侯、关内侯为最高，属"侯"档。大庶长以下至左庶长次之，属"卿"档。五大夫、公乘属第三。公大夫以下至公士属第四。第三、四档为"大夫、士"之类。上述四档的划分与刘劭《爵制》所载稍异。那就是张家山汉简简文第三档仅含五大夫、公乘二爵，而刘劭《爵制》则含大夫至五大夫五爵，张家山汉简简文第四档包含公士至公大夫七爵，而《爵制》仅含公士至不更四爵。

李文把二十等爵中不同类别的爵称为"档"，共计分为四个档，从档类数量上看，与刘劭《爵制》是相同的，但二者又存在很大的差异，主要不同点在于，李文把刘劭的大夫爵类分化为二，留下了五大夫和公乘二级爵位，而将公大夫、官大夫、大夫三级爵位与不更以下的士爵合并为一档。其分割

① 张家山二四七号汉墓竹简整理小组编著：《张家山汉简·二年律令·户律》，《张家山汉墓竹简〔二四七号墓〕》（释文修订本），第52页。

的依据是临近的两个爵位之间所受田宅数量是否悬殊，因此这个分化是有其明显的合理性的。但有一个问题我们又不能不考虑，那就是原来把公乘以下划分为低爵或民爵，把五大夫以上划分为官爵或高爵，也是有依据的，比如像赐予编户民的爵位一般不能超过第八级公乘的史料，就反复出现在传统文献中：

> 其赐天下男子爵，人二级；三老、孝悌、力田，人三级；爵过公乘，得移与子若同产、同产子……
>
> 注曰："汉制，赐爵自公士已上不得过公乘，故过者得移授也。"①
>
> 冬十月丁未，大赦天下。赐民爵，人二级，为父后及孝悌、力田人三级，脱无名数及流人欲占者人一级，爵过公乘得移与子若同产子……②
>
> 元初元年春正月甲子，改元元初。赐民爵，人二级；孝悌、力田人三级；爵过公乘得移与子若同产、同产子……③
>
> 阳嘉元年春正月乙巳，立皇后梁氏。赐爵，人二级，三老、孝悌、力田三级，爵过公乘，得移与子若同产、同产子……④
>
> 赐民爵八级，何法？⑤

东汉几代君主反复诏令赐予民爵不得超过公乘，王充更是将之简洁地概括为"赐民爵八级"，恐怕不会是脱离当时历史事实的虚言，可以肯定是当时的制度。而且这种限制编户民占有爵位只能到公乘的制度，自宋以来，也反复被历代学者所转述，仅从四库全书保留的情况看，就有宋人林虙和楼昉分别编著、合并刊刻的《两汉诏令》，明人王袆撰著的《大事记续编》，明人方以智撰著的《通雅》，宋人赵彦卫撰著的《云麓漫抄》，宋人王钦若、杨亿等人奉敕撰著的《册府元龟》，宋人潘自牧撰著的《记纂渊海》，宋人王应麟撰著的《玉海》，明人梅鼎祚编著的《东汉文纪》，宋人郑樵撰著的《通志》，宋人徐天麟编著的《东汉会要》，以及清代的多位学者都反复引用，包括李文所引钱大昭《汉书辨疑》中的"自公士至公乘，民之爵也，生以为禄位，死以为

① 《后汉书》卷2《明帝纪》及李贤注，第96—97页。
② 《后汉书》卷3《章帝纪》，第129页。
③ 《后汉书》卷5《安帝纪》，第220页。
④ 《后汉书》卷6《顺帝纪》，第259页。
⑤ 黄晖：《论衡校释》卷12《谢短篇》，第572页。

号谥，凡言民爵，即此”。

除了文献史料之外，简牍史料也可证明第八级公乘爵才是吏民或编户民所能具有的最高爵位等级，如在居延汉简中的吏卒，凡是注明爵位者，全部都是公乘以下爵位，在服役者的队伍中根本找不到五大夫以上爵位者的身影。仅从张家山汉简来看，确实会得出五大夫也属于编户民可以拥有的爵位，因为在《二年律令·户律》中还有如下的法律条文：

> 自五大夫以下，比地为伍，以辨券为信，居处相察，出入相司。有为盗贼及亡者，辄谒吏、典。田典更挟里门籥（钥），以时开；伏闭门，止行及作田者；其献酒及乘置乘传，以节使，救水火，追盗贼，皆得行，不从律，罚金二两。①

如何解释出土简牍中这种律条和传统文献史料的矛盾？笔者认为，二十等爵制内部的结构组合，作为历史研究的客体对象，它是动态的，不是静止不变的。秦汉历史四百多年，张家山汉简毕竟反映的是西汉初年的状况，历史正处在刚刚脱离战争，刚刚进入和平时期，因功赐爵还是人们获得爵位的主要渠道，与后来普遍赐爵为主是不同的，高低爵之间的界限，编户民占有爵位的最高等级，也都是会有变化的。比如，在著名的汉高帝五年五月诏中曾明文规定：

> 七大夫以上，皆令食邑……七大夫、公乘以上，皆高爵也。②

正像我们不能因此而认定秦汉时期二十等爵的七大夫以上均是食邑贵族一样，也不能因为张家山汉简《二年律令·户律》的几条律文，就确定五大夫属于一般编户民均可以占有的爵位，事实上五大夫往往是同六百石的官僚等级相联系的一级爵位。如：

> 爵五大夫、吏六百石以上及宦皇帝而知名者有罪当盗械者，皆

---

① 张家山二四七号汉墓竹简整理小组编著：《张家山汉简·二年律令·户律》，《张家山汉墓竹简〔二四七号墓〕》（释文修订本），第51页。

② 《汉书》卷1下《高帝纪下》，第54页。

颂系。①

所以,五大夫爵位在汉代当有一个从吏民爵到官爵的转化过程。

把二十等爵制内部爵类(或称为爵档)的分划由刘劭的四分法发展为后来的三分法,本来是个进步,但一些学者由于张家山汉简的面世而由三分法又倒回到四分法②,那么是否有这个必要呢?笔者以为完全没有必要,因为刘劭的《爵制》在对秦汉二十等爵的分析划分时本身就是存在明显缺失的。首先,它不是从秦汉二十等爵中的各个等级在当时的地位作用的实际情况出发,而是抽象地附会古代的四大官爵类别,即侯、卿、大夫、士,很牵强地将二十个等级的爵分划进四个大类别中,很难看出秦汉时期新爵制的特点。不可否认,二十等爵的爵名与先秦的古官爵名称是有直接的联系的,但其内涵发生了很大的变化,比如像侯爵类中,不论是列侯还是关内侯,与先秦时期的诸侯绝对不可同日而语,倒是汉代的王爵方才近似于先秦的诸侯,所以应劭云:"虽名为王,其实如古之诸侯。"③唐人杜佑更进一步说:"汉兴,设爵二等,曰王,曰侯。皇子而封为王者,其实古诸侯也,故谓之诸侯王……"④至于下面从大庶长到左庶长的九级所谓卿爵,从五大夫到大夫的五级所谓大夫爵,从不更到公士的四级所谓士爵,统统不能与先秦时期的卿、大夫、士相比,虽然有联系,但内涵发生了本质的变化。再者,刘劭《爵制》的内容又是自相矛盾的,如其中说:"……五爵曰大夫。大夫者,在车左者也。六爵为官大夫,七爵为公大夫,八爵为公乘,九爵为五大夫,皆军吏也。吏民爵不得过公乘者,得贳与子若同产。然则公乘者,军吏之爵最高者也。"前面刚刚说五大夫是军吏之爵,紧接着又说公乘是军吏的最高之爵,非常明显的自相矛盾,完全没有学者的严谨,仅仅从这一点,就不能把他的这篇东西估计过高。至于他对大夫爵类和士爵类的划分,完全不符合两汉的历史实际。笔者曾对三批居延汉简进行过详细统计,公乘以下的八级爵位,除了因高低所具有的较小的权益差别外,彼此间完全没有大的本质区别,公乘爵的戍卒和公士、上造爵的隧长都大有人在,并非如刘

① 《汉书》卷2《惠帝纪》,第85页。

② 如朱绍侯先生在《西汉初年军功爵制的等级划分——〈二年律令〉与军功爵之研究之一》(载《河南大学学报》2002年第5期)及《对刘劭〈爵制〉的评议》(载《南都学坛》2008年第4期)中就表示这样的倾向。

③ 《史记》卷17《汉兴以来诸侯王年表》,第801页。

④ 《通典》卷第31《职官十三》,中华书局,1988年,第855页。

劭所说的那样,仅仅是"五爵曰大夫……六爵为官大夫,七爵为公大夫,八爵为公乘,九爵为五大夫,皆军吏也"。为了附会先秦大夫与士的差别,硬性将其分为两个大类,是不符合汉代较长时期爵制实行的历史状况的。倒是《后汉书·百官志》注引荀绰《晋百官表》注曰:"自公士至五大夫,皆军吏也。自左庶长至大庶长,皆卿大夫,皆军将也。"相比较刘劭,荀绰更接近两汉的历史实际。所以,笔者仍然坚持二十等爵内部结构分三大类别说。

把秦汉时期的二十等爵的结构类别从张晏等人的二分法或者是刘劭等人的四分法修正发展为三分法,这应该是对秦汉封爵制度认识发展和深化的结果,是学术研究进步的体现。至于为什么将秦汉时期的二十等爵划分成三部分,也就是三大类别,而且划分为如此的三部分:即一级公士到八级公乘为民爵或者称吏民爵,九级五大夫到十八级大庶长为官(吏)爵或者称卿爵,十九级关内侯到二十级列侯为贵族爵或者称侯爵。又为什么把公乘以下的士爵和大夫爵合为一个大类,即概括为(吏)民爵或者是低爵,而将五大夫以上爵位又分划成二大类别,即概括为官(吏)爵或贵族爵,特别是为什么把关内侯基本归入贵族(王侯)爵部分,是需要稍微给以分析说明的。其实主要原因和依据就是各种类别爵的性质不同,或通俗地说就是这三部分爵会给具有这些爵位的人带来性质不同的利益。

顾名思义,民爵或吏民爵是社会上一般编户民(主要是其中的吏民)可以得到的爵,官爵或卿爵是有一定秩禄等级的官僚才能够占有的爵(个别庶民地主通过买爵途径也可能占有,而且官爵一旦买到手,官职也会较容易得到),特别是在普遍赐爵制下,一般吏民的爵位是不能够超过八级公乘的。而且官职的大小与官爵等级的高低也是相应的。如《汉书·宣帝纪》载,本始元年五月"赐吏二千石、诸侯相下至中都官、宦吏、六百石爵,各有差,自左更至五大夫"。官爵与民爵的最大区别就在于能否免除徭役。从刘邦初定天下后发布的诏令中我们知道,汉初曾有过七大夫以下也可以免除全家徭役的规定①,但这不是汉代长时期的制度,而是一项临时性的优惠措施。《汉书》和汉简中的大量材料证明,汉代基本是五大夫以上的爵才可以免除徭役,如文献史料记载:

> 令民入粟受爵至五大夫以上,乃复一人耳。

---

① 《汉书》卷1下《高帝纪下》:"非七大夫以下,皆复其身及户,勿事。"(第54页)

兵革数动，民多买复及五大夫、千夫，征发之士益鲜。[①]

民多买复及五大夫，征发之士益鲜。[②]

另外，居延汉简中基本没有五大夫及其以上爵位的服役者，这些都反映了第九级五大夫爵以上具有免役权益。此外还有大量的史料可以证明，这里不再赘引。

此外，在《汉书》中我们还看到，拥有第八级公乘以下爵位者也有免除徭役的，甚至免除全家的徭役，但这些应该属于是特殊情况，是皇帝对某些人的恩赐。如：

元康四年，（曹）参玄孙之孙杜陵公乘喜诏复家。

元康四年，（陈）婴玄孙之子霸陵公士尊诏复家。[③]

仅仅具有公乘以下的爵位没有免役的权利，更没有食邑的可能，那么是不是这些爵位对持爵者，即吏民来说完全是虚荣，丝毫没有实利呢？当然也不是。据《汉书·惠帝纪》记载，惠帝在诏令中说：

……爵五大夫、吏六百石以上及宦皇帝而知名者有罪当盗械者，皆颂系。上造以上及内外公孙耳孙有罪当刑及当为城旦舂者，皆耐为鬼薪白粲。[④]

《汉官旧仪》中也说：

男子赐爵一级以上，有罪以减，年五十六免。无爵为士伍，年六十乃免者，有罪，各尽其刑。[⑤]

以上二条材料说明，民爵作用有二：一是有罪可减免刑罚，二是一生可以减少服徭役的时间。

---

① 《汉书》卷24《食货志》，第1134、1165页。

② 《史记》卷30《平准书》，第1428页。

③ 《汉书》卷16《高惠高后文功臣表》，第532、539页。

④ 《汉书》卷2《惠帝纪》，第85页。

⑤ 孙星衍等辑，周天游点校：《汉官旧仪》卷下，《汉官六种》，第53页。

官爵与贵族爵的最主要的区别在于能否食邑。从战国时期产生并逐渐完善的二十等新爵制，从其中的哪一级开始可以食邑，应该说是一个比较复杂的问题，复杂的原因主要在于两个方面：一是它的发展变化，从秦到汉，从前汉到后汉，从汉初到汉末，不恒定；二是史料的相对不足，使之链条模糊，甚至存在断链。以西汉为例，西汉时期的二十等爵到底从哪一级开始可以食邑？认识也很难统一。不少学者认为第九级五大夫以上，即前文所概括的所谓高爵或者说官爵均可以食邑，也有人认为第七级七大夫以上均可以食邑。七大夫以上均可以食邑的认识无疑来自《汉书·高帝纪》中的高祖五年诏和《通典》所言成帝鸿嘉三年诏，至于五大夫以上食邑的认识不知从何而生，也许是与《商君书》中下面的记载有关：

> 能攻城围邑斩首八千已上则盈论，野战斩首二千则盈论。吏自操及校以上，大将尽赏行间之吏也……【故爵公乘，】就为五大夫，则税邑三百家。①

但这毕竟反映的是战国时期按照军功赐爵食邑的情况，不要说到了汉代，按照现有的史料看，就是统一后的秦朝也已经不是这样的一个制度了，而是所谓“秦制，列侯乃得食邑”②。

据《汉书·高帝纪》载，高祖五年诏曰：

> 军吏卒会赦，其亡罪而亡爵及不满大夫者，皆赐爵为大夫。故大夫以上赐爵各一级，其七大夫以上，皆令食邑，非七大夫以下，皆复其身及户，勿事。③

这一条诏书，具有极高的史料价值，对我们研究汉初政治、社会等级变化很有意义，但我们又必须承认它不过是刘邦初定天下时的临时性恩惠措施，并不是西汉（更不要说两汉了）长期实行的制度。如我们前面所说，这条诏书规定第七级七大夫以下“可以复其身及户，勿事”，然而《汉书》和汉简中大量材料证明并不是如此，只有第九级五大夫以上才可以免役。而这条诏

---

① 蒋礼鸿：《商君书锥指》卷5《境内第十九》，第116—117页。

② 《汉书》卷1下《高帝纪下》注引臣瓒曰，第55页。

③ 《汉书》卷1下《高帝纪下》，第54页。

书中所言的“七大夫以上皆令食邑”，也是汉初临时性的奖励措施。至于杜佑《通典》所引成帝鸿嘉三年诏曰：

七大夫以上皆令食邑，非七大夫以下，皆复其身及户，勿事。①

这一段史料恐怕是有误，不足为证。因为如此一件大事在《汉书·成帝纪》中并无记载。退一步讲，即便这道与高皇帝五年诏书中一段一字不差的重复诏书在历史上确实有，也只能是一纸空文，并未生效。因为仅过了三四年之后，也就是汉成帝永始二年二月又有一道诏书，曰：

关东比岁不登，吏民以义收食贫民、入谷物助县官振赡者，已赐直，其百万以上，加赐爵右更，欲为吏补三百石，其吏也迁二等。三十万以上，赐爵五大夫，吏亦迁二等，民补郎。②

从这条诏书可以看出，赐五大夫也好，赐右更也好，可以补吏，可以升迁，但并未得到什么封邑。下面是《汉书》中被赐官(卿)爵的几条材料：

于是(桑)弘羊赐爵左庶长，黄金者再百焉。③

是时，富豪皆争匿财，唯卜式数求入财以助县官。天子乃超拜式为中郎，赐爵左庶长，田十顷，布告天下，以风百姓。④

渔阳太守解、校尉敢皆获鼓旗，赐爵关内侯，解食邑三百户，敢二百户。校尉自为爵左庶长。⑤

(陈)立已平定西夷，征诣京师。会巴郡有盗贼，复以立为巴郡太守，秩中二千石居，赐爵左庶长。徙为天水太守，劝民农桑为天下最，赐金四十斤。⑥

元寿(一)[二]年八月，诏赐胡害为后者爵(太)[大]上造。⑦

① 《通典》卷第31《职官十三》，第857页。
② 《汉书》卷10《成帝纪》，第321页。
③ 《汉书》卷24下《食货志下》，第1175页。
④ 《汉书》卷24下《食货志下》，第1167页。
⑤ 《汉书》卷55《霍去病传》，第2487页。
⑥ 《汉书》卷95《西南夷传》，第3845页。
⑦ 《汉书》卷16《高惠高后文功臣表》，第558页。

以上几条是《汉书》中涉及到具体人物的有关官爵的材料，其中有的提到赐田、赐金，唯独没有食邑。《汉书》洋洋八十万言，又加上多处出土的汉简，却没有一条材料可以证明西汉时官爵食邑，东汉时期更是绝对没有官爵食邑的记载。另外《汉书·李广传》有这样一条材料：

(李)广与从弟李蔡俱为郎，事文帝。景帝时，蔡积功至二千石。武帝元朔中，为轻车将军，从大将军击右贤王，有功中率，封为乐安侯。元狩二年，代公孙弘为丞相。蔡为人在下中，名声出广下远甚，然广不得爵邑，官不过九卿。广之军吏及士卒或取封侯。广与望气王朔语曰："自汉征匈奴，广未尝不在其中，而诸妄校尉已下，材能不及中，以军功取侯者数十人。广不为后人，然终无尺寸功以得封邑者，何也？岂吾相不当侯邪？"①

可见在《汉书》作者以及李广的心目中，爵邑是同侯爵联系在一起的，只有封侯才可以食邑。

贵族爵最大的优惠就是食邑，分吃国家的税收。西汉时期，皇子分封为王，王子分封为侯，这些诸侯王、王子侯，再加上各种功臣侯、外戚恩泽侯、宦者侯等等，均有自己的封国，具有“衣食租税”的权益，在特定的历史时期，有的甚至具有治国治民的权力。这方面的材料实在太多，两《汉书》中随处可见。此外，汉代的皇帝、太子、太皇太后、皇太后、皇后、昭仪、婕妤、娙娥、皇帝外祖母、公主、王后、王女等等，也都具有食邑。早在20世纪50年代，谢忠樑先生就在《关于两汉食封制度的几个问题》一文中引了大量材料②，可以参见，此处不再例举。这些人除皇帝、太子外，主要都是贵族中的妇女，她们享有同贵族男子相应的封君食邑的特权。其中如：

昭仪位视丞相，爵比诸侯王。倢伃视上卿，比列侯。娙娥视中二千石，比关内侯……③

在贵族爵中值得探讨的是关内侯。汉朝时关内侯是否食邑，古往今

---

① 《汉书》卷54《李广传》，第2446页。

② 谢忠樑：《关于两汉食封制度的几个问题》，《四川大学学报》1959年第3期。

③ 《汉书》卷97上《外戚传上》，第3935页。

来，人们有多种不同的看法，比如：

1. 如淳说："列侯出关就国，关内侯但爵耳。其有加(愚)[异]者，与之关内之邑，食其租税。"①

2. 张晏认为："旧关内侯无邑也，以苏武守节外国，刘德宗室俊彦，故特令食邑。"②

3. 司马彪说："关内侯，无土，寄食在所县，民租多少，各有户数为限。"③

4. 颜师古说："言有侯号而居京畿，无国邑。"④

5. 马端临说："关内侯则惟以虚名受廪禄而已。"⑤

6. 俞正燮曰："汉诸侯王有分土，列候、关内侯有食邑。"但关内侯也有"不食邑户者"⑥。

7. 谢忠樑说："根据史实来看，关内侯是可以食邑的，西汉初是如此，西汉末也是如此。"⑦

综合以上说法，大致可以归纳为三种意见：1. 食邑，司马彪、谢忠樑基本属于这种看法；2. 不食邑，马端临属于这种看法；3. 部分关内侯食邑，如淳、张晏、俞正燮都属于这种意见。笔者个人同意第三种意见，在西汉时期不是全部关内侯都可以食邑，只是一部分，即如淳所说的"加异"者和张晏所说的"特令"者才能食邑。说到"加异"二字，还要说明一下。有的书中"加异"写成"加惠"，而《后汉书·百官志》注引的是："如淳曰：'列侯出关就国，侯但爵身，其有家累者与之关内之邑，食其租税也。'""加异"二字又成为"家累"，不知哪个为是。

谢忠樑先生在《关于两汉食封制度的几个问题》一文中引了《汉书》中十条史料来说明西汉时关内侯食邑(在《汉书》中这种食邑材料还可举出很多)，但对《汉书》中同样很多有关关内侯不食邑的史料，谢文没有给以注意和说明。《汉书》中许多地方在谈到关内侯时不言食邑，这是值得注意的。当然我们不排除这样一种情况，即有的关内侯本来是食邑的，《汉书》中没

① 《汉书》卷3《高后纪》注引，第100页。

② 《汉书》卷8《宣帝纪》注引，第241页。

③ 《后汉书·百官志五》，第3631页。

④ 《汉书》卷19《百官公卿表》注，第740页。

⑤ 马端临：《文献通考》卷269《封建考十·东汉列侯·王侯号》，中华书局，1986年，第2140页。

⑥ 俞正燮：《癸巳类稿》卷11《关内侯说》，于石、马君骅等校点：《俞正燮全集》，黄山书社，2005年，第517、518页。

⑦ 谢忠樑：《关于两汉食封制度的几个问题》，《四川大学学报》1959年第3期。

有注明。如《汉书·卫青传》记载，元光六年，卫青被赐爵关内侯。没有言食邑。但元朔二年，在封卫青为长平侯时，武帝说“益封”卫青三千八百户。那就是说，卫青原为关内侯时也食邑。又如《汉书·平当传》载：“哀帝即位，征当为光禄大夫诸吏散骑，复为光禄勋，御史大夫，至丞相。以冬月，赐爵关内侯。……遂上书乞骸骨。上报曰：‘君何疑而上书乞骸骨，归关内侯爵邑？……’”[①]虽赐爵关内侯时未言食邑否，但从哀帝的话看，平当这个关内侯还是食邑的。但是，《汉书》中也确实有不少材料，可以确定无疑地证明有些关内侯是不食邑的。例如《汉书·宣帝纪》载，本始元年，论定策功，宣帝诏曰：

> ……赐右扶风德、典属国武、廷尉光、宗正德、大鸿胪贤、詹事畸、光禄大夫吉、京辅都尉广汉爵皆关内侯。德、武食邑。[②]

德、武以外其他人不食。但《汉书·韦贤传》有韦贤“赐爵关内侯，食邑”的记载。估计是以后又赐食邑的。《汉书·成帝纪》载，永始二年十二月诏：

> ……常侍闳前为大司农中丞，数奏昌陵不可成。侍中卫尉长数白宜早止，徙家反故处。朕以长言下闳章，公卿议者皆合长计。[长]首建至策，闳典主省大费，民以康宁。闳前赐爵关内侯，黄金百斤。其赐长爵关内侯，食邑千户，闳五百户。[③]

可见王闳以前就是不食邑的关内侯，这一次才被赐食邑。《汉书·卫青传》载，元朔五年，诏御史曰：

> ……将军李沮、李息及校尉豆如意、中郎将绾皆有功，赐爵关内侯。沮、息、如意食邑各三百户。[④]

而关内侯中郎将绾不食邑。《汉书·食货志》载：

---

① 《汉书》卷71《平当传》，第3051页。
② 《汉书》卷8《宣帝纪》，第240页。
③ 《汉书》卷10《成帝纪》，第322页。
④ 《汉书》卷55《卫青传》，第2475页。

> 齐相卜式上书,愿父子死南粤。天子下诏褒扬,赐爵关内侯,黄金四十斤,田十顷。[①]

赐给黄金、土地,而没有户邑。另外也有材料可以从反面证明西汉时关内侯不是全部食邑。如《汉书·王莽传》载:

> (王莽)建言宜立诸侯王后及高祖以来功臣子孙,大者封侯,或赐爵关内侯食邑,然后及诸在位,各有第序。[②]

侯均食邑,不需要再指明,而关内侯特加“食邑”二字,正说明了关内侯中有不食邑者。

统计一下《汉书》中有关关内侯食邑与不言食邑史料的比例大约是四比一;如果按人头计算的话,食邑的比例还要提高。那么能否得出结论说西汉时期绝大多数关内侯食邑,不食者只是个别例外,笔者以为不可以。西汉的王侯成百上千,但能被写入《汉书》纪、传中的并不太多,关内侯想必也是如此。《汉书》中没有关内侯表,我们只能在纪、传中得到关内侯的材料,能被写入纪、传中的关内侯当然只是一部分,而这一部分关内侯之所以在正史中被提及,是由于在汉代国家各方面事务中所处的地位比较重要,充当的角色比较显眼,与君主的关系比较特殊,所以这其中的大部分人被“加恩”、“加惠”,特令食邑,也是自然的。那些由于不太重要没有被写入正史的关内侯,其中的大部分恐怕是得不到食邑的特权的。

二十等爵制中的食邑等级,是在不断发展变化的。《商君书·境内篇》说,爵到九级五大夫始,就可以“税邑三百家”。但以后就不可以了,至迟到秦始皇时“彻侯乃得食邑”,而且是“虽有彻侯之爵,而受封者盖少”[③]。刘邦初定天下,令七大夫以上皆食邑,培植了一大批食封贵族地主,但以后又发展成只有关内侯以上才可以食邑,而且出现了不食邑的关内侯。西汉时不食邑关内侯的存在也间接证明了关内侯以下的官爵基本上是不食邑的,但麻烦的是,特例还是有的,如敦煌酥油土出土的“击匈奴降者赏令”汉简,其中就有赐爵少上造,并且食邑的史料:

---

① 《汉书》卷24下《食货志下》,第1173页。

② 《汉书》卷99上《王莽传上》,第4048页。

③ 孙楷著,杨善群校补:《秦会要》卷15《职官下》,上海古籍出版社,2004年,第291页。

二百户五百骑以上赐爵少上造黄金五十斤食邑百户百骑(正面)

二百户五百骑以上赐爵少上造黄金五十斤食邑五百卌八卌八(反面)　174①

但这应该属于个别现象,由于简文过于简略,看不出少上造爵食邑的全部原因,但仅从简文中所透露的户、骑数目,起码功劳是突出的。又如青海上孙家寨115号墓汉简:

长以上食邑二百户斩　284②

从可视简文不知“长以上”到底是哪一级爵位以上,但是二十等爵中最后一个字是“长”字的爵名只有四个:第十级左庶长、十一级右庶长、十七级驷车庶长和十八级大庶长,而这四个爵级有一点是相同的,就是它们都属于官(卿)爵类的范围。官爵类的爵位可以食邑应该是与打仗立有战功有关,体现了因功获爵与普遍赐爵和买爵在奖励力度上有巨大的差异。

不过总体上看,不但是官爵,即便是侯爵中的关内侯也处在演变之中,即由食邑向不食邑、由贵族向非贵族的转化中。到东汉时,在王、侯中又出现了:

未与国邑先赐美名之例,如灵寿王、征羌侯之类是也。至明帝时有四姓小侯,乃樊氏、郭氏、阴氏、马氏诸外戚子弟以少年获封者。又肃宗赐东平王苍列侯印十九枚,令王子年五岁以上能趋拜者皆令带之。此二者往往皆是未有土地先佩印受俸廪。盖至此则列侯有同于关内侯者矣。③

而东汉曹魏时又出现了“虚封”的现象。爵制(特别是二十等爵)中食邑等级的变化,对地主阶级的内部构成有很大影响,即食封贵族不断衰减,而世家豪族地主兴起发展。

能否食邑是西汉时期贵族爵与官爵的最主要的区别。此外在爵位的

① 李均明、何双全编:《散见简牍合辑》,第20页。

② 李均明、何双全编:《散见简牍合辑》,第33页。

③ 马端临:《文献通考》卷269《封建考十》,第2140页。

世袭和买卖方面也集中体现出贵族爵与官爵、民爵的重要不同点。

秦汉时期，主要是汉代贵族爵位，即关内侯以及相当于关内侯以上的爵位是可以世袭的，这没有任何的疑义。在传统文献史料中，有关王、侯的世袭的记载不胜枚举，只要翻开《汉书》中的王表及各种侯表，“××年××嗣”的字样，比比皆是，勿需例举。只要不是有罪和无后两种情况则国不除。关内侯也是可以世袭的。如《汉书·丙吉传》载：丙吉为博阳侯，死后子显嗣，后显有罪削爵为关内侯，显死后，“子昌嗣爵关内侯”。《汉书·萧望之传》载，“（萧）望之有罪死，有司请绝其爵邑。有诏加恩，长子伋嗣为关内侯”。《汉书·冯奉世传》载：“初，野王嗣父爵为关内侯，免归。数年，年老，终于家。子座嗣爵，至孙坐中山太后事绝。”《汉书·外戚传》载：“孝宣王皇后。其先高祖时有功赐爵关内侯，自沛徙长陵，传爵至后父奉光。”可见关内侯与侯、王一样，只要无罪、有后，就可以数世传袭。汉代的贵族爵位可以世袭，但却不可以买卖。汉代原则上是非刘氏不王，非功、非亲、非幸不侯。西汉的王、侯、关内侯均不可以通过买卖而得失，只是随着关内侯由贵族爵向官爵转化，到东汉时期才终于被买卖了。如《后汉书·安帝纪》载：“吏民入钱谷，得至关内侯。”①

至于官爵和民爵，由于传统文献史料中没有世袭的记载，故长期以来包括笔者在内，学术界普遍认为是不世袭的，如马端临在《文献通考》卷六十六中谈到二十等爵时就曾经说：“其十八等自大庶长以下又似官也。”他虽然没有解释为什么如此说，但可以看出是与爵位不世袭的认识有关，因自战国废除世官制以后，官僚制的最大特点之一就是官职不世袭。然而考古的新发现，主要是张家山汉简的的面世，修正了有关官爵和民爵不可以世袭的传统认识。《张家山汉墓竹简〔二四七号墓〕》中的《二年律令·置后律》中有关爵位世袭的法律条文是：

> 疾死置后者，彻侯后子为彻侯，其毋适（嫡）子，以孺子□□□子。关内侯后子为关内侯，卿[侯]〈后〉[子]为公乘，【五大夫】后子为公大夫，公乘后子为官大夫，公大夫后子为大夫，官大夫后子为不更，大夫后子为簪袅，不更后子为上造，簪袅后子为公士，其毋适（嫡）子，以下妻子、

① 《后汉书》卷5《安帝纪》，第213页。

偏妻子。[①]

由于低爵位世袭的问题在本书的后面还要进行专门讨论，故在此不予展开，但要说明的是，尽管考古新史料证明了官爵和民爵与贵族爵位一样，都是可以世袭的，但二者在世袭方面又是有明显差别的。贵族爵位是原封不动地世袭，即“彻侯后子为彻侯”、“关内侯后子为关内侯”，而官爵和民爵却没有如此优惠，而是降等级地继承，即“卿侯〈后〉子为公乘，[五大夫]后子为公大夫，公乘后子为官大夫，公大夫后子为大夫，官大夫后子为不更，大夫后子为簪袅，不更后子为上造，簪袅后子为公士”。

官爵、民爵虽然也可以有局限性地世袭，与贵族爵有一定的相同之处，但在买卖的问题上，则是绝对不同的，那就是官爵和民爵都是可以买卖的，当然这种买卖是不自由的。这种不自由性表现为二：一是爵位的买卖要经过国家批准；二是爵位的价格由国家规定。如《汉书·惠帝纪》说：“令民得卖爵。”[②]《汉书·食货志》说：“岁恶不入，请卖爵、子。”[③]一个“令”字，一个“请”字，说明爵位是不可以随时、随地、随意地出卖的。另外爵的买卖基本是国家卖，让吏民们买。西汉卖爵最高达到第十八级大庶长，但某一具体时期爵的买卖最高到哪一级，这完全根据国家的需要，是不固定的。文帝时有可以买到大庶长一级的记载：“入粟边”，“万二千石为大庶长”[④]。武帝时有可以买到五大夫的记载：“民多买复及五大夫。”[⑤]与关内侯由贵族爵向民爵的转化相适应，到东汉后期汉灵帝时出现了“初开西邸卖官，自关内侯、虎贲、羽林，入钱各有差”[⑥]的情况，即关内侯也可以买卖了。汉代爵有时可以用钱买、用粮买，有时也可以用奴婢换。至于爵价，也是根据国家的需要，不固定。如孝景二年，“上郡以西旱，复修卖爵令，而裁其贾以招民”[⑦]，爵价就下降了。《汉书》及其注中有关爵价的记载，存在一些疑问。下面是惠帝元年的两条材料：

---

① 张家山二四七号汉墓竹简整理小组编著：《张家山汉简·二年律令·置后律》，《张家山汉墓竹简〔二四七号墓〕》（释文修订本），第59页。

② 《汉书》卷2《惠帝纪》，第91页。

③ 《汉书》卷24上《食货志上》，第1128页。

④ 《汉书》卷24上《食货志上》，第1134页。

⑤ 《史记》卷30《平准书》，第1428页。

⑥ 《后汉书》卷8《灵帝纪》，第342页。

⑦ 《汉书》卷24上《食货志上》，第1135页。

赐民爵一级。中郎、郎中满六岁爵三级,四岁二级。外郎满六岁二级。中郎不满一岁一级。外郎不满二岁赐钱万。[①]

民有罪,得买爵三十级以免死罪。应劭注曰:“一级值钱二千,凡为六万……”[②]

从第一条材料看,一级的价格高于万钱,与应劭说的“二千”有很大差距。关于赎死罪的材料,武帝时还有一条:

(天汉四年)秋九月,令死罪(人)[入]赎钱五十万减死一等。[③]

尽管年代相距近百年,可六万与五十万还是相差太悬殊。估计这里有两种可能性:第一,爵一级二千钱这个数字不对。文帝时用六百石粮食,才可以买到第二级爵上造,而六百石粮少说也值二万钱,那一级也值万钱。第二,爵每升高一级,买爵所增加的钱数不等,即买一级爵位是二千钱,而买二级爵位就不是四千钱,而可能是五千钱、六千钱……越往上增加的幅度越大,于是有的级就要高于万钱。《汉书》中还有一条爵价的史料,即汉成帝时“贾级千钱”[④]。各个时期的情况不同,爵价也不断变化,但总的趋势是前期贵、后期贱。为了确实知道汉代爵价的贵贱,最好的办法是把爵价同人们生活必需的口粮数相比较。汉代每人每月的口粮数是多少?据《汉书·食货志》说:“食,人月一石半。”据《盐铁论》说:“十五斗粟,当丁男半月之食。”[⑤]那么一月就是三十斗,即三斛。据居延汉简,吏卒每月口粮一般为三石三斗三升。这三个数字,表面上看是有矛盾的。一石半与三石多差了约一倍,而一石半与三斛正差一倍,然而实际上它们三者并不矛盾,基本一致,这是由于汉代的石斗有大小之别。《汉书·食货志》中的石就是大石,而《盐铁论》和汉简的石斗就是小石小斗。居延汉简的许多材料证明一小石等于零点六大石[⑥],那么大石一石半等于小石二石半。这个数字虽然少

① 《汉书》卷2《惠帝纪》,第85页。

② 《汉书》卷2《惠帝纪》,第88页。

③ 《汉书》卷6《武帝纪》第205页。

④ 《汉书》卷10《成帝纪》,第318页。

⑤ 王利器:《盐铁论校注》(定本)卷6《散不足第二十九》,第351页。

⑥ 高自强、陈直分别在《考古》1962年2期和《北京大学学报》1963年4期所发文章中指明了这一点。

于三斛和三石三斗三升，但因为《食货志》所说的是一般人平均的口粮数，而《盐铁论》和汉简所说的则是丁男、戍卒的口粮数，它高于平均数也是正常。如果按大石计算，一个人一月的口粮为一石半，一年为十八石。而汉文帝时，“令民入粟边，六百石爵上造，稍增至四千石为五大夫，万二千石为大庶长”①。上造只是民爵中第二级低爵，要买，就要付出一个人三十多年的口粮，官爵就更不必说了。可见汉代官爵、民爵虽可以买卖，但爵价是昂贵的，非一般人所能买得起。

综上，秦汉时期二十等爵内部存在三个大的等级类别：即以分食国家税收为主要惠利的贵族类侯爵、以免役为主要惠利的官僚类卿（官）爵、以减免刑法徭役为主要惠利的吏民类（吏）民爵。

二十等爵从产生的第一天起，就存在占爵者的爵位等级与其担任的官吏职级相对应的关系，所谓：

> 商君之法曰：“斩一首者爵一级，欲为官者为五十石之官；斩二首者爵二级，欲为官者为百石之官。”②

到了汉代，官爵之间的对应关系不如秦朝那么紧密，但还是始终存在的。前些年，陈孟东、卢桂兰二位学者曾对秦始皇兵马俑坑中兵俑的爵位进行研究③，其结论为：秦兵俑中发髻是扁平和偏左的兵俑是无爵位的小夫，绝大多数发髻偏右的兵俑应该是一级公士，步卒中无冠戴帻的兵俑应该是上造爵位者，驭手俑应该是簪袅以上爵位，有戴冠和不戴冠的，戴冠的形制是单板长冠。车右者是不更爵位。大夫属于军吏，戴武冠。其中下级军吏戴长冠，中级带双板长冠，高级戴鹖冠。双板长冠的军候俑应该是官大夫爵位。戴鹖冠、穿战袍、乘战车的司马军吏俑是公大夫。校尉俑和郡尉俑应该是公乘，身上塑有8个花结。把秦朝军队中吏、士、卒与爵位等级直观生动地对应起来，由于没有文字佐证，不免让人对其结论的客观准确性有些许担心，甚至感到些许牵强，但可以看出，作者正是从秦的二十等爵位等级与官吏士卒职位存在对应关系出发而得出的结论。不过，官爵之间的这种对应关系发展到汉代，是绝对没有这么直观和机械，比如我们在居延汉简

① 《汉书》卷24上《食货志上》，第1134页。

② 王先慎撰，钟哲点校：《韩非子集解》卷17《定法第四十三》，第399页。

③ 陈孟东、卢桂兰：《秦陵兵俑爵级考》，《文博》1985年1期。

中看到了太多的戍卒拥有第八级公乘的爵位，而军吏仅仅拥有最低的一级公士或二级上造爵位者也绝不是个别现象。如：

□水候官如意隧长公士☐…… 239·78[①]

居延甲渠箕山隧长居延累山里上造华商年六十 始建国地皇上戊三年正月癸卯除 史 2000ES9S:2[②]

第十三隧戍卒河南郡成皋宜武里公乘张秋年卌四…… 214·7[③]

我们正视汉代官吏职别与爵位等级不像秦朝时期那样对应，甚至是相互脱离，但同时又要指明，这种不对应和脱离现象只是相对的，或者说仅仅是就二十等爵中的具体爵位而言的，并不适用于大的爵类，二十等爵制中的三大类别与官吏职别还是存在明显的对应关系的。一般而言，侯类爵对应二千石以上官职，官(卿)爵对应六百石以上官职，(吏)民爵对应百石属吏及广大编户民中的吏民群体。

### 三、"官爵"、"吏爵"、"民爵"、"吏民爵"辨析

从上文所述可以看出，学术界在研究秦汉时期封爵的内部结构和类别时，经常出现"官爵"、"吏爵"、"民爵"、"吏民爵"这几个名词，但对其认识和解释并不一致，主要分歧在于：首先是在秦汉封爵内部是否存在不同的类别，即是否存在所谓的"官爵"、"吏爵"、"民爵"、"吏民爵"这些爵类，是否存在专门授予官吏的"官爵"或者说"吏爵"和专门授予民的"民爵"或"吏民爵"；其次是这些表示爵制内部不同爵类的名称，不管是"官爵"、"吏爵"也好，还是"民爵"、"吏民爵"也好，它们是古人原来就有的概念，还是今人归纳的现代名词。

20世纪80年代中期，学术界两位知名学者对汉代的"吏爵"、"民爵"问题进行过反复热烈的辩论。朱绍侯对秦汉军功爵制有深入的研究，他不但认为汉代人当时就有"吏爵"、"民爵"的概念，而且认为二者之间有严格的区别和界限，他称作"民爵、吏爵界限森严不可逾越"[④]，认为从公士

---

① 谢桂华等：《居延汉简释文合校》，第397页。

② 孙家洲主编：《额济纳汉简释文校本》，第94页。

③ 谢桂华等：《居延汉简释文合校》，第334页。

④ 朱绍侯：《军功爵制在西汉的变化》，《河南大学学报》1983年第1期。

到公乘(1—8 级爵)为民爵、五大夫到关内侯(9—19 级爵)为吏爵;一般百姓得爵不能超过八级,超过的级数要转让给其子和兄弟,以免扰混官民界限。杨际平反对朱绍侯的这种观点,撰文质疑[①]。不但认为“民爵、吏爵界限森严不可逾越”的论断不能成立,而且从根本上否定汉代存在专门赐予吏的“吏爵”和专门赐予民的“民爵”。他认为:八级公乘以下的爵,“既可为‘民’之爵,亦可为‘吏’之爵”,即使是八级以上的爵位,也不是只有吏才能够占有,民通过“入粟”、“买复”,也是可以拥有的;绝大多数的吏,其爵难超越公乘,九等五大夫以上爵,主要赐与六百石以上的吏,但布衣平民也能买复至五大夫,甚至更高的爵;秦汉两代一样,既无民爵吏爵之名,也无民爵吏爵之分,至于史书中大量存在的“赐民爵”和“赐吏爵”,只是“赐民以爵”和“赐吏以爵”之意,其中的“民爵”和“吏爵”都不构成名词。对于杨际平的质疑和批评,朱绍侯在同刊同期杂志发文作了答复和反诘[②]。他首先用王充“赐民爵八级,何法”[③],进一步来证明汉代人当时就有“民爵”的概念,同时阐述“吏”与“民”二者概念的区别,认为汉代的“吏”有三种对称情况:在官与吏相对称时,官指长官而吏指属员;在吏与吏对称时,指长吏(四百石至二百石)和少吏(小吏,百石以下);在吏与民对称时,吏一般是指六百石以上的官吏,民则包括了四百石以下的“吏”。而六百石以上的长吏占有九级五大夫以上的吏爵,而四百石以下的吏则属于民,占有八级公乘以下的民爵。之后,杨际平又发表了答复文章[④],坚持汉代无有“民爵”、“吏爵”之名之分,认为汉代的官和吏对称时,界限并不明确,而长吏和少吏对称时,六百石以上的吏都是长吏,当吏与民对称时,吏就成了长吏与少吏的共名。反对把四百石以下的吏划归为民,认为佐史以上直至丞相都属于吏,其中绝大多数的吏只占有八级公乘以下的爵位,因而坚持“一至八等爵不是专赐给‘民’的爵”。

笔者是比较重视秦汉时期封爵制度内部的结构类别的,所以对朱、杨二位先生的辩论也颇感兴趣,他们辩论当中所涉及的问题,笔者也早有思考和个人的看法。概括地讲,关于汉代的赐爵:赐民爵、赐吏爵、赐男子爵、赐吏民爵、赐人爵等,如果说赐吏爵就是存在吏爵,赐民爵就是存在民爵,

---

① 杨际平:《西汉“民爵、吏爵界限森严不可逾越”说质疑》,《河南大学学报》1984 年第 4 期。
② 朱绍侯:《再谈汉代的民爵与吏爵问题》,《河南大学学报》1984 年第 4 期。
③ 黄晖:《论衡校释》卷 12《谢短篇》,第 572 页。
④ 杨际平:《再论汉无民爵、吏爵之分》,《厦门大学学报》1985 年第 4 期。

那么是否还存在男子爵和人爵的爵类呢，显然如上理解是误入歧途，正确的理解应该是：民、吏、吏民、男子、人都是赐爵的对象，并不是爵位的分类，他们被赐予的都是一种爵类，即二十等爵，具体赐予哪一级爵位，和原来他们已经占有的爵位和此次赐予的级数有关。因此，在朱、杨之间，笔者是据史而从、择理而从的。一方面认为杨际平对古书中大量存在的"赐民爵"、"赐吏爵"的解读是正确的，也认为古人那里没有"民爵"、"吏爵"的爵类归纳和名词概念，"民爵"、"吏爵"都不是古人固有的概念，而是今人归纳出来的。另一方面又认为秦汉时期，特别是汉代，除了特殊情况外，一般来说吏民，包括少(小)吏和可以为吏尚未为吏之民，均只能具有八级以下的爵位，那么正像朱绍侯所言，这一部分爵类我们可以称之为"民爵"，但与朱不同的是，笔者认为民爵概念不是古人固有的，而是我们归纳命名的。同样，第九级五大夫以上的爵位，一般老百姓是与之无缘的，只有长吏，也就是秩禄高的官僚才可以占有，那么这一部分爵位我们可以称之为官爵或者是吏爵，同样，官爵或者是吏爵的概念也不是古人固有的，也是我们归纳命名的。其实就是最高一级的爵类也是一样，不管是把最高一级爵类称之为王侯爵也好，还是称之为贵族爵也好，或者是不包括诸侯王，仅仅针对二十等爵中的最高爵类，即把第十九级关内侯和第二十级彻侯组成的爵类称之谓侯爵，也都不是古人固有的称谓，而是我们今人的概括命名。古人虽然也有"侯爵"的说法，但仅仅是指侯这一级爵，而不是指大的爵类。同样，古书中存在大量"官爵"、"吏爵"、"民爵"，甚至"吏民爵"的字样，也都不是指大的爵类，而是分别另有含义。

两《汉书》及其注释中有关"官爵"的记载共计 35 处，全部都是官和爵的合称，绝不是我们上文所说作为封爵中一大类别的"官爵"。如史书记载：

> 建昭三年，代韦玄成为丞相，封乐安侯，食邑六百户。有司奏衡专地盗土，衡竟坐免。①

免什么呢？《汉书》中另处作了回答，曰"匡衡坐事免官爵"②。当时匡衡是食邑六百户的乐安侯，显然这里所谓的"官爵"不可能是指大庶长以下五大

① 《汉书》卷 81《匡衡传》，第 3341、3345 页。

② 《汉书》卷 25《郊祀志》，第 1258 页。

夫以上的官爵，而只能是官职和爵位的合称，即免掉匡衡丞相的官职和乐安侯的爵位。又如：

孔乡侯傅晏、少府董恭等皆免官爵，徙合浦。①

傅晏与匡衡一样，身为孔乡侯，所免的爵只能是侯爵，不可能是低于侯的官爵，而这里的“官爵”也只能是官职和爵位的合称。下面一条史料中的傅商也是同样，身为汝昌侯，而鲍宣针对其所言的官爵，也同样是指官职和爵位。即汉哀帝“私养外亲与幸臣董贤，多赏赐以大万数，使奴从宾客浆酒霍肉，苍头庐儿皆用致富……及汝昌侯傅商亡功而封”，鲍宣劝谏曰：“夫官爵非陛下之官爵，乃天下之官爵也。陛下取非其官，官非其人，而望天说民服，岂不难哉！”②

灵帝时，开鸿都门榜卖官爵，公卿州郡下至黄绶各有差。③

(汉灵帝)遣御史于西(乡)[邸]卖官，关内侯顾五百万者，赐与金紫……④

初开西邸卖官，自关内侯、虎贲、羽林，入钱各有差。私令左右卖公卿，公千万，卿五百万。⑤

汉灵帝所卖的“官爵”，显然是官职和爵位，就官而言，这里提到了“公卿州郡下至黄绶”，就爵位而言，这里提到了“关内侯”。

两《汉书》及其注释中有关“吏爵”的记载共计只有7处，出现极少的赐“吏爵”是赐吏以爵位的意思，而不是赐给吏爵。由于这类史料极少，逐条录下，稍加说明。

汉宣帝元康元年三月，诏曰：

乃者凤皇集泰山、陈留，甘露降未央宫。……《书》不云乎？“凤皇来仪，庶(不)[尹]允谐。”其赦天下徒，赐勤事吏中二千石以下至六百

① 《汉书》卷12《平帝纪》，第347页。

② 《汉书》卷72《鲍宣传》，第3089—3090页。

③ 《后汉书》卷52《崔骃列传》，第1731页。

④ 《后汉书·五行志一》，第3272页。

⑤ 《后汉书》卷8《灵帝纪》，第342页。

石爵,自中郎吏至五大夫,佐史以上二级,民一级,女子百户牛酒。加赐鳏寡孤独、三老、孝弟力田帛。所振贷勿收。①

这是一道恩惠及于普天之下人的诏书,极有利于我们认识汉代官职与爵位的对应关系:六百石以上官员占有五大夫以上爵位,佐史以上的小吏与民一样被赐予公乘以下爵位,只是小吏可获得二级,民只可以获得一级爵位。唐人颜师古在为“自中郎吏至五大夫”一句作注释时说:

赐中郎吏爵得至五大夫。自此以上,每为等级而高赐也。五大夫,第九爵也。一曰二千石至五大夫,自此以下而差降。②

颜师古提供了两种解释,笔者以为前者是合理的,因为据《汉书·百官公卿表》记载,“议郎、中郎秩比六百石”,而六百石恰恰是与五大夫爵相对应的官职,如《汉书·惠帝纪》载:“爵五大夫、吏六百石以上及宦皇帝而知名者有罪当盗械者,皆颂系。”《汉书·元帝纪》载:“赐吏六百石以上爵五大夫。”

(汉宣帝元康二年)三月,以凤皇甘露降集,赐天下吏爵二级,民一级,女子百户牛酒,鳏寡孤独高年帛。③

其中的“赐天下吏爵二级,民一级”,赐的对象补语是吏和民,赐什么,即宾语是爵,而不是吏爵或民爵,否则会没有赐予的对象,吏和民被赐的差别,是级数不同,吏是二级,民是一级,绝不是赐天下以吏爵。故此句只能解释为:赐给天下的吏人二级爵位,民人一级爵位,否则这句话解释不通。

(汉宣帝元康)三年春,以神爵数集泰山,赐诸侯王、丞相、将军、列侯、二千石金,郎从官帛,各有差。赐天下吏爵二级,民一级,女子百户牛酒,鳏寡孤独高年帛。④

---

① 《汉书》卷8《宣帝纪》,第253—254页。

② 《汉书》卷8《宣帝纪》,第254页。

③ 《汉书》卷8《宣帝纪》,第255页。

④ 《汉书》卷8《宣帝纪》,第257页。

(汉宣帝元康四年三月，诏曰：)乃者，神爵五采以万数集长乐、未央、北宫、高寝、甘泉泰畤殿中及上林苑。朕之不逮，寡于德厚，屡获嘉祥，非朕之任。其赐天下吏爵二级，民一级，女子百户牛酒。加赐三老、孝弟力田帛，人二匹，鳏寡孤独各一匹。①

(汉宣帝神爵元春三月，诏曰：)赐天下勤事吏爵二级，民一级，女子百户牛酒，鳏寡孤独高年帛。所振贷物勿收。行所过毋出田租。②

(王莽始建国元年，诏曰：)赐吏爵人二级，民爵人一级，女子百户羊酒，蛮夷币帛各有差。③

“人一级”，区别于“赐民爵，户一级”(即赐予民每户一级爵位)和“赐民爵人二级”(即赐予民每人二级爵位)。

(汉章帝元和二年五月，诏曰：)其赐天下吏爵，人三级；高年、鳏、寡、孤、独帛，人一匹。④

这里肯定是赐予天下吏，每人三级爵位，而不可能是赐予全天下人，每人三级“吏爵”。

两《汉书》及其注释中有关“民爵”的记载共计只有47处，明显多于“吏爵”，反映两汉王朝专门赐民爵要多于专门赐吏爵。其中不管是“赐民爵”也好，还是“赐民爵一级”、“赐民爵二级”、“赐民爵户一级”也好，“民爵”都不是一个名词，不是共同构成“赐”的宾语，即不是“赐予民爵”、“赐予一级民爵”、“赐予二级民爵”、“赐予每户一级民爵”的意思，而是“民”和“爵”分别作为“赐”的补语和宾语而并列存在，而是如杨际平所说，是“赐民以爵”、“赐民一级爵位”、“赐民二级爵位”、“赐民每户一级爵位”的意思。其实古人也是这么理解的，如：

(汉高帝二年二月，)令民除秦社稷，立汉社稷。施恩德，赐民爵。

---

① 《汉书》卷8《宣帝纪》，第258—259页。
② 《汉书》卷8《宣帝纪》，第259页。
③ 《汉书》卷99《王莽传》，第4114页。
④ 《后汉书》卷3《章帝纪》，第152页。

臣瓒曰:“爵者,禄位。民赐爵,有罪得以减也。”①

很明显,臣瓒是把“赐民爵”解释为“民赐爵”,把民和爵分开解释,反映在他当时的意识中没有“民爵”一词的概念。爵就是爵,赐给民少一级,赐给吏多一级。“赐民爵”就是民被赐予爵位,而丝毫没有将“民爵”看成是一个词汇的意思。

此外,在两《汉书》及其注释中还出现“吏民爵”的记载,共计有5处,由于不多,全部录于下面:

赐中二千石以下至吏民爵各有差……
赐中二千石以下及天下民爵。②

如按传统把民爵作为固有专门的名词来读,会成为“赐予中二千石(九卿级别的官僚)以下直至属吏每个人以不等的民爵……赐予中二千石以下以及天下人以民爵”,显然不合历史逻辑,也不合汉家制度。而如果不把“民爵”作为一体词对待,这条史料释读为“赐予中二千石以下直至吏民每个人以不等的爵位”,“赐予中二千石以下以及天下编户民以爵位”,显然非常顺畅。

(河平元年春三月诏曰:)“河决东郡,流漂二州,校尉王延世堤塞辄平,其改元为河平。赐天下吏民爵,各有差。”“赐云阳吏民爵,女子百户牛酒,鳏寡孤独高年帛。”③

绥和二年三月,成帝崩。四月丙午,太子即皇帝位,谒高庙。尊皇太后曰太皇太后,皇后曰皇太后。大赦天下。赐宗室王子有属者马各一驷,吏民爵,百户牛酒,三老、孝弟力田、鳏寡孤独帛。④

如果按照“民爵”是一体词,是一种爵类名称,上面这两条史料就会释读为“赐给天下的吏以民爵”和“赐民爵给吏”的矛盾现象。

① 《汉书》卷1上《高帝纪上》,第33—34页。
② 《汉书》卷7《昭帝纪》,第223、229页。
③ 《汉书》卷10《成帝纪》,第309、324页。
④ 《汉书》卷11《哀帝纪》,第334—335页。

吏民爵不得过公乘者，得贳与子若同产。[①]

说明八级公乘爵是吏民所能够占有的最高爵位，说明民不仅包括一般不为吏的编户民，而且包括那些担当吏职的小吏或者称少吏在内，他们共同构成本书前面所论述的吏民等级。

其实，如果估计不错，学术界多数人都认为汉代存在“民爵”，这种普遍认识源于史书中大量的有关“赐民爵”的记载，把“民爵”作为一个名词看待，包括对二十等爵制研究得非常深入细腻的日本著名学者西嶋定生。20世纪60年代，西嶋定生在其代表作《中国古代帝国的形成与结构——二十等爵制研究》一书中[②]，下了很大的功夫，用了很多的篇幅，对“赐民爵”问题进行了系统研究，卓见迭出。但是，西嶋定生把文献中大量的“赐民爵”说成是“民爵赐与”，和国内多数学者一样是把“民爵”作为与吏爵、官爵相对的大类爵名看待，将其作为一体的专门名词看待，如我们前文所分析的，这是不正确的。

“赐民爵”，简单的三个字，学术界中多数学者对其发生误识，这是值得注意的学术现象，究其原因，笔者经过思索，感觉可能是两方面造成。一是“民爵”二字在传统文献中出现的频率太高，特别是在历代君主的传记中，频频出现“赐民爵”的诏令，易于让人产生“民”与“爵”为一体词的感觉。二是传统文献中编户民占有爵位者的个案史料太少，缺乏具体生动的感性史料，妨碍对“赐民爵”内涵的正确认识。

本来秦汉时期的二十等爵制与社会上大多数人都有关系，特别是与身处社会下层，生活于乡里什伍中的编户民密切相关，社会中有爵位的编户民是比较普遍的，但由于以前四史为主的秦汉传统文献史料，主要记载的是社会上层人物（帝王将相、贵族官僚）的情况，有关编户民的记载极少，特别是有关他们占有爵位的个案史料更是凤毛麟角，即便是涉及了的，也绝非一般编户民，而主要是两种人，一种是某些贵族没落的后裔，再一种是原为编户民而后由于各种原因而封侯者。前一种集中在《汉书》卷一六《高惠高后文功臣表》中，约有一百多人[③]，后一种则更少，可以说是屈指能数，主

① 《后汉书·百官志五》注引刘劭《爵制》，第3632页。

② 西嶋定生：《中国古代帝国的形成与结构——二十等爵制研究》，武尚清译，中华书局，2004年。

③ 其中为公士者32人，为上造者14人，为簪袅者12人，为不更者10人，为大夫者20人，为官大夫者3人，为公大夫者3人，为公乘者29人，合计123人。

要在《汉书》卷一七《景武昭宣元成功臣表》中，他们都是因为后来封侯才留下原为庶民而有爵位的记载，如鸿嘉元年正月辛丑，驷望忠侯冷广：

> 以湿沃公士告男子马政谋反，侯，千八百户。①

又，地节二年四月癸卯，爰戚靖侯赵长年：

> 以平陵大夫告楚王延寿反，侯，千五百三十户。②

至于始终为编户民而又有爵者的个案，可以说完全看不到，这是编户民占爵问题研究的最大困难。

与传统文献史料不同，在考古出土的秦汉简牍中，却有相对丰富的编户民占爵情况的个案史料，其中尤以居延汉简最为丰富。笔者对其进行了比较细致的规整、统计和研究，以便进一步说明有关“赐民爵”方面的问题。

居延地处汉代边地，所出土简牍的内容，主要是与屯垦戍边有关的档案文书，包括制度法令、公文爰书、名籍簿册、时政要事、干支历谱等，尤其是在名籍簿册的档案中，留下了大量编户民占爵的个案史料。

居延地区大规模出土汉简共有三次，第一次是20世纪30年代出土了一万一千多枚，称为居延旧简，第二次是20世纪70年代出土了一万九千多枚，称为居延新简，第三次是1999至2002年出土了五百多枚，称为额济纳简，笔者将这三批简合称为“居延三简”。

根据本书前面的研究，传统文献史料中的“民爵”二字，不是一个一体性的名词，而是“民”和“爵”的并列组合，所谓“赐民爵”是“赐民以爵”或“赐爵给民”的意思，而作为二十等爵中一类爵的称谓的“民爵”，是我们后人归纳命名的，不是古人原来就有的。我们所定义的“民爵”，是指二十等爵中的低爵，共包括八个等级：即一级公士、二级上造、三级簪袅、四级不更、五级大夫、六级官大夫、七级公大夫和八级公乘。与传统的文献史料中有大量的赐“民爵”的记载相配合，在居延汉简中也保留了一些关于赐民爵的档案，明显不同的是传统史料主要是笼统记载赐爵之事，而居延汉简虽然也有类似的笼统记载，如：

---

① 《汉书》卷17《景武昭宣元成功臣表》，第674页。

② 《汉书》卷17《景武昭宣元成功臣表》，第670页。

永光二年二月甲辰赦令赐男子爵一级
□乙丑□□赐爵三级　217·3[①]

但这种笼统的史料极少，主要是与具体个人相关联的赐爵记载，如：

□□□□　公乘郪池阳里解清　老　故小男丁未丁未丙辰戊寅乙亥癸巳癸酉令赐各一级丁巳令赐一级　162·10[②]

相类似的史料还有许多条，但未见一条可以表明所赐之爵当时称为“民爵”的，就是说从居延汉简来看，当时确实并不存在“民爵”的称谓，所以说原来认为存在“民爵”一词，完全是由于对传统史料误读所致。

传统史料中不但有“赐民爵”，而且还有大量的“赐吏爵”以及“赐吏民爵”的记载，如王莽始建国元年，

赐吏爵人二级，民爵人一级，女子百户羊酒，蛮夷币帛各有差。大赦天下。[③]

汉成帝河平元年春三月下诏曰：

河决东郡，流漂二州，校尉王延世堤塞辄平，其改元为河平。赐天下吏民爵，各有差。[④]

如果民爵是专门名词，是一种类型爵的合称，那么吏爵、吏民爵也应同样，事实上我们从居延汉简看到，吏与卒所占有的爵位同样都是在二十等爵的第一级到第八级之间，不存在吏爵与民爵的两种类别，以下分别列几例吏占爵和卒占爵的简。吏占爵者：

---

① 谢桂华等：《居延汉简释文合校》，第348页。
② 谢桂华等：《居延汉简释文合校》，第266页。
③ 《汉书》卷99中《王莽传中》，第4114页。
④ 《汉书》卷10《成帝纪》，第309页。

□延肩水里公士苏庆年卅六鸿嘉四年四月庚辰除

E・P・T50:52①

□居成甲沟第三燧长间田万岁里上造冯匡年二十一　始建国天凤三年闰月乙亥除补　止北燧长　□　225・11②

□候官穷虏燧长簪褭单立中功五劳　三月能书会计治官民颇知律令文年卅岁长七尺五寸应令居延中宿里家去官七十五里　属居延部

89・24③

燧长不更□　117・20④

□□□□□□□□□□□国里大夫□□□自占书功劳　秩百石　颇知律令文……　E・P・T 4:87⑤

官大夫年廿四姓夏氏故民地节三年十一月中除为　10・10⑥

肩水候官执胡隧长公大夫奚路人中劳三岁一月能书会计治官民颇知律令文年卌七岁长七尺五寸氐池宜药里家去官六百五十里　179・4⑦

□……公乘□玄成等廿一人贳卖吏民所证财物不以

2000ES9SF4:19⑧

卒占爵者:

田卒淮阳郡长平业阳里公士儿尊年廿七　19・40⑨

戍卒张掖郡居延平明里上造高自当年廿三　55・6⑩

戍卒张掖郡居延昌里簪褭司马骏年廿二　286・14⑪

临桐隧卒昌里大夫纪常富年廿四　E・P・T 8:4⑫

① 甘肃省文物考古研究所等编:《居延新简》,第156页。
② 谢桂华等:《居延汉简释文合校》,第362页。
③ 谢桂华等:《居延汉简释文合校》,第157页。
④ 谢桂华等:《居延汉简释文合校》,第190页。
⑤ 甘肃省文物考古研究所等编:《居延新简》,第13页。
⑥ 谢桂华等:《居延汉简释文合校》,第15页。
⑦ 谢桂华等:《居延汉简释文合校》,第286页。
⑧ 孙家洲主编:《额济纳汉简释文校本》,第87页。
⑨ 谢桂华等:《居延汉简释文合校》,第32页。
⑩ 谢桂华等:《居延汉简释文合校》,第97页。
⑪ 谢桂华等:《居延汉简释文合校》,第483页。
⑫ 甘肃省文物考古研究所等编:《居延新简》,第50页。

□第卅二隧卒昌里公大夫马□年卅八☑　　E·P·T 65:453[①]

戍卒汝南郡西平中信里公乘李参年廿五　长七尺一寸　　15·22[②]

类似的史料还有很多，从这些简牍史料可见，吏所占之爵和卒所占之爵同样都是在一级公士到八级公乘之间，并不存在为吏设置的吏爵和为非吏之卒设置的民爵，当然卒占有最低一级爵公士和吏占有第八级爵公乘的比例明显偏高。

## 第二节　秦汉时期爵制的源流

秦汉时期的历史，上承先秦三代，下启三国两晋，秦汉时期的封爵制同世界上其它一切事物的发展演进一样，有源有流，有传承性，绝不会是无源之水，无本之木。但由于秦汉的封爵制度中贵族之爵迅速演变为只食税不治民，更由于其中相当多等级爵位的非贵族化特点，使之成为这个时期最富于时代特色的政治制度，即不但前比异于三代，后比有别于魏晋以降，而且与世界上其它国家和地区的古今所实行过的爵位制度都明显不同。正因如此，长期以来学术界对秦汉时期封爵制度的研究，偏重于与其它时代分封和赐爵制度相比的特殊性，如认为它是作为三代爵制的对立物出现的等等，而在一定程度上忽视了它与以往制度的继承关系，这是应该纠正和弥补的。故笔者拟从承袭与变异两个方面，探讨秦汉封爵制度与先秦的同异关系，特别是探讨封爵原则与封爵作用的发展演变。

### 一、封爵原则的承袭与变异

封土赐爵，依据什么原则进行，是爵位制度中的首要问题。在上古封爵中，封赐的具体情况虽然多种多样，但主要原则应是两种，即因亲封爵和因功封爵。以周为代表的三代旧爵制如此，战国以后发展起来的秦汉新爵制也是一样，即秦汉承继了先秦三代的封赐原则。但长期以来形成一种看法，似乎三代的封爵原则是因亲，亲亲而封，封爵制是建立在嫡长子继承父位，庶子分封的宗法制基础上，认为爵位的获得，主要靠血缘关系。确实，在周初大封建

① 甘肃省文物考古研究所等编:《居延新简》，第449页。
② 谢桂华等:《居延汉简释文合校》，第25页。

中,“周之子孙苟不狂惑者,莫不为天下之显诸侯”①,所封七十一国,姬姓竞占五十余国②。他们均因血缘关系而得到土、民、爵位。亲亲封爵是周代封爵的主要原则,但不是唯一的主要原则。周初封国中有许多异姓,异姓的被封,基本与功行有关。《孔子家语·好生》曰:

> 周自后稷,积行累功,以有爵土。③

《周礼·夏官》曰:

> 司勋掌六卿赏地之法,以等其功。④

可见,司勋专掌书功之事。同时,即使是同姓,功劳在封爵中仍占重要地位,即亦亲亦功,所以盐铁会议上“文学们”感叹说:

> 故文王德成而后封子孙,天下不以为党;周公功成而后受封,天下不以为贪。⑤

总体而言,秦汉的封爵制承继了周朝分封制的两大原则,但战国以来形成的新爵制是在变法改革、兼并战争中逐渐形成,特别是秦国、秦朝尚耕战、奖军功,更发扬了因功而爵的原则。如《商君书·境内篇》中就明确规定:

> 能得甲首一者,赏爵一级,益田一顷,益宅九亩,一除庶子一人,乃得入兵官之吏。⑥

《史记·秦始皇本纪》始皇六年亦载有因功授爵的具体情况:

---

① 王先谦撰,沈啸寰、王星贤点校:《荀子集解》卷4《儒效篇第八》,第134页。

② 据上引《荀子》,所封同姓诸侯是五十三国,据《左传》昭公二十八年,成鲊说“其兄弟之国十有五人,姬姓之国者四十人”,合为五十五国(杨伯峻编著:《春秋左传注》(修订本),昭公二十八年,第1494—1495页)。

③ 陈士珂:《孔子家语疏证》卷2《好生第十》,丛书集成初编本,上海书店,1939年,第68页。

④ 李昉等:《太平御览》卷二百《封建部三·功臣封》,中华书局,1960年,第963页下栏。

⑤ 王利器:《盐铁论校注》(定本)卷2《刺权第九》,第122页。

⑥ 蒋礼鸿:《商君书锥指》卷5《境内第十九》,第119页。

长信侯毐作乱而觉，矫王御玺及太后玺以发县卒及卫卒、官骑、戎翟君公、舍人，将欲攻蕲年宫为乱。王知之，令相国昌平君、昌文君发卒攻毐。战咸阳，斩首数百，皆拜爵，及宦者皆在战中，亦拜爵一级。[①]

秦人靠武力扩大疆土，靠战争统一天下，这与其实行奖励军功的政策有直接的关系，大力推行军功（也包括事功）赐爵，结果出现了抑制甚至取消亲亲封爵原则的状况，所谓“秦无尺土之封”[②]，“子弟为匹夫”[③]。代秦而兴的汉朝，虽说是汉承秦制，但毕竟有所变通，不但继承因功封爵的原则，而且也实行姻亲封爵。从汉初“尊王子弟，大启九国”[④]，到此后历代大汉皇帝封皇子为王，封王子为侯，体现的均是亲亲而封的原则，这显然不是秦制，而是承继周制。仅从这一点来看，“汉承秦制”就是相对的，这种概括在一定意义上是存在偏颇的。

至于汉代的因功封爵，既与秦代有联系，特别是具体承继了以奖励军功为主的二十等爵的爵级、爵名，但就因功封爵的原则而言，又不仅仅与秦，还与周存在继承关系，所谓“封主有功”，“以赏有功”，这就是周人的主张。因功封爵往往在王朝的初年更为突出和大量地存在，如西汉初年封功臣侯一百四十三人，东汉初年封二百一十七人，因功封其它爵位的人有多少，因史料限制不便于统计，但肯定也不少。出土的张家山汉简中也保存有丰富的因功赐爵的史料，如：

徼外人来入为盗者，要（腰）斩。吏所兴能捕若斩一人，拜（拜）爵一级。不欲拜（拜）爵及非吏所兴，购如律。[⑤]

……能产捕群盗一人若斩二人，拜（拜）爵一级。其斩一人若爵过大夫及不当拜（拜）爵者，皆购之如律。所捕、斩虽后会□□论，行其购赏。斩群盗，必有以信之，乃行其赏。[⑥]

---

① 《史记》卷6《秦始皇本纪》，第227页。

② 《史记》卷87《李斯列传》，第2546页。

③ 《史记》卷6《秦始皇本纪》，第254页。

④ 《汉书》卷14《诸侯王表》，第393页。

⑤ 张家山二四七号汉墓竹简整理小组编著：《张家山汉简·二年律令·盗律》，《张家山汉墓竹简〔二四七号墓〕》（释文修订本），第17页。

⑥ 张家山二四七号汉墓竹简整理小组编著：《张家山汉简·二年律令·捕律》，《张家山汉墓竹简〔二四七号墓〕》（释文修订本），第29页。

捕从诸侯来为间者一人，摔（拜）爵一级，有（又）购二万钱。不当摔（拜）爵者，级赐万钱，有（又）行其购。[数]人共捕罪人而当购赏，欲相移者，许之。[①]

捕盗铸钱及佐者死罪一人，予爵一级。其欲以免除罪人者，许之。捕一人，免除死罪一人，若城旦舂、鬼薪白粲二人，隶臣妾、收人、司空三人以为庶人。其当刑未报者，勿刑。有（又）复告者一人身，毋有所与。诇告吏，吏捕得之，赏如律。[②]

除以上两个主要的相同点外，汉代还存在以德封爵的情况，而这一原则在周人那里也有前例。如《尚书大传》说，武王胜，殷箕子走之朝鲜，因以封之。《礼记》说，武王克殷未及下车而封黄帝之后于蓟，封帝尧之后于祝，封帝舜之后于陈，下车而封夏后氏之后于杞，封殷之后于宋[③]。

那么，从上面所述可否得出结论，秦汉时期，特别是汉代在封爵原则方面完全承继了周代的因功和因亲原则，或者说二者是一脉相承，没什么差异。笔者以为不能，全面考察秦汉封爵情况，其原则还是同周代有明显差别的，其表现主要在三个方面。其一是，因功封爵的等级细密繁多，有二十多个等级，这是周代不能比的。由于这是个一目了然的突出现象，故本书不欲展开讨论。

其二是，存在普遍的赐爵制，不仅包括普遍赐予官吏爵位，而且包括普遍赐予编户民爵位，这种普遍赐爵的原则，大约始于秦始皇时期：

二十七年，始皇巡陇西、北地……是岁，赐爵一级。治驰道。[④]

秦朝存在的时间很短，有关的史料也少，但两汉时期的赐爵可以说是史不绝书。据统计，两汉大约在皇帝即位、册立皇后、确立皇太子、皇太子冠、立汉社稷、都城长安建成、改元易号、出现祥瑞、天灾、日食、水旱虫灾、对少数民族作战胜利、边疆少数族归附等几十种情况下进行过普遍赐爵。这种普遍赐爵的

---

① 张家山二四七号汉墓竹简整理小组编著：《张家山汉简·二年律令·捕律》，《张家山汉墓竹简〔二四七号墓〕》（释文修订本），第 29 页。

② 张家山二四七号汉墓竹简整理小组编著：《张家山汉简·二年律令·钱律》，《张家山汉墓竹简〔二四七号墓〕》（释文修订本），第 36 页。

③ 《太平御览》卷 201《封建部四》，第 968 页下栏。

④ 《史记》卷 6《秦始皇本纪》，第 241 页。

原则和情况在周代是没有的。普遍赐爵从秦始皇首创，到汉代形成常制，并从西汉时期一般每次赐爵一级，到东汉每次常赐二级，甚至三级。这种情况既反映了秦汉赐爵原则与周的差异，也反映了秦汉爵制所涉及面的广泛，同时也说明爵制的发展趋于轻滥，爵位成为比较易于获得的东西。如长沙东牌楼汉简（东汉）就反映出当时具有公乘爵位的人很普遍，尤其是下面所引“建宁四年益成里户人公乘某”和“区益子公乘朱”就是父子同时具有公乘爵位，说明赐爵对象不仅仅是户人，也包括其他男子：

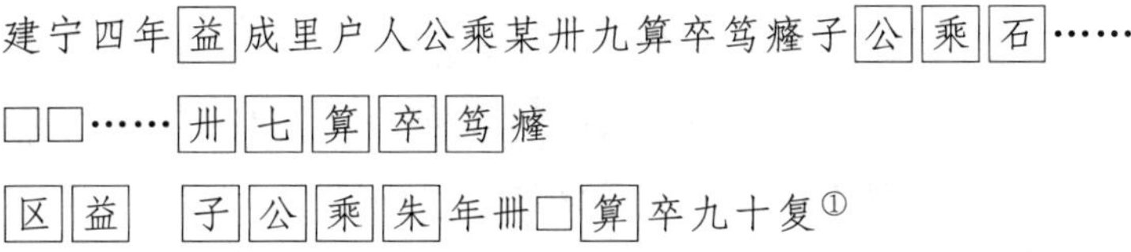
建宁四年益成里户人公乘某卅九算卒笃癃子公乘石……
□□……卅七算卒笃癃
区益　子公乘朱年卅□算卒九十复[①]

建宁是汉灵帝的年号，建宁四年是公元 171 年。关于秦汉时期普遍赐爵，特别是经常、普遍地赐予编户吏民爵位问题，日本著名学者西嶋定生在《二十等爵制》一书中的研究极为细腻，特别是他关于普遍赐予吏民爵位不仅仅局限于家长，而是包括所有编户良民男子的结论，笔者非常赞成，而且极为欣赏，因此在普遍赐与吏民爵位这个问题上，不想着墨太多。但是想要强调指出的是，秦汉，特别是两汉由于普遍频繁地赐予吏民爵位，故社会中拥有爵位的人员很多，包括的层面很广，尤其值得关注的是两部分人：一是尚未成年的小男孩，也是国家赐爵的对象，与成年人一样占有爵位，更加显示出秦汉编户民占有爵位的普遍性；二是秦汉时期妇女虽然不是国家普遍赐爵的对象，但却具有法律规定的有继承和占有爵位的权利。关于这两个问题，在此暂不详叙，放在本章的后面再作讨论。

其三是，秦汉时期爵是可以买卖的，国家可以卖爵，私人拥有爵位后也可以出卖，这在周代也是没有的。那时与爵相连的动词只有：班、封、赐、赏等，绝无买爵卖爵之说。严格讲，爵位的买卖并非天下统一后的事情，在秦统一六国之前，即战国时期就已经存在。《商君书》中多有关于“粟爵”的记载，如说：

---

① 长沙市文物考古研究所、中国文物研究所：《长沙东牌楼东汉简牍》，文物出版社，2006 年，第 107 页。

粟爵粟任,则国富。[①]

所谓"粟爵"就是国家卖爵,以爵位换取粮食,故《商君书》中又说:

民有余粮,使民以粟出官爵。官爵必以其力,则农不怠。[②]

《韩非子》中也有买卖爵的记载:

夫明王治国之政,使其商工游食之民少而名卑,以寡趣本务而趋末作。今世近习之请行则官爵可买,官爵可买则商工不卑也矣;奸财货贾得用于市,则商人不少矣。聚敛倍农而致尊过耕战之士,则耿介之士寡而高价之民多矣。[③]

秦始皇在统一天下之前,早已经开始用爵位换取老百姓的粮食,史载,四年:

百姓纳粟千石,拜爵一级。[④]

而到了汉初,著名政论家晁错对君主卖爵更有精彩的说法:

爵者,上之所擅,出于口而亡穷;粟者,民之所种,生于地而不乏。夫得高爵与免罪,人之所甚欲也。使天下[人]入粟于边,以受爵免罪,不过三岁,塞下之粟必多矣。[⑤]

结果,汉文帝采纳了晁错的建议:

令民入粟边,六百石爵上造,稍增至四千石为五大夫,万二千石为大庶长,各以多少级数为差。[⑥]

---

① 蒋礼鸿:《商君书锥指》卷1《去强第四》,第34页。
② 蒋礼鸿:《商君书锥指》卷3《靳令第十三》,第78页。
③ 王先慎撰,钟哲点校:《韩非子集解》卷19《五蠹第四十九》,第455—456页。
④ 《史记》卷15《六国年表》,第751页。
⑤ 《汉书》卷24上《食货志上》,第1134页。
⑥ 《汉书》卷24上《食货志上》,第1134页。

汉成帝时，诏令吏民入谷物换爵：

百万以上，加赐爵右更，欲为吏补三百石，其吏也迁二等。三十万以上，赐爵五大夫，吏亦迁二等，民补郎。①

东汉灵帝中平四年：

卖关内侯，假金印紫绶，传世，入钱五百万。②

上面所引的这些史料，不仅说明战国秦汉的新爵制从产生之日起就具有了买卖的特性，人们获得爵位的途径，不单纯是战功、农耕，而且还显示出不同时期不同爵级的不同价格，即各个时期爵的价格与允许买卖的爵之等级是不相同的。综秦汉之世，国家卖爵的最高级别，就已见史料看，就到关内侯，尚未见王、侯之爵可以通过买卖而获得者。

秦汉时期，主要是汉代，爵之出售不仅限于国家，私人也可以将已占有爵位出售，即爵位可在民间买卖。但与有些学者认识不同，笔者认为，这种民间爵之买卖是不自由的，并非随时随地一直被允许进行，或者说买卖所占有的爵位，是分为合法买爵和非法买爵的。韩非曾说：

明主之为官职爵禄也，所以进贤材劝有功也。故曰：贤材者处厚禄，任大官；功大者有尊爵，受重赏。官贤者量其能，赋禄者称其功。是以贤者不诬能以事其主，有功者乐进其业，故事成功立。今则不然，不课贤不肖，论有功劳，用诸侯之重，听左右之谒。父兄大臣上请爵禄于上，而下卖之以收财利，及以树私党。③

这显然是一种非法的行为，“请爵禄于上”，然后“卖之”，不但坐收无本之“财利”，而且通过卖爵“以树私党”，这是专制君主最为忌讳的行为，将其视为非法是无疑的。《史记·吴王濞列传》就记载有对不合法卖爵的处置：

① 《汉书》卷10《成帝纪》，第321页。

② 《后汉书》卷8《灵帝纪》，第355页。

③ 王先慎撰，钟哲点校：《韩非子集解》卷2《八奸第九》，第57—58页。

胶西王卬以卖爵有奸,削其六县。①

《后汉书·王允列传》记有下面一条史实:

王宏字长文,少有气力,不拘细行。初为弘农太守,考案郡中有事宦官买爵位者,虽位至二千石,皆掠考收捕,遂杀数十人,威动邻界。②

也与买卖爵位有奸相关。君主诏令买爵卖爵的才是合法的。史书中这一类记载不少,如《汉书·惠帝纪》载:

元年冬十二月,赵隐王如意薨。民有罪,得买爵三十级以免死罪。③

六年冬十月辛丑,齐王肥薨。令民得卖爵。女子年十五以上至三十不嫁,五算。④

又汉文帝后六年,诏曰:

天下旱,蝗。帝加惠:令诸侯毋入贡,弛山泽,减诸服御狗马,损郎吏员,发仓庾以振贫民,民得卖爵。⑤

又《史记·平准书》载有司言:

天子曰:"朕闻五帝之教不相复而治,禹汤之法不同道而王,所由殊路,而建德一也。北边未安,朕甚悼之。日者,大将军攻匈奴,斩首虏万九千级,留蹛无所食。议令民得买爵及赎禁固免减罪。"请置赏官,命曰武功爵。级十七万,凡直三十余万金。诸买武功爵官首者试补吏,先除;千夫如五大夫;其有罪又减二等;爵得至乐卿,以显军功。⑥

① 《史记》卷106《吴王濞列传》,第2825页。
② 《后汉书》卷66《王允列传》,第2177页。
③ 《汉书》卷2《惠帝纪》,第88页。
④ 《汉书》卷2《惠帝纪》,第91页。
⑤ 《史记》卷10《文帝纪》,第432页
⑥ 《史记》卷30《平准书》,第1422页。

《汉书·成帝纪》又载：

三年夏四月，赦天下。令吏民得买爵，贾级千钱。[①]

《后汉书·安帝纪》载，

(永初三年)夏四月丙寅，大鸿胪九江夏勤为司徒。三公以国用不足，奏令吏人入钱谷，得为关内侯、虎贲羽林郎、五大夫、官府吏、缇骑、营士各有差。[②]

另外，贾谊在上汉文帝疏中曰：

汉之为汉几四十年矣，公私之积犹可哀痛。失时不雨，民且狼顾；岁恶不入，请卖爵、子。既闻耳矣，安有为天下阽危者若是而上不惊者！[③]

在以上所罗列的买爵或卖爵的史料中，都有一个很关键的字，或者是一个“请”字，或者是一个“令”字，或者是一个“得”字，这几个动词反映了国家对民间买卖爵位的制约。爵之买卖必须经国家批准，特高爵，如王、侯等没有买卖的纪录，人们对于某些时期国家鬻官卖爵的不满、谴责，如汉灵帝时期明码标价的卖官卖爵，这种种情况说明尽管秦汉时期爵位是可以买卖的，不同于三代，但爵位毕竟不同于一般的商品，不论是制度法令，还是思想观念，对其均有规制。应该认为，这种情况是三代爵不可以买卖原则对秦汉时期的影响。

另外，秦汉时期还存在一种获取爵位的途径，那就是徙边移民，通过迁徙边地也可以获得爵位。其实早在秦昭襄王时期就已经采用赐爵的办法吸引居民迁徙实边：

二十一年，错攻魏河内。魏献安邑，秦出其人，募徙河东赐爵，赦罪

① 《汉书》卷10《成帝纪》，第318页。
② 《后汉书》卷5《安帝纪》，第212—213页。
③ 《汉书》卷24上《食货志上》，第1128页。

人迁之。[1]

秦始皇三十六年：

> 迁北河榆中三万家，拜爵一级。[2]

西汉初年，匈奴不断南下侵扰，汉朝采取防御措施，军将吏卒轮番戍边，晁错建议文帝曰：

> 陛下幸忧边境，遣将吏发卒以治塞，甚大惠也。然令远方之卒守塞，一岁而更，不知胡人之能，不如选常居者，家室田作，且以备之。以便为之高城深堑，具蔺石，布渠答，复为一城其内，城间百五十步。要害之处，通川之道，调立城邑，毋下千家，为中周虎落。先为室屋，具田器，乃募罪人及免徒复作令居之；不足，募以丁奴婢赎罪及输奴婢欲以拜爵者；不足，乃募民之欲往者。皆赐高爵，复其家。予冬夏衣，廪食，能自给而止。[3]

文帝采纳了晁错的意见，徙民赐爵戍边。

在上古前期，占有官、爵、封邑，均是男性的特权，妇人一般没有，但秦汉时期不同。据《魏氏春秋》，黄初三年，帝欲封太后母，尚书陈群奏曰：

> 案典籍之文，无妇人分土命爵之制，在礼，妇人因夫爵，秦违古法，汉代因之，非先王之令典。[4]

从陈群的话可以看出，按照上古之法，即先秦的制度，妇女是不受爵位的，但这是就一般的情况而言，特例还是有的。如春秋中叶，齐国女子辟司徒之妻就被齐侯封与石窌之邑，关于封赐原因，《左传》成公二年是这样记载的：

---

① 《史记》卷5《秦本纪》，第212页。

② 《史记》卷6《秦始皇本纪》，第259页。

③ 《汉书》卷49《晁错传》，第2286页。

④ 《太平御览》卷198《封建部一》，第954页上栏。

齐侯见保者，曰：“免之，齐师败矣！”辟女子。女子曰：“君免乎？”曰：“免矣。”曰：“锐司徒免乎？”曰：“免矣。”曰：“苟君与吾父免矣，可若何？”乃奔。齐侯以为有礼。既而问之，辟司徒之妻也。予之石窌。[①]

一个小小的辟司徒之妻，为何会得到石窌为封邑？因“齐侯以为有礼”，有何礼？杜预注曰：“先问君后问父故也。”先君后父，令齐侯感动得不惜破妇人不爵的传统惯例。但是就一般情况而言，新爵旧爵在妇女身上体现了封与不封、赐与不赐的不同。不过，秦汉时期虽说妇女有爵，但相对于男子的封邑赐爵还是有区别的。另外，同是妇女占爵又可以分为两大类不同的情况，一类是后宫和贵族官僚家庭中的女子，再一类就是吏民，即有爵的编户民家庭中的女子。

秦汉时期妇女占爵，就传统文献史料所反映的情况看，一是存在于后宫女子之中，一是在贵族官僚家族中，特别是朝廷掌权大臣家族中，反映一般编户民妇女占爵的史料极为罕见。《汉书·外戚传》有一大段后宫妇女所拥有的官爵与男性官爵相对照的记载：

汉兴，因秦之称号，帝母称皇太后，祖母称太皇太后，嫡称皇后，妾皆称夫人。又有美人、良人、八子、七子、长使、少使之号焉。至武帝制倢伃、娙娥、傛华、充依，各有爵位，而元帝加昭仪之号，凡十四等云。昭仪位视丞相，爵比诸侯王。倢伃视上卿，比列侯。娙娥视中二千石，比关内侯。傛华视真二千石，比大上造。美人视二千石，比少上造。八子视千石，比中更。充依视千石，比左更。七子视八百石，比右庶长。良人视八百石，比左庶长。长使视六百石，比五大夫。少使视四百石，比公乘。五官视三百石，顺常视二百石，无涓、共和、娱灵、保林、良使、夜者皆视百石。[②]

此段话充满了“比”某某、“视”某某，是“相当于”的意思。同一名称，视官比爵，说明其不同于男子所占有的一般的官爵，主要体现的是恩泽、荣誉。在汉代有一定数量的妇女，因占爵而在政治上、经济上享受特权，分吃国家税收，与男性王侯一样成为食邑贵族的一部分，但在名号上，她们往往不称侯多称

① 杨伯峻编著：《春秋左传注》（修订本），成公二年，第795—796页。

② 《汉书》卷97上《外戚传上》，第3935页。

君，只有个别时期和个别人物也称侯，如吕后专权时，萧何死后，其妻被封酂侯，樊哙妻吕须被封临光侯。她们拥有侯爵本身多体现一种等级特权，除极少数妇女是有恩德、有功劳于皇帝、朝廷、国家，而得到封爵的殊荣。如《陈留风俗传》载：

> 高祖与项氏战，厄于延乡，有翟母者免其难，故以延乡为封丘县，以封翟母焉。①

又袁山松《后汉书》记载，建宁二年：

> 爵乳母赵尧为平氏君。②

以奖哺乳皇帝的恩德。除此之外，就这一类占有封爵的妇女来看，与功德无关，而是与她们的血统高贵、家族势尊权重、或个人姿色姣好、被皇帝宠幸有关。

再一类吏民妇女，即有爵编户民家庭中妇女的占爵则与上面一类不同，她们基本没有条件和机会靠自身从国家和君主那里得到爵位，而仅仅是在较为特殊的情况下承继了家庭，主要是男性成员已拥有的爵位。这一类情况在以帝王将相等社会上层人物为核心和主体的传统文献史料中很难觅到，但在考古发现的出土简牍史料中有记载，特别是张家山汉简的法律文书中有明确的反映。像《二年律令·置后律》中就这样的记载：

> 女子比其夫爵。
>
> 死毋子男代户，令父若母，毋父母令寡，毋寡令女，毋女令孙，毋孙令耳孙，毋耳孙令大父母，毋大父母令同产子代户。同产子代户，必同居数。弃妻子不得与后妻子争后。
>
> □□□□为县官有为也，以其故死若伤二旬中死，皆为死事者，令子男袭其爵。毋爵者，其后为公士。毋子男以女，毋女以父，毋父以母，毋母以男同产，毋男同产以女同产，毋女同产以妻。诸死事当置后，毋父

---

① 《太平御览》卷202《封建部五》，第973页上栏。

② 《太平御览》卷198《封建部一》，第954页上栏。

母、妻子、同产者，以大父，毋大父以大母与同居数者。[①]

从以上三段简文可以看出，首先，在爵位占有方面，妇女同丈夫具有一体性，共同享有其丈夫所占爵位的政治经济利益，当时的法律条文称之为“女子比其夫爵”。其次，女子在以下几种情况下可以成为户主：第一种情况是，男子死后，没有儿子和父亲，其母亲可以代替为户主；第二种情况是，男子死后，没有儿子和父母，寡妻可以代替为户主；第三种情况是，男子死后，没有儿子、父母、妻子，女儿可以为户主；第四种情况是，男子死后，没有儿子、父母、妻子，女儿、孙子、耳孙和祖父的，祖母可以为户主。再者，女子既然可以继承为户主，同样也可以通过继承的方式占有爵位。而继承爵位的情况也是分为几种，一种是男子“死事”，没有儿子的，女儿可以继承父亲应有的爵位；第二种情况是，男子死后，没有儿子、女儿、父亲的，母亲可以继承儿子的爵位；第三种情况是，男子死后，没有儿子、女儿、父亲、母亲和同产兄弟的，同产姐妹可以继承死去兄弟应有的爵位；第四种情况是，男子死后，没有儿子、女儿、父亲、母亲、同产兄弟和同产姐妹的，妻子可以继承死去丈夫应有的爵位；第五种情况是，男子死后，没有儿子、女儿、父亲、母亲、同产兄弟、同产姐妹、妻子和祖父的，祖母可以继承死去孙子应有的爵位。从以上的法律条文可以明显地看出，当时作为一般编户民阶层的妇女所占有的爵位，基本不是来自国家君主的直接赐爵，而是间接的继承，这种情况不但与男子直接从国家君主那里接受爵位不同（当然男子也有继承爵位的情况），且与后宫及贵族官僚家庭中的一些女子，直接从国家君主处获得爵位也不一样。

总之，就封爵原则看，秦汉时期，特别是汉代，最主要最基本的原则是承继了先秦，特别是周，如因功封爵和因亲封爵均可在三代历史中找到初始之源，但秦汉时期的封爵原则又与先秦有很大不同，这是与整个古代社会的历史变革同步发展变化的。可以说秦汉时期的赐爵原则更加多样复杂，等级也更加繁细，更加轻滥，特别是普遍赐爵和买卖占爵，可谓最具时代特色的原则。

除了因功封爵、因亲封爵、普遍赐爵、买卖占爵、妇女亦可占爵之外，秦汉时期还存在以下一些具体的封爵原则。

首先是以德封爵。德与功有密切联系，但又有些许差异。德不仅包括恩

① 张家山二四七号汉墓竹简整理小组编著：《张家山汉简·二年律令·置后律》，《张家山汉墓竹简〔二四七号墓〕》（释文修订本），第59、60页。

德(恩德可以看成是功),更包括统治者所需要提倡的道德品质(这与功劳不同),所以《白虎通义·考黜》说“爵主有德,封主有功”[1],将“德”与“功”分而言之。前引女子赵尧因哺乳皇帝而为平氏君,这既是德,也可看成是功。而两汉之际南阳人卓茂受到“封比干”、“表商容”之礼遇,官拜太傅,“封褒德侯,食邑二千户”[2],则纯属以德封,即因卓茂“束身自修,执节淳固”,不论是王莽居摄,还是更始专政,具不肯为“职事吏”,大大符合刘秀的汉王朝所要求的忠贞道德,与军功、事功不太一样。

其次是以官封爵。在上古时期,官与爵有十分紧密的联系,特别是先秦时期,官爵甚至合一无分,官名同时也是爵名,比如“卿”、“大夫”等等,就是如此。商鞅变法以来形成的二十等爵,在秦统一前,更表现出与官、吏、职事联系的密切,这种紧密性主要表现在两个方面。其一是官爵的合而为一,如为秦国改革发展立有大功的商鞅,曾为大庶长、大良造,从有关的史料史实可以看出,大庶长、大良造既是二十等爵中的爵位,也是秦国的行政官职。其二是占爵是拜官除吏的必要前提,而且爵位的高低与官职的大小是相适应的:

> 商鞅之法曰:“斩一首者爵一级,欲为官者为五十石之官;斩二首者爵二级,欲为官者为百石之官。”

这种以斩首取爵,通过爵进而得官的做法,曾遭到法家代表人物韩非的批判,韩非认为:

> “斩首者令为医匠。”则屋不成而病不已。夫匠者手巧也,而医者齐药也;而以斩首之功为之,则不当其能。今治官者,智能也;今斩首者,勇力之所加也。以勇力之所加而治智能之官,是以斩首之功为医匠也。[3]

战国以来新爵制的这种特点和与官、吏、职务的关系,是与当时的形势,与以军事力量统一天下有关的。但随着统一战争的结束,这种情况也就发生了相应的变化,官爵名称分离不一,且为官不必定有爵,有爵者也不必定居官,如出现了官至公卿却无封号的隗状、王绾、李斯等人,也出现了爵高封侯,而无

---

① 陈立撰,吴则虞点校:《白虎通疏证》卷7《考黜》,中华书局,1994年,第312页。

② 《后汉书》卷25《卓茂列传》,第871页。

③ 王先慎撰,钟哲点校:《韩非子集解》卷17《定法第四十三》,第399—400页。

具体官职的赵亥、召平、王贲等人。这种官、爵在某些具体人身上的分离，是否意味在统一的秦汉王朝封爵与官职之间的联系完全丧失，笔者的回答是否定的。而且就一般情况来说，爵位与官职始终是决定人们社会等级、社会地位的因素，二者存在内在关联和彼此间相适应，即无爵之民不官不吏，低爵之民不为高官，一般说只有六百石以上的官具有五大夫以上的爵位，二千石以上高官，可望封侯①。正因为官爵之间存在这种内在关联，所以在秦汉历史上，不但存在以爵拜官为吏，也存在因官职而被封爵的原则。《吕氏春秋·制乐》说：

> 爵列等级田畴，以赏群臣。②

《史记·李斯列传》也说：

> 尊大臣，盛其爵位，以固其亲。③

秦汉历史上先得高官，反过来占有高爵的例子，莫过于公孙弘。本来汉初以来，一直行功臣封侯，由功臣侯任相的传统模式，汉武帝改革政治，打破传统，以布衣公孙弘出任宰相，不过布衣与宰相的结合十分短暂，很快他就因任相而被封平津侯，并形成又一种封君原则。在其之后，如车千秋以丞相封富民侯，朱博以丞相封二千五百户。因官封爵，因相封侯，是秦汉时期获爵的重要原则。

第三是因仇封爵。这种原则虽说比较特殊，但它却更加体现了爵对于君主的重要作用，对于统治者来说，爵位实在是方便统治的工具，是收揽人心的手段。出于一定的政治目的，故意对有仇之人行封赐爵，最典型的例子莫过于刘邦封雍齿。史书记载，高祖六年：

> 上已封大功臣(三)[二]十余人，其余争功，未得行封。上居南宫，从复道上见诸将往往耦语，以问张良。良曰：“陛下与此属共取天下，今已

---

① 参见刘敏：《秦汉时期的社会等级结构》，载冯尔康主编：《中国社会结构的演变》，河南人民出版社，1994年。

② 陈奇猷：《吕氏春秋新校释》卷6《制乐》，第350页。

③ 《史记》卷87《李斯列传》，第2561页。

为天子，而所封皆故人所爱，所诛皆平生仇怨。今军吏计功，以天下为不足用遍封，而恐以过失及诛，故相聚谋反耳。”上曰：“为之奈何？”良曰：“取上素所不快，计群臣所共知最甚者一人，先封以示群臣。”①

雍齿曾背叛过刘邦，因此先封雍齿，群臣皆喜，说：“雍齿且侯，吾属亡患矣！”②这里不仅涉及封赐原则，而且是权术策略。

第四种是兴灭继绝。这些被封者不是因本人的功劳、德行、血缘姻亲等原因，而是靠祖先之功业、盛德，因原因和情况不同，又主要分为两种类型。一种是被封者是历史上盛王贤者后裔，例如，汉成帝绥和元年二月甲子，封殷后孔子世吉嫡子孔何齐为殷绍嘉侯，千六百七十户，后又进爵为公，地方百里。武帝元鼎四年，诏封周后孽子嘉为周子南君，三千户③。二是对开国元勋的后裔“绍爵复家”。不论是西汉还是东汉，经过几百年的发展，许多王侯贵族的家世先后衰败了，有的甚至沦为佣工酒保，本始元年宣帝诏曰：

故丞相安平侯敞等居位守职，与大将军光、车骑将军安世建议定策，以安宗庙，功赏未加而薨。其益封敞嗣子忠及丞相阳平侯义、度辽将军平陵侯明友、前将军龙雒侯增、太仆建平侯延年、太常蒲侯昌、谏大夫宜春侯谭、当涂侯平、杜侯屠耆堂、长信少府关内侯胜邑户各有差。④

《后汉书》中也有类似记载，如：

张纯高祖父安世，封富平侯，纯少袭爵土。建武初，先来诣阙，故得复国。有司奏，列侯非宗室不宜复国。光武曰：“张纯宿卫十有余年，其勿废，更封武始侯，食富平之半。”⑤

## 二、封爵作用的演变（上）

后代多行秦政事，秦朝开创、汉朝完善的一系列制度，特别是其中的政治

① 《汉书》卷1《高帝纪》，第61页。

② 《汉书》卷1《高帝纪》，第61页。

③ 《汉书》卷18《外戚恩泽侯表》，第688页。

④ 《汉书》卷8《宣帝纪》，第239—340页。

⑤ 徐天麟：《东汉会要》卷17《封建上》，上海古籍出版社，1978年，第242页。

制度，对后来的中国历史影响极大。而在这些制度中，以二十等爵制为核心的秦汉封爵制度，无疑又是最具时代特色的，我们对其关注重视，也是自然的事情。但是，如何定位这一制度的作用和影响，却又是个见仁见智的问题。

日本著名史学家西嶋定生不仅对秦汉时期的二十等爵制有十分深入细腻的研究，而且对二十等爵在秦汉历史中的作用和影响给以极高的定位。他关于二十等爵制的评价和定位可以做如下的归纳转述（不是绝对原文，但大体是其原话）：

> 秦汉帝国的基本结构是由皇帝施行的以赐爵制为手段的个别人身支配，汉代一般庶民广泛地成为有爵者，是由于对一般庶民无差别地赐爵而造成的现象，在两汉420年间约达90回。广大庶民都成为有爵者这一事实，说明皇帝与庶民之间．不单是支配与被支配的关系，并且是以爵为媒介结合起来的；皇帝与庶民是凭靠爵而形成为秩序，皇帝支配是以这种秩序结构为场地而进行的，这成为汉帝国国家结构的基本形态的端绪。①

可见西嶋定生是把二十等爵制，特别是其中的“赐民爵”看成是秦汉帝国政治和社会结构的基础和主体框架。由于西嶋令人难以企及的细腻研究，使学术界大多数人在对其研究精神钦羡仰慕的同时，对其独到的研究视角和路径也颇为欣赏，对其结论也给以肯定。但也有一些学者表示了质疑的态度，如台湾学者杜正胜在《“编户齐民论”的剖析》一文中就提出：

> 有些学者讨论战国秦汉的国家结构，特别重视二十等爵制，这个问题在我的《编户齐民》专门有一章解答（第八章《平民爵制与秦国的新社会》）。平民爵制是秦国特别的制度，商鞅变法多承袭战国前期东方列国的改革，唯独二十等爵是新创，为东方所未有，故秦能激发民心士气，终于统一天下（参《编户齐民》第九章）。终秦之世，爵位的限制仍相当严格，但汉代以后，赐爵买爵之途多端，爵制开始浮滥。到汉武帝时，原来的爵位对人民已无吸引力，他为筹措财源，于是另设“武功爵”，爵制破坏益甚。西嶋定生氏研究秦汉国家权力结构，把皇帝与人民的统治关系建

① 详见《中国古代帝国的形成与结构——二十等爵制研究》结束语，第550—551页。

> 立在以爵制作基础的所谓人身支配上(《中国古代帝国の形成と构造》),如单就秦国军功爵而言,大抵是可以成立的;但他研究的重心却放在汉代的民爵,想要证成他的理论是愈发不可能了。①

大陆学者卜宪群也在《秦汉官僚制度》一书中说:

> 日本学者西嶋定生先生在《二十等爵制》一书中,将秦汉赐爵制视为以皇帝为中心的一元化秩序,这与本文所提的赐爵制是以皇权为核心的身份等级秩序有相通之处,例如爵所表现的身份特权即如此。但我们不同意西嶋先生爵制秩序就是国家秩序的观点。我们认为赐爵所体现的身份秩序和身份特权是皇权独尊性、私有性的一种派生,它在一定程度上影响着国家权力和国家统治秩序,但二者又非相统一。秦汉由官爵合一到官爵分离,以及二十等爵制的消亡,并不意味着国家秩序的瓦解,原因就在于此。因此,我们也不认为秦汉国家行政统治,是以爵制秩序为基础而实施的。②

笔者是比较同意杜正胜和卜宪群的上述看法的,也认为西嶋定生拔高了爵制,主要是赐民爵的作用和影响。笔者不但承认,而且非常重视爵位在人们身份等级和权力地位确定上的作用影响,同样也非常重视封爵对皇权统治、国家政治结构和社会等级秩序形成的作用影响,但并不因此而认为通过封赐爵位所形成的等级秩序与国家统治秩序是完全合一的,是皇帝对全体人民进行个别人身支配的基础所在,尤其是在汉代。下面谈谈笔者对从先秦三代到战国秦汉封爵在作用影响方面演变的认识。

在上古,不论是先秦三代,还是战国秦汉,封爵都是一项重要制度,是确立人们在社会中等级地位的重要依据之一,其作用影响又不是单方面的,而是包括授爵行封和受爵被封两个侧面。封爵对于君主、国家和占有爵位的个人,均有重要作用和明显好处,但不论就两个方面的哪一个方面来看,这种作用和好处,在先秦三代和秦汉时期的表现,既有相同、相沿的共性,也有相异的变化差别。

---

① 杜正胜:《"编户齐民论"的剖析》,王健文主编:《政治与权力》,中国大百科全书出版社,2005年,第36—37页。

② 卜宪群:《秦汉官僚制度》,社会科学文献出版社,2002年,第151页注释①。

从先秦到两汉，不论是政治家还是思想家，对封爵制与国家统治的关系，即对实行统治的重要作用，这种制度给统治者带来的好处，有颇多的论说。如《周易·系辞上》曰：

鸣鹤在阴，其子和之，我有好爵，吾与尔靡之。①

《左传》定公四年载卫臣祝佗说：

昔武王克商，成王定之，选建明德，以藩屏周。②

《墨子·尚贤》将爵位看得很重，与蓄禄、政令一起作为为政的“三本”之一，曰：

既曰若法，未知所以行之术，则事犹若未成，是以必为置三本。何谓三本？曰：爵位不高则民不敬也，蓄禄不厚则民不信也，政令不断则民不畏也。故古圣王高予之爵，重予之禄，任之以事，断予之令，夫岂为其臣赐哉，欲其事之成也。《诗》曰：“告女忧恤，诲女予爵，孰能执热，鲜不用濯。”则此语古者国君、诸侯之不可以不执善承嗣辅佐也，譬之犹执热之有濯也，将休其手焉。古者圣王唯毋得贤人而使之，般爵以贵之，裂地以封之，终身不厌。贤人唯毋得明君而事之，竭四肢之力以任君之事，终身不倦。若有美善则归之上，是以美善在上而所怨谤在下，宁乐在君，忧戚在臣。故古者圣王之为政若此。③

《管子》则将爵禄看成君主治国的“三器”“六柄”之核心，所谓“三器”，即“号令也，斧钺也，禄赏也”；所谓“六柄”，即“生之、杀之、富之、贫之、贵之、贱之”。其具体思想是：

治国有三器，乱国有六攻。明君能胜六攻而立三器则国治，不肖之君不能胜六攻而立三器故国不治。三器者，何也？曰：“号令也，斧钺也，

① 《周易正义》卷7《系辞上》，阮元校刻：《十三经注疏》，第79页中栏。

② 杨伯峻编著：《春秋左传注》（修订本），定公四年，第1536页。

③ 孙诒让撰，孙启治点校：《墨子间诂》卷2《尚贤中第九》，中华书局，2001年，第50—53页。

禄赏也。"六攻者,何也？亲也,贵也,货也,色也,巧佞也,玩好也。三器之用,何也？曰:"非号令无以使下,非斧钺无以畏众,非禄赏无以劝民。"六攻之败,何也？曰:"虽不听而可以得存,虽犯禁而可以得免,虽无功而可以得富。夫国有不听而可以得存者,则号令不足以使下。有犯禁而可以得免者,则斧钺不足以畏众。有无功而可以得富者,则禄赏不足以劝民。号令不足以使下,斧钺不足以畏众,禄赏不足以劝民,则人君无以自守也。然则明君奈何？明君不为六者变更号令,不为六者疑错斧钺,不为六者益损禄赏。"故曰:"植固而不动,奇邪乃恐。奇革邪化,令往民移。"①

桓公曰:"为之若何?"管子对曰:"昔者圣王之治天下也,参其国而伍其鄙,定民之居,成民之事,陵为之终,而慎用其六柄焉。"②

故明王之所操者六:生之,杀之,富之,贫之,贵之,贱之。此六柄者,主之所操也。③

而商鞅更把爵之作用提到国家兴亡的高度,说:

名王之所贵,唯爵,其赏不荣,则民急,其列不显,则民不事。④

又说:

行赏而兵强者,爵禄之谓也。爵禄者,兵之实也。是故人君之出爵禄也道明,道明则国日强,道幽则国日削。故爵禄之所道,存亡之机也。夫削国亡主,非无爵禄也,其所道过也。三王五霸,其所道不过爵禄,而功相万者,其所道明也。是以明君之使其臣也,用必出于其劳,赏必加于其功。功赏明则民竞于功。为国而能使其民尽力以竞于功,则兵必强矣。⑤

秦汉时人也反复论说封爵对于统治者治国安民、统一天下的极端重要

① 黎翔凤撰,梁运华整理:《管子校注》卷21《版法解第六十六》,第1202页。

② 徐元诰撰,王树民、沈长云点校:《国语集解》第六《齐语》,第218—219页。

③ 黎翔凤撰,梁运华整理:《管子校注》卷15《任法第四十五》,第909页。

④ 《太平御览》卷198《封建部一》,中华书局,1960年,第954页下栏。

⑤ 蒋礼鸿:《商君书锥指》卷3《错法第九》,第63—64页。

性。如李斯晚年，在狱中给秦二世上书，在自赏辅佐秦始皇统一天下的措施时，特别强调按照军功赏爵的作用，他说：

> 官斗士，尊功臣，盛其爵禄，故终以胁韩弱魏，破燕、赵，夷齐、楚，卒兼六国，虏其王，立秦为天子。①

《白虎通》也说：

> 王者即位先封贤者，忧民之急也，故列土分疆非为诸侯，张官设府非为卿大夫，皆为民也。②

不过话说得最干脆精炼的当属《淮南子》：

> 爵禄者，人臣之衔辔。③
> 权衡者，人主之车舆；爵禄者，人臣之衔辔矣。④

封爵制对先秦三代和秦汉国家，同样重要，但是有差异，而这种差异最主要、最基本的表现在于，先秦旧爵（主要是周代的封爵），是统治天下的一种形式，是国家政体的组成部分，封国也好，采邑也好，不仅确定了各级贵族在社会等级坐标图中的位置，也构成了国家机器的运作形式。在封爵之下，天子与诸侯、诸侯与大夫、大夫与家臣，形成了分别递相臣属的等级制。而爵位对于被封赐者来说，体现了权利与义务职责的合一，这种权利不仅是政治、经济上的好处，而且（甚至更重要的）是对天下统治权或大或小的分割，即分权。这种等级臣属的统治相对稳定、凝固，一旦打破，不仅是个人等级地位的变化，而且是整个国家统治形式的变革。三代王朝，特别是周朝是等级制社会，这种等级制是通过封爵制来体现的，掌握对爵的班赐权，对各级君主是至关重要的。它是宗主权、君主权、行政统治权的综合体现，孔子对周朝的制度极力维护礼赞，他有一句颇有影响的名言：

---

① 《史记》卷87《李斯列传》，第2561页。
② 陈立撰，吴则虞点校：《白虎通疏证》卷4《封公侯》，中华书局，1994年，第141页.
③ 《淮南子》佚文，见李昉等：《太平御览》卷198《封建部一·爵》，第954页下栏。
④ 《淮南子》佚文，见李昉等：《太平御览》卷358《兵部八九·辔》，第1646页下栏。

唯器与名，不可以假人，君之所司也。[①]

器，礼器也；名，名分等级也。器与名是等级的标志，只有君主才能专权掌握，不可以假与其他任何人。正因为如此，《孟子》中记载：

北宫锜问（孟子）曰："周室班爵禄也，如之何？"孟子曰："其详不可得闻也。诸侯恶其害己也，而皆去其籍。然而轲也，尝闻其略也。天子一位，公一位，侯一位，伯一位，子、男同一位，凡五等也。君一位，卿一位，大夫一位，上士一位，中士一位，下士一位，凡六等。天子之制，地方千里，公侯皆方百里，伯七十里，子、男五十里，凡四等。不能五十里，不达于天子，附于诸侯，曰附庸。"[②]

这段史料说明周的这种等级爵位制对诸侯来说是一种极大的约束，反映了旧爵制对发展了的国家统治形式的限制与妨碍。

如果说周的封爵主要体现的是国家统治形式，那么战国后发展起来的秦汉新爵制，则主要体现为统治的具体方法和策略，甚至可以说是君主与臣民进行利益交换的手段，君主用爵位与臣民的才智、谋略、勇力，甚至财物、粮食进行交换。关于这一点，许多思想家讲得非常明确，如《韩非子·八奸》说：

明主之为官职爵禄也，所以进贤材劝有功也。[③]

《管子·明法解》曰：

百官之奉法无奸者，非以爱主也，欲以爱爵禄而避罚也。[④]

《慎子·因循》曰：

先王[见]不受禄者不臣，不厚禄者不与入[难]。[⑤]

---

① 杨伯峻编著：《春秋左传注》（修订本），成公二年，第 788 页。

② 《孟子注疏》卷 10 上《万章章句下》，阮元校刻：《十三经注疏》，第 2741 页。

③ 王先慎撰，钟哲点校：《韩非子集解》卷 2《八奸第九》，第 57 页。

④ 黎翔凤撰，梁运华整理：《管子校注》卷 21《明法解第六十七》，第 1208 页。

⑤ 王斯睿：《慎子校正》，商务印书馆，1935 年，第 3 页。

将这种利益交换实质，剥得最赤裸的，还要数法家的韩非，在他笔下，这完全是一桩桩的买卖，比如他说：

> 臣尽死力以与君市，君垂爵禄以与臣市……①

如果我们避免以商人市井的语言去说明这种办法策略，而改用较为雅致的词汇，这应是一种社会激励措施，君主用荣耀的爵位、实在的政治经济利益，激发人们的热情，鼓励臣民为国为君献出才智、勇力、财货、甚至生命。这种以封赐爵位为交换、激励之策的办法，许多历史事实证明是行之有效的，尤其是在事变的关键时刻，作用明显，立竿见影。如长平之战时：

> 而秦奇兵二万五千人绝赵军后，又一军五千骑绝赵壁间，赵军分而为二，粮道绝。而秦出轻兵击之。赵战不利，因筑壁坚守，以待救至。秦王闻赵食道绝，王自之河内，赐民爵各一级，发年十五以上悉诣长平，遮绝赵救及粮食。至九月，赵卒不得食四十六日，皆内阴相杀食。②

可以看出，秦王亲至河内赐民爵各一级的举动发挥了重要的作用。楚汉战争中刘、项鏖战时，刘邦对韩信等主要军事将领的划土分封，对战局的好转均起了关键性作用。司马迁如是记载道：

> 汉五年，汉王乃追项王至阳夏南，止军，与淮阴侯韩信、建成侯彭越期会而击楚军。至固陵，而信、越之兵不会。楚击汉军，大破之。汉王复入壁，深堑而自守。谓张子房曰：“诸侯不从约，为之奈何？”对曰：“楚兵且破，信、越未有分地，其不至固宜。君王能与共分天下，今可立致也。即不能，事未可知也。君王能自陈以东傅海，尽与韩信；睢阳以北至谷城，以与彭越；使各自为战，则楚易败也。”汉王曰：“善！”于是乃发使者告韩信、彭越曰：“并力击楚。楚破，自陈以东傅海与齐王，睢阳以北至谷城与彭相国。”使者至，韩信、彭越皆报曰：“请今进兵。”韩信乃从齐往，刘贾军从寿春并行，屠城父，至垓

---

① 王先慎撰，钟哲点校：《韩非子集解》卷15《难一第三十六》，第352页。

② 《史记》卷73《白起列传》，第2334页。

下。大司马周殷叛楚,以舒屠六,举九江兵,随刘贾、彭越皆会垓下,诣项王。①

所以《司马法》曰:

赏不逾时,欲民速观为善之利也。②

秦汉时期,特别是汉朝建立以后,迅速发展起来的普遍赐爵制和爵位买卖与先秦三代的封爵原则截然不同,这也从两个侧面更加说明,秦汉时期的爵制不是如周的封国采邑制那样的国家区域行政管理的形式,而是在全社会广泛推行的利益交换手段和激励措施,特别是爵位通过买卖获得,更使得其利益交换性,甚至说商品性暴露无遗。关于这一点,晁错在给汉文帝的上疏中说得更加明白,甚至可以说赤裸裸:

方今之务,莫若使民务农而已矣。欲民务农,在于贵粟;贵粟之道,在于使民以粟为赏罚。今募天下入粟县官,得以拜爵,得以除罪。如此,富人有爵,农民有钱,粟有所渫。夫能入粟以受爵,皆有余者也;取于有余以供上用,则贫民之赋可损,所谓损有余补不足,令出而民利者也。顺于民心,所补者三:一曰主用足,二曰民赋少,三曰劝农功。今令民有车骑马一匹者,复卒三人。车骑者,天下武备也,故为复卒。神农之教曰:"有石城十仞,汤池百步,带甲百万,而亡粟,弗能守也。"以是观之,粟者,王者大用,政之本务。令民入粟受爵至五大夫以上,乃复一人耳,此其与骑马之功相去远矣。爵者,上之所擅,出于口而亡穷;粟者,民之所种,生于地而不乏。夫得高爵与免罪,人之所甚欲也。使天下[人]入粟于边,以受爵免罪,不过三岁,塞下之粟必多矣。

汉文帝采纳了晁错的提案,于是:

令民入粟边,六百石爵上造,稍增至四千石为五大夫,万二千石为大庶长,各以多少级数为差。

① 《史记》卷7《项羽本纪》,第331—332页。

② 《太平御览》卷198《封建部一》,王粲《爵论》引,第954—955页。

略微带点儿戏剧性的是，晁错不是见好就收，而是继续扩大“战果”，又向汉文帝建议说：

> 陛下幸使天下入粟塞下以拜爵，甚大惠也。窃恐塞卒之食不足用大渫天下粟。边食足以支五岁，可令入粟郡县矣；足支一岁以上，可时赦，勿收农民租。如此，德泽加于万民，民俞勤农。时有军役，若遭水旱，民不困乏，天下安宁；岁孰且美，则民大富乐矣。

把“入粟塞下”发展扩大到“入粟郡县”，由边郡扩大到整个天下，国家换取富民粮食的手段，当然还是“拜爵”，因为对于皇帝来说，这是“出于口而亡穷”的东西，甚至称得上无本而万利的事情。对于晁错的进一步建议，汉文帝又是欣然采纳，并因此产生了极佳的政治效应、经济效应和社会效应，那就是史书所记载的：

> 上复从其言，乃下诏赐民十二年租税之半。明年，遂除民田之租税。后十三岁，孝景二年，令民半出田租，三十而税一也。其后，上郡以西旱，复修卖爵令，而裁其贾以招民；及徒复作，得输粟于县官以除罪。始造苑马以广用，宫室列馆车马益增修矣。然娄敕有司以农为务，民遂乐业。至武帝之初七十年间，国家亡事，非遇水旱，则民人给家足，都鄙廪庾尽满，而府库余财。京师之钱累百巨万，贯朽而不可校。太仓之粟陈陈相因，充溢露积于外，腐败不可食……①

汉文、汉景两代统治者，甚至整个汉代社会，甚至历史都切实地体会到了汉代“入粟拜爵”，也就是卖爵，用爵位换粮食的好处。王粲的《爵论》甚至将这一点看成是之所以“古人重爵”的原因，其言曰：

> 依律有夺爵之法，此谓古者爵行之时，民赐爵则喜，夺爵则惧，故可以夺赐而法也。今爵事废矣，民不知爵者何也，夺之，民亦不惧；赐之，民亦不喜，是空设文书而无用也。今诚循爵，则上下不失实，而功劳者劝。得古之道，合汉之法。以货财为赏者，不可供；以复除为赏

---

① 上述引文分见《汉书》卷24《食货志》，第1133—1135页。

者，租税损减；以爵为赏者，民劝而费省。故古人重爵也。[1]

对于王粲的《爵论》，学者们经常引用的是："今爵事废矣，民不知爵者何也，夺之，民亦不惧；赐之，民亦不喜，是空设文书而无用也。"并以此论证爵位轻滥甚至名存实亡的情况，对此应该稍加说明。王粲生活于汉魏之际，"今爵事废矣……"这段话是指称当时，并非整个汉代，甚至不是指称整个东汉王朝，而他所生活的汉末，不仅仅爵制发生问题，整个天下各个方面都是大乱失常。在这样一个社会背景下，王粲写《爵论》，主要目的不是要说明爵制不可用，而是希望恢复汉代往日爵制的作用，发挥爵位的赏功而省费的优越功能，表现出对秦汉爵制务实功用的肯定和怀念，这也从一个视角显示出爵制对秦汉政治和社会积极的作用影响，说明果真是"空设文书而无用"的制度不可能存在数百年之久。

## 三、封爵作用的演变(下)

封爵对国家、对君主有好处，这是不言而喻的，而对获得爵位的个人也同样有利，三代如此，秦汉也一样。我们要讨论的依然是这两个时期的同异，即承袭与变异。总的说，不论先秦，还是秦汉，也不论爵等高低，爵位对受爵者个人均有作用、好处，即因此确立该个人首先是高于无爵者，其次是高于爵等不及自己者的社会地位，并因此而得到相应的好处，即政治经济利益。这种作用和好处可以说深入到当时社会生活的方方面面，从政治到法律，从经济生活到社会观念，甚至在当时编辑的数学书、数学题中，都可以形象而示范性表现出爵位对人们的整体影响。如《九章算术》卷三就有这样一道数学题：

今有大夫、不更、簪袅、上造、公士凡五人，共猎得五鹿，欲以爵次之分，问各得几何？答曰：大夫得一鹿三分鹿之二，不更得一鹿三分鹿之一，簪袅得一鹿，上造得三分鹿之二，公士得三分鹿之一。

秦汉时期的爵名、爵级大大多于先秦三代，就大的类别看，如本书前面所说，可以划分为三大类，即贵族（王侯）爵、官（卿）爵和民（吏民）爵。其

[1] 欧阳询撰，汪绍楹校：《艺文类聚》卷51《封爵部》引王粲《爵论》，上海古籍出版社，1982年新1版，第916页。

中，民爵是编户齐民（严格说是其中的吏民）可获得的爵，官爵是官吏（基本是六百石以上，即郡县长吏以上朝廷命官）可以占有的爵位，而贵族爵是食邑以上贵族所拥有的爵位，这是以享有封国、食邑为主要特色的爵位。需要说明的是，秦汉历史几百年，某些具体爵等归于哪一大类，是民爵还是官爵，或者是官爵还是贵族爵，并非凝固不变。如前面讨论过的关内侯一爵，就经历了由食邑到非食邑，由贵族爵到官爵的转化过程。而官爵和民爵，特别是民爵，是反映秦汉爵制时代特点之主要所在，即非贵族的一般编户民可以占有的爵等，这在先秦三代的旧爵制中是没有的，因此一般地讲，缺乏与以往时代的可比性，而只有封国食邑的王侯贵族爵才有与先秦时期爵位进行对比的可能。

秦汉时期的贵族爵，主要包括诸侯王、各种侯，其中既有二十等爵中的最高一级，另外在一定时间内还包括二十等爵中的第十九级关内侯。唐人杜佑曾说：

> 汉兴，设爵二等，曰王，曰侯。皇子而封为王者，其实古诸侯也，故谓之诸侯王。王子封为侯者，谓之诸侯，群臣异姓以功封者，谓之彻侯。①

杜佑于此对汉爵与古爵进行了比较，指出汉的诸侯王即古之诸侯，这在有条件的情况下是对的，这个条件就是西汉初年这一阶段。此时诸侯王土广权大，与周时分封的诸侯具有相同的性质，但经过文帝、景帝、武帝三代君主的削藩收权，性质发生了完全的变化，丧失了治国治民之权，与列侯一样，仅可衣食租税。这时的诸侯王，不但不同于周朝诸侯的封国，甚至与卿大夫的采邑也迥异，所以两个时期贵族爵的差异应是主要的。这种差异是由这两个时期贵族爵不同的性质决定的，前者是等级和统治形式；后者是等级与经济优惠措施和利益交换手段。

唐人刘知几看历史极具慧眼，他在《史通·世家》中曾对“古者诸侯”与“汉氏诸侯”进行实质性对比，他说：

> 当汉氏之有天下也，其诸侯与古不同。夫古者诸侯，皆即位建元，

---

① 《通典》卷31《职官十三》，第855页。

> 专制一国，绵绵瓜瓞，卜世长久。至于汉代则不然。其宗子称王者，皆受制京邑，自同州郡；异姓封侯者，必从宦天朝，不临方域。或传国唯止一身，或袭爵不经数世……①

其实在分封制下，周的诸侯也好，卿大夫也好，实质上均具有臣民治民之权，即行政统治权与经济受益权兼具，而汉代的王侯贵族仅仅是经济上分食国家租税，王国的土是皇帝之土，土上的民是天子之臣，与周完全不同。汉代贵族食邑仅是经济上食税的这种情况，如果寻源找同的话，应与周代官吏的禄田有关。禄田作为官吏的俸禄报酬，就只有经济上的意义，不具有行政统治的权力。但周的禄田是不可世袭的，而汉贵族的食邑又与之不同，就世袭而言，汉贵族又同于周的封国、采邑。尽管《礼记·王制》曰“大夫不世爵”，诸侯之子承继父位，需要经天子重新封赐，因此有的学者认为，周天子与诸侯的封赐关系仅在个人之间，子世袭要再受命②，但笔者以为，这不过是一种制约的表示，事实上还是世袭的。天子、诸侯均难以将封赐出去的封国、采邑再收回，即“绵绵瓜瓞，卜世长久”。汉代王侯均可世袭，而因犯罪和过失失爵者也比比可见，传国唯止一身者有之，袭爵数世的家族也不乏。相对看来，汉代的王侯比较容易控制，原因很明显，就是他们手中没有行政统治权，仅有经济受益权。

除了具有食邑特权的贵族爵位外，汉代还存在官爵与民爵，这与先秦旧爵制下庶民无爵是最大的不同，因此，官爵、民爵相对于周来说缺乏可比性。但问题似乎又不那么绝对，既然均称为爵，不管是贵族爵，还是官爵、民爵，就都具有与爵相关的共性东西，无论何时封爵制的目的都是为了把人分成等级，因此有爵就比无爵、等级高的爵就比等级低的爵具有优越的政治和社会地位及荣耀感。下面分几点谈谈爵位带与民爵者的惠利。

第一，爵位带给人们在礼仪刑罚方面的权益。服饰衣冠是古代礼仪等级的重要部分，《礼记·曲礼》曰：

> 礼不下庶人。

刘熙《释名·释首饰》云：

---

① 刘知几著，浦起龙通释：《史通通释》卷2《世家第五》，上海古籍出版社，1978年，第42页。

② 许倬云：《西周史》，生活·读书·新知三联书店，1995年，第176页。

二十成人，士冠，庶人巾。

所谓“士冠”是指士以上的贵族戴冠，庶人以下着巾，直到秦汉均是有爵者冠，无爵者巾。两《汉书》的《五行志》中均提到“尊者冠服”。又如有无爵位在法律面前是绝对不平等的。《礼记·曲礼》又说：

刑不上大夫。[①]

这句话特别能反映周代贵族在法律上的特权。虽然战国以后社会变革，以法家为代表的思想家提出了“法不阿贵”的平等思想，但有无爵、爵之高低，在犯罪量刑时是绝对不一样的，《商君书·境内篇》就有如是规定：

爵自二级以上有刑罪则贬，爵自一级以下有刑罪则已。[②]

这一点恐怕是爵位对人们有吸引力的主要地方。到汉代，晁错就曾在给皇帝的上疏中明言：

得高爵与免罪，人之所甚欲也。[③]

《汉书·惠帝纪》中也说：

爵五大夫、吏六百石以上及宦皇帝而知名者有罪当盗械者，皆颂系。上造以上及内外公孙耳孙有罪当刑及当为城旦舂者，皆耐为鬼薪白粲。[④]

这种优待有爵者的法规在云梦睡虎地出土的《秦律》和张家山汉简的《二年律令》中也都有记载：

---

① 《礼记正义》卷3《曲礼上》，阮元校刻：《十三经注疏》，第1249页中栏。
② 蒋礼鸿：《商君书锥指》卷5《境内第十九》，第120页。
③ 《汉书》卷24上《食货志上》，第1134页。
④ 《汉书》卷2《惠帝纪》，第85页。

·有为故秦人出，削籍，上造以上为鬼薪，公士以下刑为城旦。①

公士以下居赎刑罪、死罪者，居于城旦舂，毋赤其衣，勿枸椟欙杕。②

上造、上造妻以上，及内公孙、外公孙、内公耳玄孙有罪，其当刑及当为城旦舂者，耐以为鬼薪白粲。③

公士、公士妻及□□行年七十以上，若年不盈十七岁，有罪当刑者，皆完之。④

吏民亡，盈卒岁，耐；不盈卒岁，毄（系）城旦舂；公士、公士妻以上作官府，皆偿亡日。⑤

罪人完城旦舂、鬼薪以上，及坐奸府（腐）者，皆收其妻、子、财、田宅。其子有妻、夫，若为户、有爵，及年十七以上，若为人妻而弃、寡者，皆勿收。⑥

从上引史料可见：首先，有爵者和无爵者、爵高者和爵低者是同罪不同罚；其次，不仅是五大夫，即九级以上的官爵、高爵，而且是只要有爵，就可以获得减刑的好处；第三是只要有爵，不但是有爵者个人，而且连同妻子在内都可以在相对好一些的环境中服刑；第四是在家庭成员由于家人犯有鬼薪以上的罪行而连坐时，如果有爵可以免于连坐。另外，在量刑时，爵位越高，往往受到的处罚越小，如《二年律令·贼律》中还有一条律文：

斗而以釰及金铁锐、锤、椎伤人，皆完为城旦舂。其非用此物而眇人，折枳、齿、指，胅体，断胅（决）鼻、耳者，耐。其毋伤也，下爵殴上爵，罚金四两。殴同死〈列〉以下，罚金二两；其有疻痏及□，罚金四两。⑦

① 睡虎地秦墓竹简整理小组：《睡虎地秦墓竹简·秦律杂抄·游士律》，第80页。

② 睡虎地秦墓竹简整理小组：《睡虎地秦墓竹简·秦律十八种·司空》，第51页。

③ 张家山二四七号汉墓竹简整理小组编著：《张家山汉简·二年律令·具律》，《张家山汉墓竹简〔二四七号墓〕》（释文修订本），第20页。

④ 张家山二四七号汉墓竹简整理小组编著：《张家山汉简·二年律令·具律》，《张家山汉墓竹简〔二四七号墓〕》（释文修订本），第20页。

⑤ 张家山二四七号汉墓竹简整理小组编著：《张家山汉简·二年律令·亡律》，《张家山汉墓竹简〔二四七号墓〕》（释文修订本），第30页。

⑥ 张家山二四七号汉墓竹简整理小组编著：《张家山汉简·二年律令·收律》，《张家山汉墓竹简〔二四七号墓〕》（释文修订本），第32页。

⑦ 张家山二四七号汉墓竹简整理小组编著：《张家山汉简·二年律令·贼律》，《张家山汉墓竹简〔二四七号墓〕》（释文修订本），第12页。

就是说因为殴打别人而犯罪者，只要其爵位高于被殴打者，就可以少交纳一半的罚金。所以《汉官旧仪》曰：

男子赐爵一级以上，有罪以减，年五十六免。无爵为仕伍，年六十乃免者，有罪，各尽其刑。①

有爵者比无爵者，爵高者比爵低者，在断案判罚时享有一定的特权，占有便宜。尽管因罪减刑，如由“城旦舂”减为“鬼薪白粲”，与周人绝对的“刑不上大夫”比，在法律上所受到的优惠，在量上还是有差异的，但实质应视为一样，即因爵位而享有特权。由此可以看出，在等级制下，不平等是绝对的，要实现真正的“法律面前人人平等”是不可能的。

另外，与减免刑罚有关的，就是有爵者还可以不罚为奴，可以免除亲人的奴婢身份。《汉书·刑法志》明言：

凡有爵者，与七十者，与未龀者，皆不为奴。②

《睡虎地秦墓竹简·秦律十八种》规定：

欲归爵二级以免亲父母为隶臣妾者一人，及隶臣斩首为公士，谒归公士而免故妻隶妾一人者，许之，免以为庶人。工隶臣斩首及人为斩首以免者，皆令为工。其不完者，以为隐官工。③

可见，爵位可以使自己或者是亲人摆脱奴隶的身份地位而获得编户民的身份。

有一点还需要特别强调指出，那就是用爵位减免刑罚的相对性，不是在任何情况下都可以减免的。例如，罪行特别严重者就不能用爵位来减免刑罚。在张家山汉简的《奏谳书》中记载了如下的案例：

··八年十月己未，安陆丞忠刻（劾）狱史平舍匿无名数大男子种

① 《汉官旧仪》卷下，孙星衍等辑，周天游点校：《汉官六种》，第53页。

② 《汉书》卷23《刑法志》，第1091页。

③ 睡虎地秦墓竹简整理小组：《睡虎地秦墓竹简·秦律十八种·军爵律》，第55页。

一月，平曰："诚智(知)种无[名]数，舍匿之，罪，它如刻(劾)。"种言如平。问：平爵五大夫，居安陆和众里，属安陆相，它如辤(辞)。鞫：平智(知)种无名数，舍匿之，审。当：平当耐为隶臣，锢，毋得以爵、当赏免。·令曰：诸无名数者，皆令自占书名数，令到县道官，盈卅日，不自占书名数，皆耐为隶臣妾，锢，勿令以爵、赏免，舍匿者与同罪，以此当平。①

八年是指汉高祖八年。安陆狱史平遭到弹劾，原因是在家中藏匿没有名数的成年男子种达一个月之久，尽管平拥有五大夫爵位，由于所犯罪行严重，不能用爵位来减免罪罚，所以审判结果为："平当耐为隶臣，锢，毋得以爵、当赏免。"并引用了当时的法令条文："诸无名数者，皆令自占书名数，令到县道官，盈卅日，不自占书名数，皆耐为隶臣妾，锢，勿令以爵、赏免，舍匿者与同罪……"《奏谳书》中还有一个案例：

·七年八月己未江陵忠言：醴阳令恢盗县官米二百六十三石八斗。恢秩六百石，爵左庶长□□□□从史石盗醴阳己乡县官米二百六十三石八斗，令舍人士五(伍)兴、义与石卖，得金六斤三两、钱万五千五十，罪，它如书。兴、义言皆如恢。问：恢盗臧(脏)过六百六十钱，石亡不讯，它如辤(辞)。鞫：恢，吏，盗过六百六十钱，审。当：恢当黥为城旦，毋得以爵减、免、赎。律：盗臧(赃)直(值)过六百六十钱，黥为城旦；令：吏盗，当刑者刑，毋得以爵减、免、赎，以此当恢。②

七年是汉高祖七年，这是一起一个名字叫恢的醴阳令盗窃官府粮食的案件。恢官秩六百石，爵为第十等左庶长，却授意手下的属吏石盗窃该县的官粮，等于是监守自盗，无疑属于严重犯罪行为。这段史料中提到了：

律：盗赃值过六百六十钱，黥为城旦。

① 张家山二四七号汉墓竹简整理小组编著：《张家山汉简·奏谳书》，《张家山汉墓竹简〔二四七号墓〕》(释文修订本)，第97页。

② 张家山二四七号汉墓竹简整理小组编著：《张家山汉简·奏谳书》，《张家山汉墓竹简〔二四七号墓〕》(释文修订本)，第98页。

还提到了：

令：吏盗，当刑者刑，毋得以爵减、免、赎。①

依据这两条律令，六百石的左庶长恢“当黥为城旦”。

再有一种不能用爵位减免的犯罪就是不孝之罪。汉代以孝治天下，把不孝行为不仅作为犯罪，而且法定为严重的犯罪行为，处罚十分严厉。张家山汉简《二年律令》中保存有这种处罚不孝的原始法律条文。《二年律令·贼律》载：

子贼杀伤父母，奴婢贼杀伤主、主父母妻子，皆枭其首市。

子牧杀父母，殴詈泰父母、父母、叚（假）大母、主母、后母，及父母告子不孝，皆弃市。②

从这两条律文清楚可见，对家庭中的长辈杀伤（不管遂与不遂）、殴詈、被父母控告不孝，均被判处弃市的死刑。不孝罪不但处罚严厉，而且一般都不允许赎免，《二年律令·贼律》规定：

贼杀伤父母，牧杀父母，欧（殴）詈父母，父母告子不孝，其妻子为收者，皆锢，令毋得以爵偿、免除及赎。③

不能用爵位赎免不孝之罪，即便是主动自首也不能赎免。《二年律令·告律》中又规定：

杀伤大父母、父母，及奴婢杀伤主、主父母妻子，自告者皆不

① 张家山二四七号汉墓竹简整理小组编著：《张家山汉简·奏谳书》，《张家山汉墓竹简〔二四七号墓〕》（释文修订本），第98页。

② 张家山二四七号汉墓竹简整理小组编著：《张家山汉简·二年律令·贼律》，《张家山汉墓竹简〔二四七号墓〕》（释文修订本），第13页。

③ 张家山二四七号汉墓竹简整理小组编著：《张家山汉简·二年律令·贼律》，《张家山汉墓竹简〔二四七号墓〕》（释文修订本），第14页。

得减。[①]

总之,用爵位减免刑罚的惠利不是绝对的,不是对任何犯罪行为都适用的。

另外,秦国早在商鞅变法以前,就实行严密的居民编制管理制度,十家为什,五家为伍,而自商鞅变法以来,严格实行法律惩罚的扩大化政策,典型的做法是实行连坐,不仅亲属连坐,而且编户什伍连坐。但是,在秦简《法律问答》中却有这样的记载:

大夫寡,当伍及人不当? 不当。[②]

这就是说,只要具有第五级大夫以上爵位者就可以不入编户什伍,就获得了不受连坐之法的特权。

第二,爵位带给人们在徭役方面的优惠。

进入汉代以后,占有爵位给人们带来的利益,主要表现为世袭食邑、占有田宅、减免赋役、减免刑罚等几个主要方面。就吏民允许占有的八级公乘以下爵位所能带来的利益而言,除了高祖刘邦初定天下的极短时间外,与分封食邑、免赋除役是没有关系的,而且我们从居延汉简中可以明显看到,这些占有低爵的吏民、吏卒,恰恰是屯垦戍边力役中的主体。在居延的吏、卒档案中,具有公乘以下低等爵位者比比皆是,但第九级五大夫以上的高爵却完全看不到,这在学界是共晓的,笔者要指出的是,按照已知的汉制汉律,八级公乘以下的低爵,虽然没有完全免除徭役之惠,但却有相对减轻徭役之利。

据汉人卫宏的《汉官旧仪》卷下记载:

男子赐爵一级以上,有罪以减,年五十六免。无爵为士伍,年六十乃免者,有罪,各尽其刑。[③]

---

① 张家山二四七号汉墓竹简整理小组编著:《张家山汉简·二年律令·告律》,《张家山汉墓竹简〔二四七号墓〕》(释文修订本),第26页。

② 睡虎地秦墓竹简整理小组:《睡虎地秦墓竹简·法律答问》,第129页。

③ 孙星衍等辑,周天游点校:《汉官旧仪》卷下,《汉官六种》,第53页。

“免者”有的版本也写作“免老”。免或免老，是指因年龄大而免除为国家服役的义务。有爵者比无爵者早四年免老。而近年出版公布的《张家山汉墓竹简〔二四七号墓〕》，其中的《二年律令·傅律》有如下的法律条文：

> 大夫以上年五十八，不更六十二，簪袅六十三，上造六十四，公士六十五，公卒以下六十六，皆为免老。[①]

另外同时又规定了“睆老”，即减服一半徭役的年龄。律文为：

> 不更年五十八，簪袅五十九，上造六十，公士六十一，公卒、士五(伍)六十二，皆为睆老。[②]

虽说与文献史料略有差异，但考虑到两汉历时四百年，不论是徭役制度还是爵位制度发生一些变化，也是完全正常的。而居延出土的档案史料，基本证实了上述制度和法律条文的可信。居延三简中吏卒有年龄和爵位同时可考者总计约一百九十多人，其年龄约百分之九十六均在五十六岁以下，不但低于《二年律令》，而且也低于《汉官旧仪》的免老年龄，只有七人年龄在五十六岁以上，其具体情况如下，其中上造二人：

> □□市阳里上造王福年六十长七尺二寸黑色　14·13[③]
>
> 居延甲渠箕山隧长居延累山里上造华商年六十　始建国地皇上戊三年正月癸卯除　史　2000ES9S:2[④]

此二人爵位和年龄情况没有超过《二年律令》上造六十四岁免老的法律规定，但高于《汉官旧仪》的免老年龄，且第二人身份是吏，第一人也不能确定是一般戍卒。大夫一人：

---

① 张家山二四七号汉墓竹简整理小组编著:《张家山汉简·二年律令·傅律》,《张家山汉墓竹简〔二四七号墓〕》(释文修订本),第 57 页。

② 张家山二四七号汉墓竹简整理小组编著:《张家山汉简·二年律令·傅律》,《张家山汉墓竹简〔二四七号墓〕》(释文修订本),第 57 页。

③ 谢桂华等:《居延汉简释文合校》,第 22 页。

④ 孙家洲主编:《额济纳汉简释文校本》,第 94 页。

宜谷亭长孤山里大夫孙况年五十七　熏事　今除补甲渠候官斗令吏　代孙良　E·P·F22:60[①]

其爵位与年龄情况也没有超过《二年律令》大夫五十八岁免老的法律规定，但高于《汉官旧仪》的免老年龄，且其身份是吏，非一般戍卒。公乘四人：

●状辞曰居延中宿里公乘年五十八岁　E·P·T68:107[②]

●状辞公乘居延中宿里年五十八岁姓张氏为甲渠　E·P·T68:139[③]

□五十九　公乘郱赐里史充　162·17[④]

居延甲渠第二队长居延广都里公乘陈安国年六十三建始四年八月辛亥除　不史　E·P·T51:4[⑤]

前面二人五十八岁，是《二年律令》公乘免老的临界年龄，算不上超龄服役，而且均非明确为戍卒，很可能也是吏。明确超龄的仅有第三、第四二人，第四人虽然是六十三岁，但其是甲渠第二队长，第三人的简过于简略，难以说明问题，甚至"五十九"是否是"公乘郱赐里史充"的年龄，或者是另外一个人的，并非十分确定。

以上说的是结束和半结束服徭役的年龄与爵位等级的对应关系，那么开始服徭役的年龄与爵位等级是否也存在对应关系呢？应该肯定地说是存在对应关系的，从现有史料来看，这种对应关系还体现为两个方面，一是本人所具有的爵位等级对自己开始傅籍服役年龄的影响，二是父家长所具有的爵位等级对自己开始傅籍服役年龄的影响。汉代人们获得爵位的途径主要有三：一是因功因劳赐爵，二是普遍赐爵，三是因父家长之爵而受爵。就因父家长之爵而受爵这一条途径来说，主要体现在两个时间，一是男子傅籍之时，如张家山汉简《二年律令·傅律》载：

不为后而傅者，关内侯子二人为不更，它子为簪袅；卿子二人为不

---

① 甘肃省文物考古研究所等编：《居延新简》，第481页。

② 甘肃省文物考古研究所等编：《居延新简》，第461页。

③ 甘肃省文物考古研究所等编：《居延新简》，第463页。

④ 谢桂华等：《居延汉简释文合校》，第266页。

⑤ 甘肃省文物考古研究所等编：《居延新简》，第171页。

更，它子为上造；五大夫子二人为簪裊，它子为上造；公乘、公大夫子二人为上造，它子为公士；官大夫及大夫子为公士；不更至上造子为公卒。[①]

二是父死置后之时，《二年律令·置后律》载：

彻侯后子为彻侯……关内侯后子为关内侯，卿[侯]〈后〉[子]为公乘，【五大夫】后子为公大夫，公乘后子为官大夫，公大夫后子为大夫，官大夫后子为不更，大夫后子为簪裊，不更后子为上造，簪裊后子为公士……[②]

又曰：

□□□□为县官有为也，以其故死若伤二旬中死，皆为死事者，令子男袭其爵。毋爵者，其后为公士。[③]

对于八级公乘以下的爵位占有者来说，他们自己的爵位是如何影响他们傅籍服役的年龄的，传统文献史料缺乏相应而有力的史料证明，但是出土的简牍中却有这方面的史料。

从传统文献史料看，汉代开始傅籍及服役的年龄，一般来说是二十岁，后来延到二十三岁，主要依据如下史料。《汉书·景帝纪》载：

二年冬十二月……令天下男子年二十始傅；[④]

《盐铁论·未通第十五》载御史曰：

---

① 张家山二四七号汉墓竹简整理小组编著：《张家山汉简·二年律令·傅律》，《张家山汉墓竹简〔二四七号墓〕》（释文修订本），第58页。

② 张家山二四七号汉墓竹简整理小组编著：《张家山汉简·二年律令·置后律》，《张家山汉墓竹简〔二四七号墓〕》（释文修订本），第59页。

③ 张家山二四七号汉墓竹简整理小组编著：《张家山汉简·二年律令·置后律》，《张家山汉墓竹简〔二四七号墓〕》（释文修订本），第59页。

④ 《汉书》卷5《景帝纪》，第141页。

古者，十五入大学，与小役，二十冠而成人，与戎；……今陛下哀怜百姓，宽力役之政，二十三始傅，五十六而免，所以辅耆壮而息老艾也。①

《史记·项羽本纪》注引如淳曰：

律年二十三傅之畴官，各从其父畴内学之，高不满六尺二寸以下为罢癃，《汉仪注》："民年二十三年为正，一岁为卫士，一岁为材官骑士，习射御骑驰战阵。"又曰："年五十六衰老，乃得免为庶民，就田里。"今老弱未尝傅者皆发之，未二十三为弱，过五十六为老。②

这些古代文献应该说是就一般情况而言的，而如果其本人或者是父家长有爵，二者的爵位等级越高，该人开始傅籍和服役的年龄也就越大。《张家山汉墓竹简·二年律令·傅律》记载：

不更以下子年廿岁，大夫以上至五大夫子及小爵不更以下至上造年廿二岁，卿以上子及小爵大夫以上年廿四岁，皆傅之。③

这里所谓的"小爵"就是指未傅籍成年人本人所具有的爵位，本人具有"小爵不更以下至上造"，年廿二岁傅籍，本人具有"小爵大夫以上"，年廿四岁傅籍，这就是说本人所具有的爵位等级影响自己开始傅籍服役的年龄。与之相类，父家长具有"不更以下"爵位，其子傅籍年龄是廿岁，具有"大夫以上至五大夫"等级爵位，其子傅籍年龄是廿二岁，具有卿以上爵位，其子傅籍年龄是廿四岁，父家长所具有的爵位等级与儿子的傅籍服役年龄存在对应关系。

张家山汉律所规定的父家长爵位等级与其子傅籍服役年龄的对应关系，在居延汉简档案中得不到佐证，但居延汉简中吏卒有年龄和爵位可考的一百九十多人中，其年龄约百分之九十二均在二十三岁以上，而二十岁

---

① 王利器：《盐铁论校注》(定本)卷3《未通第十五》，第192页。

② 《史记》卷7《项羽本纪》，第324页。

③ 张家山二四七号汉墓竹简整理小组编著：《张家山汉简·二年律令·傅律》，《张家山汉墓竹简〔二四七号墓〕》(释文修订本)，第58页。

以上者更是高达百分之九十八，基本可以佐证汉代实行二十至二十三傅籍服役的制度。居延汉简中仅有五人年龄小于二十岁，具体的档案材料如下：

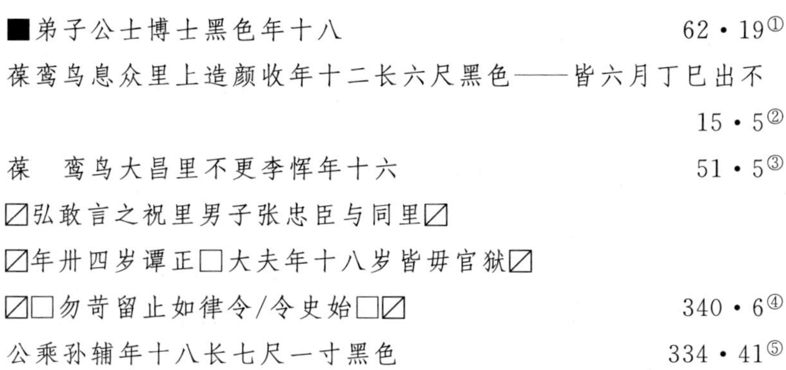

■弟子公士博士黑色年十八　62・19①

葆鸾鸟息众里上造颜收年十二长六尺黑色——皆六月丁巳出不　15・5②

葆　鸾鸟大昌里不更李恽年十六　51・5③

▨弘敢言之祝里男子张忠臣与同里▨

▨年卅四岁谭正□大夫年十八岁皆毋官狱▨

▨□勿苛留止如律令/令史始□▨　340・6④

公乘孙辅年十八长七尺一寸黑色　334・41⑤

上面五人中有十八岁的公士、大夫、公乘，有十六岁的不更，更有十二岁的上造，他们的年龄不合乎一般人的傅籍服役和占爵的年龄规定，他们是未傅籍成人却占有爵位者，他们所占有的爵位是一种特殊的爵，这种爵应该是上面所引的张家山汉简中所提到的“小爵”。小爵的首要特点就是占爵者尚未达到汉朝国家规定的傅籍年龄，小爵之所以存在，应该有两个主要原因，其一是各种原因致使他们在未傅籍前已经开始服役，进而有了因功劳受爵的机会，或者是由于已经与傅籍成人同样服役，在国家普遍赐爵时也成为赐爵的对象。居延汉简中有一组“故小男”的档案材料，应该说比较好地证实了笔者的这一说法。这组史料共涉及七人七枚简：

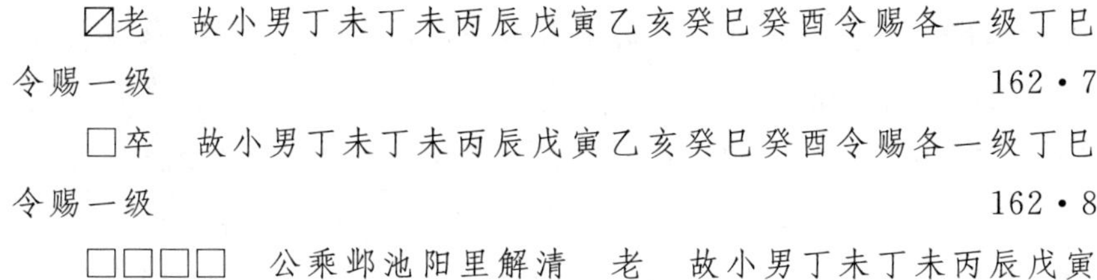

▨老　故小男丁未丁未丙辰戊寅乙亥癸巳癸酉令赐各一级丁巳令赐一级　162・7

□卒　故小男丁未丁未丙辰戊寅乙亥癸巳癸酉令赐各一级丁巳令赐一级　162・8

□□□□　公乘郮池阳里解清　老　故小男丁未丁未丙辰戊寅

① 谢桂华等:《居延汉简释文合校》，第109页。

② 谢桂华等:《居延汉简释文合校》，第23页。

③ 谢桂华等:《居延汉简释文合校》，第88页。

④ 谢桂华等:《居延汉简释文合校》，第533页。

⑤ 谢桂华等:《居延汉简释文合校》，第525页。

乙亥癸巳癸酉令赐各一级丁巳令赐一级 162·10

☑卒　故小男丁未丁未丙辰戊寅乙亥癸巳癸酉令赐各一级丁巳令赐一级 162·12

☑脱毋䌷　卒　故小男丁未丁未丙辰戊寅乙亥癸巳癸酉令赐各一级丁巳令赐一级 162·13

□卌七　公乘郏宋里戴通　卒　故小男丁未丁未丙辰戊寅乙亥癸巳癸酉令赐各一级丁巳令赐一级 162·14

□卌三　公乘郏京里马丙　大　故小男丁未丁未丙辰　☑ 162·15[①]

这七个人都是同郡县同爵位等级，档案所记载的是他们原来由未傅籍的小男开始，共计八次接受赐爵的时间。未傅籍者占爵的原因之二是由于"疾死置后"[②]，即作为爵位继承人的"后子"，当被继承者因病或因公死去时，后子即使未傅籍成人也可以按规定继承相应的爵位，如本文上引张家山汉简《二年律令·置后律》所载。但这种情况在居延汉简中难以明确反映，因为作为后子和小男而继承爵位时，他们尚未服役于边地，到了法定傅籍服役年龄后，他们中肯定有人会在居延吏卒的队伍中，也许上面所列当初的"故小男"中就有这种情况，只是居延汉简没能给我们以明示[③]。

爵位的高低与编户民在充当戍卒服役时的地位、等级和职务基本上是对应的。虽然在居延汉简中存在职务、服役种类与个人占有的爵位不对应的情况，如前文所述，既有爵位为八级公乘的戍卒，也有爵位仅仅为一级公士或者是二级上造的隧长，但这应该属于少数情况。秦汉二十等爵中的最低一级是"公士"，颜师古《汉书·百官公卿表》注曰"言有爵命异于士卒"，哪怕是最低的公士爵也比无爵者身份地位高。如《睡虎地秦墓竹简》中记载一件诉讼案："某里公士甲缚诣大女子丙，告曰：'某里五大夫乙家吏。丙，乙妾殹（也）。'乙使甲曰：'丙悍，谒黥劓丙。'"[④]可见，高爵位者可以低爵位者为家吏役使，包括将悍妾押往官府进行处置。由于戍徭者爵位不同，其享受的口粮标准也不一样。据《传食律》记载："其有爵者，自官士大

① 谢桂华等：《居延汉简释文合校》，第266页。

② 张家山二四七号汉墓竹简整理小组编著：《张家山汉简·二年律令·置后律》，《张家山汉墓竹简〔二四七号墓〕》（释文修订本），第59页。

③ 关于"小爵"问题，请参见拙文《张家山汉简"小爵"臆释》，《中国史研究》2004年第3期。

④ 睡虎地秦墓竹简整理小组：《睡虎地秦墓竹简·封诊式·黥妾》，第155页。

夫以上，爵食之。使者之从者，食粝米半斗；仆，少半斗。”[①]类似的记载还有。传食律是各级官吏住宿传舍时按级别规定的伙食标准，反映了爵位不同，待遇不一样，

第三，有爵者比无爵者、爵高者比爵低者可以优先和更多地获得国家赐予的田宅，或者是在一些时候优先租种国家的土地，甚至还会获得庶子，即供其役使的依附农民。其实早在秦国的时候就已规定，爵位每增进一级就可以：

> 益田一顷，益宅九亩，一除庶子一人……[②]

荀子在叙述秦国驭民的特点时说：

> 秦人，其生民陿阸，其使民也酷烈，劫之以势，隐之以阸，忸之以庆赏，鰌之以刑罚，使天下之民所以要利于上者，非斗无由也。阸而用之，得而后功之，功赏相长也，五甲首而隶五家，是最为众强长久，多地以正。故四世有胜，非幸也，数也。[③]

斩获五个甲首，就可以役使五家依附农民。秦国正是在这种赏功赐爵的过程中，培植了一大批军功地主。之后的汉代，特别是西汉初年，实际是继承了秦的这种依据功劳的大小赐予高低不等的爵位，又依据高低不等的爵位而授予多寡不同的田宅，这在张家山汉简中有明确的记载，这就是我们在前文引用过的：

> 关内侯九十五倾，[大][庶][长][九][十][顷]，[驷]车庶长八十八顷，大上造八十六顷，少上造八十四顷，右更八十二顷，中更八十顷，左更七十八顷，右庶长七十六顷，左庶长七十四顷，五大夫廿五顷，公乘廿顷，公大夫九顷，官大夫七顷，大夫五顷，不更四顷，簪袅三顷，上造二顷，公士一顷半顷，公卒、士五(伍)、庶人各一顷，司寇、隐官各五十亩。不幸死者，令其后先择田，乃行其余。它子男欲为户，以为其□田予之。

---

① 睡虎地秦墓竹简整理小组：《睡虎地秦墓竹简·秦律十八种·传食律》，第 60 页。

② 蒋礼鸿：《商君书锥指》卷 5《境内第十九》，第 119 页。

③ 王先谦撰，沈啸寰、王星贤点校：《荀子集解》卷 10《议兵篇第十五》，第 273—274 页。

其已前为户而毋田宅,田宅不盈,得以盈。宅不比,不得。

宅之大方卅步。彻侯受百五宅,关内侯九十五宅,大庶长九十宅,驷车庶长八十八宅,大上造八十六宅,少上造八十四宅,右更八十二宅,中更八十宅,左更七十八宅,右庶长七十六宅,左庶长七十四宅,五大夫廿五宅,公乘廿宅,公大夫九宅,官大夫七宅,大夫五宅,不更四宅,簪袅三宅,上造二宅,公士一宅半宅,公卒、士五(伍)、庶人一宅,司寇、隐官半宅。欲为户者,许之。①

上面的简文见于《二年律令·户律》,就是说它是以法律条文的形式规定,故更显珍贵与重要。

另外,汉代除了按照功劳赐爵授田宅之外,与土地有关的,还有根据爵位,优先租种公田的规定。汉武帝晚年,悔征伐之事,下轮台罪己诏,转变国家发展之策,封丞相为富民侯,以示"方今之务,在于力农"。任命赵过为搜粟都尉,推行代田法,同时"令命家田三辅公田",韦昭在注释"命家"一词时说:

受爵命一爵为公士以上,令得田公田,优之也。②

第四,有爵者可以优先拜官除吏,且官爵之间存在一定的对应关系。前引《韩非子·定法》曾说:

商君之法曰:"斩一首者爵一级,欲为官者为五十石之官;斩二首者爵二级,欲为官者为百石之官。"官爵之迁与斩首之功相称也。③

五十石、百石为基层政权机构中的小吏,严格说还算不上是官,《汉官旧仪》就说:

赐爵九级为五大夫。以上次年德为官长将率。④

---

① 张家山二四七号汉墓竹简整理小组编著:《张家山汉简·二年律令·户律》,《张家山汉墓竹简〔二四七号墓〕》(释文修订本),第52页。

② 《汉书》卷24上《食货志上》,第1140页。

③ 王先慎撰,钟哲点校:《韩非子集解》卷17《定法第四十三》,第399页。

④ 孙星衍等辑,周天游点校:《汉官旧仪》卷下,《汉官六种》,第52页。

大体上说，只有第九级五大夫以上的爵位才有真正拜官的资格。不过，即便是除吏也是与爵位有着密切关联的。云梦秦简《秦律十八种·内史杂》记载道：

除佐必当壮以上，毋除士五（伍）新傅。①

士伍就是没有爵位或者说是失去爵位的人，《汉旧仪》曰：“无爵为士伍。”从这条简文可以看出，即便是佐吏之属，也要求担任者必须具有爵位。前引刘劭《爵制》则对爵位与军吏职位的关系也说得非常明确，这里仅摘引与吏卒相关文字：

其在军赐爵为等级，其帅人皆更卒也，有功赐爵，则在军吏之例。自一爵以上至不更四等，皆士也。大夫以上至五大夫五等，比大夫也……一爵曰公士者，步卒之有爵为公士者。二爵曰上造。造，成也。古者成士升于司徒曰造士，虽依此名，皆步卒也。三爵曰簪袅，御驷马者。要袅，古之名马也。驾驷马者其形似簪，故曰簪袅也。四爵曰不更。不更者，为车右，不复与凡更卒同也。五爵曰大夫。大夫者，在车左者也。六爵为官大夫，七爵为公大夫，八爵为公乘，九爵为五大夫，皆军吏也。吏民爵不得过公乘者，得贳与子若同产。然则公乘者，军吏之爵最高者也。②

秦代官爵之间存在相对较为严格的对应关系，而汉代则明显不如秦严格，存在军吏占爵等级不及戍卒者，但“吏民爵不得过公乘”这一点，还是符合汉代情况的，居延简牍档案史料也证实了这一点。在涉及吏民、吏卒可以占有的八级以下爵位的大约三百五十多枚简中，可以判明占爵者身份是吏还是卒者约有一百八十多人，其中为吏者约一百零七人，为卒者约八十一人。在为吏者中占有公乘爵位者约有七十一人，约占有爵吏的百分之六十六，占有公大夫以下爵位者三十四人，其中最低爵公士只有二人，仅占不足百分之二；而在为卒者中占有公士爵位者却有二十七人，约占百分之三十三，占有上造以上爵位者五十四人，其中具有允许吏民占有的最高爵位

① 睡虎地秦墓竹简整理小组：《睡虎地秦墓竹简·秦律十八种·内史杂》，第62页。

② 《后汉书·百官志五》，第3631—3632页。

公乘者二十三人，约占百分之二十八。从这一粗略统计可以看出，爵位高者为吏的几率也高，爵位低者为吏的几率也低，虽然吏、卒身份与爵位等级之间不存在绝对的对应关系。

中国古代官与爵有密切联系，就秦汉时期而言，经历了因爵而官到因官而爵的变化。秦有爵即可除吏，重爵胜于重官，这从秦始皇巡行刻石中先侯后相可见一斑。如在著名的琅邪刻石中，追随秦始皇东巡并参与刻石颂功德的大臣们的名单排序是：

> 列侯武城侯王离、列侯通武侯王贲、伦侯建成侯赵亥、伦侯昌武侯成、伦侯武信侯冯毋择、丞相隗林、丞相王绾、卿李斯、卿王戊、五大夫赵婴、五大夫杨樛从，与议于海上。[①]

爵位高于也重于官职，不要说列侯爵位的武城侯王离和通武侯王贲，就连“爵卑于列侯，无封邑”[②]的伦侯爵位的建成侯赵亥、昌武侯成、武信侯冯毋择三人，位次也排在丞相隗林和王绾二人之前。发展到汉代，爵位与官制的关系出现了完全不同的情况。大体上说来，汉代是官位重于爵位，虽有爵不是必然要拜官除吏，不过因爵而吏，或因官而爵的情况，在汉代史料中还是俯拾可得。如在居延汉简中，戍卒事役类别和职务高低大小基本是由爵位决定的，或者说是与爵位基本对应的，无爵和低爵之人绝大多数只是充当一般的戍卒，而绝大多数的候长、燧长均由具有第八级公乘爵爵位的人担任。汉代官秩和爵位等级大致还是高低相互适宜的。一般来说，不爵之民不可能拜官为吏，特殊情况下无爵而官了，不久也会得到与官职相应的爵位；低爵之民不可能为高官，大体说是六百石以上之官具有五大夫以上的爵位，二千石以上之高官才可望封侯。

此外官吏出公差，其出差的待遇水平也和其本人具有的爵位等级有关。如张家山汉简《二年律令·传食律》就有相关规定：

> 食从者，二千石毋过十人，千石到六百石毋过五人，五百石以下到二百石毋过二人，二百石以下一人。使非吏，食从者，卿以上比千石，

---

① 《史记》卷6《秦始皇本纪》，第246页。

② 《史记》卷6《秦始皇本纪》，《索隐》，第247页。

五大夫以下到官大夫比五百石，大夫以下比二百石；吏皆以实从者食之。[1]

第五，因爵位的占有及其高低，除了在减免刑罚和徭役、占有土地和拜官除吏等方面获得惠利，是包括民爵在内的所有爵位带给人们最主要好处之外，秦汉不同时期爵位还带给人们其它一些不同的惠利。

因爵位高低有无而获得不同的赏赐，其中既有生前的，也有身后的。首先看生前的不同赏赐，张家山汉简《二年律令·赐律》有比较丰富的相关史料：

赐衣者六丈四尺、缘五尺、絮三斤，襦二丈二尺、缘丈、絮二斤，绔（袴）二丈一尺、絮一斤半，衾五丈二尺、缘二丈六尺、絮十一斤。五大夫以上锦表，公乘以下缦表，皆帛里；司寇以下布表、里。[2]

第九级五大夫以上爵位者、第八级公乘以下爵位者和无有爵级的司寇以下者，三者被赐予的衣被的里和面都是不一样的，有锦、缦、帛、布的差异。又载：

赐不为吏及宦皇帝者，关内侯以上比二千石，卿比千石，五大夫比八百石，公乘比六百石，公大夫、官大夫比五百石，大夫比三百石，不更比有秩，簪袅比斗食，上造、公士比佐史。毋爵者，饭一斗、肉五斤、酒大半斗，酱少半升。司寇、徒隶，饭一斗，肉三斤，酒少半斗，盐廿分升一。[3]

因爵位高低有无而获赐不等的饭、肉、酒、酱（司寇、徒隶无酱有盐）。《二年律令·傅律》又载：

大夫以上[年]九十，不更九十一，簪袅九十二，上造九十三，公士

① 张家山二四七号汉墓竹简整理小组编著：《张家山汉简·二年律令·传食律》，《张家山汉墓竹简〔二四七号墓〕》（释文修订本），第40页。

② 张家山二四七号汉墓竹简整理小组编著：《张家山汉简·二年律令·赐律》，《张家山汉墓竹简〔二四七号墓〕》（释文修订本），第48页。

③ 张家山二四七号汉墓竹简整理小组编著：《张家山汉简·二年律令·赐律》，《张家山汉墓竹简〔二四七号墓〕》（释文修订本），第49页。

九十四，公卒、士五(伍)九十五以上者，禀鬻米月一石。

大夫以上年七十，不更七十一，簪袅七十二，上造七十三，公士七十四，公卒、士五(伍)七十五，皆受仗(杖)。[①]

赐给老迈年高者米以为糜粥，授予老年人王杖以示尊养，是汉代统治者孝亲敬老的具体体现，但从所引律条可以看出，由于爵位等级不同，获取禀鬻米和授王杖的年龄也不同，爵位越高，获取的年龄相对越低，爵位越低，获取的年龄相对越高，以示等级的差别。

其次，再看由于爵位有无高低的不同，身后的赏赐也不一样。张家山汉简《二年律令·赐律》又载：

赐棺享(椁)而欲受赍者，卿以上予棺钱级千、享(椁)级六百；五大夫以下棺钱级六百、享(椁)级三百；毋爵者棺钱三百。[②]

具有卿以上爵位者比具有五大夫以下爵位者，每一级棺钱多四百，椁钱多三百，而无爵者，一律只有三百钱棺钱，而无椁钱。另外，当时还存在一种与爵位有无高低相关的制度，据《商君书·境内》记载：

爵自二级以上有刑罪则贬。爵自一级以下有刑罪则已。小夫死。以上至大夫，其官级一等，其墓树级一树。[③]

可见，起码是在秦代，法律明令规定，按照死者生前爵位的级数在其墓上种树，爵位越高，墓树越多，这是爵位等级性在墓树制度上的反映。

这里还想重新强调，秦汉四五百年，朝代易姓几次，爵位带给人们的好处，不是一成不变的，不同朝代，甚至同一朝代的不同时期，不完全一样。如免役是农民从爵制中获得的最大实惠，但商鞅二十等爵初创时，四级为不更，按唐人颜师古的解释是"言不豫更卒之事也"[④]，就是说达到四级爵

---

① 张家山二四七号汉墓竹简整理小组编著：《张家山汉简·二年律令·傅律》，《张家山汉墓竹简〔二四七号墓〕》(释文修订本)，第57页。

② 张家山二四七号汉墓竹简整理小组编著：《张家山汉简·二年律令·赐律》，《张家山汉墓竹简〔二四七号墓〕》(释文修订本)，第49页。

③ 蒋礼鸿撰：《商君书锥指》卷5《境内第十九》，第120页。

④ 《汉书》卷19《百官公卿表》注，第740页。

不更，即可以免除徭役负担。至迟到西汉初年，这种情况已发生变化，在著名的高帝五年五月诏中说：“军吏卒会赦，其亡罪而亡爵及不满大夫者，皆赐爵为大夫。故大夫以上赐爵各一级，其七大夫以上，皆令食邑，非七大夫，以下皆复其身及户，勿事。”[①]把免役的爵级提升到第五级大夫，到天下安定后，免役等级又升高了，据《汉书·食货志》：“令民入粟受爵，至五大夫以上，乃复一人耳。”至迟从文帝以后，汉代只有九级以上的官爵或者称高爵，才有免役之利，八级公乘以下的民爵无此好处。

又如食邑等级的下限也是变化的。较早的《商君书·境内》载，九等爵五大夫可税邑三百家，说明九等以上的爵位均可以食邑。以后食邑的等级升高，颜师古注引臣瓒曰：“秦制，列侯乃得食邑。”[②]就两汉食邑的范围而言，大体上说是具有贵族爵位者，包括王、各种侯以及一切分食国家税收者，但也有比较特殊的时期，食邑等级的爵位下限是很低的，最为突出的就是西汉初年，更准确地说是刘邦刚刚称帝之时，在上引“高帝五年诏”中所宣布的“七大夫以上，皆令食邑”。

说到“高帝五年诏”，主要由于两个方面的原因：一是这道诏书对汉代封爵制度的承袭和变异影响很大，对汉朝建立后社会结构的重新排列组合影响很大；二是如此重要的一道诏令，学术界传统认定和使用的，不论是文本还是释义，都存在一定的问题，故笔者在下面稍作质疑和讨论。

### 四、“高帝五年诏”重释

楚汉战争结束后，刘邦称帝，于五年（公元前202年）五月宣布遣散军队，同时颁布了一道长篇诏令，这就是“高帝五年诏”。此道诏令属于历史上帝王诏令中特别重要的那种，因其是新王朝初建时统治者奖励有功、安定天下的具体措施，直接影响到新的社会等级结构、新的社会秩序的形成和建立，故长期为中外秦汉史专家所重视。

对于高帝五年诏，虽然《史记》、《汉书》、《汉纪》、《资治通鉴》等书均有涉及，但最详细者当属《汉书·高帝纪》，而且它不是以叙述、转述，而是以“诏曰”，即直接引述诏令原文的形式出现。《汉书·高帝纪》中的五年诏虽然长达278字，但估计依然不是五年诏令的全部文字和内容。《汉书》作者在撰书时对原诏令可能依然有所取舍，因为《汉书》高帝五年诏并非从头引

---

① 《汉书》卷1《高帝纪》，第55页。

② 《汉书》卷1《高帝纪》注，第55页。

至尾,而是以“诏曰”和“又曰”的形式分为前后两部分,其中“诏曰”部分引了128字,“又曰”部分引了150字,当然不做取舍而故意将完整的诏文分开引用也不是不可能的,故笔者只是说“估计”、“可能”。下面仅就此道诏令中一处与爵制有关的传统标点及解释提出一点异议和修正意见。

为了讨论方便,先将《汉书·高帝纪》中五年五月诏的全文引录于此:

> 诏曰:“诸侯子在关中者,复之十二岁,其归者半之。民前或相聚保山泽,不书名数,今天下已定,令各归其县,复故爵田宅,吏以文法教训辨告,勿笞辱。民以饥饿自卖为人奴婢者,皆免为庶人。军吏卒会赦,其亡罪而亡爵及不满大夫者,皆赐爵为大夫。故大夫以上赐爵各一级,其七大夫以上,皆令食邑,非七大夫以下,皆复其身及户,勿事。”又曰:“七大夫、公乘以上,皆高爵也。诸侯子及从军归者,甚多高爵,吾数诏吏先与田宅,及所当求于吏者,亟与。爵或人君,上所尊礼,久立吏前,曾不为决,甚亡谓也。异日秦民爵公大夫以上,令丞与亢礼。今吾于爵非轻也,吏独安取此!且法以有功劳行田宅,今小吏未尝从军者多满,而有功者顾不得,背公立私,守尉长吏教训甚不善。其令诸吏善遇高爵,称吾意。且廉问,有不如吾诏者,以重论之。”①

下面重点要讨论的是诏令中的一段,兼及其余。重点一段是:

> 军吏卒会赦,其亡罪而亡爵及不满大夫者,皆赐爵为大夫。故大夫以上赐爵各一级,其七大夫以上,皆令食邑,非七大夫以下,皆复其身及户,勿事。

首先从文本谈起。中华标点本的这种断句法早已成为学术界的传统读法,在这种标点断句之下,也早已形成了对这段史料比较一致的传统解释,即对于那些无罪无爵以及虽有爵但没达到大夫爵级的军吏卒,一律赐予大夫之爵,原来就具有大夫及以上爵位的军吏卒,在原爵位的基础上再增加一级,令那些具有七大夫以上爵位者食邑,而具有七大夫以下爵位者,

---

① 《汉书》卷1下《高帝纪下》,第54—55页。

免除本人及其家人的徭役①。各家的解释均很一致。但笔者以为，这种解释与此段诏令的文字标点是存在矛盾的，其中“七大夫以上”与“非七大夫以下”两句，释义应是相同的，均应指七大夫以上的爵位，应该说传统解释与“非七大夫以下”的意思是不相符的。出现这种不符的原因有二，或是标点断句问题，或是错字问题。古人行文原无标点，按照此段诏令前后文字内容的内在逻辑关系看，即说完“七大夫以上”，再说“七大夫以下”，应承认传统解释又是合理的，如果文字不误，毛病应认为是出在标点断句上。笔者以为，应将“非七大夫以下”后面的“，”号前移到“非七大夫”之后，使该句成为“非七大夫，以下皆复其身及户，勿事”，这样就与传统释义相符，与古人原意相合了。如维持传统的标点断句，只能认为这句话是说，不是七大夫以下之爵，而是七大夫以上之爵者可以得到“复其身及户，勿事”的待遇，这样既让整段史料逻辑混乱，也与古人原意相悖。其实在古汉语中，这种“非……以上”或“非……以下”的句式很多，现代汉语也沿用。远的例子不举，仅将《汉书》后翻几页就有例证，《高帝纪》八年春三月载：令“爵非公乘以上毋得冠刘氏冠”②，这句话是命令公乘以下爵位者，不可以戴刘氏冠，而绝不是反过来，指公乘以上爵位者。造成不符的另一种可能就是文字有误，即“非七大夫以下”的“下”是“上”字之误，毋庸赘言，这种错误在文字书写中是容易发生的。如果将“非七大夫以下”变成“非七大夫以上”，整段文字的逻辑也通，与传统释义也相符。不过，首先要考虑的原因应是标点之误，这样不会涉及更为复杂的古书勘误。

其次，在“高帝五年诏”中，“七大夫”是具有等级分界性的重要爵位，但“七大夫”是什么爵，是秦爵还是楚爵？唐人颜师古曰：“七大夫，公大夫也，爵第七，故谓之七大夫。”③学术界一般据此认为，这里的七大夫就是秦二十等爵中的第七级公大夫。不过也有不同看法，如日本学者栗原朋信及西嶋定生等就认为这里所说的七大夫，是汉初所行的楚爵爵称，不是秦爵，至

---

① 可参见西嶋定生：《中国古代帝国的形成及其结构——二十等爵制研究》第三章第二节，中华书局，2004 年；高敏：《论两汉赐爵制度的历史演变》，《秦汉史论集》，中州书画社，1982 年；朱绍侯：《军功爵制试探》，《四、西汉初期对二十级军功爵制的因袭和改革》，上海人民出版社，1980 年；柳春藩：《秦汉封国食邑赐爵制》第三章第二节，辽宁人民出版社，1984 年。

② 《汉书》卷 1 下《高帝纪下》，第 65 页。

③ 《汉书》卷 1 下《高帝纪下》，第 55 页。

于应该与秦二十等爵制的哪一阶相比定，还有问题[1]，即不以颜师古说法为是。但这一观点长期未被中国学者注意，没有给以讨论。近年李开元重新指明这一分歧，坚持颜师古的说法，理由是汉建国后已将楚制改为秦制，且五年诏中其它爵名都是秦爵[2]。不过这一解释似乎没有解决栗原朋信所谓楚爵改秦爵后，楚爵爵称还遗留的问题，七大夫就是一个例证。笔者对此谈一点看法。

栗原、西嶋未言七大夫为楚爵的根据，但其看法应该是有一定原因的。其一，刘邦在反秦抗楚的过程中，所赐手下有功者的爵位确实有楚爵，如执帛和执圭，而同时所赐的爵位又有七大夫，具体如曹参、夏侯婴和灌婴都曾先后获得七大夫、执帛和执圭的封爵[3]，由于执帛和执圭是楚爵，故认为七大夫也应是楚爵；其二，高帝五年诏中的七大夫待遇过高，可以食邑，这在此前的秦爵中是没有的，根据《商君书》的记载，第九级五大夫以上方可食邑[4]，而颜师古《汉书·高帝纪》注更引臣瓒曰“秦制，列侯乃得食邑”，因而怀疑这种可以食邑的七大夫不是秦爵，而是楚爵。但以上我们估计可能依据的这两个原因似乎均构不成七大夫为楚爵的有力证据。

笔者认为，七大夫与执帛、执圭不同，即认定执帛、执圭是楚爵而不是秦爵有充分的史料依据。关于执帛，《汉书·曹参传》注引郑氏明确道“楚爵”[5]；《史记·曹相国世家》注引张晏曰：“孤卿也，或曰楚官名。”[6]先秦官、爵混而难分，但均认定为楚制。关于执圭，《吕氏春秋·异宝》载，“荆国之法，得五员者，爵执圭，禄万檐，金千镒”[7]；《战国策》卷一载，周君谓楚将景翠曰“公爵为执圭，官为柱国，战而胜，则无加焉矣，不胜则死”[8]；《战国策》卷九载：陈轸为齐王问楚将昭阳曰“楚之法，覆军杀将，其官爵何也”，昭阳

① 栗原朋信：《关于两汉时代的官民爵》，《史观》二二・二三册、二六・二七册，早稻田大学史学会，1930年、1931年；西嶋定生：《中国古代帝国的形成及其结构——二十等爵制研究》第三章第二节，中华书局，2004年。

② 李开元：《汉帝国的建立与刘邦集团——军功受益阶层研究》第一章第一节，生活・读书・新知三联书店，2000年。

③ 分别见《史记》和《汉书》中三人的本传。

④ 《商君书・境内篇》：“故爵大夫，【就为公大夫。故爵公大夫，】就为公乘。【故爵公乘，】就为五大夫，则税邑三百家。”据蒋注增补阙文。见蒋礼鸿：《商君书锥指》卷5《境内第十九》，第117页。

⑤ 《汉书》卷39《曹参传》，第2013页。

⑥ 《史记》卷54《曹相国世家》注引，第2023页。

⑦ 陈奇猷：《吕氏春秋新校释》卷10《孟冬纪》，上海古籍出版社，2002年，第558页。

⑧ 刘向集录，范祥雍笺证，范邦瑾协校：《战国策笺证》卷1《东周》，上海古籍出版社，2006年，第13页。

对曰“官为上柱国，爵为上执圭”[①]；《说苑》卷十一载“鄂君子晳亲楚王母弟也，官为令尹，爵为执圭”[②]等等。而关于七大夫，可以说认定其不是秦爵而是楚爵则没有一条可信的史料依据，虽然《左传》中有一条史料同时言及七大夫和楚，却难能为据。《左传·僖公二十六年》载：

桓公之子七人，为七大夫于楚。[③]

这里的七大夫并非楚之爵名，应当是说桓公七个儿子为楚国七个大夫，因为类似这种语式说法在上古史书中多见，比如说五大夫，在有些时候是特指一种爵名，但有时就是指五个大夫。如《说苑》卷二载翟黄曰：

昔者，西河无守，臣进吴起而西河之外宁；邺无令，臣进西门豹而魏无赵患；酸枣无令，臣进北门可而魏无齐忧；魏欲攻中山，臣进乐羊而中山拔；魏无使治之臣，臣进李克而魏国大治；是以进此五大夫者，爵禄倍，以故至于此。[④]

这里的五大夫明显是指吴起、西门豹、北门可、乐羊、李克五个大夫，不是指五大夫之爵，上面《左传》中的七大夫也应是如此。由于缺乏七大夫为楚爵的史料证明，故不能认定七大夫不是秦爵七级公大夫而是楚爵。

另外，高帝五年诏中说：“民前或相聚保山泽，不书名数，今天下已定，令各归其县，复故爵田宅。”这里要恢复的“故爵”明显是指秦朝时的爵位，那么在故爵基础上加赐的新爵级也是秦爵，应该是合乎逻辑，没有疑问的。而且仅仅经过七年，到汉惠帝即位时（公元前195年）曾大赐天下，诏令：

赐民爵一级。中郎、郎中满六岁爵三级，四岁二级。外郎满六岁二级。中郎不满一岁一级。外郎不满二岁赐钱万。宦官尚食比郎中。谒者、执盾、执戟、武士、驺比外郎。太子御骖乘赐爵五大夫，舍人满五岁二级。赐给丧事者，二千石钱二万，六百石以上万，五百石、二百石

① 刘向集录，范祥雍笺证，范邦瑾协校：《战国策笺证》卷9《齐二》，第564—565页。
② 向宗鲁校证：《说苑校证》卷11《善说》，中华书局，1987年，第279页。
③ 杨伯峻编著：《春秋左传注》，僖公二十七年，第442页。
④ 向宗鲁校证：《说苑校注》卷2《臣术》，第42页。

以下至佐史五千。视作斥上者，将军四十金，二千石二十金，六百石以上六金，五百石以下至佐史二金。减田租，复十五税一。爵五大夫、吏六百石以上及宦皇帝而知名者有罪当盗械者，皆颂系。上造以上及内外公孙耳孙有罪当刑及当为城旦舂者，皆耐为鬼薪白粲。民年七十以上若不满十岁有罪当刑者，皆完之。①

其中言及具体爵名的有五大夫、上造，二者也属秦二十等爵中的两个爵级。而2001年公布的《张家山汉墓竹简·二年律令》②，其年代为吕后二年（公元前186年），上距高帝五年也不过十六七年，简文中包括了丰富的爵制内容，其爵名全部是秦爵。如前面多次引到的《户律》中的记载：

宅之大方卅步。彻侯受百五宅，关内侯九十五宅，大庶长九十宅，驷车庶长八十八宅，大上造八十六宅，少上造八十四宅，右更八十二宅，中更八十宅，左更七十八宅，右庶长七十六宅，左庶长七十四宅，五大夫廿五宅，公乘廿宅，公大夫九宅，官大夫七宅，大夫五宅，不更四宅，簪袅三宅，上造二宅，公士一宅半宅……③

这里包括了秦二十等爵的全部爵名。应该可以确认，自刘邦称帝后，汉在爵制方面，除了诸侯王爵外，实行的是秦朝的二十等爵制。另外，五年诏中又说："七大夫、公乘以上，皆高爵也。"将"七大夫"与"公乘"并提，说明二者等次相近，而七大夫的等次又明确低于五大夫，这一点从《汉书》曹参和樊哙的传中可见，二人都是先被赐七大夫，再立军功后又升为五大夫。五大夫是二十等爵中的第九级，公乘是第八级，七大夫应该就是第七级公大夫，就是秦爵，这样分析应该是不误的。

再次，"七大夫以下"的"以下"指什么，包括那些等级的爵位，按学术界对五年诏的传统解释和比较一致的看法，是指七大夫以下的爵位，即不包括七大夫在内的七大夫以下的六个等级的爵位，具体是：六级官大夫、五级大夫、四级不更、三级簪袅、二级上造、一级公士。但是这种解释，虽习以为

① 《汉书》卷2《惠帝纪》，第85页。

② 张家山二四七号汉墓竹简整理小组编著：《张家山汉墓竹简〔二四七号墓〕》，文物出版社，2001年。

③ 张家山二四七号汉墓竹简整理小组编著：《张家山汉简·二年律令·户律》，《张家山汉墓竹简〔二四七号墓〕》（释文修订本），第52页。

常，习以为准，细思却有疑点，有必要修正重释。

西汉建立以后，在爵制方面主要是承继秦的二十等爵制。关于二十等爵制的源流是个较复杂的问题，但有一点可以肯定，即它与先秦时期三代国家军政中各种性质和等级人的身份名称有关。刘劭的《爵制》是这样叙述的：

> 商君为政，备其法品为十八级，合关内侯、列侯凡二十等，其制因古义。古者天子寄军政于六卿，居则以田，警则以战，所谓入使治之，出使长之，素信者与众相得也。故启伐有扈，乃召六卿，大夫之在军为将者也。及周之六卿，亦以居军，在国也则以比长、闾胥、族师、党正、州长、卿大夫为称，其在军也则以卒伍、司马、将军为号，所以异在国之名也。秦依古制，其在军赐爵为等级，其帅人皆更卒也，有功赐爵，则在军吏之例。自一爵以上至不更四等，皆士也。大夫以上至五大夫五等，比大夫也。九等，依九命之义也。自左庶长以上至大庶长，九卿之义也。关内侯者，依古圻内子男之义也。秦都山西，以关内为王畿，故曰关内侯也。列侯者，依古列国诸侯之义也。①

如前文所分析，刘劭将秦汉时期的二十等爵划分为四个大的类别，即一级至四级为士，五级至九级为大夫，十级至十八级为卿，十九级、二十级为侯。应该说刘劭的划分基本是合于历史实际的。在张家山汉墓出土的有关爵制的汉简新史料，比较明确地显示出二十等爵内部的四大类别，特别是在《二年律令》中，多见“关内侯以上”、“卿以上”、“五大夫以下”、“大夫以上”、“不更以下”等简文，如：

> 赐不为吏及宦皇帝者，关内侯以上比二千石……②
>
> 赐棺享（椁）而欲受赍者，卿以上予棺钱级千、享（椁）级六百；五大夫以下棺钱级六百，享（椁）级三百……③
>
> 不更以下子年廿岁，大夫以上至五大夫子及小爵不更以下至上造

---

① 《续汉书·百官志五》，《后汉书》，第3631页。

② 张家山二四七号汉墓竹简整理小组编著：《张家山汉墓竹简·二年律令·赐律》，《张家山汉墓竹简〔二四七号墓〕》（释文修订本），第49页。

③ 张家山二四七号汉墓竹简整理小组编著：《张家山汉墓竹简·二年律令·赐律》，《张家山汉墓竹简〔二四七号墓〕》（释文修订本），第49页。

年廿二岁,卿以上子及小爵大夫以上年廿四岁,皆傅之。①

张家山汉简中的这些新史料反映了二十等爵内部确实存在侯、卿、大夫、士的类别,彼此存在权益上的差异。但是,秦汉不同时期各大类爵甚至每一具体爵级的权益又是有变化的,仅就免除徭役这种惠利看,高帝五年诏规定七大夫以下可以免役,但最迟十几年后,即到吕后二年(公元前 186 年)就已经是从第七级即"自公大夫以下(上),勿以为徭"②,而六级官大夫以下没有免役之利,而最晚到汉文帝时期,又变成了"至五大夫以上,乃复一人耳"③,即爵至第九级以上方能免役。就西汉王朝稳定后的一般情况看,应该是九级五大夫以上方可获得免役的好处,故清人钱大昕说:"爵自公士至公乘,凡八等;虽有爵,犹不得复除,与编户无异。"④所以在居延汉简所反映的大量戍徭更卒中,多见八级公乘以下爵位者,而难见九级五大夫以上爵位者。至于说本文所讨论的高帝五年诏,令七级以下爵也可免役,学术界一致认为是特殊历史时期的特殊政策,但真的如传统解释所认为的,七大夫以下所有爵级均可以得到免役的优惠?其实这不仅得不到任何其它史料的佐证,而且仅就五年诏的前后文看,也有问题。

《汉书》高帝五年诏的前部分,即"诏曰"部分,包括对四种人的政策,第一种是诸侯子,第二种是聚保山泽之民,第三种是自卖为奴婢者,第四种就是军吏卒。诏令规定,军吏卒只要无罪,就会获得赐爵的奖赏,即使原来无爵者也可以和爵之不满五级大夫者一样获得大夫爵位,而原来就拥有大夫及以上爵位者则再加赐一级。军吏卒被赐予这些爵位后,可以得到什么特别的政治经济利益,那就是下面说的两种情况,一种是七大夫及以上爵位者可以食邑,一种是不够七大夫之爵位者可以"复其身及户,勿事"。由于这些奖励政策的对象是无罪的军吏卒,而他们所获得的爵位最低也是五级大夫,所以笔者认为,"七大夫以下"应该是指六级官大夫和五级大夫,不应包括四级不更、三级簪褭、二级上造和一级公士,即不应包括刘劭《爵制》中

---

① 张家山二四七号汉墓竹简整理小组编著:《张家山汉墓竹简·二年律令·傅律》,《张家山汉墓竹简〔二四七号墓〕》(释文修订本),第 58 页。

② 张家山二四七号汉墓竹简整理小组编著:《张家山汉墓竹简·二年律令·徭律》,《张家山汉墓竹简〔二四七号墓〕》(释文修订本),第 64 页。据张家山汉简整理小组认为,"自公大夫以下"中的"下"字,"疑为'上'字之误"。(第 65 页)

③ 《汉书》卷 24 上《食货志上》,第 1134 页。

④ 钱大昕著,方诗铭、周殿杰点校:《廿二史考异》卷 3《史记三》,"平准书"条,上海古籍出版社,2004 年,第 44 页。

所说的士爵，这些爵级与军吏卒们无关，也与免役无涉。

另外，再看一下高帝五年诏中对那些“聚保山泽、不书名数”之民的政策。可以说这些民与军吏卒完全不同，他们不但对新王朝的建立没什么功劳，而且是汉初社会中极不安定的因素。为了使社会迅速安定，巩固汉朝已得的天下，刘邦对他们的政策一是令其返回原来的郡县，二是恢复他们的故爵田宅。正是为了使这种安定的目的、安抚的政策迅速而顺利地实现，刘邦还严令下面的官吏对这些民要招抚教育，不要打骂，但绝没有安抚到让这些民按所恢复的故爵食邑和免役的地步，如果真是这些民中的有爵者，特别是众多的低爵者也都是够七级就食邑，七级以下全部免役的话，恐怕西汉政府会无邑可赐，无民可役。所以对无罪有功军吏卒的优惠政策并不适用于整个天下。

“高帝五年诏”毕竟是特殊历史时期的应变产物，从常识的角度思考，它也不可能长期实行。事实也正是如此，大约自汉惠帝开始，最迟也不过汉文帝时期，二十等爵中的第七级七大夫非但食不了邑，而且连赋役也不能免复，而食邑的特权又回复到列侯（包括部分关内侯）等级，与秦朝基本一样，免役之利也仅仅惠及第九级五大夫，这基本成为两汉的定制。

## 第三节　简牍新史料所反映的爵制新问题

自从19世纪末20世纪初以来，不断有汉代和秦代的简帛出土，特别是20世纪70年代以来，出土简帛的地域不断扩大，简帛的种类和数量不断增多，这些考古发现的新史料，不断丰富秦汉史的内容，同时也修正着人们对这一时期历史的认识和看法。其中尤其值得提出的是居延汉简、睡虎地秦简、张家山汉简、里耶秦简等几种简牍，不但使我们发现了一些有关秦汉爵制的新问题，而且对爵制方面的一些传统认识也产生质疑和进行修正。简牍新史料中所反映的爵制新问题主要包括：低爵世袭问题、妇女占爵问题、小爵问题、卿及卿侯问题、以钱抵爵问题、以爵位减免刑罚的相对性问题、爵位转移问题等等。本书下面要重点讨论的是：低爵世袭问题、爵位的限制和转移问题、妇女占爵问题及小爵问题。

### 一、低爵世袭问题

由于传统文献史料的局限，长期以来学术界普遍认为，秦汉时期的爵位世袭主要体现在高级爵位，即主要是存在于王侯等食邑贵族的爵位方面，可以说在《史记》和两《汉书》中，尤其是相关的表和列传中比比皆是，但是却看不到低等爵位，即所谓的民爵的世袭情况，所以基本是认定民爵是没有世袭的权利的。出土的简牍新史料主要就是张家山汉简向学术界展示了低爵世袭的珍贵史料。这些史料集中在《张家山汉墓竹简〔二四七号墓〕》的《二年律令・置后律》中：

> 疾死置后者，彻侯后子为彻侯，其毋适（嫡）子，以孺子□□□子。关内侯后子为关内侯，卿[侯]〈后〉[子]为公乘，[五大夫]后子为公大夫，公乘后子为官大夫，公大夫后子为大夫，官大夫后子为不更，大夫后子为簪袅，不更后子为上造，簪袅后子为公士，其毋适（嫡）子，以下妻子、偏妻子。
>
> □□□□为县官有为也，以其故死若伤二旬中死，皆为死事者，令子男袭其爵。毋爵者，其后为公士。毋子男以女，毋女以父，毋父以母，毋母以男同产，毋男同产以女同产，毋女同产以妻。诸死事当置后，毋父母、妻子、同产者，以大父，毋大父以大母与同居数者。
>
> ☐及（?）爵，与死事者之爵等，各加其故爵一级，盈大夫者食之。
>
> ·☐先以长者、有爵者即之。爵当即而有物故，夺□，以其数减后爵。其自贼杀，勿为置后。
>
> 死，其寡有遗腹者，须遗腹产，乃以律为置爵、户后。
>
> 尝有罪耐以上，不得为人爵后。诸当㨾（拜）爵后者，令典若正、伍里人毋下五人任占。[①]

简文中所说的“后子”，就是爵位继承人，类似于皇帝和诸侯王及其他贵族的太子或世子，后子一般由嫡（长）子充当，无嫡子的由其他庶出之子充当。以上《置后律》的这些律文，反映了这样几个方面的信息：

首先是爵位拥有者死因不同，家人在世袭其爵位时，又分为两种情况。一种是爵位拥有者因功劳死亡，那么爵位继承者不但完全承袭其原有的爵位，而且如果死者生前爵位与继承者的爵位等级一样的话，继承者在世袭

---

① 张家山二四七号汉墓竹简整理小组编著：《张家山汉简・二年律令・置后律》，《张家山汉墓竹简〔二四七号墓〕》（释文修订本），第59、60、61页。

时可以增加一级爵位，如果死者生前没有爵位的话，也会赐给其继承者一级公士的爵位。另一种是爵位拥有者因疾病死亡，从上面简文看，在二十等爵中只有侯类爵位，即彻侯和关内侯因疾病死亡，其后子能够原封不变地世袭其原有的爵位①，而其他爵位拥有者因疾病死后，其后子均不能完全世袭其原来的爵位，只能是降低等级地继承。而降等级继承又分为三种情况：大庶长以下至左庶长的卿（官）类爵位拥有者死后，后子承袭爵位为公乘；五大夫以下至簪褭的吏民类爵位拥有者死后，后子降低二级承袭爵位；而最低的两级爵位，即上造和公士的拥有者因疾病死后，后代则不能继承其爵位。但是当爵位等级达到可以降等级继承的爵位级别时，即便爵位拥有者因疾病死时，其后子尚未长大成人，也可以按照上面所说的原则承袭爵位，甚至连遗腹子都可以获得爵位的继承权。

其次是爵位拥有者的爵位，一般来说在其死后应该由后子世袭继承，但如果没有子男，家庭中的其他成员也可以成为爵位的继承者，其继承顺序是：子男、子女、父、母、男同产、女同产、妻。

再次是爵位的世袭传承必须要在里伍基层组织的监督下进行，必须符合法律的规定，不论是爵位拥有者由于犯罪、物故、自贼杀，还是继承人曾经犯罪，都会影响爵位的世袭继承。

另外在张家山汉简《二年律令·傅律》中也有一条与爵位制度有关的简文：

> 不为后而傅者，关内侯子二人为不更，它子为簪褭；卿子二人为不更，它子为上造；五大夫子二人为簪褭，它子为上造；公乘、公大夫子二人为上造，它子为公士；官大夫及大夫子为公士；不更至上造子为公卒。当士（仕）为上造以上者，以适（嫡）子；毋适（嫡）子，以扁（偏）妻子、孽子，皆先以长者若次其父所以，所以未傅，须其傅，各以其傅时父

① 这种情况和某些传统文献史料存在一定的矛盾，即据史书记载，王侯爵位的世袭往往是减少封地或者衣食户数的，如《汉书·宣帝记》载：诏曰：“故大司马大将军博陆侯宿卫孝武皇帝三十有余年，辅孝昭皇帝十有余年，遭大难，躬秉谊，率三公九卿大夫定万世册以安社稷。天下蒸庶咸以康宁，功德茂盛，朕甚嘉之。复其后世，畴其爵邑，世世无有所与。功如萧相国。”（《汉书》卷68《霍光传》，第2950页）张晏注曰：“律，非始封，十减二。畴者，等也，言不复减也。”（《汉书》卷68《宣帝纪》，第247页）又据《后汉书·邓禹列传》载：“夷安侯珍子康，少有操行。兄良袭封，无后。永初六年，绍封康为夷安侯。时诸绍封者皆食故国半租，康以皇太后戚属，独三分食二，以侍祠侯为越骑校尉。”（《后汉书》卷16《邓禹列传》，第606页）这种减少封邑的做法反映了对世袭的限制，当然毕竟爵位的等级没有降低，从这个方面看，似乎又是不矛盾的。

定爵士(仕)之。父前死者,以死时爵。当为父爵后而傅者,士(仕)之如不为后者。①

《傅律》中的这条简文与上面《置后律》中的几条简文有一个重要的不同,它主要讲的是爵位拥有者在活着的时候,他的不是后子,即非爵位承袭者的子男们在傅籍成人时,由于他的爵位等级不同,而会获得不同等级的爵位。其中又包括了比较复杂的情况,那就是第七级公大夫以上爵位拥有者的子男中,有两个儿子所获得爵位比其他儿子高一级,这里边嫡庶差别得到了体现。而第六级官大夫以下爵位拥有者的子男们,彼此之间则没有这样的差别。这种父亲还活着,子男在傅籍之时因父亲拥有的爵位不同而获得不同爵位的制度,是否也可属于世袭或继承制度,是个可以研究讨论的问题,因为他毕竟不是承袭父辈的爵位,而是因父辈的爵位而获得的新的爵位,把它看成是爵位获得的一条途径,并非严格意义上的爵位世袭和继承制度,也许更为合理。

## 二、爵位的限制和转移问题

爵位的限制和转移看起来似乎构不上什么新问题,正史中可以说有不少有关爵位限制和转移授予的相关记载,即史书中所说的"移授",如:

其赐天下男子爵,人二级;三老、孝悌、力田人三级;爵过公乘,得移与子若同产、同产子。

汉制,赐爵自公士已上不得过公乘,故过者得移授也。②

大赦天下。赐民爵,人二级,为父后及孝悌、力田人三级,脱无名数及流人欲占者人一级,爵过公乘得移与子若同产子;鳏、寡、孤、独、笃癃、贫不能自存者粟,人三斛。③

元初元年春正月甲子,改元元初。赐民爵,人二级,孝悌、力田人三级,爵过公乘,得移与子若同产、同产子,民脱无名数及流民欲占者人一级;鳏、寡、孤、独、笃癃、[贫]不能自存者谷,人三斛;贞妇帛,人

① 张家山二四七号汉墓竹简整理小组编著:《张家山汉简·二年律令·傅律》,《张家山汉墓竹简〔二四七号墓〕》(释文修订本),第58页。

② 《后汉书》卷2《明帝纪》及注,第96—97页。

③ 《后汉书》卷3《章帝纪》,第129页。

一匹。[1]

阳嘉元年春正月乙巳，立皇后梁氏。赐爵，人二级，三老、孝悌、力田三级，爵过公乘，得移与子若同产、同产子，民无名数及流民欲占著者人一级；鳏、寡、孤、独、笃癃、贫不能自存者粟，人五斛。[2]

吏民爵不得过公乘者，得贳与子若同产。然则公乘者，军吏之爵最高者也。[3]

以上这些史料基本都是出自《后汉书》，反映了东汉以后爵位赐予的相对频繁和轻滥，为了不使更多的人获得第九级五大夫以上爵位，从而获得免役的惠利，故统治者三令五申，编户民被授予的爵位都被限制在第八级公乘以下，超过的部分下令转移给子男、兄弟及其兄弟的儿子。从文献史料看，似乎西汉时期没有相关的限制性规定，甚至有学者用湖北江陵凤凰山出土的木牍来证明这一点：说墓主人张偃仅仅是一个乡官，俸禄绝对没有达到六百石，但他的爵位却是五大夫，说明当时吏民占爵没有不得超过公乘的限制规定。但是问题又似乎还不是这么简单，由于上孙家寨、张家山等地汉简的出土，使汉代爵位的限制和转移问题的内容更加丰富，也更加复杂。先引青海上孙家寨115号墓出土的相关汉简：

各二级，爵毋过左庶长，斩首捕虏拜爵各一级，□□□□□斩捕首虏二级拜爵各一级，斩捕五级拜爵　257

各二级，斩捕八级拜爵各三级，不满数，赐钱级千，斩首捕虏毋过人三级，拜爵皆毋过五大夫……　258

二级当一级，以为五大夫者，三级当一级，首虏不满数者，藉须复战，军罢不满数，赐钱，级　259

虏什二人以上，拜爵各一级，不满　260

二千级若校尉四百级以上及吏官属，不得战者，拜爵各一级，爵毋过五大夫　261

捕虏拜爵满五大夫，欲先罢者，许之　262

毋过人五级，爵皆毋　264

---

① 《后汉书》卷5《安帝纪》，第220页。

② 《后汉书》卷6《顺帝纪》，第259页。

③ 《后汉书·百官志五》注引刘劭《爵制》，第3632页。

可击之，能斩捕君长有邑人者，及比二千石以上，赐爵各四级，其毋邑人，及吏皆千石以下至六百石，赐 266

从军斩首捕虏，爵禅行，至右更 267

其士吏以上拜爵者，皆禅行，得至 268

斩首捕虏者，勿赐爵 269

皆夺爵为士五，毋爵 280[①]

这里所引上孙家寨115号墓汉简所反映的是西汉中晚期军功赐爵的情况，值得重视的信息包括：根据军功大小不同和原来身份不同赐爵的级数分别有一级、二级、三级、四级、五级；限制不得超过的爵级数有三级和五级，限制不得超过的爵位名称包括左庶长、五大夫，其中左庶长只有一次，五大夫两次，另外还有一次是爵位达到五大夫后，可以提前退役，等于是变相限制不得超过五大夫；赐爵达到的最高爵位是第十四级右更，超过了五大夫和左庶长，但是赐予什么身份的人不得而知；斩首捕虏不满级数的转为赐钱；当达到一定的爵位等级后，如五大夫，再记功时从严掌握，办法是斩首二级或者是三级算作一级，以此限制获得食邑权和免役权的人数；由于某些原因，一些人是不允许赐予爵位的。总的看来，上孙家寨汉简不论是赐爵的情况还是限制赐予爵级的情况，均与文献史料有明显不同，差异的原因，除了时代的不同外，估计最主要的还是打仗立功赐爵与和平年代普遍赐爵的差别所导致的。

再看一下张家山汉简的情况。有学者依据以下两条简文：

捕从诸侯来为间者一人，捧（拜）爵一级，有（又）购二万钱。不当捧（拜）爵者，级赐万钱，有（又）行其购。数人共捕罪人而当购赏，欲相移者，许之。[②]

捕盗铸钱及佐者死罪一人，予爵一级。其欲以免除罪人者，许之。捕一人，免除死罪一人，若城旦舂、鬼薪白粲二人，隶臣妾、收人、司空三人以为庶人。其当刑未报者，勿刑。有（又）复告者一人身，毋有所

---

① 李均明、何双全编：《散见简牍合辑》，第31—33页。

② 张家山二四七号汉墓竹简整理小组编著：《张家山汉简·二年律令·捕律》，《张家山汉墓竹简〔二四七号墓〕》（释文修订本），第29页。

与。诇告吏，吏捕得之，赏如律。[①]

认为“爵位之转移多以转移权益的形式见存”，允许所获之爵位“相移”和用之“抵免他人之罪”，而“史籍所载则有爵级的直接转移，如《续汉书·百官志》注引刘劭《爵制》：‘……吏民爵不得过公乘者，得贳与子若同产。’此类转移，目的是为避免过多的人得高爵”[②]。其实我们还可以在该文的基础上作进一步的归纳分析，即综合传统文献和出土新史料，汉代爵位的转移可以分为爵位等级的直接转移和爵位所含权益内容的派生转移。而就直接转移来看，主要就是把获得的爵位转移授予他人，而就目前所能见到的有限史料看，直接接受爵位转移的又可分为两种情况：一种是亲属之间的转移，即上面《后汉书》引文中所说的把超过八级公乘的爵位移授给子男、兄弟、兄弟子等；另一种是非亲属间的转移，就是上面所引张家山汉简《捕律》中说的“数人共捕罪人而当购赏，欲相移者，许之”。而就派生的权益转移来看，也包含了丰富的内容和不同的情况，主要是两种情况：一种是自我转移，把爵位转移为钱财，据《二年律令·盗律》载：

徼外人来入为盗者，要（腰）斩。吏所兴能捕若斩一人，𢶀（拜）爵一级。不欲𢶀（拜）爵及非吏所兴，购如律。[③]

又据《二年律令·捕律》载：

能产捕群盗一人若斩二人，𢶀（拜）爵一级。其斩一人若爵过大夫及不当𢶀（拜）爵者，皆购之如律。所捕、斩虽后会□□论，行其购赏。斩群盗，必有以信之，乃行其赏。

捕从诸侯来为间者一人，𢶀（拜）爵一级，有（又）购二万钱。不当𢶀（拜）爵者，级赐万钱，有（又）行其购。[④]

---

① 张家山二四七号汉墓竹简整理小组编著：《张家山汉简·二年律令·钱律》，《张家山汉墓竹简〔二四七号墓〕》（释文修订本），第 36 页。

② 李均明：《张家山汉简所反映的二十等爵制》，《中国史研究》2002 年第 2 期。

③ 张家山二四七号汉墓竹简整理小组编著：《张家山汉简·二年律令·盗律》，《张家山汉墓竹简〔二四七号墓〕》（释文修订本），第 17 页。

④ 张家山二四七号汉墓竹简整理小组编著：《张家山汉简·二年律令·捕律》，《张家山汉墓竹简〔二四七号墓〕》（释文修订本），第 29 页。

又据《二年律令·爵律》载：

诸当赐受爵，而不当𢷋（拜）爵者，级予万钱。①

这几条简文中所言到的“不欲拜爵”、“非吏所兴”、“爵过大夫”、“不当拜爵”几种情况，都会发生爵位转移为钱财的事情。其实上面所引的“捕从诸侯来为间者一人，拜爵一级，有（又）购二万钱。不当拜爵者，级赐万钱，有（又）行其购”也可以归入这一类情况之中。再一种情况是他人转移，主要是指用爵位赎免他人的罪行，如上引《二年律令·钱律》律文“予爵一级。其欲以免除罪人者，许之”，只要捕获一名盗铸钱者或者是死罪犯，就可以获得一级爵位，就可以用这一级爵位来赎免死罪一人，如果犯罪者不是死罪，如像城旦舂、鬼薪白粲罪，可以赎免二人，像隶臣妾、收人、司空罪可以赎免三人，使他们重新成为庶人。

还应该指出的是，用爵位赎免他人罪行的做法，也不是汉代的发明，应该是汉承秦制，同样是在出土的简牍史料，即云梦睡虎地秦简中也有类似的法律条文：

欲归爵二级以免亲父母为隶臣妾者一人，及隶臣斩首为公士，谒归公士而免故妻隶妾一人者，许之，免以为庶人。②

归还二级爵位方可以赎免为隶臣妾的亲生父母一人。上面所说汉代只要归还一级爵位，就可以赎免死罪一人，而像隶臣妾这样的罪犯，可以赎免三人，可见秦朝比汉朝要严苛得多，不过也从一个侧面看出秦朝的爵位比汉朝要重得多，也要值钱得多。

### 三、妇女占爵问题

秦汉时期，主要是汉代，妇女与爵位是什么关系，她们是否也可以占有爵位，这也是学界关注的问题。日本学者西嶋定生在《二十等爵制》一书中，用了极大的篇幅考察男子和赐爵问题，认为秦汉时期的占爵者是包括

---

① 张家山二四七号汉墓竹简整理小组编著：《张家山汉简·二年律令·爵律》，《张家山汉墓竹简〔二四七号墓〕》（释文修订本），第62页。

② 睡虎地秦墓竹简整理小组：《睡虎地秦墓竹简·秦律十八种·军爵律》，第55页。

小男在内的编户良民男子，妇人是无爵的。尤其是在该书的第二章第三节《民爵赐与的对象》中专门分列了几个标题，即“家长与‘男子’”、“‘男子’一词的含义”、“‘为父后者’一词的含义”、“授爵者的年龄”等，对赐爵男子进行了细致的考察，另外又在第四章第六节专门撰写了“关于妇人无爵”的问题。其实妇女与爵位是有关系的，关于这一点史书中是有记载的，如《汉书·文帝纪》载：

> 丞相臣平、太尉臣勃、大将军臣武、御史大夫臣苍、宗正臣郢、朱虚侯臣章、东牟侯臣兴居、典客臣揭再拜言大王足下：子弘等皆非孝惠皇帝子，不当奉宗庙。臣谨请阴安侯、顷王后、琅邪王、列侯、吏二千石议，大王高皇帝子，宜为嗣。愿大王即天子位。①

其中的阴安侯就是女性，是汉高祖刘邦的兄嫂，据颜师古注引如淳又说：

> 《王子侯表》曰合阳侯喜以子濞为王，追谥为顷王。顷王后封阴安侯，时吕媭为林光侯，萧何夫人亦为酂侯。②

吕后的妹妹吕媭、萧何的夫人也都封侯。但是西嶋认为这是吕后掌权时期的特别事例。然而不单是西汉，东汉时期也有妇女封侯之事。据《后汉书》记载，汉光武帝刘秀之子，即废皇太子东海恭王刘强儿子寡少，结果三个女儿被封侯，刘强临死时上疏显宗谢恩说：“天恩愍哀，以臣无男之故，处臣三女小国侯，此臣宿昔常计。”李贤等注曰：“即妇人封侯也。”③更值得关注的是出土简牍中也有妇女占有爵位史料，如前文提到过的湖北荆州高台汉墓的编号为M18∶35墓中出土的甲乙丙丁叠放在一起的四块木牍，即一个叫燕的妇女的迁徙户籍文书④。其中丙牍的正面是燕家的户籍，录有“新安户人大女燕关内侯寡”的内容，就是说成年女子燕是个具有关内侯爵位的寡妇。此外，《汉书·外戚传》又记载：

---

① 《汉书》卷4《文帝纪》，第108页。

② 《汉书》卷4《文帝纪》，第109页。

③ 《后汉书》卷42《光武十王列传》及注，第1424—1425页。

④ 湖北省荆州博物馆：《荆州高台秦汉墓》，科学出版社，2000年，第222—229页。

> 汉兴，因秦之称号，帝母称皇太后，祖母称太皇太后，适称皇后，妾皆称夫人。又有美人、良人、八子、七子、长使、少使之号焉。至武帝制倢伃、娙娥、傛华、充依，各有爵位，而元帝加昭仪之号，凡十四等云。昭仪位视丞相，爵比诸侯王。倢伃视上卿，比列侯。娙娥视中二千石，比关内侯。傛华视真二千石，比大上造。美人视二千石，比少上造。八子视千石，比中更。充依视千石，比左更。七子视八百石，比右庶长。良人视八百石，比左庶长。长使视六百石，比五大夫。少使视四百石，比公乘。①

但是对于这些后宫妇女的爵位，西嶋并不予以承认，认为“都是由视秩、比爵来表示的，并不是爵本身”。与之相反，西嶋引用了几条传统文献中妇女无爵的史料来证明自己的观点，如引《白虎通义·爵篇》曰：

> 妇人无爵何。阴卑无外事。是以有三从之义，未嫁从父，既嫁从夫，夫死从子。故夫尊于朝，妻荣于室，随夫之行。故礼郊特牲曰，妇人无爵，坐以夫之齿。礼曰，生无爵，死无谥……

又引《礼记·郊特牲》曰：

> 共牢而食，同尊卑也。故妇人无爵，从夫之爵。坐以夫之齿。②

其实，《白虎通义·爵篇》在“死无谥”之后还有一句话：“《春秋》录夫人，皆有谥，夫人何以知非爵也。”西嶋为什么略去了这一句话，我们不得而知，但恰恰是这句话，反映出《白虎通》作者对古代妇人无爵还是有怀疑的。其实后来作为经典的志书，不论是《通典》还是《通志》都承认秦汉妇人有封爵：

> 凡妇人无爵，从夫之爵，坐以夫之齿。至秦汉，妇人始有封君之号。③

---

① 《汉书》卷 97 上《外戚传上》，3935 页。

② 西嶋定生：《中国古代帝国的形成与结构——二十等爵制研究》，第 437 页。

③ 王文锦等点校：《通典》卷 34《职官十六·后妃》，第 948 页。郑樵《通志》作：“凡妇人无爵，从夫之爵，坐以夫命之齿。至秦、汉，妇人始有封君之号……”（郑樵：《通志二十略·职官略第七·命妇第十四》，中华书局，1992 年，第 1225 页）

基本可以确定，西嶋定生认为秦汉时期的占爵者是包括小男在内的编户良民男子，妇人是无爵的。

其实国内学术界也有许多学者与西嶋看法相同，不认为汉代妇女可以占有爵位，如前些年当长沙走马楼三国吴简发布后，有学者就根据其中妇女占有公乘爵位的简文，认为孙吴时期“妇女可以同男子一样获得‘公乘’爵级，这一情况，根本不见于汉代史籍及出土汉简，可以说是孙吴时期赐爵制实行过程中所独有的现象”[①]，明确表示了对汉代妇女占有爵位的否定。其实这种看法并不稳妥，且不说上面所引传统文献中的那些史料，在有巨大影响的张家山汉简中就有关于妇女占爵的简文，这些出土的考古新史料动摇了学术界“妇人无爵”的传统认知。在《二年律令》所显示的继承法中，汉代妇女就有继承爵位的权力，如《置后律》载：

> □□□□为县官有为也，以其故死若伤二旬中死，皆为死事者，令子男袭其爵。毋爵者，其后为公士。毋子男以女，毋女以父，毋父以母，毋母以男同产，毋男同产以女同产，毋女同产以妻。
>
> 寡为户后，予田宅，比子为后者爵。[②]

也许有人会强调《二年律令》反映的是西汉初年的情况，然而在反映汉魏之际社会状况的走马楼吴简中更是存在妇女占有爵位的具体个案，如：

> 曼溲里户人公乘大女黄客年五十算一☑　　八五〇〇[③]
>
> 小[尚](?)里户人公乘大女五西年□□算一……　　一〇四九六[④]

可以说，张家山汉简和走马楼吴简相互支撑，共同证实了秦汉时期(即便不是整个秦汉，也是秦汉相当长的时期)妇女是可以占有爵位的。

汉代妇女可以有爵，这与汉代妇女具有相对较高的社会地位有密切关系，她们不但可以有爵，而且可以参与土地的买卖交易，可以继承和分割家

---

① 高敏:《从〈长沙走马楼三国吴简·竹简·壹〉看孙权时期的赐爵制度实况》,《中州学刊》2005 年第 4 期。

② 张家山二四七号汉墓竹简整理小组编著:《张家山汉简·二年律令·置后律》,《张家山汉墓竹简〔二四七号墓〕》(释文修订本),第 59、61 页。

③ 长沙市文物考古研究所等编著:《长沙走马楼三国吴简·竹简〔壹〕》,第 1071 页。

④ 长沙市文物考古研究所等编著:《长沙走马楼三国吴简·竹简〔壹〕》,第 1110 页。

产。如《贞松堂集古遗文》(卷十五)所载的《房桃枝买地券》就是两名妇女进行的土地交易:“洛阳大女房桃枝从同县大女赵敬买广德亭部罗西造步兵道东冢下余地一亩。”[①]又据长沙东牌楼汉简《光和六年监临湘李永、例督盗贼殷何上言李建与精张诤田自相和从书》[②],父亲精宗没有儿子,只有女儿,另外有兄弟和侄子,其生前的田产,最后分成两部分,其中四分之一归于弟弟精张(曾为兄操办丧事),主要的四分之三则归出嫁的女儿,并由其嫡长子李建代为继承。从这一具体实例可知汉代女子是可以继承父亲的土地财产的,爵位也是同样。

当然也不可否认,汉代妇女占爵同男子还是有区别的。首先,国家在普遍赐爵时,她们并不是赐爵的对象,所谓“赐民爵一级(或者是二级),女子百户牛酒”,在两《汉书》中频繁出现,说明赐爵对象的民是吏民男子,不包括女子,对女子的恩惠是百户牛酒,由于普遍赐爵是编户吏民拥有爵位最主要最容易的途径,妇女被排除在赐爵之外,她们就远不如男子拥有爵位的人数多和比例高。妇女拥有的爵位仅仅是通过继承男子的爵位而获得,而在继承法中继承关系的先后排序中,妇女又处于居后的位置,当拥有爵位的男子去世后,首先拥有继承爵位资格的是子男,其次才是子女;再后也首先是父亲,其次才是母亲;再后首先是男同产(即兄弟),其次才是女同产(即姐妹);最后才是外姓人的妻子。这种继承法律决定了女子比男子占爵的机会又大大减少,甚至可以认为,在古代鼓励人口生殖,不搞计划生育的情况下,一般家庭中都不乏男性成员,因此女子获得继承爵位的机会是非常少的,所以几乎可以肯定,社会中拥有爵位的女子只能是个别现象,但在法律上是允许妇女拥有爵位的。

### 四、“小爵”问题

如前文所说,20 世纪 60 年代,西嶋定生在其代表作《中国古代帝国的形成与结构——二十等爵制研究》一书中,对赐民爵问题进行了系统而卓越的研究,对文献史料中两汉 420 年间共计 90 次的赐爵情况进行了搜集、梳理,并结合当时所能见到的西北地区出土的简牍史料作进一步考订

① 罗振玉:《贞松堂集古遗文》(下册),北京图书馆出版社,2003 年,第 352—353 页。

② 长沙市文物考古研究所、中国文物研究所编:《长沙东牌楼东汉简牍》,文物出版社,2006 年,第 73 页。

分析[①]，其研究极其细腻。西嶋先生的研究结论不仅包括如下的重要内容：“赐爵对象是编户良民”，“并不一定限于家长”，而是全体编户良民男子，而且尤其值得关注的是，他认为“民爵赐与是对小男亦即14岁以下男子既已实行”[②]。这个认识非常重要，但长期并未被国内学术界所重视，少有正面肯定或反面否定的直接回应。关注秦汉爵制的中国学者基本还是固守古人留给我们的传统看法，即或者是基于《后汉书·明帝纪》载：“其赐天下男子爵，人二级”，李贤注引《前书音义》曰：“男子者，谓户内之长也。”[③]及《汉书·惠帝纪》载：“赐民爵，户一级”，颜师古注曰：“家长受也。”[④]故认为赐民爵是赐予每户的家长；或者是把爵位与官职相等视，认为爵位与官职一样是成年人才能拥有的，赐民爵是与没有傅籍的未成年人不相干的事情。近几十年来一批批秦汉三国简牍接踵出土，其中珍贵的“小爵”史料，证明了西嶋当初结论的正确，也证实了多数学者都被《前书音义》所误。这些保存有“小爵”史料的简牍主要包括：张家山汉简、里耶秦简、走马楼三国吴简，在某种意义上说，也应该包括居延汉简。

张家山汉简中有一段涉及“小爵”的最主要的史料，见于《二年律令·傅律》，简文为：

> 不更以下子年廿岁，大夫以上至五大夫子及小爵不更以下至上造年廿二岁，卿以上子及小爵大夫以上年廿四岁，皆傅之。公士、公卒及士五（伍）、司寇、隐官子，皆为士五（伍）。畴官各从其父畴，有学师者学之。[⑤]

---

① 详见西嶋定生《中国古代帝国的形成与结构——二十等爵制研究》第二章。

② 《中国古代帝国的形成与结构——二十等爵制研究》，第235、239、261页。必须一提的是，西嶋定生在1974年出版的《中国历史2·秦汉帝国》（中译本《白话秦汉史》，黄耀能译，台北：文史哲出版社，1983年）一书中曾经修改了自己原来的结论：“赐与民爵，应不仅仅是户主，而是十五岁以上的所有男子，都给与爵位。”他在《中国古代帝国形成史论》（原载《中国古代国家与东亚世界》，东京大学出版会，1983年）一文中又说：“赐民爵一级，如前所述，是将爵一级作为单位，给予一般的人民，也就是编户的良民，而非奴婢或流民……这个时候所称的‘民’，只指女子以外的男子。因而作为赐爵对象者，可知只有‘男子’。此处的男子，通常是以一家之长，即户主之意来解，但依鄙见，并非一定限于此，也就是不仅户主赐爵，所有的男子都是赐爵的对象。”（载《日本学者研究中国史论著选译》第二卷，第71页）与《二十等爵制》一书又是一致的。笔者此处主要依据《中国古代帝国的形成与结构——二十等爵制研究》一书的说法。

③ 《后汉书》卷2《明帝纪》，第96页。

④ 《汉书》卷2《惠帝纪》，第91页。

⑤ 张家山二四七号汉墓竹简整理小组编著：《张家山汉简·二年律令·傅律》，《张家山汉墓竹简〔二四七号墓〕》（释文修订本），第58页。

这是西汉初年有关傅籍和世业的法律条文。其中“小爵”的含义，在笔者之前，学界有两种解释：一种是张家山二四七号汉墓竹简整理小组在该段简文之下所做的注：

小爵，从律文看，指有爵的青年。

再一种是朱绍侯先生在《西汉初年军功爵制的等级划分——〈二年律令〉与军功爵制研究之一》一文中的解释：

大夫级爵和小爵本是《二年律令》中所反映的汉初军功爵制中两大等级；自公士至不更四个爵位则总称为小爵。①

第一种解释给笔者的感觉是过于笼统含糊，原因是使用了秦汉时期基本不用的语词“青年”二字，不要说在秦汉时期，即便是在今天，什么年龄段的人属于青年，也很难说得具体明确。作为大致划分年龄段的名词，秦汉史料中最多见的是“少年”，此外也有“壮年”、“中年”，偶尔也见“老年”，其中与现代“青年”一词含义相当的应该是“少年”，如商务印书馆的《辞源》（修订本）就将“少年”解释为“青年男子”②。但即使对换成“有爵的少年”来解释小爵，也依然嫌含糊，因为“少年”一词在当时同样是泛指年龄较轻的人群中的男性，到底是几岁至几岁，身高几尺几寸至几尺几寸，并无明确标准。这一类名词可做一般性使用，而用来解释有严格年龄或身高规定的傅籍法律条文中的特殊名词，显然不合适。

第二种解释给笔者的感觉，是采用先入为主而不是通过论证的办法把小爵看成是二十等爵中的四大类别之一，即最高的是侯爵，其次是卿爵，再次是大夫爵，最低的就是小爵，并径直宣布小爵与刘劭《爵制》中的“士”爵是“一致的”，是二十等爵中最低的四个等级，即一级公士、二级上造、三级簪袅、四级不更的“总称”。这种解释没有其它史料的佐证不说，最大的问题是与原始的简文存在非常明显的矛盾，即简文中明确说“小爵大夫以

① 朱绍侯：《西汉初年军功爵制的等级划分——〈二年律令〉与军功爵制研究之一》，《河南大学学报》（社会科学版）2002年第5期。

② 广东、广西、湖南、河南辞源修订组，商务印书馆编辑部：《辞源》（修订本），商务印书馆，1980年，第893页。

上”，而大夫是第五等爵，不在二十等爵中最低的四个等级之中，就是说按照原始简文，不仅四级以下，五级以上的爵位也与小爵有关。由于是先入为主地确认小爵是二十等爵中一至四等爵的总称，故该文认为“简文错乱不可理解”，为了解决这个矛盾，于是对原始简文进行了删节和重新排列，使上面的简文变成：

> 小爵不更以下至上造子年廿岁，大夫以上至五大夫子年廿二岁，卿以上子廿四岁，皆傅之。公士、公卒及士五、司寇、隐官子、皆为士五，畴官各从其父畴，有学师者学之。

虽然该文自认删节和重新排列后的简文，尽管“与原简文肯定不完全符合，但其大意肯定不错”，但笔者感觉两段简文相差很大，不可避免地造成文义舛异，也难避“删字解经”或“削足适履”之嫌。

首先，删改后的简文仅有65字，较之原始简文的78字，少了13字之多，尤其是少了“不更以下”和“及小爵大夫以上”这样关键性的词句。其次，删改后的律文与《二年律令》中涉及爵级爵名的其它律文在行文规则上不合。从《二年律令》看，汉初的二十等爵内部确实存在四个大的类别，估计就是刘劭《爵制》中所分划的侯、卿、大夫和士①。但在《二年律令》中，不论是爵的大类名称还是大类中的具体爵级名称，都是单独出现的，没有大类爵名带着该类中的具体爵名同时出现的情况，当某一大类的爵在惠利或义务方面律令的规定完全一致时，就只用大类爵名，而当有差异不完全一致时则用具体爵名，不出现大类爵名带着该类中的具体爵名同时出现的情况，如《置后律》曰：

> 疾死置后者，彻侯后子为彻侯，其毋适（嫡）子，以孺子□□□子。关内侯后子为关内侯，卿[侯]〈后〉子为公乘，【五大夫】后子为公大夫，公乘后子为官大夫，公大夫后子为大夫，官大夫后子为不更……②

不出现“卿左庶长”、“卿大庶长”这样的句式行文，如果说小爵真是一至四

---

① 详见前文所引《续汉书·百官志》注引刘劭《爵制》。

② 张家山二四七号汉墓竹简整理小组编著：《张家山汉简·二年律令·置后律》，《张家山汉墓竹简〔二四七号墓〕》（释文修订本），第59页。

等爵的总称，是一个大类爵名，那么删改后律文中的“小爵不更”就与此句式规则相忤不合。同样如果按“小爵不更”的行文规则，由于原始简文中同时存在“小爵不更”和“小爵大夫”，那就说明小爵并不是一至四等爵的总称，不是一个大类爵名，而是有着其它的含义。

“小爵”二字在张家山汉简出土之前的秦汉史料中极为罕见，《春秋繁露》卷第八《爵国》曰：

> 有大功德者受大爵土，功德小者受小爵土，大材者执大官位，小材者受小官位……①

其中虽有“小爵”二字，但一是与“土”字相连，是“小”与“爵土”共同构成的一个词组，二是该段文字主要说的是先秦史事，三也是最主要的是，这里的“小爵土”是与大的封爵封土相对而言的小的封爵封土的意思，不是一个有特定含义的爵类或爵级名称，所以这里的“小爵”与张家山汉简中的“小爵”完全不是一回事，没有可佐可证性。

笔者以为，张家山汉简中的“小爵”应是一个与傅籍与否，即年龄身高等有关的爵类。“小”字是使用频率最高的汉字之一，而且具有多种类多层次的含义，其中“年幼”是主要多用含义之一，而与“小”字组合成的许多专门名词也同样具有或绝对或相对年龄小的含义特点。如“小子”、“小儿”，或指小男孩儿，或指小儿子；“小童”也是指幼儿；“小年”是指幼年；“小名”、“小字”是指儿时的乳名；“小学”是幼儿（《周礼》说八岁）入的学校；“小生”是称年幼的晚辈；“小友”是成年人称年幼的朋友；“小男”、“小女”是指未成年的少男、少女；“小奴”、“小隶臣”、“小（隶）妾”、“小隶臣妾”、“小城旦”等，则是指年幼的奴隶和罪犯，后者犹如今天的少年犯。如同今天在一般场合“少年”只是代表年龄小，并不表明准确的年岁，而作为法律概念的“少年犯”则有准确的年龄标准一样，秦汉时期一般场合下的“小子”、“小儿”、“小生”、“小童”等也不必要求准确年龄，但作为律令或户口簿籍中的“小”，如“小奴”、“小隶臣”、“小（隶）妾”、“小隶臣妾”、“小城旦”等就有严格准确的年龄标准，“小爵”也当属于后一种情况。

与“小”相对，在秦汉律令或户口簿籍中也有“大”，如“大奴”、“大婢”、

① 苏舆撰，钟哲点校：《春秋繁露义证》卷8《爵国第二十八》，中华书局，1992年，第237页。

“大男”、“大女”、“大男子”、“大隶臣妾”等。那么大小的界线是什么，这有关小爵的准确含义。云梦秦简对此有明确记载，《秦律十八种·仓律》规定：

隶臣、城旦高不盈六尺五寸，隶妾、舂高不盈六尺二寸，皆为小。①

又规定：

小隶臣妾以八月傅为大隶臣妾，以十月益食。②

这就是说男性身高在六尺五寸以下，女性身高在六尺二寸以下为“小”，小隶臣身高达到六尺五寸，小隶妾身高达到六尺二寸，在八月份傅籍为大隶臣和大隶妾，从十月份开始增加口粮。可见，小就是未成年不傅籍，大就是成年傅籍，二者的界限男性是六尺五寸，女性是六尺二寸。这是秦简中的史料。在汉简中，如居延汉简、凤凰山汉简、悬泉置汉简以及张家山汉简中均有关于大男、大男子、大女、大奴、大婢的史料。其中如张家山汉简《二年律令·金布律》载：

诸内作县官及徒隶，大男，冬稟布袍表里七丈、络絮四斤，绔（袴）二丈、絮二斤；大女及使小男，冬袍五丈六尺、絮三斤，绔（袴）丈八尺、絮二斤……③

又《奏谳书》载：

十一年八月甲申朔己丑，夷道汵、丞嘉敢潚（谳）之。六月戊子发弩九诣男子毋忧，告为都尉屯，已受致书，行未到，去亡。·毋忧曰：變（蛮）夷大男子岁出五十六钱以当繇（徭）赋，不当为屯……鞫之：毋忧

① 睡虎地秦墓竹简整理小组：《睡虎地秦墓竹简·秦律十八种·仓律》，第32页。

② 睡虎地秦墓竹简整理小组：《睡虎地秦墓竹简·秦律十八种·仓律》，第33页。

③ 张家山二四七号汉墓竹简整理小组编著：《张家山汉简·二年律令·金布律》，《张家山汉墓竹简〔二四七号墓〕》（释文修订本），第65页。

> 變（蛮）夷大男子，岁出賨钱，以当繇（徭）赋，窯遣为屯，去亡，得，皆审。①
>
> 十年七月辛卯朔甲寅，江陵余、丞骜敢潚（谳）之。乃五月庚戌，校长池曰：士五（伍）军告池曰：大奴武亡，见池亭西，西行。池以告，与求盗视追捕武。武格斗，以剑伤视……·问，武：士五（伍），年卌七岁，诊如辤（辞）。②
>
> 八年十月己未，安陆丞忠刻（劾）狱史平舍匿无名数大男子种一月……③

以上《奏谳书》第一条史料中，毋忧之人既称男子，又称大男子；第二条史料中，被称为大奴的武者，其年龄为卌七岁；第三条史料中，种之人属于大男子，由于无名数被狱史平藏匿，双双触犯刑律，说明按照法律大男子是应傅籍在册的。这三条史料说明，大奴就是成年男奴，大男、大男子就是男子，就是成年傅籍的男性，也证明与大相对的小是未成年、未傅籍。

除了按身高尺寸衡量分划小大、成年傅籍与否之外，秦汉时期还按年龄确定小大、成年傅籍与否。不过不同时期，而且不同出身地位之人，傅籍年龄是有差异的，其中主要有十五岁、二十岁、二十二岁、二十三岁、二十四岁几种。相关史料有：云梦睡虎地秦墓主人喜的始傅年龄是十五岁。《汉书》卷一注引如淳曰：

> 《汉仪注》民年十五以上至五十六出赋钱，人百二十为一算，为治库兵车马。④

《后汉书》卷一注引《汉仪注》曰：

> 人年十五至五十六出赋钱，人百二十，为一算，又七岁至十四出口

---

① 张家山二四七号汉墓竹简整理小组编著：《张家山汉简·奏谳书》，《张家山汉墓竹简〔二四七号墓〕》（释文修订本），第91页。

② 张家山二四七号汉墓竹简整理小组编著：《张家山汉简·奏谳书》，《张家山汉墓竹简〔二四七号墓〕》（释文修订本），第94—95页。

③ 张家山二四七号汉墓竹简整理小组编著：《张家山汉简·奏谳书》，《张家山汉墓竹简〔二四七号墓〕》（释文修订本），第97页。

④ 《汉书》卷1上《高帝纪上》，第46页。

钱，人二十，以供天子……[①]

《后汉书》卷六四曰：“吾自束修已来……”注曰：

束修谓束带修饰。郑玄注《论语》曰“谓年十五已上”也。[②]

《后汉书》卷六三注曰：

成童，年十五也。《礼记》曰“十五成童，舞《象》”也。[③]

以上为十五岁之说。《史记》卷七注引孟康曰：

古者二十而傅，三年耕有一年储，故二十三年而后役之。[④]

《汉书》卷五载：

二年冬十二月……令天下男子年二十始傅。[⑤]

《盐铁论》卷第三载御史曰：

古者，十五入大学，与小役，二十冠而成人，与戎。[⑥]

上文所引《张家山汉墓竹简·二年律令·傅律》“不更以下子年二十岁”傅之，又“大夫以上至五大夫子及小爵不更以下至上造年二十二岁”傅之，以上为二十岁和二十二岁之说。《史记》卷七注引如淳曰：

律年二十三傅之畴官，各从其父畴内学之。高不满六尺二寸以下

① 《后汉书》卷1下《光武帝纪下》，第74页。
② 《后汉书》卷64《延笃列传》，第2107页。
③ 《后汉书》卷63《李固列传》，第2088页。
④ 《史记》卷7《项羽本纪》，第324页。
⑤ 《汉书》卷5《景帝纪》，第141页。
⑥ 王利器：《盐铁论校注》（定本），第192页。

为罢癃。《汉仪注》:“民年二十三年为正,一岁为卫士,一岁为材官骑士,习射御骑驰战阵。”又曰:“年五十六衰老,乃得免为庶民,就田里。”今老弱未尝傅者皆发之。未二十三为弱,过五十六为老。①

《盐铁论》卷第三载:

今陛下哀怜百姓,宽力役之政,二十三始傅,五十六而免,所以辅耆壮而息老艾也。②

以上为二十三岁之说。又前引《张家山汉墓竹简·二年律令·傅律》曰:“卿以上子及小爵大夫以上年二十四岁”傅之,此为二十四岁之说。

秦汉时期,傅籍成年与否,或者说小(男、女)大(男、女)之别,不仅与年龄、身高有关,此外还与发育及健康状况有关。本来,对于秦汉时期“小”的年龄界限,学术界普遍比较认同的是十四岁,十四以下为小男小女,其中又以六七岁之间为界分为使(小)男使(小)女和未使(小)男未使(小)女,但是近年来学者们在走马楼吴简中又无奈地发现了十九岁,甚至是二十八岁的小女,发现了十四岁,甚至只有十三岁的大女,如:

| | |
|---|---|
| 丘子小女喂年十九算一 | 二九二五③ |
| 子小女国年廿八算一肿两足复 | 二九四一④ |
| 斗小妻大女物年十四 | 四四二四⑤ |
| 康小妻大女端年十三 | 三一一五⑥ |

对以上出现的矛盾,有学者对二九二五简解释说“简文缺字或许有说明原由的内容”,对二九四一简解释说“或许‘小女’身份保留至廿八岁与‘肿两足’有关”。笔者认为这后一种解释颇有道理,这也同时更加证明了“小”或“大”的身份,不仅仅由年龄决定,还与身体状况有关,这种状况应该包括身

① 《史记》卷7《项羽本纪》注,第324页。
② 王利器:《盐铁论校注》(定本),第192页。
③ 长沙简牍博物馆等编著:《长沙走马楼三国吴简·竹简〔贰〕》,第777页。
④ 长沙市文物考古研究所等编著:《长沙走马楼三国吴简·竹简〔壹〕》,第955页。
⑤ 长沙简牍博物馆等编著:《长沙走马楼三国吴简·竹简〔贰〕》,第807页。
⑥ 长沙简牍博物馆等编著:《长沙走马楼三国吴简·竹简〔贰〕》,第781页。

高、发育、健康及残疾等情况。而该学者在解释四四二四、三一一五两简时说“大约女儿一旦出嫁，即失去了‘小女’身份”[①]，似可商榷，因为在20世纪70年代出土的居延汉简中还存在这样的简文：

妻使女贵年十三　　E. P. T65：495[②]

这位名字叫贵的十三岁女子，虽然已是人妻，但身份依然是小女中的使女，并没有因为出嫁而失去小女身份。十五岁以上小女和十四岁以下大女的存在，应该可以证明，除了年龄之外，身高等身体发育及健康因素，也是决定傅籍成年与否及小大之别的依据。小爵与傅籍成年与否有关，而傅籍成年与否和年龄身高发育健康有关，所以小爵也就与年龄身高发育等有关了。

未傅籍成人者占有的爵位应该就是张家山汉简中所说的小爵。另外，张家山汉简《奏谳书》中还有一条关于“小簪裊”的史料：

信行离乡，使舍人小簪裊逵守舍。[③]

小簪裊应该说就是小爵簪裊的简略说法。

里耶秦简中有一组关于小爵的簿籍简，简文例举如下：

1(K27)
第一栏：南阳户人荆不更蛮强
第二栏：妻曰嗛
第三栏：子小上造□
第四栏：子小女子驼
第五栏：臣曰聚
伍长
2(K1/25/50)

---

① 王子今：《走马楼竹简“小口”考绎》，《史学月刊》2008年第6期。

② 甘肃省文物考古研究所等编：《居延新简》，第452页。

③ 张家山二四七号汉墓竹简整理小组编著：《张家山汉简·奏谳书》，《张家山汉墓竹简〔二四七号墓〕》（释文修订本），第99页。

第一栏:南阳户人荆不更黄得

第二栏:妻曰嗛

第三栏:子小上造台

子小上造

子小上造定

第四栏:子小女虖

子小女移

子小女平

第五栏:五长[①]

简文中涉及的小爵为“小上造”,这里转引的只是两个簿籍中的例子,类似的拥有“小上造”爵位的,在这一批簿籍简中可确认无疑的共有 20 人之多[②]。

另外,在长沙走马楼三国吴简中存在一大批拥有爵位的未成年人,甚至是拥有庶民所能占有的最高爵位“公乘”。例如:

常迁里户人公乘何樵年十三　二九五一[③]

子公乘儿年五岁　三〇一一[④]

子公乘砀年七岁　三三一九[⑤]

子公乘哀年十　三三二一[⑥]

子公乘荣年八岁　三三二四[⑦]

子公乘兆年十一　三三六三[⑧]

惊弟公乘仲年五岁　二九五八[⑨]

困弟公乘礼年九岁　三三九七[⑩]

---

① 湖南省文物考古研究所编著:《里耶发掘报告》,岳麓书社,2007 年,第203 页。

② 详见《里耶发掘报告》,第 203—208 页。

③ 长沙市文物考古研究所等编著:《长沙走马楼三国吴简·竹简〔壹〕》,第 955 页。

④ 长沙市文物考古研究所等编著:《长沙走马楼三国吴简·竹简〔壹〕》,第 956 页。

⑤ 长沙市文物考古研究所等编著:《长沙走马楼三国吴简·竹简〔壹〕》,第 964 页。

⑥ 长沙市文物考古研究所等编著:《长沙走马楼三国吴简·竹简〔壹〕》,第 964 页。

⑦ 长沙市文物考古研究所等编著:《长沙走马楼三国吴简·竹简〔壹〕》,第 964 页。

⑧ 长沙市文物考古研究所等编著:《长沙走马楼三国吴简·竹简〔壹〕》,第 965 页。

⑨ 长沙市文物考古研究所等编著:《长沙走马楼三国吴简·竹简〔壹〕》,第 955 页。

⑩ 长沙市文物考古研究所等编著:《长沙走马楼三国吴简·竹简〔壹〕》,第 977 页。

高侄子公乘恨年五岁　二九三七[①]

类似的记载着拥有公乘爵的未成年人的简牍还有很多。从此处列举的简文看，就身份而言，既有本人为"户人"，即户主者，也有是户主的儿子、侄子、弟弟者，其中最多者是户主的儿子；而就具体的年龄看，其中最大的为"户人"者也只有13岁，大多数人均不足10岁，甚至只有5岁。

其实，早在20世纪30年代出土的第一批居延汉简中，就已经存在未傅籍成年的小男占有爵位的踪迹，西嶋定生正是据此而认定汉代赐民爵的范围是包括14岁以下的小男的，但由于简文中的一些不确定因素，致使国内学者对他的这一重要观点没能重视或认同。下面先列出居延汉简中可能是在未傅籍成年时就占有爵位的8条简文（西嶋定生当初搜集引用了其中的7条，缺少下面最后340·6一条，笔者现增补在最后），再作分析说明。

葆鸾鸟息众里上造颜收年十二长六尺黑色——皆六月丁巳出不　15·5[②]

鄣戍卒南阳郡叶宁里公乘张鞅年廿三吏官一人持吏卒名籍诣府须集帛书　185·14[③]

觻得定国里簪褭王遗年廿□　今肩水当井隧长代□偃　183·6[④]

☑都里不更司马奉德年廿长七尺二寸黑色　387·3[⑤]

☑公乘孙辅年十八长七尺一寸黑色　334·41[⑥]

■弟子公士博士黑色年十八　62·19[⑦]

葆　鸾鸟大昌里不更李恽年十六　51·5[⑧]

☑弘敢言之祝里男子张忠臣与同里☑

☑年卅四岁谭正□大夫年十八岁皆毋官狱☑

① 长沙市文物考古研究所等编著：《长沙走马楼三国吴简·竹简〔壹〕》，第955页。

② 谢桂华等：《居延汉简释文合校》，第23页。

③ 谢桂华等：《居延汉简释文合校》，第296页。

④ 谢桂华等：《居延汉简释文合校》，第293页。

⑤ 谢桂华等：《居延汉简释文合校》，第547页。

⑥ 谢桂华等：《居延汉简释文合校》，第525页。

⑦ 谢桂华等：《居延汉简释文合校》，第109页。

⑧ 谢桂华等：《居延汉简释文合校》，第88页。

☒□勿苛留止如律令/令史始□☒ 340・6[①]

以上八条简的释文完全没有疑义的只有三条，即第四条387・3简、第五条334・41简、第七条51・5简，其它五条均存在疑义。在这五条释文有疑义的简中有两条属于人名和里名的释文存在疑义，即第六条62・19简是人名有疑义，第八条340・6简是里名有疑义，与本文所讨论的未傅籍成年者占有爵位的问题关系不大，故不作具体讨论。而余下的另外三条简，即第一条15・5简、第二条185・14简、第三条183・6简的释文的疑义却都在影响大致的年龄之处。

其中第一条15・5简中的"年十二"，最初曾经释为"年廿二"，后又改为"年十二"[②]，而1980年出版的《居延汉简甲乙编》则又改释为"年十五"，而且之后还释有"□"[③]。第二条185・14简，有学者认为这枚简缀合有误[④]，而其中的"年廿三"，西嶋定生认为是"年廿武"[⑤]，于是使公乘张鞅的年龄由二十三岁变成了二十岁。第三条183・6简中的"年廿□"，西嶋定生则引为"年廿"，致使簪袅王遗的年龄由二十多岁变成了整二十岁。这三条简文中有爵者的年龄如果真的是二十岁以上，显然不适合作为小男为赐民爵对象的证据。如果减少这三条史料，虽然对结论的证明有一定的影响，但不是绝对和致命的，因为毕竟还有其它五条简文。

上面所引的第一条简文，如果按照"年十二"算，是居延汉简中唯一的一条小男具有爵位的明确且直接的史料；但如果按照"年廿二"算，这枚简就应该从这一组史料中排除，因为二十二岁为上造爵，与小男占爵没有关系；如果按照"年十五"算，这条简文就与其它七条简文一样，虽然够不上小男具有爵位的明确直接的史料，但却是属于间接的不确定史料。所谓间接的不确定史料是说这些簿籍在登录时，有爵者并非是年龄在十四岁以下的小男，而是把他们当时的年龄和所拥有的爵位等级综合起来分析，进而推测出他们当初开始接受赐爵时年龄应该在十四岁以下。西嶋定生当初结论的得出还必须依赖两个前提，即排除一种可能性和肯定一种假设性，可能性是指要排除他们是因为军功而一次就可以获得多级爵位，假设性是指

① 谢桂华等：《居延汉简释文合校》，第533页。
② 见西嶋定生：《中国古代帝国的形成与结构——二十等爵制研究》，第275页注(26)。
③ 见谢桂华等：《居延汉简释文合校》，第23页该简文下的"按"。
④ 谢桂华等：《居延汉简释文合校》，第296页。
⑤ 见西嶋定生：《中国古代帝国的形成与结构——二十等爵制研究》，第275页注(25)。

他们所具有的爵位必须是通过一次一级地普遍赐爵逐年积累的。没有这些先决条件，在张家山汉简、里耶秦简、走马楼吴简面世以前，小男与成年男子一样是国家赐爵对象的结论是难以得出的。鉴于此，笔者认为，西嶋在当初做结论时具有一定的臆测性，国内学者对其结论缺乏认可同样具有一定的合理性。当然后来张家山等地小男占有小爵简牍的陆续出土，毫无悬念地证实了西嶋当初臆测的正确性。

除了简牍中的史料之外，还有传统文献史料中的有些“小侯”，应该也是一种小爵。关于“小侯”，在先秦时期是指僻远小国或附庸国君，如《礼记·曲礼下》曰：

> 庶方小侯，入天子之国曰某人，于外曰子，自称曰孤。郑玄注：“谓戎狄子男君也。”孔颖达疏：“小侯，谓四夷之君。”①

又如《史记》卷三三载：

> 悼公之时，三桓胜，鲁如小侯，卑于三桓之家。②

汉代的“小侯”，内涵也不相同，一种是指封户少的列侯，如《史记》卷一八曰：

> 天下初定，故大城名都散亡，户口可得而数者十二三，是以大侯不过万家，小者五六百户。后数世，民咸归乡里，户益息，萧、曹、绛、灌之属或至四万，小侯自倍，富厚如之。③

这种就封户多寡相对而言的大小侯，不是汉代小侯的主要含义，而作为主要含义的小侯也与年龄有关，所以略加陈述有助于对小爵的认识。《后汉书》卷二载：

> （明帝九年，）为四姓小侯开立学校，置《五经》师。李贤注引袁宏

① 《礼记正义》卷5《曲礼下》，阮元校刻：《十三经注疏》，第1265页。
② 《史记》卷33《鲁周公世家》，第1546页。
③ 《史记》卷18《高祖功臣侯者年表》，第877—878页。

《汉纪》曰："永平中崇尚儒学，自皇太子、诸王侯及功臣子弟，莫不受经。又为外戚樊氏、郭氏、阴氏、马氏诸子弟立学，号四姓小侯，置《五经》师。以非列侯，故曰小侯。"①

又《后汉书》卷七九载：

乃令（刘昆）入授皇太子及诸王小侯五十余人。②

可见小侯是汉代贵族，主要是外戚家族中未成年而获封的子弟。商务印书馆编撰的《辞源》（修订本）以"汉代承袭侯爵的子弟"来解释"小侯"③，不一定准确，因为从汉代史料看，承袭侯爵的子弟不一定是小侯，如《后汉书》卷一六载：

帝分（邓）禹封为三国：长子震为高密侯，袭为昌安侯，珍为夷安侯。禹少子鸿，好筹策。永平中，以为小侯。引入与议边事，帝以为能，拜将兵长史，率五营士屯雁门。④

其中震、袭、珍三子分别承袭父亲邓禹封国的一部分而为侯，但不是小侯，只有少子鸿是小侯。对于小侯的含义，《颜氏家训》卷六《书证》曰：

谓之小侯者，或以年小获封，故须立学耳。或以侍祠猥朝，侯非列侯，故曰小侯。⑤

此两种猜测均有参考价值。所谓"年小获封"，是说尚未成人傅籍就获封。如《后汉书》卷二四载：

（马防）子钜，为常从小侯。六年正月，以钜当冠，特拜为黄门侍

① 《后汉书》卷2《明帝纪》，第113页。
② 《后汉书》卷79上《儒林列传》，第2550页。
③ 广东、广西、湖南、河南辞源修订组，商务印书馆编辑部：《辞源》（修订本），第886页。
④ 《后汉书》卷16《邓禹列传》，第605页。
⑤ 王利器：《颜氏家训集解》（增补本）卷6《书证第十七》，中华书局，1996年，第462页。

> 郎。肃宗亲御章台下殿，陈鼎俎，自临冠之。①

马钜为小侯时尚未冠。所谓“侍祠猥朝”，是说没有朝位，或侍祠郊庙，或奉先侯坟墓。杜佑《通典》卷三一《职官一三》曰：

> 汉兴，设爵二等，曰王，曰侯。皇子而封为王者，其实古诸侯也，故谓之诸侯王。王子封为侯者，谓之诸侯。群臣异姓以功封者，谓之彻侯。大者不过万家，小者五六百户，以为差降。古分土而无分民，自汉始分民，而诸王国皆连城数十，踰于古制。其诸侯功德优盛，朝廷所敬异，有赐特进者，其位在三公下。其次，列侯有功德，天子命为诸侯者，谓之朝侯，其位次九卿下。皆平冕文衣，侍祠郊庙。其称侍祠侯者，但侍祠而无朝位。其非朝侯、侍祠，而以下土小国，或以肺腑宿亲若公主子孙或奉先侯坟墓在京师者，亦随时见会，谓之猥诸侯。

又曰：

> 后汉爵亦二等。皇子封王，其郡为国。其列侯，虽邓、寇元勋，所食不过四县，为侯国。旧制，列侯奉朝请在长安者，皆位次三公。中兴以来，唯以功德赐位特进者，次车骑将军；赐位朝侯，次五校尉；赐位侍祠侯，次大夫。其余以肺腑及公主子孙或奉坟墓，亦为猥诸侯。明帝为四姓小侯开立学校，置《五经》师。②

从以上看，小侯与一般侯的主要不同点估计有二：一是受封者的年龄没有傅籍成人，二是侍祠奉坟墓而无朝位。以此为参佐认识小爵，小爵也应该一是受爵者未傅籍成人，二是与同等级爵称而非小爵者有权义之别，即主要是惠利上的差异。

西嶋定生在研究赐民爵问题时，对文献史料和居延汉简搜集的全面和梳理的细腻是无与伦比的，因此他才能在史料不充分和不太确定的条件下，在研究结论表面具有推测性的情况下，却触摸到了客观的历史真实，令人敬佩。但是，他毕竟是在只拥有上面第一条小男具有爵位的明确直接史

---

① 《后汉书》卷24《马援列传》，第856页。

② 王文锦等点校：《通典》卷31《职官十三》，第855、857页。

料,且这条史料年龄的释文尚有分歧,在没有见到今天我们所见到的小男占有小爵的简牍新史料的情况下,进行的研究和得出的结论,其研究的全面性和准确性也受到相对的限制,甚至他本人后来对其研究结论也产生了动摇和变更①,但我们依据新出土的简牍新史料,不但可以证明他开始的结论,而且可以对其作两个方面的补充。

第一个方面是,西嶋定生只是认为十四岁以下的小男也是国家赐爵的对象,他们可以同成年男子一样占有爵位,但没有说明这些小男拥有的爵位与成年人拥有的爵位有什么不同,客观上应该是西嶋不认为或者是没有意识到二者会有什么不同。而历史实际并非如此,小男所拥有的爵位与成年人拥有的相应爵位不论是从名称上看还是从所获惠利上看都是有区别的。

先看一下小男所拥有的爵位名称。关于这一点在传统文献中基本看不到相关的史料,但出土的简牍史料中确有非常宝贵的记载。从张家山汉简和里耶秦简我们可以看到,这种未傅籍成年者占有的爵位被称为"小爵",如笔者前面所引张家山汉简中的"小爵不更"、"小爵大夫"和"小簪袅",里耶秦简中的"小上造"等。而且从张家山汉简、里耶秦简和走马楼三国吴简的对照中,似乎还可以看出一种演变趋势,即秦和西汉前期未傅籍成年者占有的爵位,在一般二十等爵级名称前面明确冠以"小"("小簪袅"、"小上造")或者是"小爵"("小爵不更"、"小爵大夫"),而随着历史的发展,随着整个二十等爵的轻滥,"小"、"小爵"也不再被突出强调,走马楼吴简中几岁小儿占有的爵位名称前也没有了"小"或"小爵"的字样(参见前文所引简文)。而且随着二十等爵的轻滥,赐爵越来越频繁,所赐级数也越来越多,在"爵过公乘得移与子若同产子"的制度规束下②,越来越多的父兄要把超过八级公乘的爵位转移给子侄兄弟,致使小男们一方面自己也是国家赐爵的对象,另一方面又接受越来越多的爵位移授,遂造成小男占有爵位者的年龄越来越小,而拥有爵位的级数越来越高。如前文所引,从秦朝及

---

① 西嶋定生《白话秦汉史》云:"但看看汉代民间有爵者的事例,也有不是户主者。这是非当作一般的男子不可。但年龄却是限定在十五岁以上,从考证手续的结果可明了。"(西嶋定生著,黄耀能译《白话秦汉史》,第 91 页)又云:"赐与民爵,因不仅仅是户主,而是十五岁以上的所有男子,都给与爵位。于是这种情况的女子,也不是户主之妻或女户主等特定的人,非将她解释为一般的女子不可。"(西嶋定生著,黄耀能译:《白话秦汉史》,第 93 页)可见其修正了原来十四岁以下小男也是国家赐爵对象的结论,这是非常遗憾的事情。

② 《后汉书》卷 3《章帝纪》,第 129 页。

西汉初的小上造、小簪袅、小不更、小大夫到三国时的小公乘，而且走马楼吴简中拥有公乘爵位者甚至多是三五岁的幼儿。

其次再看一下小爵拥有者所获得的惠利及其与成年人拥有的相应爵位是一样的还是有差异的。应该说这个问题不论是传统文献史料还是出土简牍新史料都没有直接涉及，但是我们一方面可以参佐上面对有关文献中小侯史料的分析，另一方面似乎还可以通过逻辑分析而得出一些认识。

秦汉时期的爵位等级众多，等级不同，爵位占有者从爵位所能获得的惠利有很大的差别。如前文所述，依据爵位占有者从爵位所能获得的惠利不同，笔者把秦汉时期的爵位分成三个大的类别：贵族爵（一般来说包括诸侯王、列侯及关内侯等食邑等级）、官（卿）爵（二十等爵中的第十八级大庶长以下到第九级五大夫）和（吏）民爵（二十等爵中第八级公乘以下）。虽然说秦朝时天下为郡县，子弟为匹夫，且迅速亡国使功臣侯者也没来得及传袭子孙，但两汉时期未成年的王侯还是不乏其人的，如史书记载：

> 高皇帝拨乱世反诸正，昭至德，定海内，封建诸侯，爵位二等，皇子或在襁褓而立为诸侯王……①

又如汉武帝时大将军卫青：

> 三子在襁褓中，皆封为列侯。②

这些襁褓中的王侯无疑是小爵王侯，但由于本书主要讨论的是编户民与爵位的关系问题，且西嶋定生主要讨论的也是民爵，特别是“赐民爵”问题，所以关于贵族爵和官爵等级类别中的小爵问题，在此不进行讨论。这里只是讨论八级以下民爵类别中的小爵，而且简牍史料中涉及的具体小爵，不管是小上造、小簪袅，还是小不更、小大夫，也全部属于这个类别。为了搞清小爵与非小爵在惠利方面的差别，我们首先看八级以下爵位，即所谓民爵带给非小爵的爵位所有者哪些惠利，然后再和小爵相比较。

根据本书前面所述，民爵带给爵位所有者的惠利，可以概括为以下几

① 《史记》卷60《三王世家》，第2109页。

② 《史记》卷49《外戚世家》，第1980页。

个方面：

一是减免刑罚的优惠。有无爵、爵之高低，在犯罪量刑时是绝对不一样的，《商君书·境内篇》就有如是规定：

爵自二级以上有刑罪则贬，爵自一级以下有刑罪则已。[①]

这一点恐怕是爵位对人们最有吸引力的地方。到汉代，晁错就曾在给皇帝的上疏中明言：

得高爵与免罪，人之所甚欲也。[②]

《汉书·惠帝纪》中也说：

上造以上及内外公孙耳孙有罪当刑及当为城旦舂者，皆耐为鬼薪白粲。[③]

这种优待有爵者的法规在云梦睡虎地出土的《秦律》和张家山汉简的《二年律令》中也都有记载：

有为故秦人出，削籍，上造以上为鬼薪，公士以下刑为城旦。[④]

上造、上造妻以上，及内公孙、外公孙、内公耳玄孙有罪，其当刑及当为城旦舂者，耐以为鬼薪白粲。[⑤]

公士、公士妻及□□行年七十以上，若年不盈十七岁，有罪当刑者，皆完之。[⑥]

---

① 蒋礼鸿：《商君书锥指》卷5《境内第十九》，第120页。

② 《汉书》卷24上《食货志上》，第1134页。

③ 《汉书》卷2《惠帝纪》，第85页。

④ 睡虎地秦墓竹简整理小组：《睡虎地秦墓竹简·秦律杂抄·游士律》，第80页。

⑤ 张家山二四七号汉墓竹简整理小组编著：《张家山汉简·二年律令·具律》，《张家山汉墓竹简〔二四七号墓〕》（释文修订本），第20页。

⑥ 张家山二四七号汉墓竹简整理小组编著：《张家山汉简·二年律令·具律》，《张家山汉墓竹简〔二四七号墓〕》（释文修订本），第20页。

从上引史料可见：有爵者和无爵者、爵高者和爵低者是同罪不同罚，只要有爵，就可以获得减刑的好处。

二是减轻徭役负担的优惠。据汉人卫宏的《汉官旧仪》卷下记载：

男子赐爵一级以上，有罪以减，年五十六免。无爵为士伍，年六十乃免者，有罪，各尽其刑。①

“免者”有的版本也写作“免老”。免或免老，是指因年龄大而免除为国家服役的义务。有爵者比无爵者早四年免老。而且，张家山汉简又丰富了相关的法律规定，其中《二年律令·傅律》有如下的法律条文：

大夫以上年五十八，不更六十二，簪袅六十三，上造六十四，公士六十五，公卒以下六十六，皆为免老。②

同时又规定了“睆老”，即减服一半徭役的年龄。律文为：

不更年五十八，簪袅五十九，上造六十，公士六十一，公卒、士五(伍)六十二，皆为睆老。③

这是说由于有爵可以提前结束服徭役，同样由于有爵还可以延迟儿子服役的年龄，汉代开始傅籍及服役的年龄，一般来说是二十岁，后来延到二十三岁，主要依据如下史料。《汉书·景帝纪》载：

二年冬十二月……令天下男子年二十始傅。④

《盐铁论·未通第十五》载御史曰：

---

① 孙星衍等辑，周天游点校：《汉官旧仪》卷下，《汉官六种》，第53页。

② 张家山二四七号汉墓竹简整理小组编著：《张家山汉简·二年律令·傅律》，《张家山汉墓竹简〔二四七号墓〕》(释文修订本)，第57页。

③ 张家山二四七号汉墓竹简整理小组编著：《张家山汉简·二年律令·傅律》，《张家山汉墓竹简〔二四七号墓〕》(释文修订本)，第57页。

④ 《汉书》卷5《景帝纪》，第141页。

古者，十五入大学，与小役，二十冠而成人，与戎事……今陛下哀怜百姓，宽力役之政，二十三始傅，五十六而免，所以辅耆壮而息老艾也。①

这些古代文献是就一般情况而言，而如果父家长有爵，其爵位等级越高，儿子的傅籍年龄也越大。《张家山汉墓竹简·二年律令·傅律》记载：

不更以下子年廿岁，大夫以上至五大夫子及小爵不更以下至上造年廿二岁，卿以上子及小爵大夫以上年廿四岁，皆傅之。②

三是服役和办公中地位待遇优越。爵位的高低与编户民在充当戍卒服役时的地位、等级和职务基本上是对应的。正像前文所说，虽然在居延汉简中存在职务、服役种类与个人占有的爵位不对应的情况，既有爵位为八级公乘的戍卒，也有爵位仅仅为一级公士或者是二级上造的隧长，但毕竟属于少数情况。在已经公布的居延汉简中，具有公乘爵位者九十四人，其中为吏者七十一人，约占百分之七十六，为卒者二十三人，约占百分之二十四；而具有最低的公士爵位者二十九人，其中为吏者仅有二人，约占百分之七，为卒者二十七人，约占百分之九十三。从笔者这一粗略统计可以看出，具有的爵位等级越高，为吏的机会越多，爵位越低，为吏的机会相应减少。不过，哪怕是最低的爵级也比无爵者身份地位高，为吏的机会多。秦汉二十等爵中的最低一级是“公士”，颜师古《汉书·百官公卿表》注曰：“言有爵命异于士卒。”另外，由于戍徭者爵位不同，其享受的口粮标准也不一样。据云梦睡虎地秦简《传食律》记载：

其有爵者，自官士大夫以上，爵食之。使者之从者，食糲（粝）米半斗；仆，少半斗。

不更以下到谋人，粺米一斗，酱半升，采（菜）羹，刍稿各半石。

上造以下到官佐、史毋（无）爵者，及卜、史、司御、寺、府，糲（粝）米

① 王利器：《盐铁论校注》（定本），第192页。

② 张家山二四七号汉墓竹简整理小组编著：《张家山汉简·二年律令·傅律》，《张家山汉墓竹简〔二四七号墓〕》（释文修订本），第58页。

一斗，有采（菜）羹，盐廿二分升二。①

其中“官士大夫”是指爵六级官大夫和五级大夫，“谋人”应是爵三级簪袅，“上造”则是二级爵。传食律是各级官吏住宿传舍时按爵等职别规定的伙食标准，从简文可见，爵位不同，伙食待遇则不一样。

四是优先和更多地获得国家赐予的田宅。早在统一前的秦国就已经有明确规定，据《商君书·境内篇》载，爵位每增进一级，就可以：

益田一顷，益宅九亩，一除②庶子一人，乃得入兵官之吏。

之后的汉代，特别是西汉初年，实际是继承了秦的这种依据功劳的大小赐予高低不等的爵位，又依据高低不等的爵位而授予多寡不同的田宅，这在汉代法律中是有明义规定的，具体就是我们前面多次摘引的《二年律令·户律》：

关内侯九十五倾，[大][庶][长][九][十][顷]，[驷]车庶长八十八顷，大上造八十六顷，少上造八十四顷，右更八十二顷，中更八十顷，左更七十八顷，右庶长七十六顷，左庶长七四顷，五大夫廿五顷，公乘廿顷，公大夫九顷，官大夫七顷，大夫五顷，不更四顷，簪袅三顷，上造二顷，公士一顷半顷，公卒、士五（伍）、庶人各一顷，司寇、隐官各五十亩。不幸死者，令其后先择田，乃行其余。它子男欲为户，以为其□田予之。其已前为户而毋田宅，田宅不盈，得以盈。宅不比，不得。

宅之大方卅步。彻侯受百五宅，关内侯九十五宅，大庶长九十宅，驷车庶长八十八宅，大上造八十六宅，少上造八十四宅，右更八十二宅，中更八十宅，左更七十八宅，右庶长七十六宅，左庶长七十四宅，五大夫廿五宅，公乘廿宅，公大夫九宅，官大夫七宅，大夫五宅，不更四宅，簪袅三宅，上造二宅，公士一宅半宅，公卒、士五（伍）、庶人一宅，司寇、隐官半宅。欲为户者，许之。③

---

① 睡虎地秦墓竹简整理小组：《睡虎地秦墓竹简·秦律十八种·传食律》，第60页。

② 按：据蒋礼鸿《商君书锥指》认为：“‘一除’疑当作‘级役’。”（第119页）蒋说是有道理的。

③ 张家山二四七号汉墓竹简整理小组编著：《张家山汉简·二年律令·户律》，《张家山汉墓竹简〔二四七号墓〕》（释文修订本），第52页。

五是优先拜官除吏的惠利。前引《韩非子·定法》曾说：

商君之法曰："斩一首者，爵一级，欲为官者为五十石之官；斩二首者爵二级，欲为官者为百石之官。"官爵之迁与斩首之功相称也。①

五十石、百石为基层政权机构中的小吏，严格说还算不上是官，不过，即便是除吏也是与爵位有着密切关联的。云梦睡虎地秦简《秦律十八种·内史杂》记载道：

除佐必当壮以上，毋除士五（伍）新傅。②

这条简文是说，要在有一定阅历的成年人中任用佐吏，不能用无爵者和刚刚成人傅籍的小青年。

以上五个方面是民爵占有者可以获得的主要惠利，从原则上说与之相对应的小爵也应该享有这些好处，但我们具体一分析就会发现，由于年龄不到傅籍，属于未成年人，上面的好处多数与小爵无缘。如优先拜官除吏，显然是对占有爵位的成年人而言的，"除佐必当壮以上，毋除士五（伍）新傅"，刚刚傅籍成年者尚且不除，何况未成年的小男。再如，秦汉时期赐田宅是以户为单位进行，除了极个别的情况之外，未成年的小男是不担任户主，一般都不会以小男所具有的爵位，作为国家授予田宅的依据。又如在正常情况下，小爵占有者是不会出现在徭役之中的，因为傅籍成人后才担负徭役，而一旦傅籍就变为成年人，其原来所拥有的小爵也就不是小爵了，拥有小爵的小男不在徭役中，那么因爵位而在徭役中相对优惠的地位和待遇也就与之无关了。当然，小爵也不是对拥有者完全虚而无实，其惠利好处主要表现为二：一是可以减免刑罚，二是可以延迟傅籍服役年龄，即上引张家山汉墓竹简《二年律令·傅律》所说的：

小爵不更以下至上造年廿二岁……小爵大夫以上年廿四岁，皆傅之。

① 王先慎撰，钟哲点校：《韩非子集解》卷17《定法》，中华书局，1998年，第399页。
② 睡虎地秦墓竹简整理小组：《睡虎地秦墓竹简·秦律十八种·内史杂》，第62页。

拥有小爵者比一般人分别延迟了二年和四年傅籍服役的时间。于此可见，未成年人拥有小爵所获得的惠利显然不如有相应爵位的成年人。

第二个方面是，西嶋定生把国家赐爵与小男占爵紧密联系在一起进行考察，但估计是由于研究视角的关系，他没有注意因而也就没有言及小男的占有爵位，除了接受国家普遍赐爵之外，是否还有其它的途径，而这对于小男占有爵位这个问题来说，无疑是非常重要的。因为按照日本另外一位学者藤枝晃氏及西嶋定生在藤枝晃氏研究基础上的研究，并被学术界普遍接受的观点，大男大女的年龄是15岁以上，而小男小女的年龄是14岁以下，小男要想通过国家普遍赐爵而获得爵位，即获得小爵，前提条件是在其1—14岁期间，国家必须要有普遍赐爵发生。然而两汉历史的实际情况是，从汉高祖二年（公元前205年）第一次普遍赐民爵位始，到汉献帝建安二十年（公元215年）最后一次普遍赐民爵位止，其中相邻的两次普遍赐民爵间隔的时间超过14年的共有6次①，这就意味着某小男如果从1岁至14岁与这六段时间相重合的话，他就不能通过普遍赐爵而获得爵位。那么他们是否就与小爵无缘了呢，西嶋没有关注，笔者的回答是还有机缘。

实际上除了普遍赐爵之外，小男起码还有另外二种途径可以获得爵位，一是因父死世袭而获爵，二是因爵位移授而获爵。就前者而言，又分为两种情况，一是父亲因功劳死亡，一是因疾病死亡，死亡原因的不同导致后代爵位世袭继承方面有所差异。张家山汉简的《二年律令·置后律》中有下面两条不同继承的法律条文：

> □□□□为县官有为也，以其故死若伤二旬中死，皆为死事者，令子男袭其爵。毋爵者，其后为公士。

> 疾死置后者，彻侯后子为彻侯，其毋适（嫡）子，以孺子□□□子。关内侯后子为关内侯，卿侯〈后〉子为公乘，【五大夫】后子为公大夫，公乘后子为官大夫，公大夫后子为大夫，官大夫后子为不更，大夫后子

① 第一次是从汉文帝元年（公元前179年）到汉景帝元年（公元前156年），间隔为23年；第二次是从汉武帝元封元年（公元前110年）到汉昭帝始元五年（公元前82年），间隔为28年；第三次是从王莽始建国元年（公元9年）到汉光武帝建武三年（公元27年），间隔为18年；第四次是从汉光武帝建武三年（公元27年）到二十九年（公元53年），间隔为26年；第五次是从汉桓帝建和元年（公元147年）到汉灵帝建宁元年（公元168年），间隔为21年；第六次是从汉灵帝建宁元年（公元168年）到汉献帝建安二十年（公元215年），间隔为47年。

为簪裊，不更后子为上造，簪裊后子为公士，其毋适（嫡）子，以下妻子、偏妻子。[①]

其中第一条属于因功劳死亡，所以子男不但完全承袭其原有的爵位，而且死者如果生前没有爵位的话，也会赐给其子男一级公士的爵位。第二条则属于因疾病死亡，其中所说的“后子”，就是爵位继承人，类似于皇帝和诸侯王及其他贵族的太子或世子，后子一般由嫡（长）子充当，无嫡子的由其他庶出之子充当。从这条简文看，在二十等爵中只有侯类爵位，即彻侯和关内侯因疾病死亡，其后子能够原封不变地世袭其原有的爵位；而其他爵位者因疾病死后，其后子均不能完全世袭其原来的爵位，只能是降低等级地继承，而降等级继承又分为三种情况：大庶长以下至左庶长的卿（官）类爵位拥有者死后，后子承袭为公乘；五大夫以下至簪裊的吏民类爵位拥有者死后，后子降低二级承袭爵位；而最低的两极爵位，即上造和公士的拥有者死后，后代则不能继承其爵位。爵位拥有者因疾病死时，即便其后子尚未长大成人，还属于小男，也可以按照上面所说的原则承袭爵位，甚至连遗腹子都可以获得爵位的继承权，如《二年律令·置后律》又载：

死，其寡有遗腹者，须遗腹产，乃以律为置爵、户后。[②]

这就是说即使是尚未出生的小孩也具有爵位的继承权，只是要等到他出生时才得以确认。这是说小男可以通过承袭父爵的途径而获得爵位。

另外，正史中还有爵位转移授予的相关记载，即史书中所说的“移授”，如：

其赐天下男子爵，人二级；三老、孝悌、力田人三级；爵过公乘，得移与子若同产、同产子。

汉制，赐爵自公士已上不得过公乘，故过者得移授也。[③]

赐民爵，人二级，为父后及孝悌、力田人三级，脱无名数及流人欲

---

① 张家山二四七号汉墓竹简整理小组编著：《张家山汉简·二年律令·置后律》，《张家山汉墓竹简〔二四七号墓〕》（释文修订本），第59页。

② 张家山二四七号汉墓竹简整理小组编著：《张家山汉简·二年律令·置后律》，《张家山汉墓竹简〔二四七号墓〕》（释文修订本），第60页。

③ 《后汉书》卷2《明帝纪》及注，第96—97页。

占者人一级，爵过公乘得移与子若同产子。[①]

正是基于爵位承袭和转移的存在，笔者才认为西嶋定生把居延汉简中二十岁以下爵位占有者的爵位，全部都作为一年一年、一次一次赐爵累计所致的看法，仅具有假设性、间接性和不确定性的缺点，居延汉简中的小爵史料也仅仅具有相对性、可怀疑性。十五、十六岁也好，十八、二十岁也好，这些人所占有的爵位存在另外两种可能性，一种是他们是在傅籍成年后一次或几次（当然要少于所高出十四岁的年龄数）继承或转移所致的可能性，再一种是存在不是从十四岁以下开始接受赐爵的可能性。

汉代就一般成年人而言，获得爵位的途径主要有三：一是因功劳赐爵，二是普遍赐爵，三是因父家长之爵而受爵。所谓“因父家长之爵而受爵”，一是指文献史料中经常出现的赐“为父后者”爵的情况，二是指男子在傅籍之时，因父家长爵位不同而被授予不同的爵位，如张家山汉简《二年律令·傅律》所载：

不为后而傅者，关内侯子二人为不更，它子为簪褭；卿子二人为不更，它子为上造；五大夫子二人为簪褭，它子为上造；公乘、公大夫子二人为上造，它子为公士；官大夫及大夫子为公士；不更至上造子为公卒。[②]

这是傅籍成年人的情况，而那些未傅籍成年者拥有的爵位，即小爵都是通过什么途径获得的呢？笔者以为基本同于非小爵者，也有三种途径。其一，如前文所说，十五岁以上至傅籍以下为成童，他们与傅籍的成人赋税相同，力役有别，在地方出小役、为小吏，在加强地方治安，维持乡里秩序方面有立功受爵的机会，如张家山汉简《二年律令·盗律》曰：

徼外人来入为盗者，要（腰）斩。吏所兴能捕若斩一人，𢫬（拜）爵一级。[③]

① 《后汉书》卷3《章帝纪》，第129页。

② 张家山二四七号汉墓竹简整理小组编著：《张家山汉简·二年律令·傅律》，《张家山汉墓竹简〔二四七号墓〕》（释文修订本），第58页。

③ 张家山二四七号汉墓竹简整理小组编著：《张家山汉简·二年律令·盗律》，《张家山汉墓竹简〔二四七号墓〕》（释文修订本），第17页。

《二年律令·捕律》曰：

> 能产捕群盗一人若斩二人，拜(拜)爵一级。
> 捕从诸侯来为间者一人，拜(拜)爵一级。[①]

《二年律令·钱律》曰：

> 捕盗铸钱及佐者死罪一人，予爵一级。[②]

其二，作为“后子”的爵位继承人，当被继承者因病或因公死去时，后子即使未傅籍成人也可以按规定继承相应的爵位，而其他儿子则要到傅籍时。如《二年律令·置后律》曰：

> 疾死置后者，彻侯后子为彻侯，其毋适(嫡)子，以孺子□□□子。关内侯后子为关内侯，卿[侯]〈后〉[子]为公乘，【五大夫】后子为公大夫，公乘后子为官大夫，公大夫后子为大夫，官大夫后子为不更，大夫后子为簪袅，不更后子为上造，簪袅后子为公士，其毋适(嫡)子，以下妻子、偏妻子。

又曰：

> □□□□为县官有为也，以其故死若伤二旬中死，皆为死事者，令子男袭其爵。毋爵者，其后为公士。[③]

其三，未傅籍成年的小男除了少数人通过立功受爵、一批人通过继承转移获爵之外，绝大多数人主要还是作为国家普遍赐爵对象而拥有爵位，这一点是笔者的自我修正和补充，因为此前笔者曾经认为：

---

① 张家山二四七号汉墓竹简整理小组编著：《张家山汉简·二年律令·捕律》，《张家山汉墓竹简〔二四七号墓〕》(释文修订本)，第29页。

② 张家山二四七号汉墓竹简整理小组编著：《张家山汉简·二年律令·钱律》，《张家山汉墓竹简〔二四七号墓〕》(释文修订本)，第36页。

③ 张家山二四七号汉墓竹简整理小组编著：《张家山汉简·二年律令·置后律》，《张家山汉墓竹简〔二四七号墓〕》(释文修订本)，第59页。

> 两种情况导致未傅籍成人者占爵：十五岁以上至傅籍以下者有服役立功受爵的机会；未傅籍成人的爵位继承人当被继承者死去时可继承相应的爵位。①

由于当时没有见到《长沙走马楼三国吴简·竹简〔壹〕》和《里耶发掘报告》中有关未成年人占有爵位的史料，所以在探讨秦汉社会之所以存在未傅籍成年者占有爵位的原因时，提出了上面的结论，可以说是里耶户籍简中二十位“小上造”纠正了笔者的看法。

二十位“小上造”简出土于里耶古城北护城壕中段底部一凹坑中（编号K11），出土时为51个残断，经整理拼复缀合得整简10枚，残简14枚（段），其中无字残简不录，无“小上造”信息者略去。释文如下（序号后括号内为原编号）：

1（K27）
第一栏：南阳户人荆不更蛮强
第二栏：妻曰嗛
第三栏：子小上造□
第四栏：子小女子驼
第五栏：臣曰聚
　　　　伍长
完整。宽1.6厘米。“伍长”字体大。
2（K1/25/50）
第一栏：南阳户人荆不更黄得
第二栏：妻曰嗛
第三栏：子小上造台
　　　　子小上造
　　　　子小上造[定]
第四栏：子小女虖
　　　　子小女移
　　　　子小女[平]

① 拙文：《张家山汉简“小爵”臆释》，《中国史研究》2004年第3期。

第五栏：五长

完整。宽 3 厘米。“五长”字体大且偏左。

3(K43)

第一栏：南阳户人荆不更大□

弟不更庆

第二栏：妻曰嫘

庆妻规

第三栏：子小上造视

子小造□

完整。宽 1.8 厘米。

4(K28/29)

第一栏：南阳户人荆不更黄□

第二栏：妻曰负当

第三栏：子小上造□

第四栏：子小女子女祠　毋室

完整。宽 1.6 厘米。“毋室”字体大而隔开。

5(K17)

第一栏：南阳户人荆不更黄□

子不更昌

第二栏：妻曰不实

第三栏：子小上造悍

子小上造

第四栏：子小女规

子小女移

完整。宽 1.9 厘米。

8(K30/45)

第一栏：南阳户人不更彭奄

弟不更说

第二栏：母曰错

妾曰□

第三栏：子小上造状

残长 32、宽 2 厘米。

9(K4)

第一栏:南阳户人荆不更繿喜

子不更衍

第二栏:妻大女子媐

隶大女子华

第三栏:子小上造章

子小上造

第四栏:子小女子赵

子小女子见

残长32.8、宽2.9厘米。

10(K2/23)

第一栏:南阳户人荆不更宋午

弟不更熊

弟不更卫

第二栏:[熊]妻曰□□

[卫]妻曰□

第三栏:子小上造传

子小上造逐

□子小上造□

[熊]子小上造□

第四栏:[卫]子小女子□

第五栏:臣曰䙢

完整。宽2.3厘米。第二栏第一行应是宋午妻名,原有文字削去。

11(K13/48)

第一栏:南阳户人荆不更□□

第二栏:妻曰有

第三栏:子小上造[绰]

第四栏:[母]◇

残长32.8、宽1.7厘米。

13(K3)

第三栏：子小上造□

子小上造失

第四栏：……

上下残。长16、宽1.2厘米。

21(K31/37)

第一栏：南阳户人荆不更李獾

第二栏：妻曰耱

第三栏：子小上造□

子小上造□

第四栏：……

……

第五栏：……

完整。宽1.3厘米。[①]

从上面简文可以看到，这些“小上造”全都不是“户人”，即不是户主，而是户主的子男或弟男，他们的父兄基本都是具有二十等爵中的第四等“不更”爵。由于父兄健在，说明他们的小上造爵位不是因为世袭继承得来；又由于父兄的爵位仅仅是第四级不更，远未达到第八级公乘爵，不存在“爵过公乘，得移与子若同产、同产子”的问题[②]，说明他们的小上造爵位不是因为移授得来；再者由于未成年男子普遍具有小上造的爵位，基本是一户之中有几个未成年小男就有几个小上造，多者达到一户四个之多，故说明他们的小上造爵位不是由于个别或特殊的原因获得，而只能是由于国家普遍赐爵而一并获得。

在讨论小爵问题的最后，笔者愿意把前面所引的《二年律令·傅律》关于傅籍年龄的简文再疏释一下，原文是：

不更以下子年廿岁，大夫以上至五大夫子及小爵不更以下至上造年廿二岁，卿以上子及小爵大夫以上年廿四岁，皆傅之。[③]

① 详见湖南省文物考古研究所编著：《里耶发掘报告》，第203—207页。

② 《后汉书》卷2《明帝纪》，第96页。

③ 张家山二四七号汉墓竹简整理小组编著：《张家山汉简·二年律令·傅律》，《张家山汉墓竹简〔二四七号墓〕》（释文修订本），第58页。

释文为：

> 具有四级不更以下爵者之子，二十岁傅籍；具有五级大夫至九级五大夫爵者之子，以及本人具有小爵不更以下至二级上造的未成年人，二十二岁傅籍；具有卿以上爵者之子，以及本人具有小爵大夫以上的未成年人，二十四岁傅籍。

综上所述，小爵是汉代封爵制度中有严格内涵的特殊名词，它不是二十等爵中一至四等爵的总称，而是未傅籍成人者占有的爵位，其存在与汉代的傅籍制度、力役制度、封爵制度和继承制度有密切的关系。

# 第三章　秦汉时期的编户民与皇权主义

中国君主专制延续数千年，皇权思想根深蒂固，因此，20世纪初以来，君主集权制及皇权思想研究代不乏人，包括大陆、台湾及日本等海外汉学的名家名著迭出，尤其近二三十年，一批学者更将中国古代政治思想研究引向深入。但仍有一重大问题见仁见智，即皇权是否深入乡里。

笔者认为，中国古代政治制度和政治思想的致命病源在于专制主义铺天盖地，皇权思想无微不至，如同《诗·小雅·正月》所言："谓天盖高，不敢不局；谓地盖厚，不敢不蹐。"①世间所有人均被拘押在皇权主义的"天盖"之下。皇权主义浸润为社会性观念意识，不仅上层社会：皇帝、贵族、官僚，也不仅士人知识分子：思想家、政论家、文学家和历史学家，甚至社会基层或底层，生活于乡里的"编户齐民"的头脑中都充斥了皇权主义的思想观念。

秦汉时期生活于郡县乡里的编户民，其主体是接受国家"授田"和"赐爵"并为国家纳税服役的小农。对秦汉国家来说，编户民即是剥削压迫的对象，也是统治的基石和工具；对至高无上的皇权来说，编户民既是顶礼膜拜的信徒和卫士，在特殊情况下也是觊觎者和替代者。这所有角色均与皇权主义对编户民的控驭和影响有关。皇权主义思想意识在小农阶层中根深蒂固存在，也正是中国专制皇权长期超稳定存在的重要原因。

长期以来主要由于两方面原因，学术界对秦汉时期皇权与"编户齐民"的关系未能给以应有的注意。其一是认识原因，即认为政治是上层社会的事情，思想是知识分子的专利，在皇权主义研究中，关注点基本在社会上层，在君臣策对及思想家政论家的著述中，而忽略了皇权主义与乡里编户民的关系。虽然在20世纪五六十年代农民战争研究中，对皇权主义有不

---

① 《毛诗正义》卷12《小雅·正月》，阮元校刻：《十三经注疏》，第443页。

少涉及，但关注点是农民起义中的皇权思想，深度和广度均嫌不够，事实上皇权主义对于“编户齐民”的生活、习俗、教育及理想追求，具有全方位的制约和影响。

其二是史料原因，传统史料较少关于“编户齐民”的具体记载，至于其思想、意识、观念、信仰等精神层面的史料更是缺乏。值得庆幸的是，20世纪70年代以来，丰富的秦汉考古成果，主要是大量多批次的简牍出土，如睡虎地秦简、龙岗秦简、里耶秦简、凤凰山汉简、张家山汉简、尹湾汉简、居延新简等公开出版，使该研究前景变得乐观。同时，以皇权主义为核心的秦汉政治思想研究的进一步发展，也需要向这一层面拓展延伸。

## 第一节　皇权主义的内涵

什么是皇权主义？它是一种思想理论，还是一种政治制度，抑或更扩大为一种社会形态？笔者倾向于后者，认为皇权主义的内涵是非常宽泛的，涉及社会生活的方方面面。

中国学术界曾经在相当长的时间内深受教条主义的影响，不但削中国历史之足以适马恩封建社会理论之履，特别是强行照搬五种社会形态，将其作为世界上一切民族和地区历史发展的普遍规律，只是牵强附会，矛盾百出。正像著名历史学家许倬云所批评的那样：“在马克思唯物史观的史学系统中，封建社会是一个介于奴隶社会与资本主义社会间的阶段，唯物史观的学者必须要在中国历史上确定一个封建时代，甚至削足适履也在所必行。中国的分封制在秦统一以后基本上即已结束，而中国的资本主义社会又迟迟不出现，于是中国的马克思史学家不能不在这一矛盾中找出路，不能不以如何划分资本主义未出现以前的中国历史。”作为“近三十年来聚讼的焦点”，许倬云否认唯物史学家们关于五种社会发展程序的理论，认为中国历史上没有作为历史发展阶段的封建社会时代，而只有过分封制度①。许氏的批评是有其道理的，而且也是可以继续讨论的。

秦始皇统一中国建立秦朝以后，直至清朝灭亡，两千多年的中国社会到底是什么性质的社会，长期以来在五种社会形态思想理论的束缚下，大

① 许倬云：《西周史》（增订本），生活·读书·新知三联书店，1994年，第144页。

陆学术界几乎是众口一词的认为是封建社会。“封建”一词在中西方的历史上均有使用,其实中国上古时期,即三代(主要是周)封邦建国的封建制,与西欧的领主封建制是颇为相像的,但由于附会五种社会形态,把与周人的领主封建制截然不同的战国,特别是秦汉以后的中国社会也称为封建社会,从而使历史学在封建问题上,从理论到史料都陷入矛盾纠葛之中,最明显的是将中国历史上使用数千年之久的“封建”一词,改称“分封”,以区别于秦汉以后作为社会形态的封建社会。孔老夫子有句名言,叫“名不正,则言不顺;言不顺,则事不成”,故“必也正名乎”①。当然,孔子的正名是指等级名分,但也可以将正名的概念扩展之,正名就是要使名实相符,封建之名要合乎封建之实。然而稍有中国历史常识者都知道,秦汉及其之后的中国古代社会,既不类于三代的贵族封建制,也不似于西欧的领主封建制,以封建一词给这一个长时期的历史阶段命名,于是自然地出现了名实不符的问题,名不正,则言不顺,在此基础上的一系列研究都出现了矛盾和麻烦。

20 世纪 80 年代以来,学术界发表了一些否定中国历史发展曾经历过五种社会形态,否定秦汉以后中国是封建社会的论著,那么这种与封建制实质完全不同的秦汉及其之后的中国社会,应该定性为一种什么性质的社会呢?其实早在 20 世纪的 40 年代,王亚南就在《中国官僚政治研究》一书中,把中国古代社会称之为“官僚社会”和“专制官僚社会”②;80 年代以后有人提出从秦汉到明清的中国社会是“选举社会”③,有论著认为从秦汉到清代中期的中国社会是“专制个体型家国同构农耕社会”④,也有人用“中古时代”⑤、“帝国时代”⑥,或用“传统社会”、“中世纪”、“前资本主义社会”等概念替代原来的封建社会,而冯天瑜在论及秦汉至明清的社会形态时,则用“宗法—专制社会”、“东方专制社会”、“农业—宗法社会”以代替原来的“封建社会”或“封建制度”⑦。可以看出,摆脱了五种社会形态羁绊束缚的史学理论界,仁智各见,对秦汉至明清社会性质的定义,各持己见,距离

---

① 《论语注疏》卷 13《子路第十三》,阮元校刻:《十三经注疏》,第 2506 页。

② 王亚南:《中国官僚政治研究》,中国社会科学出版社,1981 年,第 10、70、79 等页。

③ 何怀宏:《选举社会及其终结——秦汉至晚清历史的一种社会学阐释》,生活·读书·新知三联书店,1998 年。

④ 曹大为:《关于新编〈中国大通史〉的几点理论思考》,《史学理论研究》1998 年第 3 期。

⑤ 白寿彝总主编:《中国通史》第 1 卷《导论》,“中国通史总目”,“题记”,上海人民出版社,1989 年,第 1—2 页。

⑥ 孙立平:《中国传统社会王朝周期中的重建机制》,《天津社会科学》1993 年第 6 期。

⑦ 张艳国主编:《我的历史观》,武汉出版社,1994 年,第 45—47 页。

认识的统一，应该是还有遥远的路途要走。

笔者主张用皇权主义定义秦汉至明清社会的形态性质，因为自公元前221年秦始皇统一中国建立秦帝国称皇帝之后，古代的中国社会发生了全方位的彻底变化，贵族按照等级分土分民分权的封建制社会，被郡县制基础上的编户齐民直接隶属于最高统治者的高度的君主集权社会所取代，作为社会基本生产资料或者说基本财富的土地不再是封建领主分割占有，而是处于最高权力所有者君主最高所有权制约下的普遍私人所有，形成中国古代有特色的土地双重所有，而其它的社会财富和资源也具有同样的性质。正如上面所引，有人将这样的社会称之为官僚社会，也有人把其称之为专制主义或者是君主专制社会。如王亚南就曾指出："中国贵族支配的封建社会瓦解后，代之而起的却是一个官僚支配的封建社会。"[①]很明显，王亚南所称的官僚制社会，并非仅就政治制度而言，而是涵盖了政治、经济、文化等的综合性的社会形态全体。但是不论是官僚支配的封建社会也好，还是君主专制的社会也好，其概括均存在一定的缺憾。先看官僚支配的封建社会，应该说官僚支配与封建两个概念本身是存在一定的内在矛盾的，存在着集权与分权的矛盾，而且在高度的君主专制集权社会中，整个社会的最高和最大支配权，也在于君主，即君主的权力，也就是皇权，当然官僚支配的实质也是君主，即皇权支配。其次再看专制社会或君主专制，应该承认皇权和君主专制本质是一致的，为什么主张用皇权而不是用君主专制来概括秦朝以后的中国社会，这是基于中国古代社会发展的实际状况，即君主专制并非产生于秦始皇称帝统一天下。早在其之前的先秦时期，特别是经过变法改革的战国社会，虽然说整个中国依然是封建诸侯割据，但在各个诸侯国内部，陆续实现了君主专制的政治变革，但是这种君主专制与秦始皇统一中国后的君主专制，也就是皇帝专制。皇权主义统治却有很大的差异，这种差异表现在两个方面：一是君主专制发展的程度不同，一是君主权力行使和驾驭的范围不同。其中尤其是君主与贵族、官吏、庶民三部分人群的关系性质发生了由量变到质变的转化，皇帝是唯一的君主，其他人，贵族也好，百官也罢，与庶民一样，都是君主的臣民，其他人相互之间不存在法律或制度认定的君臣关系，这是一种高度的君主专制集权的社会，是皇权支配一切的社会，是大一统的社会，它与先秦的君主专制存在明

① 王亚南：《中国官僚政治研究》，第115页。

显差异。秦始皇称得上是历史狂人，不称王而称皇帝，不封建子弟而一统郡县，即便如是，他也不能估计其当年的作为对于整个中国历史的影响是如何的巨大，由他开创的皇权主义的这套制度，又由汉武帝发展完善，并将其上升为思想理论层面，所谓“罢黜百家，独尊儒术”，所谓“《春秋》大一统者，天地之常经，古今之通谊也”，所谓“天人感应”、“皇权天授”等等，不仅论证了皇权主义的合理，也使之渗透到社会的方方面面，影响到所有的人，浸润为社会性的思想信仰，改变了整个中国历史发展的轨迹，形成独到的社会特色。所以说，用君主专制或专制主义不能很好地突显秦汉以后中国古代社会的特点，而用皇权主义概括之，则会更合理，更符合中国古代历史发展的实际。

皇权主义是一种社会形态，涵盖了社会的方方面面，是大一统的体现，是高度集权的体现。所以说，所谓的“《春秋》大一统”，其实质就是皇帝一统天下，不仅包括政治与行政的一统，也包括思想和文化的一统，皇帝不仅对普天之下有形的实行专制集权，而且对无形的也是一样，不仅对生活在社会底层的庶民百姓实行专制统治，而且对贵族官僚也是同样对待。

不过，虽然我们认为皇权主义是一种社会形态，包括或者说控御了古代社会的方方面面，但皇权主义的重点却表现在两个层面上，即制度层面和思想层面。首先皇权主义是一种政治体制，是统治集团对社会进行管理的一种模式；同时它又是一种社会性的观念意识和思潮，表现在社会各个等级、各个阶层的思想之中。而就后一层面而论，它又可分为低、中、高三个层次：低是指社会（大众）性的观念信仰，中是指系统化的政治思想学说，高则是指政治哲学观。而秦汉“编户齐民”的皇权主义思想基本是低层次的，即通俗且粗糙的皇权主义观念信仰。

## 第二节　皇权控御社会（上）：制度层面

秦始皇在统一天下后，多次巡行天下，目的就是要震慑天下，并且刻石向天下宣告：“六合之内，皇帝之土……人迹所至，无不臣者。”[①]看到琅玡刻石的这几句话，我们有似曾相识之感，它与周天子古老的宣言，即“溥天

① 《史记》卷6《秦始皇本纪》，第245页。

之下，莫非王土；率土之滨，莫非王臣”[①]，简直是如出一辙。很可能是秦始皇及其手下的大臣们，即李斯之流参考了《诗经》而改作琅玡刻石，但是他们也许并未认识到一个重要的事实，那就是真正实现了整个天下之疆土都归君主一人所有，整个天下之人民都是君主一人之臣的理想目标的人，不是实行封建主义的周天子，而是实行皇权主义的秦始皇。秦始皇是中国历史上第一个真正一统天下的君主，真正实行高度君主专制集权的统治者。公元前221年，秦始皇灭亡六国后，借军事征伐之威，不失时机地将战国以来，主要是商鞅变法以来逐步革新强化的君主专制制度推向全中国，而且进一步发展之，从而使中国历史步入一个全新的发展阶段，即以郡县制和编户齐民制为基础的高度专制与集权的统一的皇权主义社会，这应该是一个有中国特色的古代社会。

秦始皇统一天下后，认为自己“功过五帝，地广三王，而羞与之侔”[②]，不甘心像周天子那样，只做一个权力十分有限的“天下宗主”，而要做权力无限的全天下的专制君主。为达此目标，他改王之称号为皇帝。改称皇帝不仅仅是最高统治者称谓的变化，不仅仅是个名称问题，更重要的是制度的改变。汉人蔡邕说：“皇帝，至尊之称。皇者，煌也。盛德煌煌，无所不照。帝者，谛也。能行天道，事天审谛，故称皇帝。”[③]其实，皇帝二字不仅包含了至高至大至美之意，而且包含有神意，使具有这一称号的人，高于和超出人世间所有的人，具有神性，是上天之子，具有驾驭天下专制人世间的无限权力，所谓“天下之事无小大皆决于上”[④]。对于皇帝的权力，世间没有什么力量可以对其加以制约，包括法律。皇帝的旨意、皇帝的话具有法律的效能，甚至高于法律，当皇权对抗法律时，妥协的是法律，汉代著名酷吏杜周说得生动而且深刻：“前主所是著为律，后主所是疏为令。”[⑤]这就是说法律是出于皇权，也服务于皇权的。所谓“皇帝临位，作制明法，臣下修饬”[⑥]，宣告的就是这个意思。法律不但不制约皇权，而其责任就是要维护皇权，不仅要保护皇帝的人身安全，而且要保护皇权的威望和尊严，

---

① 《毛诗正义》卷13《小雅·北山》，阮元校刻：《十三经注疏》，第463页。

② 《史记》卷6《秦始皇本纪》，第276页。

③ 《独断》卷上，见《汉礼器制度及其他五种》(丛书集成初编本)，商务印书馆，1939年，第1页。

④ 《史记》卷6《秦始皇本纪》，第258页。

⑤ 《史记》卷62《酷吏列传》，第3153页。

⑥ 《史记》卷6《秦始皇本纪》，第243页。

维护其专制性。为此汉朝制定了一系列相关的法律和被归入"大害"[①]的罪罚,如傍章律、越宫律、朝律、矫诏、废诏、阑入、犯跸、祝诅、腹诽、不敬等等。此外,皇权在政治、经济、军事等方面的状况也大致如是。比如在军事方面,在皇权主义的社会中,皇帝是独揽军事大权的,而秦汉时期的军事将领,从中央到地方,不论是哪一级军事长官,都仅仅具有对军队的管理权和统兵指挥权,并不具备军事决策权、发兵权和军事官吏的任命权,为了保证皇权对军队的绝对控制,秦汉时期实行虎符、符节、羽檄制度。

秦汉时期实行高度专制的皇权主义制度,但却保留和延续了先秦的宗法世袭制,秦始皇自称始皇帝,确定将来儿子为二世皇帝,孙子为三世皇帝。为达此目标,他彻底废封建,一统行郡县,"分天下以为三十六郡,郡置守、尉、监"[②],郡下设县,县之长官,"万户以上为令,秩千石至六百石。减万户为长,秩五百石至三百石"。县以下实行乡、亭、里制,"大率十里一亭,亭有长。十亭一乡,乡有三老、有秩、啬夫、游徼。三老掌教化。啬夫职听讼,收赋税。游徼徼循禁贼盗"[③]。里之内还实行什伍编户制,十家为什,五家为伍,互保连坐。张家山汉简《二年律令·户律》规定:

> 自五大夫以下,比地为伍,以辨券为信,居处相察,出入相司。有为盗贼及亡者,辄谒吏、典。田典更挟里门钥,以时开。伏闭门,止行及作田者;其献酒及乘置乘传,以节使,救水火,追盗贼,皆得行。不从律,罚金二两。[④]

与先秦三代贵族分权的封建主义不同,秦汉时期君主专制的皇权主义还有一个明显的特征,在于各级官吏的性质和与君主的关系。秦汉时期不仅是朝廷中的官吏,公卿也好,属吏也罢,就是地方郡、国、县、邑、道的官吏也完全一样,从守、相长官到斗石小吏,全部无区别地是天下唯一的主人、

① "大害",指最为严重的犯罪行为。如淳曰:"律,矫诏大害,要斩。有矫诏害,矫诏不害。"(《汉书》卷17《景武昭宣元成功臣表》,第660页)《汉书·终军传》:"御史大夫张汤劾偃矫制大害,法至死。"(《汉书》卷64《终军传》,第2818页)

② 《史记》卷6《秦始皇本纪》,第239页。

③ 《汉书》卷19《百官公卿表》,第742页。

④ 张家山二四七号汉墓竹简整理小组编著:《张家山汉简·二年律令·户律》,《张家山汉墓竹简〔二四七号墓〕》(释文修订本),第51页。

唯一的君主皇帝的家臣。他们通过察举、征辟、任子、考试等多种途径为官为吏，食禄而不世袭，所有官吏的性质是专制皇权统御天下的工具，官吏的职责就是执行皇帝的命令，执行皇帝制定的各种法令和制度，他们只对皇帝负责，天下没有其他的主人。

通过这样一种严密的地方行政管理制度，使皇权直达最基层的乡里什伍组织之中，直达一家一户的编户民。如此系统发达的管理体制，既是建立皇权主义社会的必需，也是皇权主义社会的主要标志。对这种发展演变的意义和影响，历代政治家和思想家多有评说，有助于我们加深对这种新制度的认识。唐人柳宗元于著名的《封建论》中说："秦之所以革之者，其为制，公之大者也；……公天下之端自秦始。"①宋人叶适也说：秦朝"天下为一国，虽有郡县吏，皆总于上。"②清人王夫之又说："秦以私天下之心而罢侯置守，而天假其私以行其大公。"③秦汉时期实现了行政权、军事权、财政权、司法权的高度统一集中，实现了皇权主义专治天下。

翻检秦汉以来中国古代历史，我们不能不惊叹，在一家一户为生产单位的分散的小农经济下，皇权主义可以说达到了制度上难以逾越的空前的高效。别的暂且不论，就拿短命的秦朝来说吧，它在统治天下短短的十余年时间里，能够征集二三百万人（这个数字大约是当时天下人口数的七分之一），从事巨大的徭役和兵役，其中小规模的力役不算，声势浩大的就有：征发三四十万人北筑长城，谪徙五十万人南戍五岭，押解七十余万人修建阿房宫和骊山墓，还有成千上万的人在修筑从京都咸阳通向全国各地的驰道和直道。如果当时的秦朝不是处于皇权主义的社会状态下，如果当时的国家不是高度的统一和集权，如果皇权不是从中央朝廷直达郡国县邑，而且顺利地抵达乡里什伍，通过户籍制度掌控每一个编户民，那么如此巨大规模的征调，不但是难以实现的，甚至是不可想象的。这就是皇权控御社会的威力。

除了对力役的征发之外，皇权主义对社会的控御，主要还表现在对赋税的征收，这是维持皇权主义国家机制，维持庞大的官僚机器正常运转的关键所在。征收赋税是秦汉时期各级官僚机构，特别是各级地方政府的主要工作任务，同时也是考核各级官员，特别是各级地方行政长官政绩的标

---

① 《柳宗元集》卷3《封建论》，中华书局，1979年，第74页。

② 马端临：《文献通考》卷1《田赋考一》，第34页。

③ 王夫之著，舒士彦点校：《读通鉴论》卷1《秦始皇》，中华书局，1975年，第2页。

准,也是每年按时上计朝廷的主要内容。上计的内容无外是四个方面的数字:户口数、耕地数、赋税数、案件诉讼数,而其中的前三项均与国家的税收有关,所以说上计也好,考核也罢,主要是两项指标,一个是经济收入指标,一个是社会安定指标,这对于维护皇权统治至关重要。所以汉文帝即位后不久,检查百官的工作情况,主要询问的正是这两个方面的数字:

孝文皇帝既益明习国家事,朝而问右丞相勃曰:"天下一岁决狱几何?"勃谢曰:"不知。"问:"天下一岁钱谷出入几何?"勃又谢不知,汗出沾背,愧不能对。于是上亦问左丞相平,平曰:"有主者。"①

秦汉时期县级官府是国家基层政权组织,但其行政长官并非亲自临民,而其派出机构乡才是真正面对和管理编户民的,收赋税、派徭役、防盗治安,都是由乡官主持的,这不仅在文献史料中,而且在出土的简牍中均有生动的反映。据《汉书·百官公卿表》记载,乡级官吏主要是两个,啬夫和游徼:"乡有三老、有秩、啬夫、游徼。三老掌教化。啬夫职听讼,收赋税。游徼徼循禁贼盗……"②另外《续汉书·百官志》也记载:

乡置有秩、三老、游徼。本注曰:有秩,郡所署,秩百石,掌一乡人;其乡小者,县置啬夫一人。皆主知民善恶,为役先后,知民贫富,为赋多少,平其差品。三老掌教化。凡有孝子顺孙,贞女义妇,让财救患,及学士为民法式者,皆扁表其门,以兴善行。游徼掌徼循,禁司奸盗。又有乡佐,属乡,主民收赋税。③

其中三老虽然重要,但不是正式的乡官,不拿朝廷俸禄,笔者曾经认为,三老类似于我们今天的人民代表,政治地位很高,但不是国家正式官员。啬夫和游徼负责乡里的赋税征收和治安诉讼,是最重要的乡官,尤其是啬夫,其职责更为重要。在里耶秦简和张家山汉简中都有关于乡啬夫的记载:"乡啬夫以律令从事。"(J1⑨984)④里耶秦简中的"乡啬夫"应该是有关乡啬

① 《史记》卷56《陈丞相世家》,第2061页。
② 《汉书》卷19上《百官公卿表》,第742页。
③ 《续汉书·百官志五》,《后汉书》,第3624页。
④ 湖南省文物考古研究所编著:《里耶发掘报告》,第191页。

夫的最早记载。《张家山汉墓竹简·二年律令·户律》中有“恒以八月令乡部啬夫”和“乡部啬夫身听其令”等文字，并且从中可以看出，乡啬夫又称为“乡部啬夫”。简牍史料的出土进一步印证了两《汉书》中表、志记载的可信。

秦汉时期的皇权主义是建立在郡县制度的基础之上，郡县的基础又是直接临民治民的乡里组织，就是说秦汉皇权主义的社会基础是生活于乡里什伍的编户齐民。编户民不再像先秦时期的民众那样分别臣属于不同的贵族，而是一并地成为皇权直接支配的对象，乡里是税役主要之所出，编户民是治乱主要之所系，所以，如何控制乡里社会，如何管理编户民，是皇权主义首先要解决的制度层面的问题。

近几十年来，随着考古新史料的不断面世，学术界对秦汉时期乡里社会的状况也越来越加关注，取得了不少可喜的研究成果。笔者很同意林甘泉先生对秦汉时期乡里社会性质的研究结论，即：认为经过春秋战国的社会变动，到统一的秦王朝建立时，乡里聚落已经从先前的农村公社或家族公社共同体变成中央集权国家的基层行政组织。乡里不再具有分配居民份地和组织生产的经济功能，这是它区别于先前公社共同体的最重要的标志。但是，作为一种聚落形态，秦汉的乡里并非单纯是国家的基层行政组织，它实际上扮演了国家基层行政组织和民间社区的双重角色。认为乡中三老“非吏而得与吏比”，他们以民间长老的身份在乡官系列中占有一席之地，恰恰说明了秦汉的乡里并不单纯是国家的基层行政组织而是兼具民间社区的角色。不过随着专制主义中央集权国家政治制度的成熟和加强，民间社区的自治功能也日益萎缩，三老作为这种自治功能的代表人物在魏晋以后不再见于国家的基层行政组织。认为里父老和官府小吏一样都是国家秩序的维护者，同时他们又作为民间社区的代表，对乡里民政和治安事务都有参与管理的权利[①]。

笔者认为，君主专制的政治体制发展到秦汉时期皇权主义的社会状态阶段，专制皇权对社会基层，即乡里什伍及编户民的控御还是极其严格的。笔者不同意学术界部分学者关于“皇权主义与乡里社会分离”的观点，而是秦汉国家通过乡里什伍制、互保连坐制、编户簿籍制、国家授田制、国家赐爵制、以经学为核心的地方教育制度等一系列制度措施，强化皇权对乡里

① 林甘泉：《秦汉帝国的民间社区和民间组织》，见林甘泉：《中国古代政治文化论稿》，安徽教育出版社，2004年，第177—208页。

社会的控御,可以说从硬件到软件都非常重视,略举几个方面的事例以示皇权对基层社会的控御。

首先值得注意的是,秦汉时期的里在规制方面具有相对封闭性的特点。据《汉书·食货志上》记载:“春,(秋)〔将〕出民,里胥平旦坐于右塾,邻长坐于(右)〔左〕塾,毕出然后归,夕亦如之。”①可喜的是,近几十年出土的秦汉简牍史料,特别是一些法律文书证实了汉人班固的这种记载。如云梦睡虎地秦简《法律答问》就有如下的规定:

> 越里中之与它里界者,垣为“完(院)”不为?巷相直为“院”;宇相直者不为“院”。②

张家山汉简的《二年律令·杂律》中也有相关的法律规定:

> 越邑里、官市院垣,若故坏决道出入,及盗启门户,皆赎黥。其垣坏高不盈五尺者,除。③

从这条律文可以看出秦汉时期的里是都修筑有围墙的,围墙的高度也有法律规定,即五尺高。

其次是里中居民的居住也是严格规矩的,由于居民的身份等级不同,其居住的人群范围或者说环境也不同,有的被编入什伍组织之中,有的自由于其之外。而不同时期是否入编户的等级界定也不一样,如秦时爵位在第五级,即大夫以上之人,而西汉初年爵位在第十级左庶长以上,即高于第九级五大夫以上之人才不被编入什伍组织之中。这种认识来源于出土的简牍史料。《睡虎地秦墓竹简·法律答问》载:

> 大夫寡,当伍及人不当?不当。

又载:

---

① 《汉书》卷24上《食货志上》,第1121页。

② 睡虎地秦墓竹简整理小组:《睡虎地秦墓竹简·法律答问》,第137页。

③ 张家山二四七号汉墓竹简整理小组编著:《张家山汉简·二年律令·杂律》,《张家山汉墓竹简〔二四七号墓〕》(释文修订本),第33页。

贼入甲室，贼伤甲，甲号寇，其四邻、典、老皆出不存，不闻号寇，问当论不当？审不存，不当论；典、老虽不存，当论。

何谓“四邻”？“四邻”即伍人谓也。①

张家山汉简的《二年律令·户律》则规定：

自五大夫以下，比地为伍，以辨券为信，居处相察，出入相司。②

此外，传统文献史料也保存有类似的相关信息。如据《盐铁论·周秦》记载：

故今自关内侯以下，比地于伍，居家相察，出入相司，父不教子，兄不正弟，舍是谁责乎？③

《盐铁论》一书所反映的是西汉后期的历史情况，说明秦汉时期在很长的时间里，在基层乡里都实行“比地为伍”，“居家相察，出入相司”的什伍编户制度，但是能够自由于这个编制之外的人员却越来越少，爵位的等级越来越高，甚至连第十九级爵位的关内侯都被编列在什伍组织之中。

秦汉时期的里不但是一种封闭的基层社会组织，而且其内部实行什伍连坐互保，同时专制皇权还通过乡官里吏对基层社会严加控御。在乡一级，像啬夫、游徼等，虽然秩禄极低，但还是由国家发给俸禄，但是与之不同，里中之吏，像里典则根本没有俸禄，不属于国家正式职官，但就是这些不算官、没有俸禄的里吏，也不是随随便便，任凭什么人都可以充当的，相反秦汉地方政权对其严加掌控。如湖南湘西发现的里耶秦简中就有这样的简文：

卅二年正月戊寅朔甲午，启陵乡夫敢言之：成里典、启陵邮人缺，除士五（伍）成里丐、成，〔成〕为典，丐为邮人。谒令、尉以从事敢言之。

---

① 睡虎地秦墓竹简整理小组：《睡虎地秦墓竹简·法律答问》，第129、116页。

② 张家山二四七号汉墓竹简整理小组编著：《张家山汉简·二年律令·户律》，《张家山汉墓竹简〔二四七号墓〕》（释文修订本），第51页。

③ 王利器：《盐铁论校注》（定本）卷10《周秦第五十七》，第584页。

(8)157 简正面

正月戊寅朔丁酉，迁陵丞昌郄之启陵，廿七户已有一典，今有(又)除成为典，何律令？应尉已除成，丐为启陵邮人，其以律令。 (8)157 简背面①

从这条简文可以看出，秦朝时期的乡官啬夫虽然有职责和权利推荐所属里典的人选，但是并不具备正式任命里典的权利，这种任命权掌握在县一级权力机关手中，当然这是就一般的制度而言的。而事实上控制相关里吏的人选问题还要更加复杂，简言之就是随着历史的发展，随着豪族势力的坐大，里吏越来越被豪族势力所控制，而且不仅仅是里吏，还包括乡官，甚至包括郡县属吏。这应该是属于另外的讨论问题。

特别值得注意的是，秦汉皇权主义国家对基层社会的控御，更为核心和实质的是通过国家授田制和赐爵制而建立起皇权对于编户民的直接隶属和依附关系，直接和个别的人身支配关系。自战国中期列国变法以来形成的“五口之家”耕“百亩之田”的小自耕农经济，在秦汉时期成为最基本的社会经济模式。张家山汉简的《二年律令·户律》有关国家授田宅的法律条文显示了这方面的情况：

关内侯九十五倾，[大][庶][长][九][十][顷]，[驷]车庶长八十八顷，大上造八十六顷，少上造八十四顷，右更八十二顷，中更八十顷，左更七十八顷，右庶长七十六顷，左庶长七十四顷，五大夫廿五顷，公乘廿顷，公大夫九顷，官大夫七顷，大夫五顷，不更四顷，簪袅三顷，上造二顷，公士一顷半顷，公卒、士五(伍)、庶人各一顷，司寇、隐官各五十亩。不幸死者，令其后先择田，乃行其余。它子男欲为户，以为其□田予之。其已前为户而毋田宅，田宅不盈，得以盈。宅不比，不得。

宅之大方卅步。彻侯受百五宅，关内侯九十五宅，大庶长九十宅，驷车庶长八十八宅，大上造八十六宅，少上造八十四宅，右更八十二宅，中更八十宅，左更七十八宅，右庶长七十六宅，左庶长七十四宅，五大夫廿五宅，公乘廿宅，公大夫九宅，官大夫七宅，大夫五宅，不更四宅，簪袅三宅，上造二宅，公士一宅半宅，公卒、士五(伍)、庶人一宅，司

① 湖南省文物考古研究所编著：《里耶发掘报告》，第184页。

寇、隐官半宅。欲为户者，许之。①

律文不但说明国家通过授田宅对编户民的控制，而且从“它子男欲为户，以为其□田予之”和“欲为户者，许之”的规定，可见占有田宅与为编户的关系。此外，在两《汉书》中又比比可见赐民爵位的诏书，如本书前面所说，大约有近百次之多。皇权主义国家正是通过这种普遍的授田、授宅、授爵位制度，建立起乡里秩序，建立起对全体编户民，主要就是小自耕农民的直接控御和庇护，同样，在这种制度下，自耕农民、编户民也更加依附皇权，同时也更加敬畏皇权。专制皇权与编户小农的这种依存关系，是皇权主义社会存在和发展的前提条件和基础。

## 第三节　皇权控御社会（下）：思想层面

秦汉时期皇权主义对基层社会的控御，不仅仅局限于制度层面，同时也体现在思想层面。在中国历史上，政治上的专制主义和思想上的专制主义是同步发展的，虽然说秦统一天下之前的战国时代，是中国历史上思想多元、自由争鸣的黄金时期，但伴随着各国变法改革的相继实行，伴随着君主专制的发展，趋同统一的思想在各家各派的思想学说中都明显地表现出来，如墨家高喊“尚同”，儒孟主张“定于一”，儒荀主张“一天下”，法家说“事在四方，要在中央，圣人执要，四方来效”，杂家说“王者执一”，都是从思想上主张一统。而其中最值得重视的是法家集大成思想家韩非从思想上主张专制一统的理论学说，如《韩非子·五蠹篇》说：

儒以文乱法，侠以武犯禁，而人主兼礼之，此所以乱也。夫离法者罪，而诸先生以文学取；犯禁者诛，而群侠以私剑养。故法之所非，君之所取；吏之所诛，上之所养也。法趣上下四相反也，而无所定，虽有十黄帝不能治也。故行仁义者非所誉，誉之则害功；工文学者非所用，用之则乱法。……故明主之国，无书简之文，以法为教；无先王之语，以吏为师；无私剑之捍，以斩首为勇。是境内之民，其言谈者必轨于

① 张家山二四七号汉墓竹简整理小组编著：《张家山汉简·二年律令·户律》，《张家山汉墓竹简〔二四七号墓〕》（释文修订本），第52页。

法，动作者归之于功，为勇者尽之于军，是故无事则国富，有事则兵强，此之谓王资。既畜王资而承敌国之衅，超五帝侔三王者，必此法也。①

韩非是杰出的，但其又是悲剧性的人物。法家在诸子百家中本来是重实效、少空谈的学派，但韩非个人却难于把他杰出的思想理论付诸实践，他是集大成的法家，但其法不行于自己的祖国，他把权术研究得淋漓尽致，但却在极为赏识他的秦王之国被权术所害，好在他和他的法家前辈商鞅同命运，其人虽死，其法不败，被秦国的君臣继承光大。而到秦始皇统一天下之后，借助于政治一统的强大动力，思想上的专制统一也就更加快速发展，实践着韩非"以法为教"、"以吏为师"的思想统一主张，他们认为：

异时诸侯并争，厚招游学。今天下已定，法令出一，百姓当家则力农工，士则学习法令辟禁。今诸生不师今而学古，以非当世，惑乱黔首。丞相臣斯昧死言：古者天下散乱，莫之能一，是以诸侯并作，语皆道古以害今，饰虚言以乱实，人善其所私学，以非上之所建立。今皇帝并有天下，别黑白而定一尊。私学而相与非法教，人闻令下，则各以其学议之，入则心非，出则巷议，夸主以为名，异取以为高，率群下以造谤。如此弗禁，则主势降乎上，党与成乎下。禁之便。臣请史官非秦记皆烧之。非博士官所职，天下敢有藏《诗》、《书》、百家语者，悉诣守、尉杂烧之。有敢偶语《诗》、《书》者弃市。以古非今者族。吏见知不举者与同罪。令下三十日不烧，黥为城旦。所不去者，医药卜筮种树之书。若欲有学法令，以吏为师。②

而到汉武帝时，皇权主义的专制统治更为加强，一个主要的表现就是更加深入到思想层面，董仲舒对于中国传统大一统思想的贡献，历史上许多人认为是超过孟子的，他说：

《春秋》大一统者，天地之常经，古今之通谊也。今师异道，人异论，百家殊方，指意不同，是以上亡以持一统；法制数变，下不知所守。臣愚以为诸不在六艺之科孔子之术者，皆绝其道，勿使并进。邪辟之

① 王先慎撰，钟哲点校：《韩非子集解》卷19《五蠹第四十九》，第449、452页。

② 《史记》卷6《秦始皇本纪》，第254—255页。

说灭息，然后统纪可一而法度可明，民知所从矣。[①]

从“别黑白而定一尊”，到焚书坑儒，以吏为师，再到罢黜百家，表彰六经，以儒为吏，皇权主义下的思想专制一统成为秦汉思想发展史上最鲜明的特征，而且这种以儒学为核心的专制主义思想，也不再如以往那样，仅仅是在思想家，在上层社会彼此唇枪舌剑地辩驳，而是深入到社会底层，成为包括全体编户民在内的整个社会共同遵循的思想法则。和政治上、制度上皇权主义一杆子直插乡里社会一样，在思想的专制一统方面也同样没有停留在社会的上层，没有局限于精英阶层，而是深入乡里社会，控御了广大编户民的思想和观念信仰。专制皇权在思想领域对全社会人的巨大影响，对人在思想、心理、精神上所造成的限制、震慑、压力，是生活在非皇权主义社会状态下的人们难以想象的，西汉初年的贾山曾经对这种状态有过形象和震撼人心的描述：“雷霆之所击，无不摧折者；万钧之所压，无不糜灭者。今人主之威，非特雷霆也；势重，非特万钧也。”[②]皇权对于普天下之人，特别是编户民的人身束缚和支配与对他们思想观念的引导和制约是同步的。

在讨论皇权主义在思想层面对社会的控御问题时，有几位学者的研究及其结论是值得注意的。首先是刘泽华教授，在他的有关中国古代政治思想史的系统研究中，一个重要的观点，也是结论，那就是王权支配社会，强调专制君主的权力的全面支配性，支配经济、支配社会，并把这种支配称之为王权主义，认为王权主义包括了三个方面的主要内容：“一是以王权为核心的权力系统；二是以这种权力系统为骨架的社会结构；三是与上述状况相适应的观念体系。”[③]刘氏思想的核心一以贯之，就是强调政治权力对经济和整个社会的支配作用，而并非是经济决定政治权利的分配。刘氏的研究虽然强调王权对于全社会的支配作用，当然也就应该包括对下层民众的作用和影响，但其研究主要还是限于传统经典和精英人物的政治思想主张。

第二位是葛兆光教授，他在20世纪的最后阶段完成了他独特的《中国思想史》的写作，在学术界颇有影响。葛氏研究的突出特点，不仅仅表现在思想史研究的方法方面，而且体现在研究内容，即对象和范围问题的方面，

---

① 《汉书》卷56《董仲舒传》，第2523页。

② 《汉书》卷51《贾山传》，第2330页。

③ 刘泽华：《王权主义概论》，《锦州师范学院学报》2001年第3期。

正像李学勤和葛剑雄两教授所说：葛兆光的“《中国思想史》虽然也写了精英和经典的思想史，但作者用浓彩描绘的则是‘一般思想史’。这就使得这部书，不仅在方法上，而且在视野上，也具有着全新的面貌……”“原来我们讲的思想史太窄，葛兆光现在把思想史拓宽了，至少已经拓宽到他所讲的信仰、知识结构。”[①]当然正如一些学者所指出的，葛氏的思想史研究受到国内外前辈学者的启发和影响，如法国的年鉴学派和福科一类的思想家，另外，中国学术界也有一些学者持有类似的主张和做法，特别有一些学者特别注重考古遗址、墓葬及出土器物所反映出的思想、观念、信仰等内涵，但都没有像葛氏这样明确、系统地提出和进行“一般思想史”的资料搜集、梳理、分类和研究。“一般思想史”应该说比精英和经典的思想史更接近民众，更为社会化，所以笔者在研究编户民思想观念信仰问题时，比较重视葛氏的思想史研究的方法和视野。葛氏的思想史也遭到了一些学者的诟病，究其原因，笔者认为其薄弱点在于，葛氏把一般思想史和精英经典的思想史割裂甚至对立起来，这是不科学的，相反二者之间是密切相连的，一般思想史是精英思想史的基础，也如同金克木所谈及的那样，精英们的“高深著作”包含着非思想家，包括编户民在内的普通民众的“浅近思想”，如果精英思想不以一般思想为基础，其不可能存在，甚至不可能产生，就没有生命力，没有生命力的东西当然也就成不了经典。

第三位是雷戈教授，由上海古籍出版社出版的他的《秦汉之际的政治思想与皇权主义》[②]一书，是近年来秦汉政治思想研究的一部力作，其中他对两个概念的运用和发挥，笔者很感兴趣，其一是“后战国时代”，其二是“天高皇帝近”。“后战国时代”虽然并非雷氏的首创，但其进行了淋漓尽致的发挥，不是把它作为制度和社会的断代，而是作为思想、观念和意识的时态加以使用，大大深化了对战国后期到西汉前期这段历史的特点认识，同时也进一步深化了对整个秦汉历史的认识和定位，甚至是深化了对秦汉以后两千年中国专制主义社会的认识。“天高皇帝远”，是千百年来中国人常常挂在嘴边的俗语，也非常符合中国古代社会的实际状态，但雷氏在书中将之引入政治思想和观念意识领域，并将之改造为“天高皇帝近”，不但合理，而且绝妙。之所以如此说，就在于这种说法形象地反映了皇权主义在思想层面的高度专制，极端深入，不但深入社会，深入乡里，而且深入人心，

① 葛兆光：《中国思想史》“专家荐书语”，复旦大学出版社，2000年。

② 雷戈：《秦汉之际的政治思想与皇权主义》，上海古籍出版社，2006年。

深入到普通编户民的头脑之中。秦汉时期的专制主义之所以说较先秦时期更发展，主要原因正在于此，皇权不但控制了编户民的有形的人身，最厉害的是它还支配了人们无形的思想。雷氏把秦汉之际的历史时段定性为中国古代政治思想史上“皇权主义意识形态的生成和确立”时期，奠定了中国两千年皇权意识形态支配的基础。雷氏研究重在阐明“皇权意识形态实践功能对理论思辩所发生的实质性影响”，他认为这种影响就在于“人们必须围绕着皇帝制度来思考，学会并习惯于在皇帝制度下进行思考”。认为“从思想史角度看，皇权主义首先意味着一种新型的思维模式”，在皇权专制制度下，“把思想弄成一种规范式的东西，要求人们只能进行一种规范主义的思考……使思想成为一种可控的过程”。通过雷氏的论述，人们可以深切感受到“天高皇帝近”，其实更确切的应该是天高皇权近，近到了深入人心，指导人们程序化思想的程度。

雷氏在《秦汉之际的政治思想与皇权主义》一书中，也提到了思想史的不同写法和模式，与葛兆光精英经典思想史和一般思想史的提法略有不同，分划也更加细致。他说：“依据所写内容，我们可以区分出两种思想史。一种是凌空飞行的思想史，俗称‘精英思想史’。一种是匍匐而行的思想史，俗称‘民间思想史’（或‘底层思想史’）。实际上还应该有第三种思想史，这种思想史与制度、事件、权术、阴谋直接联系在一起。”“依据所用方法，我们可以区分出四种思想史。一是新儒家的从思想到思想的写法，一是唯物史观的从经济—阶级到思想的写法，一是长时段的从民间—知识到思想的写法，一是社会史的从社会到思想的写法。新儒家强调思想史的内在理路，唯物史观强调思想史的经济因素，长时段强调思想史的知识论基础，社会史强调思想史的社会与思想的互动过程。其实，还应该有第五种写法，即凸显思想史的制度背景，展示思想在具体制度架构中的曲折生长过程。”[①]而这第五种实际是雷氏在研究中最为关注的，他称之为“制度思想史”。制度与思想，二者的关系如何，雷氏说“制度与观念的关系如同生理与心理之关系”，又说“观念的制度基础，制度的观念内涵”，而“正是皇权主义秩序把‘天高皇帝远’的制度现实变为‘天高皇帝近’的观念现实”。

与一些思想史恰恰看不到作者有什么不同以往的独特思想不同，雷氏的思想史充满了闪烁的思想光亮，但是同时也不难注意到，其研究和论述

---

① 雷戈：《秦汉之际的政治思想与皇权主义》，第23页，注①。

还是存在简单和粗糙的弱点。比如我们刚刚分析过的他对制度与思想关系的阐述,即有些简单化。思想是非常复杂的东西,不论是就大的社会,还是就小的个人来看,都处在不断的外战和内战之中,与制度的关系也是一样,互致互为的关系不是机械的,不会是像照镜子一样,如果说一个时期实行的制度具有明确的现实性的话,而一个时期的思想就不会是完全与制度同步的现实,而会兼具超前性和滞后性的特点,超前和滞后都是相对于制度而言的,超前性突出在精英思想史中,滞后性主要体现在民间思想史中。恰恰是由于这一点,思想史是有类别分划的。雷氏书中也提到:“我们的思想史研究,是研究某一时期的思想,而不仅仅是研究某一时期的那些思想家的思想,而思想家的思想,决不就等同于该时期历史进程中实际反映出来的思想,不等同于在实际历史进程中起作用的思想。所以,考察某一时期的思想,应该注意考察在实际的历史进程中起作用的、实实在在影响了历史发展的思想。我们不能排除思想家对历史实际进程的影响,但也不能夸大这种影响,特别是不能以为他们的思想就是那个时代思想的全貌。我们应该拓宽思想史的研究视野,从人类全部的历史活动中去考察思想的轨迹。”但就雷氏的这本书看,对思想家的思想、历史进程中实际反映出来的思想、实际历史进程中起作用的思想等的复杂关系,论说得还不够充分。雷氏的思想实际上是徜徉在制度与思想、制度思想史与精英思想史之间,而对社会底层、乡里民间、编户民们在思想史上的地位和作为,应该说关注的并不是太多,而笔者认为,这里才恰恰是皇权主义生成的沃土和发展的基础,也是皇帝制度和皇权主义异常稳定强固的原因所在。这是笔者要重点关注的。

中国历史上的君主专制制度产生于先秦,大体可以定位在战国阶段,但这个时期与秦汉之后,即皇帝制度建立后的君主专制是有较大区别的。战国时期随着社会的发展,各国相继实行变法改革,建立在郡县制、编户齐民制、官僚制基础上的君主专制制度长足发展,但又必须看到,这个制度无论是在专制的范围还是专制的程度上,都远远达不到秦汉以后的状态。当时不仅仅是贵族,甚至是平民,还是有一定的政治权利的,特别是有一定的思想和话语的权利,君主对于贵族还是尊重和客气的,对于知识分子还是礼贤下士的,即便是对于一般的民众,即所谓的编户齐民,也是支配其人身,而专制不了其心。所谓“君之视臣如手足,则臣视君如腹心;君之视臣如犬马，则臣视君如国人；君之视臣如土芥，则臣视君如寇仇”[①]。所谓“民为贵，社稷次之，君为轻”[②]。思想家的这些说法都是当时君臣关系、君民关系的反映，是君主专制不够极端与强化的反映。进入秦汉以后，情况就大不一样了，随着天下的统一，随着皇帝制度的诞生，随着郡县制的一统推行，特别是随着儒学的尊崇、思想的规制，君主的权力，也就是皇权，不再是专制国中，而是专制天下，不再是单纯地支配人身，而且是钳制人心。那么，秦汉统治者、皇帝君主是通过什么途径，使用什么办法，达到皇权支配社会，达到支配人们思想和观念的目的呢？皇权主义是如何成为全社会遵守、信仰、追求的目标呢？

应该说这是个比较复杂的问题，因为它既有皇帝制度必然引发的皇权主义的思想观念，既包括了强制性的皇权主义的推行，也有非强制性的，表面看似乎是无意识的耳濡目染，而事实上恰恰是皇权意识已经形成为社会性共识的表现。

首先，皇权主义达到了可以控御人的思想的程度，而且是对全社会，包括下层民众在内的各个阶层和等级在内的思想专制的原因，首先是制度的问题，虽然我们这里讨论的是思想层面的问题，但是存在决定意识的唯物主义原则还是不误的。皇帝制度的存在，大一统国家的出现，是皇权主义可以控御人心，深入到社会成员的最最深密的心灵之处，成为社会性崇拜与信仰的制度基础。对于秦始皇创立使用的“皇帝”称谓及其皇帝制度，学术界有过太多的论著涉及，不论是从文字训诂，还是从政治体制，都有太多的重复研究，笔者不想重复赘述，不过可以简略指明的是秦汉的皇帝和先秦的王是绝对不同的，如果说先秦的王是贵族中的一个等级，是天下臣民的主人之一的话，那秦汉时期的皇帝却是天下唯一的主人，他借助于官僚制度、郡县制度、编户民制度，实现了对天下所有人的直接的统治与支配，由于皇帝权力地位的独一无二的绝对性，在与天下臣民的相互关系中既至高无上，又直接而无中间环节，这样的一种制度状况必然造成天下臣民，特别是编户民对于皇帝和皇权的畏惧、崇拜、依附，并求其庇护的心理。

再者，皇权对于社会的支配，达到支配人们思想和观念的程度，在制度的基础上，还包含了诸多强制性的因素，而其中既有法律令的强制使然，也有教育形式和内容的强制，还有神化皇权的宗教的强制。为了强化和神化

① 《孟子注疏》卷8上《离娄章句下》，阮元校刻：《十三经注疏》，第2726页上栏。

② 《孟子注疏》卷14上《尽心章句下》，阮元校刻：《十三经注疏》，第2774页中栏。

皇权，使之深入到秦汉社会生活的方方面面，特别是实现对人们思想观念的统一、专制、支配，把法律、教育、选官、思想信仰等结合起来，从秦始皇到汉武帝，再到汉光武帝，皇权的代表人物及其统治集团进行了不懈的探索和努力。

秦始皇不仅创立了皇帝制度，在灭亡六国，统一天下的疆域之后，陆续实行各个方面的一统，不仅统一制度法令，统一度量衡，还要统一人们的思想与观念，要实现韩非的极端的君主专制主张："言行而不轨于法令者必禁。"[①]于是不仅强制推行"书同文"、"行同伦"，还用更为专制的手段钳制人们的思想，那就是"焚书坑儒"。以秦始皇和李斯为代表的统治集团，曾经对周朝衰亡的历史进行过理性的反思，认为天下之所以诸侯割据、战乱不已的一个重要原因，就是"处士横议"，为了维护皇权和天下的一统，矫枉必须过正，于是李斯建议说：

> 古者天下散乱，莫之能一，是以诸侯并作，语皆道古以害今，饰虚言以乱实，人善其所私学，以非上之所建立。今皇帝并有天下，别黑白而定一尊。私学而相与非法教，人闻令下，则各以其学议之，入则心非，出则巷议，夸主以为名，异取以为高，率群下以造谤。如此弗禁，则主势降乎上，党与成乎下。禁之便。臣请史官非秦记皆烧之。非博士官所职，天下敢有藏《诗》、《书》、百家语者，悉诣守、尉杂烧之。有敢偶语《诗》、《书》者弃市。以古非今者族。吏见知不举者同罪。令下三十日不烧，黥为城旦。所不去者，医药卜筮种树之书。若欲有学法令，以吏为师。[②]

李斯的建议为秦始皇所接受，实行"以法为教"，"以吏为师"，"诽谤者族，偶语者弃市"[③]，甚至规定"不可以妄言，妄言者无类"[④]，"以古非今者族"，"有敢偶语《诗》、《书》者弃市"，更加严厉的是惩治"非所宜言"，以极端专制的手段钳制人们的思想，控制社会舆论，终于导致了焚书坑儒。

可以明显看出，秦朝统一天下后，从"以法为教"，"以吏为师"，到"诽谤

---

① 王先慎撰，钟哲点校：《韩非子集解》卷17《问辩第四十一》，第394页。

② 《史记》卷6《秦始皇本纪》，第255页。

③ 《史记》卷8《高祖本纪》，第362页。

④ 《史记》卷37《郦生陆贾列传》，第2705页。

者族,偶语者弃市”,最后到焚书坑儒,强制推行的这一系列法律、制度、政策、措施,目的和实质就是要在思想层面实现高度的皇权专制,达到皇权更深地控御社会。

秦朝的迅速灭亡暴露出法家君主专制理论和实施办法简单、极端的弱点,理所当然地受到批判和反思,同时也就使君主专制的发展出现了回流,在迂回发展的过程中,必然产生新的特点,那就是与法家思想不同的儒家思想经过汉儒的改造后粉墨登场。汉代新儒学代替原来的法家,成为皇权控御社会的更加有效的思想工具,汉代在武帝时期又重新回到了秦始皇开创的皇权主义的专制道路上来,依然是要从思想层面上深入地控御社会,对人们的思想和观念实行专制。

汉武帝即位后马上诏丞相、列侯、中二千石、二千石、诸侯相举贤良方正、直言极谏之士,并亲自策问古今治国之道。董仲舒在对策中推尊儒学,建议以儒学统一整个社会的思想,所谓“诸不在六艺之科孔子之术者,皆绝其道,勿使并进”①,得到汉武帝的赞许和采纳。这就是我们通常所说的“罢黜百家,独尊儒术”。明眼人一下就可以看出,这与秦朝的“以法为教”,“以吏为师”,在实现思想观念的统一和专制方面,没有实质性的差别,而是一致的。虽然说正统的政治思想由法变成了儒,但汉代的尊儒,既是一面旗帜,也是一个幌子,“汉家自有制度,本以霸王道杂之,奈何纯(住)[任]德教,用周政乎”②!汉宣帝此语泄露了天机,儒家思想一方面并非惟一的统治思想,法家思想同样受到统治者的重视,另一方面,汉代的儒家思想本身也吸纳了法家、道家、阴阳家等诸家思想学说,正是因此,汉武帝才比当初的秦始皇更成功,不仅实现了行政疆域的统一,更实现了思想观念的统一,新儒学指导下的统一。

汉武帝之所以比秦始皇做得好,做得成功,除了以董仲舒为代表的新儒学对儒学的改造外,还由于他没有像秦始皇那样用野蛮的方法解决思想统一问题,而是使用文明的措施,其中最突出的就是把教育和考试与选官和尊儒结合起来。

汉代的教育形式虽然说有官学和私学之分,但是以官学为主体,私学的教育内容和目的都是紧跟官学的。而汉代官学的教育目的是非常政治化的,不论是中央的太学还是郡国的学校,主要都是为皇权主义的统治服

---

① 《汉书》卷56《董仲舒传》,第2523页。

② 《汉书》卷9《元帝纪》,第277页。

务，教学的主要内容是研读儒经，培养人才的目标就是做官——从中央到地方各级政权的管理者。但不论是察举还是征辟，选拔统治人才考虑的都是以儒学为标准，如此以儒术取士，就为“独尊儒术”的推行提供了有力的制度保证，同时不仅对天下的读书人具有引导和激励作用，更重要的是促使全社会形成重视儒学、重视教育的社会风尚，使儒家思想渗透到社会各方面，支配社会各个阶层，所谓“遗子黄金满籯，不如一经”[①]，在皇权指挥棒的引导下，汉代出现社会性的学儒读经热，大批儒生通过读经而进入仕途。秦朝是“以法为教”，“以吏为师”，汉代，特别是西汉后期和东汉时期，则是以儒为教，以师为吏，经读好了就可以为官，经师可以为高官，二者看似相反又相似，有些异曲同工，只是汉朝的办法和途径更高更妙，但运用皇权控御人们的思想观念的本质，秦汉是一样的。

秦汉时期皇权控御思想的再一个重要手段和途径，也是汉武帝高明于秦始皇，或者更准确地说是汉武帝时代高明于秦始皇时代的地方，就是迎合和利用古代社会中人们浓厚的神鬼、阴阳等思想，将皇权神秘化，使之神圣、合理、不可质疑，使全天下人更心甘情愿地畏惧在皇权的脚下。秦始皇虽然说是中国历史上第一个利用五德终始学说来证明秦朝存在的合理性的君主，但他却基本没有用神秘主义来强化皇权，他不惧神鬼，勇于和湘神斗，敢于和海神战，似乎没有想到用超自然的力量来强化自己的权力，来神化自己对天下人的专制统治。而汉武帝时期则不同，董仲舒不但提出“罢黜百家，独尊儒术”的建议，而且提出神化皇权的一系列思想学说。

董仲舒在政治上最大的主张就是皇权的大一统，所谓“《春秋》大一统者，天地之常经，古今之通谊也”。就是说大一统的皇权是天经地义的，是不可质疑的。他不仅仅阐发了《公羊传》中“大一统”的思想，又吸收了道、法、阴阳等家的思想学说，对公羊学说进行了神秘主义改造，形成了具有时代特色的理论体系，这一理论可以概括为天人感应的神学政治论，这是董仲舒思想的一个特别关键点。所谓天人感应，其实是一种关于天人相互关系的神秘主义思想理论，这种思想起源于先秦，但极为简单粗糙，而到了汉代，董仲舒才使天人感应论成熟丰满。

董仲舒学说中的“天”既是自然的，又是超自然的，具有浓厚的神秘主义特色，同时天是至高无上的主宰。在天人关系上，他主张人受命于天，通

---

① 《汉书》卷73《韦玄传》，第3107页。

过阴阳五行的运行与人相沟通，通过君主与天下人沟通，因而君权是天授的，君主是奉天命治理国家，管理社会，统治人民，因此在现实政治和社会中，他极力主张君权至上，力倡皇帝专制的政治体制，并通过神秘主义的途径论证了皇帝专制的合理性与无可置疑性，论证了臣民服从君主的集权与专制就如同顺从天命一样天经地义。他说："德侔天地者称皇帝，天佑而子之，号称天子。"①"天子受命于天，天下受命于天子……"②另外董仲舒又吸取阴阳家的思想学说，将天人感应与阴阳五行的运动发展相结合，在阴阳关系中，认为阳是处于主宰的地位，阴处于服从的地位，并进而把这种关系运用到人们的社会关系与政治关系上，运用到君臣、父子、夫妻的关系中，加以附会发挥，系统为"三纲"的政治伦理道德体系，即所谓"君臣、父子、夫妇之义，皆取诸阴阳之道。君为阳，臣为阴；父为阳，子为阴；夫为阳，妻为阴"③。从政治伦理关系论证君主的绝对核心地位，其目的很明显，就是要证明君、父、夫对于臣、子、妻的绝对支配地位。后来《白虎通义》将之归纳为"君为臣纲、父为子纲、夫为妻纲"，即所谓的三纲。三纲的原则同样也源于天，因而也是无可置疑的。

董仲舒是汉代新儒学的最大代表，说其新，就是他在前秦儒学的基础上，吸纳融合了阴阳五行和儒、道、墨、法等诸家的思想观点，改造了儒学。与先秦儒学相比，二者最大的不同有二，一是人性与神性的不同，一是民本与君本的不同。孟子说"民为贵，社稷次之，君为轻"，而董仲舒说"屈民而伸君，屈君而伸天"④。所以说，董仲舒改造创造的汉代新儒学维护皇权，适应其巩固发展需要的目的、作用、影响十分醒目。正因为如此，有学者认为，为适应秦始皇一统天下之政治需要，李斯当初向秦始皇建议实行"书同文"、"行同伦"、"焚书坑儒"等思想专制措施，还十分简陋、裸赤的话，那么董仲舒出于同样的动机向汉武帝提供的"天人感应"、"大一统"等专制措施，则要精致、隐秘得多。

董仲舒以来的汉代新儒学，由于神学化，后来又谶纬化，充斥了天人感应、阴阳五行及祥瑞灾异等，与民间普遍存在的神秘主义相适应，交互作用，故加大了对人们，特别是下层民众的影响和震慑，使儒学更加世俗化，

---

① 苏舆撰，钟哲点校：《春秋繁露义证》卷7《三代改制质文第二十三》，第201页。

② 苏舆撰，钟哲点校：《春秋繁露义证》卷11《为人者天第四十一》，第319页。

③ 苏舆撰，钟哲点校：《春秋繁露义证》卷12《基义第五十三》，第350页。

④ 苏舆撰，钟哲点校：《春秋繁露义证》卷1《玉杯第二》，第32页。

更能深入民间乡里,在皇权深入民间,控御社会思想的过程中,儒学的神秘主义倾向发挥了重要作用。所以学术界有不少学者主张汉代的儒学乃是儒教。

## 第四节 皇权主义的基础:编户民思想观念扫描

秦汉时期皇权的强大,不仅依赖物质性的国家机器,而且根植于其存在的社会基础,即在于社会广大成员的普遍认同,它不仅仅是一种皇权制度规制下的政治氛围和传统,而且伴随历史的演进发展,这种氛围和传统定型为一种社会环境,如同一张网,罩住了全体社会成员,支配着他们的思想和观念。而这样一种政治氛围、思想传统和社会环境的形成,是一个长期发展,或者说浸润蚀化的过程,其形成并不是完全强制性的,似乎受到传统因素的自然影响,或者说在秦汉的基层社会,在乡里民间,在广大的编户民中间,本来就存在着从先秦以来,不仅仅是从战国、春秋,甚至是从三代以来就长期传演下来的一些思想和观念传统。这些思想和观念传统包括对天地自然、人间万物、鬼怪神灵、生老病死等等一系列自然和社会问题的观念认识,而这些观念认识就如同一片沃土,充满了易于皇权主义植根生长的物质基础,这种基础使得普通的编户民极易于接受君权天授、天人感应、阴阳五行等一系列服务于皇权主义的宣传说教。

秦汉时期社会性的思想观念,特别是就下层民间而言,虽然说有多种状况与表现,但梳理史料,却有几个方面比较突出,一是神秘主义,二是孝悌观念,三是富贵理想,四是平均主义,而最终几乎都可以同皇权主义的思想观念挂钩,成为皇权主义的背景和基础。

### 一、秦汉时期下层民众中神秘主义的思想观念

人们常说,一部二十四史是帝王将相的历史,就是说传统的文献史料主要反映的是社会上层的言行活动,对于社会下层,就秦汉时期而言,即对于那些生活于乡里什伍之中的普通编户民,甚至于那些下层的地方官吏,很少保存有他们的信息,尤其是思想观念层面的记载。即便是有一些相应的记载,如秦末陈胜、吴广起义时诡秘地在鱼腹中置“丹书帛曰陈胜王”,又

篝火狐鸣曰“大楚兴，陈胜王”①，又如新莽末年赤眉军用“书札”“探符”的神秘而又可笑的办法，确定拥立牧童刘盆子为皇帝等②，此类反映下层民观念信仰的史料之少，绝对称得上是凤毛麟角或吉光片羽，而且都与起义造反等历史大事变有关，难以看到下层民正常生产生活中的神秘主义倾向和影响。但是20世纪的考古学，特别是70年代之后的秦汉考古学，在一定程度上改变了这一状况。特别是《日书》简牍的多批次出土，不但让人们看到了战国秦汉时期普通编户民的真实生活，尤为可贵的是，从《日书》中可以清楚地了解到了他们的思想、观念、信仰和追求，即了解到他们精神层面的真实状况。

考古发现并出土的《日书》种类，目前已经达到两位数，时代是从战国到秦汉，分布地域也是南北方皆有，虽然如此，但就其形式和内容看，这些《日书》彼此却是十分的类似，这反映了从战国到秦、到汉，基层社会中人们生活状态和观念信仰的延续性。其中内容最丰富最受学界瞩目的当属云梦睡虎地秦墓中出土的《日书》。

《日书》，直观的顾名思义的解释，就是古人占吉凶、择时日的书，是类似于工具书或者说是手册一样的东西。在古代社会中有专门从事这方面事情的专业人士，称为日者。由于在社会上的地位和作用非常重要，故太史公司马迁在《史记》中专门为之作传，即《日者列传》。

中国上古时期，整个社会被神秘主义所笼罩，从传统文献史料中的《周易》，到出土的殷周的甲骨卜筮，再到战国秦汉的日书，积存下来的占验术数之法，大约不下几十种之多。从《史记》的《日者列传》、《龟策列传》、《天官书》，到《汉书》、《后汉书》中的《天文志》、《五行志》、《方术列传》，反映出秦汉时期的方术占验之法的种类更是丰富多彩，什么建除、丛辰、五行、日者，什么风角、遁甲、元气、六日，又什么七政、七分、堪舆、历家等等，琳琅满目。而从考古所发现的《日书》看，虽然很容易理解为日者之书，但实际上《日书》的内容非常丰富，所涉及的术数类型，绝非仅仅限于日者，而是包括了当时流行的许多占验方法，人们只从下面所列《日书》中的部分段落标题就可以见其一斑：

除、秦除、稷辰、衣、玄戈、岁、星、病、啻、室忌、土忌、作事、毁弃、直

① 《史记》卷48《陈涉世家》，第1950页。

② 《后汉书》卷11《刘盆子列传》，第480页。

(置)室门、行、归行、到室、生子、人字、取妻、作女子、吏、入官良日、梦、诘、盗者、禹须臾、土忌、门、反枳、马禖、五谷良日、木日、马日、牛日、羊日、猪日、犬日、鸡日、五种忌日、正月、官、三月、四月、五月、六月、七月、八月、九月、十月、十二月、人日、男子日、室忌、盖屋、盖忌、除室、髮、初寇〈冠〉、寄人室、行日、行者、入官、行忌、行祠、祠、亡日、亡者、见人、有疾、病、家(嫁)子□、不可娶妻、生、失火、盗……

以下再略引一些生动具体的简文史料以证之。例如《睡虎地秦墓竹简·日书甲种·除》:

结日,作事,不成以祭,閵(吝)。生子毋(无)弟,有弟必死。以寄人,寄人必夺主室。

交日,利以实事。凿井,吉。以祭门行、行水,吉。

阴日,利以家室。祭祀、家(嫁)子、取(娶)妇、入材,大吉。以见君上,数达,毋(无)咎。

达日,利以行帅〈师〉出正(征)、见人。以祭,上下皆吉。生子,男吉,女必出于邦。①

《睡虎地秦墓竹简·日书甲种·星》:

营室,利祠。不可为室及入之。以取妻,妻不宁。生子,为大吏。

东辟(壁),不可行。百事凶。以生子,不完。不可为它事。②

《睡虎地秦墓竹简·日书甲种·作事》:

二月利兴土西方,八月东方,三月南方,九月北方。③

《睡虎地秦墓竹简·日书甲种·归行》:

---

① 睡虎地秦墓竹简整理小组:《睡虎地秦墓竹简·日书甲种》,第181页。
② 睡虎地秦墓竹简整理小组:《睡虎地秦墓竹简·日书甲种》,第192页。
③ 睡虎地秦墓竹简整理小组:《睡虎地秦墓竹简·日书甲种》,第196页。

凡春三月己丑不可东，夏三月戊辰不可南，秋三月己未不可西，冬三月戊戌不可北。百中大凶，二百里外必死。岁忌。

毋以辛壬东南行，日之门也。毋以癸甲西南行，日之门也。毋以乙丙西北行，星之门也。毋以丁庚东北行，辰之门也。①

《睡虎地秦墓竹简·日书甲种·生子》：

丙子生子，不吉。

丁丑生子，好言语，或生（眚）于目。

戊寅生子，去父母南。

己卯生子，去其邦。

庚辰生子，好女子。②

《睡虎地秦墓竹简·日书甲种·土忌》：

土良日，癸巳、乙巳、甲戌，凡有土事必果。

土忌日，戊、己及癸酉、癸未、庚申、丁未，凡有土事弗果居。

春三月毋起东乡（向）室，夏三月毋起南乡（向）室，秋三月毋起西乡（向）室，冬三月毋起北乡（向）室。以此起室，大凶，必有死者。③

《睡虎地秦墓竹简·日书乙种·行者》：

远行者毋以壬戌、癸亥到室。以出，兇（凶）。④

《睡虎地秦墓竹简·日书乙种·入官》：

久宦者毋以甲寅到室。⑤

---

① 睡虎地秦墓竹简整理小组：《睡虎地秦墓竹简·日书甲种》，第201页。
② 睡虎地秦墓竹简整理小组：《睡虎地秦墓竹简·日书甲种》，第203页。
③ 睡虎地秦墓竹简整理小组：《睡虎地秦墓竹简·日书甲种》，第225—226页。
④ 睡虎地秦墓竹简整理小组：《睡虎地秦墓竹简·日书乙种》，第243页。
⑤ 睡虎地秦墓竹简整理小组：《睡虎地秦墓竹简·日书乙种》，第243页。

从《日书》这些标题以及几条简文可以看出，占验择日所涉及的事项极其广泛，可以说涵括了当时人生活的方方面面，从祭祀、娶妻、嫁女、生子，到兴土木、盖房屋、出门归行，从入官为吏、五谷六畜，再到疾病、失火、丢东西、抓盗贼等等，都涉及了，反映了神秘主义对当时人的生活的全面影响。太史公司马迁曾说："自古受命而王。王者之兴何尝不以卜筮决于天命哉！其于周尤甚，及秦可见。代王之入，任于卜者。太卜之起，由汉兴而有。"①其实何尝是王者，何尝是国家兴亡一类的军国大事，而是秦汉时期全部社会成员，及其衣食住行的简单生活琐事，都被超自然的力量支配，都要靠术数抉择。《日书》中择日宜忌庞杂而且荒诞，但却真实地反映出当时人在神秘主义思想观念指导下的日常生活。

睡虎地秦墓竹简《日书》出土的地点，曾经引起学术界的广泛注意。睡虎地秦墓的墓主人名字叫喜，生前是秦的地方官吏，曾经为安陆及鄢地的令史。其墓中随葬有丰富的秦的律令文书，与他地方官吏的这种身份是完全相应的，但其墓中又随葬《日书》，这让不少学者尤为重视，难道地方官吏也"兼通日者之术欤"②！已故著名历史学家林剑鸣曾经对这一现象又作了深入研究，在《秦汉政治生活中的神秘主义》一文中，他首先指明了一个事实，那就是律令文书与日书同时出现在地方官吏墓葬中的现象，不仅仅出现在云梦睡虎地秦墓中，而是颇为普遍的，即还出现在放马滩秦墓、阜阳汉墓、张家山汉墓等墓葬之中，并进一步认为，《日书》与律令一起出土在秦汉地方官吏的墓葬中，说明"通《日书》者与执法的官吏在秦汉时代往往两者集于一身"，"古代官吏和卜、史、星、历一身二任的遗风到秦汉时代仍存"，故《日书》和律令文书一样是地方官吏行使管理职权必备的工具书③。这种认识是非常正确的，这一现象的存在一方面反映了地方官吏兼有日者的身份，他们的日常工作，比如说断狱、捕盗等也受术数之法的制约和指导，如《日书》乙种中就有如下的记载：

——甲亡，盗在西方，一宇间之，食五口，其疵其上得□□□□□其女若母为巫，其门西北出，盗三人。

乙亡，盗□□□□□□□□□□□方，内盗有□□人在其室〼

① 《史记》卷127《日者列传》，第3215页。

② 饶宗颐、曾宪通：《云梦秦简日书研究》，香港中文大学出版社，1982年，第1页。

③ 林剑鸣：《秦汉政治生活中的神秘主义》，《历史研究》1991年4期。

丙亡，为间者不寡夫乃寡妇，其室在西方，疵而在耳，乃折齿。

丁亡，盗女子也，室在东方，疵在尾□□□，其食者五口，▨

戊亡，盗在南方，故盗，其上作折其□齿之其▨

己亡，盗三人，其子已死矣，其间在室。

庚亡，盗丈夫，其室在西方，其北壁臣，其人擅黑。①

另一方面反映出占验择日等在地方民间，在普通的编户民之中影响的深入和普及的广泛，这又要求地方官吏必须具备这方面的专业知识，才能够更好地了解和处理民间事务。

## 二、秦汉时期下层民众的孝悌观念

孝悌，尤其是其中的孝，是中国传统文化极力提倡的主要道德之一。孝是指对父母的孝顺，悌是指对兄长的敬重。许慎《说文》释曰："孝"是"善事父母"②。"善事"二字，大有文章可做，主要是不仅要赡养父母，而且最主要的是要顺从父母。孝悌道德首先源于血缘家庭和宗法制度的长期而广泛的存在，同时又与中国古代农耕文明和自然经济形式有关，即源于古人在长期的生产和生活中知识、经验的代代传承，甚至是人类本身种族的延续，因此具有明显的自然性和合理性。孝悌的思想观念源远流长，可溯源到先秦三代。众所周知，在出土的殷商甲骨卜辞中就已经有"孝"字，而当时普遍存在的祭祀考妣的制度，更是孝观念的反映。早期的中国古文献更有不少相关的记载，如《尚书·康诰》记载西周时周公告诫康叔说："元凶大憝，矧惟不孝不友。"③《诗经》亦曰："蓼蓼者莪，匪莪伊蒿。哀哀父母，生我劬劳。"④"威仪孔时，君子有孝子。孝子不匮，永锡尔类。"⑤反映了周人对父母的感恩，对孝道的重视。孝的思想观念在诸子的思想中多有反映，特别是儒家思想学派尤为重视孝悌者以伦理道德，将其论证为最主要最基本的伦理道德，如《论语·学而篇》曰："君子务本，本立而道生。孝弟也者，其为仁之本与。"⑥孝悌的思想道德由于符合中国古代重血缘重家族的社

---

① 睡虎地秦墓竹简整理小组：《睡虎地秦墓竹简·日书乙种》，第254—255页。

② 《说文解字》八篇上《老部》，第398页。

③ 《尚书正义》卷14《康诰第十一》，阮元校刻：《十三经注疏》，第204页。

④ 《毛诗正义》卷13《小雅·蓼莪》，阮元校刻：《十三经注疏》，第459页。

⑤ 《毛诗正义》卷17《大雅·既醉》，阮元校刻：《十三经注疏》，第536页。

⑥ 《论语注疏》卷1《学而第一》，阮元校刻：《十三经注疏》，第2457页。

会状况，所以深入人心，影响广泛，而且根植在最普通的下层民众的日常生活之中。尤其是在中国古代家国同构的情况下，忠孝也合为一体，家族(庭)中的血缘隶属关系和国家的政治隶属关系能够很方便地结合在一起，正如孔老夫子所言："其为人也孝弟，而好犯上者鲜矣。不好犯上，而好作乱者，未之有也。"[①]正是从这一点出发，统治者、专制君主十分重视并极力强化孝悌的道德观念，把中央集权的君主专制与父家长为核心的小农经济社会高明地统一起来，于是也就把全社会的人都束缚在"君君、臣臣、父父、子子"的等级结构之中。

秦汉时期的孝悌思想、观念、道德无疑是延续先秦的，并有所发展变化，但秦、汉两代又是有着重大区别的。如众所知，秦自建国就僻处西方，与西戎杂处，宗法伦理不太发达，孔子西行不到秦，而商鞅变法以来，秦国始终是以法家为主导，特别是在二十等军功爵制度的驱动下，整个社会，包括下层编户民，基本是重实际功利，轻仁义道德。这在睡虎地出土的《日书》中就可以看出。《日书》仅仅在《生子》有"丁亥生子，攻(工)巧，孝"[②]。但总体上看较少提到孝顺父母，比如在讲到结婚择偶或者是弃妻离婚时，居然都没有把是否孝顺父母作为择偶的条件或弃妻的一个重要原因，反之，在秦简《日书》中有大量祖孙父子间矛盾冲突的反映，如"王父为祟"、"王母为祟"、"父母为祟"等等的记载[③]，就是说父祖带给子孙病灾，反映出的完全是一种怨恨，而不是孝敬感恩。但这仅仅是问题的一个方面，另一个方面又不能不看到，秦毕竟还是以血缘家庭为基本细胞或者说为基础的社会，它就不可能完全不重视孝悌，再说就是法家思想中也同样可以觅到孝悌的主张，如《韩非子》中就说："天下皆以孝悌忠顺之道为是也，而莫知察孝悌忠顺之道而审行之，是以天下乱。"又说："臣事君，子事父，妻事夫，三者顺则天下治，三者逆则天下乱，此天下之常道也，明王贤臣而弗易也。"[④]何况秦虽然是重视法家的思想主张，但并非独用法家，而是兼及儒、墨、道、阴阳五行，如秦始皇巡游天下，在多处刻石以宣扬自己统一天下的功德和对天下人的训示，而刻石中的一些内容，诸如"皇帝作始，端平法度，万物之纪。以明人事，合同父子。圣智仁义，显白道理"[⑤]，明显地带有儒

① 《论语注疏》卷1《学而第一》，阮元校刻：《十三经注疏》，第2457页。

② 睡虎地秦墓竹简整理小组：《睡虎地秦墓竹简·日书甲种》，第203页。

③ 睡虎地秦墓竹简整理小组：《睡虎地秦墓竹简·日书甲种》，第193页。

④ 王先慎撰，钟哲点校：《韩非子集解》卷20《忠孝第五十一》，第465—466页。

⑤ 《史记》卷6《秦始皇本纪》，第245页。

家思想的色彩。另外从秦简《日书》看，每家基本都有自己的“祠木”，以便祭祀父母，在《日书》中也有“祀父母良日”的简文，反映出对殷周以来祭祖传统的继承和对父母的孝。另外在秦简的《法律答问》甚至有对不孝行为的所谓法律制裁：

免老告人以为不孝，谒杀，当三环之不？不当环，亟执勿失。①

即六十岁以上的老人控告儿子不孝，要求判处死刑，问这种案件是否实行拒绝受理的法律制度，答复是不实行，而是要立即逮捕，勿使潜逃②。另外又如《封诊式》中一条“告子爰书”载：

某里士五（伍）甲告曰：“甲亲子同里士五（伍）丙不孝，谒杀，敢告。”即令令史己往执。令史己爰书：与牢隶臣某执丙，得某室。丞某讯丙，辞曰：“甲亲子，诚不孝甲所，毋（无）它坐罪。”③

遗憾的是简文中没有关于最终判决的结果，但不孝之子受到法律的严惩是没有疑问的。秦简中还有一种《为吏之道》，《为吏之道》的内容所反映的思想倾向，就是既有法家，也有儒家和道家等多家思想成份。如简文中有：“宽俗（容）忠信，和平毋怨”；“兹（慈）下勿陵，敬上勿犯，听间（谏）勿塞”；“毋喜富，毋恶贫，正行修身，过（祸）去福存”；“为人君则鬼，为人臣则忠，为人父则兹（慈），为人子则孝”，“君鬼臣忠，父兹（慈）子孝，政之本也”④。其中不但包含了对“孝”道的认可和提倡，而且还与“忠”并立而提，置于相辅相应的地位。

两汉王朝不但是儒学被前所未有地尊崇，而且更是以孝治天下的时期，“孝悌”之道被统治者更加充分利用，成为皇权主义的重要构成，成为皇权控御社会的有力工具，三纲五常正式形成，《孝经》正式产生，孝正式成为“天之经也，地之义也，民之行也”⑤，成为天地之中最重要的原则，做人所要遵守的最重要的纲常伦理。于是汉代皇帝的谥号均被冠以“孝”字，于是

① 睡虎地秦墓竹简整理小组：《睡虎地秦墓竹简·法律答问》，第117页。
② 关于“三环”的解释，学术界存在分歧意见，本书在下面再做讨论和说明。
③ 睡虎地秦墓竹简整理小组：《睡虎地秦墓竹简·封诊式·告子》，第156页。
④ 睡虎地秦墓竹简整理小组：《睡虎地秦墓竹简·为吏之道》，第167—169页。
⑤ 《孝经注疏》卷3《三才章第七》，阮元校刻：《十三经注疏》，第2549页。

孝廉、孝悌成为察举制和征辟制进行选拔任用官吏的主要科目和条件之一，于是孝亲从被提倡的伦理道德而发展演变为强制性地法律规定。可以说，在两汉时期，忠的道德观念虽然还不能与宋元以后相比，但忠、孝二者已经被有机地结合在了一起，而孝的道德观念已经确定无疑地成为了全社会的共识，而且同样是超出了道德范畴，成为法律的一部分，不孝是要受到法律严惩的。

汉朝承继了先秦以来惩罚不孝的这一法律原则，并有所强化，具体表现为几个方面。首先，在汉代不孝被认为是一种十分严重的犯罪行为。如西汉时期，杨敞、霍光等大臣在奏疏中曾说“五辟之属，莫大不孝（师古注曰：五辟，即五刑也）”①；东汉肃宗孝章帝于诏令中也说“《甫刑》三千，莫大不孝”②。而处于两汉之际的王莽改制是一次全面的改革运动，在有关刑法制度的改革中也反映出了对不孝行为的极端重视，据《汉书·匈奴传》记载：

> 莽作焚如之刑，烧杀陈良等……（注引应劭曰：“《易》有焚如、死如、弃如之言，莽依此作刑名也。”如淳曰：“焚如、死如、弃如者，谓不孝子也。不畜于父母，不容于朋友，故烧杀弃之，莽依此作刑名也。”）③

其次，既然不孝是最大最严重的犯罪行为，故对不孝之人的惩处也是非常重视，非常严厉的。如《史记·衡山王列传》载：“王后徐来亦坐蛊杀前王后乘舒，及太子爽坐王告不孝，皆弃市。”④汉景帝三年十二月诏曰：“襄平侯嘉子恢说不孝，谋反，欲以杀嘉，大逆无道。……论恢说及妻子如法。”⑤“东平王云，不孝不谨，亲毒杀其父思王，名曰钜鼠，后云竟坐大逆诛死。”⑥由于传统文献史料主要记载的是当时社会上层的事情，许多时候会牵涉到政治斗争，一般来说不孝之罪都要判死刑，个别或因情节较轻或有其它因素，也常常处以贬爵或夺爵的处罚。如“乐成王苌有罪，废为临湖

① 《汉书》卷68《霍光传》，第2945页。
② 《后汉书》卷14《齐武王演列传》，第553—554页。
③ 《汉书》卷94《匈奴传》，第3827—3828页。
④ 《史记》卷118《衡山王列传》，第3097页。
⑤ 《汉书》卷5《景帝纪》，第142页。
⑥ 《汉书》卷84《翟方进传》，第3436页。

侯”，注云“《续汉书》曰‘坐轻慢不孝’，故贬”[①]；“隐强侯阴博坐骄溢，胶东侯贾敏坐不孝，皆免为庶人”[②]；“齐王晃坐事母不孝，贬为（无）[芜]湖侯”[③]。对不孝行为最严厉的惩罚当属西汉美阳女子告子不孝案，据《汉书·王尊传》载：

> 美阳女子告假子不孝，曰：“儿常以我为妻，妒笞我。”尊闻之，遣吏收捕验问，辞服。尊曰：“律无妻母之法，圣人所不忍书，此经所谓造狱者也。”尊于是出坐廷上，取不孝子县磔著树，使骑吏五人张弓射杀之，吏民惊骇。[④]

刑罚的严厉由于罪行的极端恶劣。

第三，汉代对不孝行为的处罚不但较重，而且一般情况下都不宽赦，如东汉光武帝二十九年夏四月曾大赦天下，但诏令中却说：“诏天下系囚自殊死已下减本罪各一等，不孝不道不在此书。”[⑤]唯有不孝不道之罪不予以宽赦。

以上所举均系传统文献中所载，是针对具体人具体事所处的刑罚，还不是原始的法律条款，而张家山汉简《二年律令》则提供了这种处罚不孝的原始法律条文。《二年律令·贼律》载：

> 子贼杀伤父母，奴婢贼杀伤主、主父母妻子，皆枭其首市。
>
> 子牧杀父母，殴詈泰父母、父母、叚（假）大母、主母、后母，及父母告子不孝，皆弃市。[⑥]

从这两条律文清楚可见汉代对不孝罪的处罚是严厉的，对家庭中的长辈杀伤（不管遂与不遂）、殴詈、被父母控告不孝，均被判处弃市的死刑。《二年律令》对不孝罪不但处罚严厉，而且也同传统文献所反映的一样，不孝之罪

---

① 《后汉书》卷5《安帝纪》，第233页。

② 张烈点校：《后汉纪》卷第11《孝章皇帝纪上》，《两汉纪》（下册），第207页。

③ 张烈点校：《后汉纪》卷第12《孝章皇帝纪下》，《两汉纪》（下册），第239页。

④ 《汉书》卷76《王尊传》，第3227页。

⑤ 张烈点校：《后汉纪》卷第8《光武皇帝纪》，《两汉纪》（下册），第152页。

⑥ 张家山二四七号汉墓竹简整理小组编著：《张家山汉简·二年律令·贼律》，《张家山汉墓竹简〔二四七号墓〕》（释文修订本），第13页。

一般是不与宽赦,不允许赎免(减)的。如同样是《贼律》又规定:

> 贼杀伤父母,牧杀父母,欧〈殴〉詈父母,父母告子不孝,其妻子为收者,皆锢,令毋得以爵偿、免除及赎。①

《告律》中又规定:

> 杀伤大父母、父母,及奴婢杀伤主、主父母妻子,自告者皆不得减。②

就是说即使是主动投案自首也得不到减刑的待遇,而本来汉朝的法律是有“先自告除其罪”的规定的③,即鼓励主动自首,但由于对孝行的极端重视和提倡,致使坦白从宽的原则对不孝之罪并不适用。值得注意的是《户律》中的一条律文:

> 孙为户,与大父母居,养之不善,令孙且外居,令大父母居其室,食其田,使其奴婢,勿贸卖。④

“养之不善”也属于一种不孝行为,但与“杀伤”、“殴詈”等不孝行为明显存在程度的差异,《二年律令》在处罚上也有明显的区别,在这种情况下不是将不孝者弃市处死,而是将之驱逐出家门,将其房屋、土地、奴婢都转为大父母占有。这种区别应该说是合理的。

汉代由于对孝道的过分重视,一方面是对不孝行为的过于严重的惩罚,另外还体现在对在孝道旗号下的犯法行为的过于宽纵,甚至是大肆表彰那些为父母顶罪受刑的行为,可以说走向了极端化与不合理。

首先看对在“孝亲”旗号下的犯法行为的同情、宽恕,甚至奖掖,其后果

---

① 张家山二四七号汉墓竹简整理小组编著:《张家山汉简·二年律令·贼律》,《张家山汉墓竹简〔二四七号墓〕》(释文修订本),第14页。

② 张家山二四七号汉墓竹简整理小组编著:《张家山汉简·二年律令·告律》,《张家山汉墓竹简〔二四七号墓〕》(释文修订本),第26页。

③ 《汉书》卷44《衡山王传》,第2156页。

④ 张家山二四七号汉墓竹简整理小组编著:《张家山汉简·二年律令·户律》,《张家山汉墓竹简〔二四七号墓〕》(释文修订本),第55页。

往往造成社会的不安定。复仇是汉代一种十分突出的社会现象，这与汉代以孝治天下，对孝德的绝对提倡有直接的关系，所谓“父之仇，弗与共戴天；兄弟之仇，不反兵；交游之仇，不同国”①。如东汉民间孝女赵娥为父复仇的故事知名度极高：

> 酒泉庞淯母者，赵氏之女也，字娥。父为同县人所杀，而娥兄弟三人，时俱病物故，仇乃喜而自贺，以为莫己报也。娥阴怀感愤，乃潜备刀兵，常帷车以候仇家。十余年不能得。后遇于都亭，刺杀之。因诣县自首。曰：“父仇已报，请就刑戮。”（福）禄[福]长尹嘉义之，解印绶欲与俱亡。娥不肯去。曰：“怨塞身死，妾之明分；结罪理狱，君之常理。何敢苟生，以枉公法！”后遇赦得免。州郡表其闾。太常张奂嘉叹，以束帛礼之。②

赵娥的行为明显是合于情礼而违于法理，结果不但没有受到法律的制裁，反而得到了官府的表彰。类似的事情在汉代，尤其是在东汉历史上不少，更有甚者不是为自己的父亲，而是因替朋友的父亲报仇而犯罪，由于这里不但关乎父子之孝，还有朋友之义，故更加受到社会的表彰。其中郅郓和何颙的故事最为生动：

> 恽友人董子张者，父先为乡人所害。及子张病，将终，恽往候之。子张垂殁，视恽，歔欷不能言。恽曰：“吾知子不悲天命，而痛仇不复也。子在，吾忧而不手；子亡，吾手而不忧也。”子张但目击而已。恽即起，将客遮仇人，取其头以示子张。子张见而气绝。恽因而诣县，以状自首。令应之迟，恽曰：“为友报仇，吏之私也。奉法不阿，君之义也。亏君以生，非臣节也。”趋出就狱。令跣而追恽，不及，遂自至狱。令拔刃自向以要恽曰：“子不从我出，敢以死明心。”恽得此乃出，因病去。③
>
> （何颙）友人虞伟高有父仇未报，而笃病将终，颙往候之，伟高泣而诉。颙感其义，为复仇，以头醊其墓。④

---

① 《礼记正义》卷3《曲礼上》，阮元校刻：《十三经注疏》，第1250页。

② 《后汉书》卷84《列女传》，第2796—2797页。

③ 《后汉书》卷29《郅恽列传》，第1027页。

④ 《后汉书》卷67《何颙列传》，第2217页。

对于宽赦在“孝亲”旗号下杀人犯罪的弊病，汉代人就已经看清并指明。如东汉“建初中，有人侮辱人父者，而其子杀之，肃宗贳其死刑而降宥之，自后因以为比。是时遂定其议，以为《轻侮法》”。时任尚书的张敏就反对批评说：

夫死生之决，宜从上下，犹天之四时，有生有杀。若开相容恕，著为定法者，则是故设奸萌，生长罪隙。孔子曰：“民可使由之，不可使知之。”《春秋》之义，子不报仇，非子也。而法令不为之减者，以相杀之路不可开故也。今托义者得减，妄杀者有差，使执宪之吏得设巧诈，非所以导“在丑不争”之义。又《轻侮》之比，浸以繁滋，至有四五百科，转相顾望，弥复增甚，难以垂之万载。

又说：

臣伏见孔子垂经典，皋陶造法律，原其本意，皆欲禁民为非也。未晓《轻侮》之法将以何禁？必不能使不相轻侮，而更开相杀之路，执宪之吏复容其奸枉。议者或曰：“平法当先论生。”臣愚以为天地之性，唯人为贵，杀人者死，三代通制。今欲趣生，反开杀路，一人不死，天下受敝。①

汉代对那些为孝而替父服刑抵罪者大肆褒扬，其中缇萦自愿为奴救父免刑的故事，不仅在汉代，甚至在整个中国古代法律发展史上都是一件大事，缇萦也就成为汉代民间绝非一般的孝女。该事件发生在汉文帝时期，

即位十三年，齐太仓令淳于公有罪当刑，诏狱逮系长安。淳于公无男，有五女，当行会逮，骂其女曰：“生子不生男，缓急非有益(也)！”其少女缇萦，自伤悲泣，乃随其父至长安，上书曰：“妾父为吏，齐中皆称其廉平，今坐法当刑。妾伤夫死者不可复生，刑者不可复属，虽后欲改过自新，其道亡繇也。妾愿没入为官婢，以赎父刑罪，使得自新。”书奏天子，天子怜悲其意，遂下令曰：“制诏御史：盖闻有虞氏之时，画衣

① 《后汉书》卷44《张敏列传》，第1503页。

冠异章服以为戮，而民弗犯，何治之至也！今法有肉刑三，而奸不止，其咎安在？非乃朕德之薄，而教不明与！吾甚自愧。故夫训道不纯而愚民陷焉。《诗》曰：'恺弟君子，民之父母。'今人有过，教未施而刑已加焉，或欲改行为善，而道亡繇至，朕甚怜之。夫刑至断支体，刻肌肤，终身不息，何其刑之痛而不德也！岂称为民父母之意哉？其除肉刑，有以易之；及令罪人各以轻重，不亡逃，有年而免。具为令。"①

缇萦救父，不但由此而废止肉刑，也鼓励了子女为孝而替父服刑。到东汉初期，皇帝在诏令中就明确允许子女可以代亲服刑徙边：

诏三公募郡国中都官死罪系囚，减罪一等，勿笞，诣度辽将军营，屯朔方、五原之边县；妻子自随，便占著边县；父母同产欲相代者，恣听之。②

从表面上看，似乎是子女自愿代亲伏法受刑，但统治者不合理地倡导这一类行为的深刻用意，却是远远超出了个人和家庭，而是由父及君，由家及国，为家赴难和为国赴难，替父伏法受刑和替君流血牺牲，道理是紧密相通的。

### 三、秦汉时期下层民众对富贵的理想追求

中国古代虽然是农业自然经济占主导的社会，但自战国以来至于秦汉，商品经济可以说还是比较发达的，这在太史公的《史记·货殖列传》中可见一斑，"天下熙熙皆为利来，天下攘攘皆为利往"，"富者，人之情性，所不学而俱欲者也"。"富"字在该篇中出现了五六十次之多，频率之高引人重视。富与贵一样是秦汉时期一般人的理想追求，不仅仅是社会上层，贵族、官僚，也不仅是商人，而且包括社会中的贫贱者，主要是那些从事农耕的编户民。最经典的史料莫过于《史记·陈涉世家》的记载："陈涉少时，尝与人佣耕，辍耕之垄上，怅恨久之，曰：'苟富贵，无相忘。'庸者笑而应曰：'若为庸耕，何富贵也？'陈涉太息曰：'嗟乎，燕雀安知鸿鹄之志哉！'"③可

① 《汉书》卷23《刑法志》，第1097—1098页。
② 《后汉书》卷2《明帝纪》，第111页。
③ 《史记》卷48《陈涉世家》，第1949页。

见,不论是有鸿鹄之志的陈胜,还是无鸿鹄之志的庸者都把富贵作为人世间的美好理想,二者的区别在于陈胜敢于去理想和追求,而庸者不敢做如此美好的梦,但毕竟还是反映出他们对富贵不敢奢望的期盼。由于贫富是决定人们社会地位和等级的主要因素之一,所以“淮阴侯韩信……始为布衣时,贫无行,不得推择为吏,又不能治生商贾,常从人寄食饮,人多厌之者”①。即由于贫穷,不但秦朝的制度限制韩信为吏,而且由于贫穷在民间也受到乡里民人的歧视,甚至是侮辱。故《韩诗外传》曰:“人之所以好富贵安荣,为人所称誉者,为身也;恶贫贱危辱,为人所谤毁者,亦为身也。”②

秦朝的历史太短,文献史料太少,尤其是反映下层民的思想观念层面的东西更是少得让人遗憾,但略让人欣慰的是出土的秦简中有一些相关的内容。例如,在睡虎地秦简《日书》中有如下的记载:

亢,祠、为门行,吉。可入货。生子,必有爵。

房,取妇、家(嫁)女、出入货及祠,吉。可为室屋。生子,富。

乙亥生子,穀(谷)而富。

辛巳生子,吉而富。

辛未生子,肉食。

南门,将军门,贱人弗敢居。

其日在首,富难胜殹(也)。

在奎者富。③

生东乡(向)者贵,南乡(向)者富,西乡(向)寿,北乡(向)者贱,西北乡(向)者被刑。④

这些简文清晰地反映出民间普通老百姓对富贵的希望和企盼。此外,在秦简《日书》所记的择日中就有“钱良日”,这无疑也与民间追求富贵的风俗习惯有关。

两汉的史料较之秦朝要丰富得多,不论是传统文献还是考古新史料中

---

① 《史记》卷92《淮阴侯列传》,第2609页。

② 许维遹:《韩诗外传集释》卷8《第二章》,中华书局,1980年,第272页。

③ 睡虎地秦墓竹简整理小组:《睡虎地秦墓竹简·日书甲种》,第191、199、202、203、205、206页。

④ 睡虎地秦墓竹简整理小组:《睡虎地秦墓竹简·日书乙种》,第236页。

都有不少关于汉代人追求富贵的记载,“耻贫贱而乐富贵”[①]是当时人普遍的人生观和价值观,如西汉人栾布所说:“穷困不能辱身下志,非人也;富贵不能快意,非贤也。”[②]又如东汉人郦炎的诗中也有这样的句子:“富贵有人籍,贫贱无天录。”唐人李贤注曰:“富贵者为人所载于典籍也,贫贱者不载于天录。天录谓若萧、曹见名于图书。”[③]王符在《潜夫论》中说:“富贵则人争附之,此势之常趣也;贫贱则人争去之,此理之固然也。”又说:“事富贵如奴仆,视贫贱如佣客。”[④]这里所反映出的价值取向与前述秦人对韩信当年的态度是一脉相承的。为了脱离贫贱,为了争取富贵,汉代人不惜万里征战,甚至不惜铤而走险,揭竿叛乱。例如,据《后汉书》本传记载,班超在西域与匈奴斗争的危急时刻就是用“富贵”来激励手下的吏士,曰:“卿曹与我俱在绝域,欲立大功,以求富贵……”[⑤]又据《后汉书·鲍永传》记载:“时赤眉害更始,三辅道绝。光武即位,遣谏议大夫储大伯,持节征永诣行在所。永疑不从,乃收系大伯,遣使驰至长安。既知更始已亡,乃发丧,出大伯等,封上将军列侯印绶,悉罢兵,但幅巾与诸将及同心客百余人诣河内。帝见永,问曰:‘卿众所在?’永离席叩头曰:‘臣事更始,不能令全,诚惭以其众幸富贵,故悉罢之。’”李贤注:“幸,希也。”[⑥]可见“幸富贵”构成了新莽末年农民暴动的重要原因之一。

此外在传统文献史料中,从命名原则亦可见古人对富贵的积极态度,包括地名、封国名、人名等。如汉代有“富民侯”、“富平侯”、“富春侯”、“富阳侯”等等。“武帝末年,悔征伐之事,乃封丞相为富民侯。”[⑦]“右将军张安世宿卫忠谨,封富平侯。”[⑧]“富春侯玄,河间孝王子。四月丁酉封,十年免。”“富阳侯赐,六安夷王子。二年五月丙戌封,二十八年,建昭二年,坐上书归印绶免八百户。”[⑨]富贵作为汉代社会普遍企盼追求的吉祥字词,不但在地名中显现,而且也出现在人名之中。“(孝景)三年,(休)侯富以兄子戎为楚王反,富与家属至长安北阙自归,不能相教,上印绶。诏复王。后以平

① 《后汉书》卷30《郎顗列传》,第1069页。
② 《史记》卷100《栾布列传》,第2734页。
③ 《后汉书》卷80下《郦炎列传》,第2648页。
④ 王符著,汪继培笺,彭铎校正:《潜夫论笺校正》卷8《交际第三十》,第333、347页。
⑤ 《后汉书》卷47《班超列传》,第1572页。
⑥ 《后汉书》卷29《鲍永列传》,第1018—1019页。
⑦ 《汉书》卷24上《食货志上》,第1138页。
⑧ 《汉书》卷7《昭帝纪》,第232页。
⑨ 《汉书》卷15《王子侯表》,第520、492页。

陆侯为楚王，更封富为红侯。”[①]“山阳男子张富昌为卒，足蹋开户，新安令史李寿趋抱解太子，主人公遂格斗死，皇孙二人皆并遇害。上既伤太子，乃下诏曰：‘盖行疑赏，所以申信也。其封李寿为邗侯，张富昌为题侯。’”[②]“（成献）哀侯贵嗣，建平元年薨，亡后。”[③]从张富昌这条史料可见，该人在未封侯前就是个役卒男子，名字叫“富昌”，反映了下层民起名字中追求富贵的信息，但这种信息在正史中毕竟太少，其存在主要由于该人后来的封侯和卷入巫蛊之祸这种大事变。而大量普通下层编户民的信息，在正史中难以觅到，只能寄希望于考古发现的新史料，其中居延汉简较为丰富，主要体现在两类名字中，一种是户籍所在的里名，一种就是吏卒的人名。如里名包括：

修行富里公乘霍利亲年卌八　174・5

☑居富里召子□☑　17・43

肩水司马令史觻得富贵里诚安主　45・7B

氐池富贵里宣建年卌九　51・3

☑阿平富里张赦　自言卖☑　213・49

田卒大河郡平富西里公士昭遂，年卅九　303・13

卖郑富安里二匹　311・20

骑士富贵里臧□□　□马一匹☑　387・21

□赏燧长觻得富□里牛庆　未得元康四年三月十四日用钱三百八十　560・4

氐池骑士富贵里郑已　562・22

氐池骑士富昌里司非子　564・2

氐池骑士富昌里赵☑　565・19

水门燧长屋兰富贵里尹野　14・25

驳南亭长觻得寿贵里公乘孙竟□　传☑　75・1

☑□骑士橐贵里王德成　508・3

☑史觻得寿贵里魏辅　332・8[④]

① 《史记》卷19《惠景间侯者年表》，第1008—1009页。

② 《汉书》卷63《武五子传》，第2746—2747页。

③ 《汉书》卷15《王子侯表》，第485页。

④ 谢桂华等：《居延汉简释文合校》，第276、27、78、88、333、497、508、549、655、660、662、664、23、131、613、521页。

此外同样是西北地区出土的敦煌汉简也有不少类似的里名和烽燧名，《敦煌汉简释文》：

戍卒循成富里左丰年三十五省府木工美水　府　(253)

富昌队长宋恭　送囚龙勒　(266)

富昌卒敦煌擅朔里张咸　(267)

富贵隧戍卒颍川郡陕业丘里张丁四石具弩一　(829A)

☑虏候史敦煌大富里吕遂成年卅五五凤二年三月戊戌除　(1035A)

十二月癸丑大煎都候丞罢军别治富昌隧谓部士吏写移书到实籍吏出入关　(1685)

广昌候史敦煌富贵里孙毋忧未得二月尽五月积四月奉钱二千四百　(1757)

入六月食二斛三斗　永平十一年五月九日富贵徒尹当受尉史义　(2089)

隧长玉门富昌里丸崇　(2331)①

另外在吏卒的名字中也可见"富""贵"的字样：

第卅八隧长王常富在新实　34·21A

□里王常富年卅三　45·26B　57·21B

正月癸巳尉史常富封　202·2

充贵言报书甚不可书　到愿令史收责报吏☑　178·2

■右候长弘赟长充贵责钱凡九☑　214·60②

此外，汉代人普遍追求富贵的状况，在文物考古史料中有多方面的反映，除了上面所说的简牍史料之外，在印章瓦当、碑铭简文、画像砖石中也大量存在，比如在碑石志铭中，普通人追求富贵的理想、享有富贵的优越就有较为丰富的反映，如：

① 吴礽骧、李永良等：《敦煌汉简释文》，甘肃人民出版社，1991年，第25、26、85、106、175、185、225、254页。

② 谢桂华等：《居延汉简释文合校》，第54、79、313、283、339页。

延熹四年太岁在辛丑，万世老寿，阳遂富贵。[①]

□汉永和二年岁在丁丑七月下旬，临乃丧慈父，呜呼哀哉……由斯言之，命有□□。进念父恩，不可称陈。□作□丘封，曰存祖夫，适」□□祠，蒸尝魂灵，富贵无悉，传于子孙，□之无竟……二月卅日毕成。[②]

次子富曰少元。[③]

君东平相之玄，会稽大守之曾，富波侯相之孙，守长社令之元子也。[④]

天地之性，斯其至贵者也。[⑤]

而在出土的汉代瓦当中有“富贵”文字的还颇为多见，如今天的陕西境域是汉代行政的中心区域，在汉代的都城、宫殿、陵墓等大量遗址中有批量的瓦当出土，其中就有“富贵”、“千万岁富贵”、“千金宜富贵当”、“大富”、“富贵毋央”、“宜富昌”、“富贵昌”、“大富吉”、“富贵万岁”文字瓦当。

可以看出，追求“富贵”，是汉代社会上上下下普遍追求的理想，是共识的价值观和人生观，人们不但不避讳不掩饰这种愿望，而且公开声明，甚至还会故意显摆，正因为如此，项羽才会在灭秦之后说：“富贵不归故乡，如衣绣夜行，谁知之者！”[⑥]同样的话汉武帝也曾对富贵后的朱买臣说过[⑦]，而汉光武帝刘秀同样也对景丹说过类似的话[⑧]。《后汉书·崔骃列传》崔骃在劝诫外戚窦宪时说：“传曰：‘生而富者骄，生而贵者傲。’生富贵而能不骄傲者，未之有也。”可见富贵者的优越感。

富贵是秦汉时期全社会人的普遍理想和追求，包括生活在社会下层的编户民都在做着富贵的美梦，那么如何实现富贵理想，依靠谁才能使自己

---

① 陆心源辑：《千甓亭古砖图释》卷1，中国书店，1991年，第16页。

② 赵超：《汉魏南北朝墓志汇编》，天津古籍出版社，1992年，第1—2页。

③ 《三老讳字忌日记》，高文：《汉碑集释》（修订本），河南大学出版社，1997年，第2页。

④ 《尹宙碑》，高文：《汉碑集释》（修订本），第425页。

⑤ 《唐公房碑》，高文：《汉碑集释》（修订本），第502页。

⑥ 《史记》卷7《项羽本纪》，第315页。

⑦ 《汉书》卷64《朱买臣传》：“上拜买臣会稽太守。上谓买臣曰：‘富贵不归故乡，如衣绣夜行，今子何如？’买臣顿首辞谢。”（第2792页）

⑧ 《东观汉记·景丹传》载：“建武二年，定封景丹栎阳侯。上谓丹曰：‘今关东故王国，虽数县，不过栎阳万户邑。富贵不归故乡，如衣锦夜行，故以封卿。’”（吴树平校注：《东观汉记校注》卷11《景丹传》，第399页）

的美梦变真。考诸秦汉时人的富贵发展之路，大致有几条：首先是功劳，包括军功和事功，特别是通过建立战功而拜官封爵，正所谓“万里征战觅封侯”；再者是通过研习儒家经典而被授以高官厚禄，特别是西汉中期以后，精通儒学成为获取富贵的主要途径，“遗子黄金满籝，不如一经”①，汉代著名经学大师夏侯胜经常对自己的学生们说：“士病不明经术；经术苟明，其取青紫如俛拾地芥耳。学经不明，不如归耕。”②说的正是这个意思；其它还可以通过血缘、姻缘、经商等途径而猎取富贵，太史公说的精辟：“凡编户之民，富相什则卑下之，伯则畏惮之，千则役，万则仆，物之理也。夫用贫求富，农不如工，工不如商，刺绣文不如倚市门，此言末业，贫者之资也。”③虽然秦汉时期实行重农抑商，但毕竟还是一个商业和货币较为发展的社会，财富不仅仅是人们等级地位决定因素之一，而且也是赂取官职权力和更多资财的资本，晁错说得好：“今法律贱商人，商人已富贵矣。”④

虽然说有多条途径可以获取富贵，但不管是哪一种途径最终还是要通过皇权方可实现富贵的理想。本来秦汉时期承继先秦，儒家的天命思想有普遍的影响，“死生有命、富贵在天”之语，常出现在人们的言论中。如下引：

> 自鸿嘉后，上（指汉成帝）稍隆于内宠。倢伃进侍者李平，平得幸，立为倢伃。上曰：“始卫皇后亦从微起。”乃赐平姓曰卫，所谓卫倢伃也。其后赵飞燕姊弟亦从自微贱兴，逾越礼制，浸盛于前。班倢伃及许皇后皆失宠，稀复进见。鸿嘉三年，赵飞燕谮告许皇后、班倢伃挟媚道，祝诅后宫，詈及主上。许皇后坐废。考问班倢伃，倢伃对曰：“妾闻‘死生有命，富贵在天。’修正尚未蒙福，为邪欲以何望？使鬼神有知，不受不臣之诉；如其无知，诉之何益？故不为也。”上善其对，怜悯之，赐黄金百斤。⑤

东汉上党太守田邑曰：

---

① 《汉书》卷73《韦贤传》，第3107页。

② 《汉书》卷75《夏侯胜传》，第3159页。唐人颜师古注曰：“地芥谓草芥之横在地上者。俛而拾之，言其易而必得也。青紫，卿大夫之服也。俛即俯字也。”

③ 《史记》卷129《货殖列传》，第3274页。

④ 《汉书》卷24《食货志》，第1133页。

⑤ 《汉书》卷97《外戚传》，第3984—3985页。

> 间者，上党黠贼，大众围城，义兵两辈，入据井陉。邑亲溃敌围，拒击宗正，自试智勇，非不能当。诚知故朝为兵所害，新帝司徒已定三辅，陇西、北地从风响应。其事昭昭，日月经天，河海带地，不足以比。死生有命，富贵在天。天下存亡，诚云命也。邑虽没身，能如命何？①
>
> 张升字彦真，陈留尉氏人，富平侯放之孙也。升少好学，多关览，而任情不羁。其意相合者，则倾身交结，不问穷贱；如乖其志好者，虽王公大人，终不屈从。常叹曰："死生有命，富贵在天。其有知我，虽胡越可亲；苟不相识，从物何益？"②
>
> 孔子称曰："死生有命，富贵在天。"若此者，人之死生，自有长短，不在操行善恶也。③

从上引"死生有命，富贵在天"出现的语境普遍是在世事不顺的情况之下，因此不能说言语者完全认定"富贵"由天，而是包含了更多的在世事面前无可奈何、无能为力、无所作为、消极任之的思想情绪。而实际上在秦汉时期，整个社会，从上层到下层，还是积极进取的人生态度占主导，也还是认为皇权是决定每个人能否富贵的关键因素，通过积极的行动获取皇帝的封赐奖赏，而不是消极地等待天命。如《史记·张丞相列传》："陛下爱幸臣，则富贵之……"④同样的话，《汉书·申屠嘉传》则写作："陛下幸爱群臣则富贵之……"⑤《史记·魏其武安侯列传》："梁人高遂乃说魏其曰：'能富贵将军者，上也。'"⑥《汉书·贾山传》："钱者，亡用器也，而可以易富贵。富贵者，人主之操柄……"⑦臣民们认为皇帝有富贵天下所有人的至高权力，而君主自己也毫不忽视这种控御臣民的威权，正如仲长统《昌言·理乱篇》所言："普天之下，赖我而得生育，由我而得富贵，安居乐业，长养子孙，天下晏然，皆归心于我矣。"⑧这就是皇帝真实的想法和心理。可见，在富贵源于皇权这一点上，君臣君民的认识是一致的，皇权因此而更让人崇拜

① 《后汉书》卷28《桓谭冯衍列传》，第973—974页。
② 《后汉书》卷80《文苑列传》，第2627页。
③ 黄晖：《论衡校释》卷9《问孔篇》，第411页。
④ 《史记》卷96《张丞相列传》，第2683页。
⑤ 《汉书》卷42《申屠嘉传》，第2101页。
⑥ 《史记》卷107《魏其武安侯列传》，第2840页。
⑦ 《汉书》卷51《贾山传》，第2337页。
⑧ 《后汉书》卷49《仲长统列传》，第1647页。

和依附，而在一定的历史条件下，也就会更让人觊觎和渴望。

### 四、秦汉时期下层民众平均主义的思想追求

中国古代平均主义的思想源远流长，其产生的基础主要在于生产力落后和社会财富匮乏制约下的小自耕农经济，因而这种思想也主要反映社会下层民众的要求。在先秦典籍中早已经有“平均”二字出现，而且思想的萌生肯定还要早于反映这种思想的词汇的提炼定型。在学术界有一种比较普遍的看法，即认为在中国历史上，最早自觉地、系统地提出平均主义思想的是儒家的孔子，主要依据是孔子在《论语·季氏》中的一段话。孔子说“丘也闻有国有家者，不患寡而患不均，不患贫而患不安。盖均无贫，和无寡，安无倾。”但笔者以为，孔子在这里所讲的是君子内部，也就是贵族内部的均平和寡问题，而不是整个社会的平均问题，因为孔子是一贯主张维护等级制的，“君君，臣臣、父父、子子”，所以即便是孔子的这一说法可以看成是一种平均的主张，但它绝不是中国古代平均主义思想的主体。可以说在先秦诸子中，儒家是贵族礼仪文化的代表，其主要不是下层民众的思想代言，所以儒家很少谈到平均的问题，倒是墨家和道家的思想中，平等平均的倾向是比较明显的。

墨子平等平均思想中最主要的主张就是“兼爱”：“兼相爱”、“交相利”。所谓“兼爱”就是普遍的爱，“爱无差等”，这与儒家“有差等”地爱人是相对立的。墨家主张公平、均等地爱人、利人、举人、爵人、禄人，墨子说：“官无常贵而民无终贱”，“虽在农与工肆之人，有能则举之，高予之爵，重予之禄”。墨子以兼爱为核心的平均主义，应该说具有脱离现实、缺乏可操作性的明显弱点，类似于乌托邦的空想，但却是小生产者的农民，是下层民众，是普通编户民理想追求的代言人。但是值得注意的是，汉代独尊儒术以后，曾经作为两大显学之一的墨家思想学说在历史上逐渐淡出，特别是在主流思想中完全丧失了地位和影响，致使再后来中国古代的思想发展中，平均，特别是平等的思想观念没有或者充分的发展。有学者认为，汉代以后墨家的平等观念在后世的农民起义中时隐时现，而笔者觉得，农民起义中的平等平均思想更主要地来源于道家。

道家主张“天道自然”，理想的社会是小国寡民，所谓小国寡民其实就是远古时代的农村氏族公社。所以道家思想中的平等平均倾向，与原始氏族公社时期社会的平等平均传统存在密切的渊源关系。老子主张天道是

自然平等的，人道应该效法天道，因此主张人与人之间平等平均是人类最理想的社会状态。《老子·德经》中说："天之道，其犹张弓，高者抑之，下者举之，有余者损之，不足者与之。天之道，损有余而补不足；人道则不然，损不足，奉有余。"就是要以天道的自然平等替代人类社会的尊卑高低的不平等，就是要通过"损有余而补不足"来实现平均财富。

在两汉时期，道家思想发生了特别值得关注的发展演变，其社会影响，特别是对下层民众的影响加深，这突出反映在两个时期，一个是西汉前期，一个是东汉中期至汉末。长期战乱后的西汉初年，社会残破，经济凋敝，统治者以黄老道家思想为治国的指导，实行清静无为，轻徭、薄赋、缓刑，使广大的编户民不再遭受秦朝那种繁苛政治，也从长期连年的战争中解脱，得以休养生息，社会重新恢复和建立起以编户民的小自耕农经济为主体的经济基础。全社会都从汉初的历史发展实践中认识和感受到道家思想主张的极大魅力。之后虽然独尊儒术，但道家思想始终有广泛的影响，特别是在官学之外，在下层民间。东汉建立之后，始终未能解决西汉后期就已经越来越严重的以土地兼并为主要标志的社会问题，而自中期以后矛盾的积累和蔓延越发严重，适应这种普遍的社会问题，在思想文化方面出现了一个引人注目的现象，简单说就是道教的出现。道教和道家不是一回事，不能够简单地画等号，但二者之间有着非常密切的关系，正如汤一介在《道家文化研究丛书总序》中说："道教是中国本民族的宗教，它和道家（老庄思想）有着密切的关系，我们可以说道教在思想文化上是道家思想宗教化的继承和发挥。"[①]道教是以道家思想理论的基础，或者说以道家的核心思想内容为中心吸收神仙方术，特别是民间鬼神崇拜观念和巫术活动而形成的。道教所主张的清静无为，长生不老，得道成仙在下层民间有长期广泛的传播。

在一定的意义上可以说，道教是在汉代民间酝酿形成，它主要是苦难民众的宗教。在道教形成的过程中有两个重要事件，一个是作为道教理论经典的《太平清领书》，也就是《太平经》的问世及其流传，再一个是张道陵创立了道教的宗教组织，即五斗米道。这两大事件都发生在东汉中期的汉顺帝时期，而这个时期也正是东汉农民反抗斗争的酝酿时期，小规模起义时有发生，大规模农民战争尚未爆发。道教的形成和发展与当时农民的现

① 《道家文化研究丛书总序》，李申：《道教本论》，上海文化出版社，2001年，第2—3页。

状有关。到东汉灵帝时,黄巾起义的主要领导者张角在民间通过传教动员起义,所宣传的就是《太平经》,其组织号为太平道,在东汉社会的下层民众中有非常大的影响。不论是张陵创立的"五斗米道"还是张角创立的"太平道",都是利用符箓咒水辟邪驱鬼等来为人治病,进而在下层民众中组织起中国早期的原始道教团体。太平道的太平就是追求最大的均平,而"五斗米道"的组织中高扬平等互助的精神,设立"义舍"、"置义米肉",使"行路者量腹取足"。汉代道教与下层民众有密切关系,在我们扫描秦汉时期编户民的思想状况时,不能不对道教的思想主张和追求特别关注,尤其是在传统的正史史料和出土的考古新史料对下层民众的思想层面的东西极少涉及的情况下,关注以《太平经》为代表的道教思想,无疑必要。

《太平经》的作者据说是于吉,但从其内容庞杂,特别是有许多相互矛盾之处看,不应该成书于一人之手。值得重视的是,《太平经》中民本主义、平均平等思想占有重要的位置,如说:"治国之道,乃以民为本也。"特别是主张社会财富分配的平均主义原则,在解释"太平"二字是说:"太者,大也,乃言其积大行如天,凡事大也,无复大于天者也。平者,乃言其治太平均,凡事悉理,无复奸私也;平者,比若地居下,主执平也,地之执平也……阴阳相得,交而为和,与中和气三合,共养凡物。"突出强调"太平"二字本身就蕴含着平等、平均的内涵。在"此财物乃天地中和所有,以共养人也","少内之钱财,本非独以给一人也;其有不足者,悉当从其取也。愚人不知,以为终古独当有之,不知乃万户之委输,皆当得衣食于是也"。又说:"人无贵贱,皆天所生。""天地施化得均,尊卑大小皆如一,乃无争讼者,故可为人君父母也。"认为天地之间所有生灵均拥有平等的生存权利,而财富均等则是天道自然的法则。《太平经》中还特别鞭笞为富不道的现象:"或积财亿万,不肯救穷周急,使人饥寒而死,罪不除也。"[①]主张通过"调和平均,使各从其愿"[②],以达到"皆自平均,无有怨讼者"[③]的理想目标,反映了平均、平等的理想追求。

本来,中国古代的历史从先秦转入秦汉以后,社会发生了较大的变化,国家统一,中央集权,君主专制,这种高度专制集权的政治制度建立在小农经济基础之上,为了长治久安,国家君主要极力保护这个基础,最明显的例

① 王明编:《太平经合校》卷67《六罪十治诀第一百三》,第242页。
② 王明编:《太平经合校》卷114《大寿诫第二百》,第616页。
③ 王明编:《太平经合校》卷111《大圣上章诀第一百八十》,第544页。

证就是“限民名田，以澹不足，塞并兼之路”[①]，起用酷吏，严酷刑罚，打击那些危害小农，致使他们破产流亡的豪强，而广大势单力薄的编户民一般来说也只能可怜巴巴地把“五口百亩”、男耕女织、有饭吃有衣穿的这种最低生存权的保障，寄托在皇帝、朝廷、官府身上，即寄托在皇权主义的庇护之下，同时他们也把极为原始而朴素的平均主义的理想要求托付与皇权。维持社会稳定，维护小农经济，可以说是平均主义和皇权主义的共同需要。然而，政治经济的发展，社会矛盾的现实往往是与下层民众的理想追求相背离，他们建立在皇权保护基础上的平等平均理想其实不过是幻想，是乌托邦的空想。皇权不但没能满足下层民众可怜而又可悲的平等平均的要求，没能庇护他们免于被贵族、官僚、豪强兼并的命运，反而往往是朝廷加在他们身上的赋税、徭役、兵役等负担加速了他们破产的厄运。只有当皇权实在无法依附时，他们才不得不揭竿而起。而平等平均依然是他们的理想追求。

应该承认，处于皇权主义发展初期的秦汉时代，虽然发生了许多次下层民众的反抗斗争，大规模的农民起义就有三次，秦末的陈胜喊出了“王侯将相宁有种乎”？汉末黄巾高举“苍天已死，黄天当立”的大旗，这无疑是平等平均思想的强烈反应，但与唐宋以后农民战争的纲领口号相比，即与唐末王仙芝“天补平均大将军”、北宋王小波“吾疾贫富不均，今为汝均之”、南宋钟相“等贵贱，均贫富”、明末李自成“均田免粮”等相比，平均主义的诉求特点似乎还不十分鲜明，不过这也是正常的，符合事物发展的一般规律。仍然需要指明的是，不论是秦汉时期农民起义的口号，还是唐宋明时期农民战争的纲领，都反映了下层民众的平等和平均思想，反映了平均主义不仅仅是一种经济上的诉求，更主要地还是一种政治上的觉悟，它很粗糙，又缺乏起码的操纵性，但却成为秦汉农民进行起义的思想武器。农民高举平等平均的旗帜，攻打官府，反叛朝廷，但最终他们却依然是皈依皇权，不管是起义成功还是失败。从这种圆圈式的发展演进路径，人们可以认识到平均主义与皇权主义的关系。

综合以上几个方面的讨论，可以看出，正是秦汉时期下层民众中普遍存在的神秘主义的思想观念、孝悌的法律化习俗、对富贵的理想期盼以及平均主义的思想追求，使得他们极易接受天人感应、阴阳五行、忠孝礼义等说教，极易信奉皇权神授、皇权天授等维护君主专制制度的神秘

① 《汉书》卷 24《食货志》，第 1137 页。

说教，进而崇拜和依附皇权，也从中滋生出通俗而粗糙的皇权主义的思想观念，而正是这种通俗粗糙的皇权思想成为中国皇权主义异常强大的背景和基础。

## 第五节　秦汉时期编户民与皇权主义：关系的两重性

关于历史上农民起义领袖的皇权主义是个老生常谈的论题，在20世纪的五六十年代和80年代学术界曾有过颇为热烈的讨论，或曰皇权主义是农民的特有，或曰皇权主义是封建地主之专利，或曰历史上存在两种，即地主和农民不同的皇权主义，等等，莫衷一是。

20世纪80年代中国学术界关于皇权主义的争论，在一定意义上说是与斯大林关于俄国历史上农民起义领袖的一个说法密切相关的，即：

> 在说到拉辛和普加乔夫的时候，决不应该忘记他们都是皇权主义者：他们反对地主，可是拥护“好皇帝”。要知道这就是他们的口号。①

此外，马克思、恩格斯、列宁也有一些说法影响了昔日的讨论，如恩格斯说：

> 俄国人民，这些“出于本能的革命者”，固然曾经举行无数次零星农民起义反对过贵族和反对过个别官吏，但是，除掉冒名沙皇者充任人民首领并且自己要求王位的场合从来是没有反对过沙皇的。……相反，沙皇被农民看成人间的上帝；上帝高呀沙皇远——这就是他们绝望中的叹声。②

当时的讨论主要是把皇权主义与农民战争相连，以至于有的学者把皇权主义作为农民阶级的思想专利，这是个很大的思想误区。而那些坚持认为皇权主义是封建地主阶级思想的学者也往往征引马克思、恩格斯经典的说法，如：

---

① 《斯大林全集》第13卷，人民出版社，1956年，第100页。

② 《马克思恩格斯文选》（两卷集）第2卷，外国文书籍出版局，1955年，第58页。

> 统治阶级的思想在每一时代都是占统治地位的思想。这就是说，一个阶级是社会上占统治地位的物质力量，同时也是社会上占统治地位的精神力量。支配着物质生产资料的阶级，同时也支配着精神生产的资料，因此，那些没有精神生产资料的人的思想，一般地是受统治阶级支配的。[①]

把皇权主义仅仅看成是农民的或仅仅看成是地主的，其实都包含着一定的偏颇，这是在理论上重归五六十年代和80年代的历史局限。另外还有学者由于农民反抗斗争的矛头直指最高统治者，而认为农民的皇权主义是反封建的[②]，或者认为某些农民是没有皇权主义的，而是具有反皇权的思想[③]。这些都反映了当时理论上的含混模糊。皇权主义作为秦汉社会的上层建筑，它是社会性的，农民有皇权思想，这是时代影响的结果，是理所当然的事情，但农民也可以有反皇权的一面，不能太机械地处理这些概念和关系。其实早在20世纪60年代，翦伯赞就非常深刻地指出，“农民反对地主，但没有，也不能把地主当作一个阶级来反对”，“农民反对皇帝，但没有，也不能把皇权当作一个主义来反对”[④]，“农民反对封建压迫、剥削，但没有，也不可能把封建当作一个制度来反对”，农民不可能“在封建社会基础上建立一个非封建性政权”[⑤]。后来刘泽华也说：“批判暴君，抨击暴政同否定君主制度和宗法等级社会关系，在思想发展史上的意义是大不相同的。”[⑥]同样的理论和逻辑道理，秦末农民起义斩杀秦朝的郡守县令、进军咸阳，赤眉绿林大战大败王莽的官军，黄巾起义军高呼“苍天已死，黄天当立”[⑦]，可以说秦汉时期三次大规模农民起义无一例外地都把反抗斗争矛头指向最高统治者，他们反对官府，反对朝廷，用起义推翻皇帝，但并不等于他们反对皇帝制度，反对皇权，事实恰恰相反，随即发生的历史证

---

① 《德意志意识形态》，《马恩全集》第3卷，人民出版社，1960年，第52页。

② 李祖训：《农民有没有自己的思想——和蔡美彪、孙祚民同志商榷》，《史学月刊》1964年第12期。

③ 唐文基：《中国古代农民战争中的皇权主义和反皇权思想》，《福建师范大学学报》1978年第4期。

④ 翦伯赞：《对处理若干历史问题的初步意见》，《光明日报》1966年12月22日。

⑤ 翦伯赞：《目前史学研究中存在的几个问题》，《江海学刊》1962年6期。

⑥ 刘泽华：《中国的王权主义——传统社会与思想特点考察》，上海人民出版社，2000年，第348页。

⑦ 《后汉书》卷71《皇甫嵩列传》，第2299页。

明，陈胜也好，刘邦也好，或者是刘玄和刘秀，他们通通都是皇权主义者。

笔者在此使用的是编户齐民的概念，编户齐民的主体无疑是从事农业生产和经营的广大农民，但不管是编户齐民也好，农民也好，仅仅是个与贵族、官僚相对而言的宽泛称谓，不但不是阶级概念，也不是严格的等级概念。因为秦汉时期就编户民而言，其中既有吏民，也有贱民，而二者属于不同的等级[①]；就农民而言，其中既有地主，也有自耕农和依附农，二者属于不同的阶级。在编户齐民或者说农民中存在皇权主义或皇权思想意识，经过20世纪两个时期的讨论，应该是可以肯定的问题，但昔日的讨论应该不影响我们今天重新研究和认识历史上农民皇权主义的重要性，因为这个问题实在是与中国古代历史发展关系至大，需要与时俱进的深入关注，而且也只有把政治思想史的研究延及扩展到下层民众，才更能凸显中国古代政治思想的特点和影响。

对皇权主义这个问题，笔者的总体认识是，皇权主义既是一种思想意识，又不仅仅如此，它也是一种制度，即认为，秦汉时期的皇权主义包括两个而非一个层面的内涵，那就是制度层面和思想层面。所谓皇权，实际就是君主的专制集权，而它首先是一种政治体制，是统治者对社会进行统治管理的一种模式；同时它又是一种思想观念和文化意识，是一种政治理想。就后一层面而论，它还可以分为低、中、高三个层次：低是指社会（大众）性的皇权主义观念信仰，中是指较为系统化的皇权主义政治思想学说，高则是指皇权主义思想所含示的政治哲学观。而秦汉"编户齐民"的皇权思想基本是低层次的，即通俗且粗糙的皇权主义观念信仰（当然其中也隐含着相应的哲学观和世界观），但这正是中国皇权主义异常强大的背景和基础，是君主专制长期超稳定存在的关键原因。

统治思想是政治上占统治地位的阶级的思想，而皇权思想无疑是秦汉社会的统治思想，那就是说它是统治阶级的思想，但是它同时也反映在编户民的思想意识之中，所以从问题的两个方面来看，皇权主义应该是社会性的政治思想，属于贵族官僚，也属于编户民，是当时处于经济基础和上层建筑的社会中的人们普遍的社会信仰和政治追求。处于社会下层的编户民和居于统治地位的贵族官僚同样具有皇权主义思想，这应该是自然和易

---

① 关于编户齐民、吏民、贱民三者的内涵和关系，笔者在《关于秦汉时期"吏民"的商榷》及《论"编户齐民"的形成和内涵演化——兼论秦汉时期"吏民"与"编户齐民"的关系》（待刊）等文章中有详细论述。

于理解的事情。简单说二者处于同一的社会环境、同一的经济基础、同一的上层建筑，存在决定意识，二者的思想，特别是政治理想难以存在太大的差别，彼此之间虽然存在矛盾和斗争，但他们处于社会的统一体之中，彼此不同的地位、立场、观念、理想，在一定的条件下会相互转化。

中国古代政治制度和政治思想的致命病源在于专制主义铺天盖地，皇权思想无微不至，正如《诗·小雅·正月》所言："谓天盖高，不敢不局；谓地盖厚，不敢不蹐。"[①]世间所有的人均被拘押在皇权的"天盖"之下，皇权主义浸润为社会性观念意识，不仅是上层社会，甚至成为社会基层或底层，即广大编户民的信仰和追求。

在编户齐民与皇权主义的关系问题上，笔者不同意学界关于"皇权主义与乡里社会分离"的观点，而是认为秦汉国家通过编户制、授田制、赐爵制等一系列制度，通过"以法为教"[②]和以经学为核心的全民及地方教育，通过大力宣传和提倡忠孝德法、天人感应、阴阳五行等观念信仰，加强了皇权主义对乡里编户民全方位的影响。而皇权主义在编户民身上的反映主要表现为两个方面的状况：一是崇拜、依附、服从、效力；二是羡慕、觊觎、经营、替代。因此编户齐民既是皇权的基础，也是灭亡皇朝的基本力量。

## 一、秦汉时期编户民对皇权的崇拜和依附

编户民对皇权的崇拜、依附及对皇权的服从、效力是密切相联的。笔者认为，中国古代的皇权制度，其实质是一种君主专制集权的政治制度。这种制度严格说造始于春秋战国的社会变革，是伴随贵族分权的宗法封邑制被郡县制替代而形成和确立的，其主要内涵之一就是一家一户直接隶属于君主，直接受制于代表君主的朝廷和官府，这就是编户齐民制。编户齐民制拉近了天子和庶民的距离，正像王夫之所说："郡县之天下，诸侯无土，大夫不世，天子与庶人密迩。"[③]与原来隶属和依附各级贵族采邑主不同，编户齐民直接隶属于国家，直接依附于君主，这是他们皇权崇拜的基础。传统研究曾经主要依据《诗经·小雅·北山》中"溥天之下，莫非王土；率土之滨，莫非王臣"的诗句[④]，认为先秦三代有上千年的土地国有或者称之为

① 《毛诗正义》卷12《小雅·正月》，阮元校刻：《十三经注疏》，第443页。

② 王先慎撰，钟哲点校：《韩非子集解》卷19《五蠹第四十九》，第452页。

③ 王夫之著，舒士彦点校：《读通鉴论》卷7《安帝》，第188页。

④ 《毛诗正义》卷13《小雅·北山》，阮元校刻：《十三经注疏》，第463页。

王有的传统，其实这是一种没有制度依托和实证基础的认识，而实际情况正如马端临在《文献通考》中所说：

> 古之帝王未尝以天下自私也，故天子之地千里，公侯皆方百里，伯七十里，子男五十里，而王畿之内复有公卿大夫采地禄邑，各私其土，子其人，而子孙世守之……三代而上，天下非天子所得私也，秦废封建而始以天下奉一人矣。三代以上田产非庶人所得私也，秦废井田而始捐田产以予百姓矣。①

而恰恰是君主集权制度的确立，特别是秦始皇统一天下后，将郡县制、乡里制、什伍制、编户制强制推向全中国后，才真正实现了土地的国有，这种土地国有实际是最高统治者也就是皇帝所有和普通编户民的占有。秦始皇在琅邪石刻中宣称："六合之内，皇帝之上……人迹所至，无不臣者。"②这应该是比较实在的说法，与此相比，《诗经·小雅·北山》真可谓是虚言，没有实践意义。

君主对全国的土地有了实在的所有权，编户民同步具有了土地的占有权，这种占有的土地，或者是国家按户授予的"百亩之田"，或者是按照军功大小而被赏赐的多寡不同的土地。如传统史料记载说：

> 五亩之宅，树之以桑……百亩之田，勿夺其时。③
> 魏氏之行田也以百亩，邺独二百亩，是田恶也。④
> 今五口之家，治田百亩……⑤
> 今一夫挟五口，治田百亩亩……⑥
> 能得(爵)【甲】首一者，赏爵一级，益田一顷，益宅九亩。⑦

商鞅变法的一项重要内容是：

---

① 马端临：《文献通考·自序》，第3—4页。
② 《史记》卷6《秦始皇本纪》，第245页。
③ 《孟子注疏》卷1上《梁惠王章句上》，阮元校刻：《十三经注疏》，第2666页。
④ 陈奇猷：《吕氏春秋新校释》卷16《先识览第四·乐成》，第1000页。
⑤ 张烈点校：《汉纪》卷第20《孝宣皇帝纪》，《两汉纪》(上册)，第354页。
⑥ 《汉书》卷24《食货志》，第1125页。
⑦ 蒋礼鸿：《商君书锥指》卷5《境内第十九》，第119页。

明尊卑爵秩等级，各以差次名田宅，臣妾衣服以家次。①

此外出土简牍也反映出战国秦汉国家授田的情况。如睡虎地秦简《田律》云：

入顷刍稾，以其受田之数，无豤（垦）不豤（垦），顷入刍三石、稾二石。刍自黄穌及蘑束以上皆受之。入刍稾，相输度，可殹（也）。②

《为吏之道》引《魏户律》又云：

廿五年闰再十二月丙午朔辛亥……自今以来，叚（假）门逆吕（旅），赘壻后父，勿令为户，勿鼠（予）田宇。③

这条律文规定说明，只要不是“叚（假）门逆吕（旅）”、“赘壻后父”，都可以立为正式编户和都应该给予田宅。另外，张家山汉简《二年律令·户律》中的律文就反映了这一情况：

……五大夫廿五顷，公乘廿顷，公大夫九顷，官大夫七顷，大夫五顷，不更四顷，簪袅三顷，上造二顷，公士一顷半顷，公卒、士五（伍）、庶人各一顷，司寇、隐官各五十亩。不幸死者，令其后先择田，乃行其余。它子男欲为户，以为其□田予之。其已前为户而毋田宅，田宅不盈，得以盈。宅不比，不得。

……五大夫廿五宅，公乘廿宅，公大夫九宅，官大夫七宅，大夫五宅，不更四宅，簪袅三宅，上造二宅，公士一宅半宅，公卒、士五（伍）、庶人一宅，司寇、隐官半宅。④

于此可见，中国历史上编户民最初的私有土地是从国家那里获得的，是君主、皇帝“恩赐”的，这种被授与和被赐与的土地私有含量较高，表现为可以

① 《史记》卷68《商君列传》，第2230页。

② 睡虎地秦墓竹简整理小组：《睡虎地秦墓竹简·秦律十八种》，第21页。

③ 睡虎地秦墓竹简整理小组：《睡虎地秦墓竹简·为吏之道》，第174页。

④ 张家山二四七号汉墓竹简整理小组编著：《张家山汉简·二年律令·户律》，《张家山汉墓竹简〔二四七号墓〕》（释文修订本），第52页。

继承和转让，甚至是买卖，这种占有实际也可以称之为准所有权。其实何止是田宅来自君主或皇帝的赏赐，可以说当时人社会生活中的一切利益，包括官禄、爵位、财产等等均与皇权有关，皇权成为全部社会价值的渊薮，编户民因此而具有感恩情愫，这是一种很简单朴素的情感，加之作为感恩对象的皇帝比以往的采邑主地位要高得多，权力也要大得多，这种距离、高度和权力的分量也使他们会对皇帝更加仰视、遥望、畏惧，因而易于产生崇拜，即便不是崇拜，也是易于承认和接受其专制集权的统治。

编户民对皇权的崇拜依附与皇权本身的性质有关，皇权作为一种专制政体，属于上层建筑范畴，是建立在小农经济基础上的，其对小农经济，对编户民是要竭力保护的，这符合皇权的利益。秦汉的皇帝、朝廷、官府，作为国家统治机器，其实是具有一定的超阶级性的，它并不是时时事事都代表贵族官僚地主，秦汉国家对王侯贵族、官僚、豪强的抑制、打击和处罚是经常的，甚至是非常残酷的，迁徙豪强、酷吏政治、限民名田，都是为了维持小农经济。

迁徙豪强是秦和西汉长时期实行的一项抑制兼并、保护小农、加强皇权的政策。略陈史料以证之：

> (秦始皇二十六年)徙天下豪富于咸阳十二万户。①
>
> 刘敬从匈奴来，因言："……今陛下虽都关中，实少人。北近胡寇，东有六国之族，宗强，一日有变，陛下亦未得高枕而卧也。臣愿陛下徙齐诸田，楚昭、屈、景，燕、赵、韩、魏后，及豪杰名家居关中。无事，可以备胡；诸侯有变，亦足率以东伐。此强本弱末之术也。"上曰："善。"乃使刘敬徙所言关中十余万口。②
>
> (汉武帝元朔二年)徙郡国豪杰及訾三百万以上于茂陵。
>
> (汉武帝)太始元年……徙郡国吏民豪桀于茂陵、云陵。③
>
> (汉宣帝)本始元年春正月，募郡国吏民訾百万以上徙平陵。④
>
> 平当字子思，祖父以訾百万，自下邑徙平陵。⑤
>
> (汉成帝鸿嘉二年)徙郡国豪杰赀五百万以上五千户于昌陵。⑥

---

① 《史记》卷6《秦始皇本纪》，第239页。
② 《史记》卷99《刘敬列传》，第2719—2720页。
③ 《汉书》卷6《武帝纪》，第170、205页。
④ 《汉书》卷8《宣帝纪》，第239页。
⑤ 《汉书》卷71《隽疏于薛平彭传》，第3048页。
⑥ 《汉书》卷10《成帝纪》，第317页。

酷吏政治基本是从景、武时期开始出现的，是加强专制皇权的重要措施，酷吏打击的对象既广又滥，但首当其冲的无疑是大家豪族。因为自汉朝建立以来，六国贵族后裔、豪杰游侠、大姓豪强等地方势力一直是朝廷的心病，在两汉史料中充满了如下记载："大姓犯法"①；"豪强大姓蚕食亡厌"②；"大姓侵小民"③；"郡之大姓，其子弟宾客为人暴害"④；"起坞壁，缮甲兵，为在所害"⑤；"宁负二千石，无负豪大家"⑥等等。有学者认为，汉武帝所以重用酷吏，是由于他们唯君命是从，此话无误，但不显深刻，关键还是酷吏能够满足皇帝打击豪强，保护小农经济基础的需要。汉代酷吏的"治绩"，主要是杀大姓、除豪贼，如西汉酷吏赵广汉，

> 初为颍川太守，诛大姓首恶，郡中震慄。一切治理，威名流闻匈奴……⑦
>
> 为京兆尹廉明，威制豪强，小民得职。⑧

又如东汉酷吏李章，

> 经明教授，历州郡吏。光武为大司马，平定河北，召章置东曹属，数从征伐。
>
> 光武即位，拜阳平令。时赵、魏豪右往往屯聚，清河大姓赵纲遂于县界起坞壁，缮甲兵，为在所害。章到，乃设飨会，而延谒纲。纲带文剑，被羽衣，从士百余人来到。章与对宴饮，有顷，手剑斩纲，伏兵亦悉杀其从者，因驰诣坞壁，掩击破之，吏人遂安。
>
> 迁千乘太守……⑨

限民名田是西汉一代屡屡被提议实施的抑制土地兼并措施，最早是汉

---

① 《汉书》卷66《公孙刘田王杨蔡陈郑传》，第2901页。
② 《汉书》卷72《王贡两龚鲍传》，第3088页。
③ 《后汉书》卷24《马援列传》，第836页。
④ 《后汉书》卷76《循吏列传》，第2463页。
⑤ 《后汉书》卷77《酷吏列传》，第2492页。
⑥ 《汉书》卷90《酷吏传》，第3668页。
⑦ 张烈点校：《汉纪》卷第18《孝宣帝纪二》，《两汉纪》（上册），第317页。
⑧ 《汉书》卷76《赵广汉传》，第3206页。
⑨ 《后汉书》卷77《酷吏列传》，第2492页。

武帝时大思想家董仲舒在上书中提出：

> 古井田法虽难卒行，宜少近古，限民名田，以澹不足，塞并兼之路。盐铁皆归于民。去奴婢，除专杀之威。薄赋敛，省徭役，以宽民力。然后可善治也。①

西汉朝廷还制定法律限制商人兼并和占有土地，以保护小农：

> 贾人有市籍者，及其家属，皆无得籍名田，以便农。②

西汉后期土地兼并更加剧烈，统治阶级中，特别是掌权大臣，限制土地占有数量的呼声愈加强烈，《食货志》记载：

> 哀帝即位，师丹辅政，建言："古之圣王莫不设井田，然后治乃可平。孝文皇帝承亡周乱秦兵革之后，天下空虚，故务劝农桑，帅以节俭。民始充实，未有并兼之害，故不为民田及奴婢为限。今累世承平，豪富吏民訾数巨万，而贫弱俞困。盖君子为政，贵因循而重改作，然所以有改者，将以救急也。亦未可详，宜略为限。"天子下其议。丞相孔光、大司空何武奏请："诸侯王、列侯皆得名田国中。列侯在长安，公主名田县道，及关内侯、吏民名田皆毋过三十顷。诸侯王奴婢二百人，列侯、公主百人，关内侯、吏民三十人。期尽三年，犯者没入官。"③

应该承认，秦汉历史上的迁徙豪强也好，酷吏打杀大家也好，或者是限民名田，其保护小农的效果都是有限的，但这些政策和做法提出，尤其是在短时间内的影响还是易于获得下层编户民的好感和拥护，就如同马克思描述法国农民对政府的评价时所说，"农民根据葡萄酒税来鉴别政府的气味，判断政府的倾向"④，非常直接，非常实际，又非常的简单和具体，这就是小农经济下的编户民对皇权的直觉。

---

① 《汉书》卷24《食货志》，第1137页。

② 《史记》卷30《平准书》，第1430页。

③ 《汉书》卷24《食货志》，第1142—1143页。

④ 马克思：《1848年至1850年的法兰西阶级斗争》，《马克思恩格斯选集》第1卷，人民出版社，1995年，第454页。

编户民对皇权的崇拜和依附，无疑还与统治者的宣传教育，实行一统化的思想控制有关。从战国到秦汉无论是儒家还是法家，都十分强调统一思想的重要性，不论是“以吏为师”还是“以师为吏”，其目的和作用是一致的，都是在用统治者所尊崇的思想来教育、影响、统一全体编户民的思想意识和观念信仰，这恰恰造成秦汉时期皇权主义的无所不在。法家最大代表韩非说：

> 儒以文乱法，侠以武犯禁，而人主兼礼之，此所以乱也。夫离法者罪，而诸先生以文学取；犯禁者诛，而群侠以私剑养。故法之所非，君之所取；吏之所诛，上之所养也。法趣上下四相反也，而无所定，虽有十黄帝不能治也。
>
> 故明主之国，无书简之文，以法为教；无先王之语，以吏为师；无私剑之捍，以斩首为勇。是境内之民，其言谈者必轨于法，动作者归之于功，为勇者尽之于军。是故无事则国富，有事则兵强，此之谓王资。既畜王资而承敌国之衅，超五帝侔三王者，必此法也。[①]

李斯也说：

> 古者天下散乱，莫能相一，是以诸侯并作，语皆道古以害今，饰虚言以乱实，人善其所私学，以非上所建立。今陛下并有天下，别白黑而定一尊；而私学乃相与非法教之制，闻令下，即各以其私学议之。入则心非，出则巷议，非主以为名，异趣以为高，率群下以造谤。如此不禁，则主势降乎上，党与成乎下……臣请诸有文学《诗》《书》百家语者，蠲除去之。令到满三十日弗去，黥为城旦。所不去者，医药卜筮种树之书。若有欲学者，以吏为师。[②]

秦始皇要用自己欣赏的法家思想统一天下人的思想，以达到全国的编户民“其言谈者必轨于法，动作者归之于功，为勇者尽之于军”的“境界”，从实现统一集权，树立皇权的绝对权威的目的出发，这种主张应该说是对的，但李斯过于极端的“焚书”办法有问题，焚书坑儒不但没有达到思想一统，维护

① 王先慎撰，钟哲点校：《韩非子集解》卷19《五蠹第四十九》，第449、452页。

② 《史记》卷87《李斯列传》，第2546页。

皇权,巩固统一的目的,反而成为秦朝二世速亡的重要原因之一。

秦朝君臣没有实现的统一思想的理想后来汉朝君臣实现了,特别是汉武帝及以后的君臣真正实现了。如众所知,汉武帝采纳董仲舒的思想主张,董仲舒说:

> 《春秋》大一统者,天地之常经,古今之通谊也。今师异道,人异论,百家殊方,指意不同,是以上亡以持一统;法制数变,下不知所守。臣愚以为诸不在六艺之科孔子之术者,皆绝其道,勿使并进。邪辟之说灭息,然后统纪可一而法度可明,民知所从矣。[①]

比较一下韩非与董仲舒的说法,我们惊讶地发现,二者除了法、儒内涵的明显差异外,统一思想的办法主张,实际是颇为相似的,之所以前者失败后者成功,汉代儒学之所以能成功地成为独尊,笔者以为其中重要的原因之一,就是汉儒用阴阳五行等数术方技,用谶纬等荒诞迷信对先秦儒学进行了改造,即充分利用了民间广泛而长久存在的观念信仰,儒学由于有了根植的土壤,即民间基础,才得以深入乡里民户。

比如说天人思想,其实这是上古民间长期普遍存在的观念信仰。董仲舒说"天人之际,合而为一"[②]。又说:

> 天地之气,合而为一,分为阴阳,判为四时,列为五行。[③]

这些出于思想家的理论化的说法,在一定意义上不过是民间长期固有观念信仰的归纳总结。可以说董仲舒和汉武帝以及后来的汉代君臣比较好地按到了民间传统思想、观念信仰的脉动,这是他们高明于秦始皇的地方。秦始皇是过于狂妄自大了,他既不敬天也不祀神,和湘神斗,和海神战,就更不要说重视编户民的思想信仰了,结果他失败了。有学者估计,秦始皇的这种情况与整个秦文化"重人事轻鬼神"的特点有关,这恐怕是个可以继续讨论的问题。虽然出土于今天湖北的睡虎地秦简中的《日书》较之出土于今天甘肃的放马滩秦简中的《日书》要丰富得多,明显是融入了楚文化的

---

① 《汉书》卷56《董仲舒传》,第2523页。

② 苏舆撰,钟哲点校:《春秋繁露义证》卷第10《深察名号第三十五》,第288页。

③ 苏舆撰,钟哲点校:《春秋繁露义证》卷第13《五行相生第五十八》,第362页。

结果，但是这两种秦简的《日书》内容基本是一致的，并没有实质性的差别，所以秦始皇不敬天，不祀神，不理睬民众信仰的原因，恐怕还是要从皇帝制度的初建及秦始皇个性特点找答案。

《日书》是古人选择时日，占验吉凶的生活实用手册，类似于今天民间仍有影响的黄历。最近几十年考古发现的战国秦汉简帛中，包含有丰富的《日书》材料①，其中所记载的基本都是生活在社会基层乡里的编户民的日常生活琐事，衣食住行，生老病死，基本与国家政治大事无关，然而平平常常的生活凡事，《日书》中并没有直白地道出，而是把日常生活的各种事情与阴阳五行联系在一起，使简单生活小事也变得颇为神秘。如其中关于栽培农作物的宜忌：

> 五种忌，丙及寅禾，甲及子麦，乙巳及丑黍，辰麻，卯及戌叔（菽），亥稻，不可以始种……
>
> 正月申，四月寅，六月巳，十月亥，是胃（谓）地杓，神以毁宫，毋起土攻（功），凶。
>
> 月中旬，毋起北南陈垣及背矰（增）之，大凶。
>
> 四月丙午，是胃（谓）召（招）䍃（摇）合日，不可垣，凶。
>
> 四月酉，以坏垣，凶。入月十七日，以毁垣，其家日减。
>
> 春三月毋起东乡（向）室，夏三月毋起南乡（向）室，秋三月毋起西乡（向）室，冬三月毋起北乡（向）室。以此起室，大凶，必有死者。②

宜忌与时月、旬日、干支相连。《日书》中的宜忌特别多，从种庄稼到盖房子，从婚嫁到居行，各种行为都受到忌俗的制约。从《日书》来看，人本身主宰不了人事，一切皆由天定，人们只能遵从天命。所以汉代思想家张衡说：

> 世俗信祸祟，以为人之疾病死亡，及更患被罪，戮辱欢笑，皆有所犯。起功、移徙、祭祀、丧葬、行作、入官、嫁娶，不择吉日，不避岁、月，触鬼逢神，忌时相害。故发病生祸，绁法入罪，至于死亡，殚家灭门，皆

---

① 如湖北江陵九店楚简《日书》、上海博物馆藏战国楚简《日书》残片、湖北云梦睡虎地秦简《日书》、甘肃天水放马滩秦简《日书》、湖北沙市周家台关沮秦简《日书》、湖北江陵岳山秦牍《日书》、湖北江陵王家台汉简《日书》、湖北随州孔家坡汉简《日书》等等。

② 睡虎地秦墓竹简整理小组：《睡虎地秦墓竹简·日书甲种》，第227、225—226页。

不重慎，犯触忌讳之所致也。[①]

趋祥避灾选时择日的天人感应观念，在秦汉时期是社会上层下层都普遍存在的。如《史记·日者列传》记载：

孝武帝时，聚会占家问之，某日可取妇乎？五行家曰可，堪舆家曰不可，建除家曰不吉，丛辰家曰大凶，历家曰小凶，天人家曰小吉，太一家曰大吉。辩讼不决，以状闻。制曰："避诸死忌，以五行为主。"人取于五行者也。[②]

看来皇帝与编户民在这一点上没什么区别。

除了天命、神鬼、宜忌之外，传统文献史料以及出土的《日书》中还反映出阴阳、五行等思想观念在编户民日常生活中的作用影响。如睡虎地秦简《日书》中载：

金胜木，火胜金，水胜火，土胜水，木胜土。

东方木，南方火，西方金，北方水，中央土。

甲乙有疾，父母为祟，得之于肉，从东方来，裹以桼（漆）器。戊己病，庚有【闲】，辛酢。若不【酢】，烦居东方，岁在东方，青色死。

丙丁有疾，王父为祟，得之赤肉、雄鸡、酉（酒）。庚辛病，壬有闲，癸酢。若不酢，烦居南方，岁在南方，赤色死。

戊己有疾，巫堪行，王母为祟，得之于黄色索鱼、堇酉（酒）。壬癸病，甲有闲，乙酢。若不酢，烦居邦中，岁在西方，黄色死。

庚辛有疾，外鬼伤（殇）死为祟，得之犬肉、鲜卵白色，甲乙病，丙有闲，丁酢。若不酢，烦居西方，岁在西方，白色死。

壬癸有疾，母（毋）逢人，外鬼为祟，得之于酉（酒）脯修节肉。丙丁病，戊有闲，己酢。若不酢，烦居北方，岁在北方，黑色死。[③]

阴阳五行的思想观念不但指导人们日常生活中的宜忌择日，更重要的

---

① 黄晖：《论衡校释》卷 24《辨祟篇》，第 1008 页。

② 《史记》卷 127《日者列传》，第 3222 页。

③ 睡虎地秦墓竹简整理小组：《睡虎地秦墓竹简·日书甲种》，第 223、193 页。

是规范人们的尊卑贵贱，确定人们的社会位置和彼此间的等级关系。正是有民众这种观念信仰作为基础，才使得汉儒们以天人感应、阴阳五行、鬼神宜忌的普遍观念改造先秦儒家的思想学说时，就比较容易被处于社会下层的编户民所接受。比如从阴阳思想导引出君为臣纲、父为子纲、夫为妻纲的政治和社会原则，又比如王莽、刘秀者流为了代汉，为了当皇帝，为了争得天下人的支持或者起码是认可，就要造祥瑞、编谶言，也是按准了汉代社会的思想脉动。根植于民间的统治思想才真正是社会化的思想，它对一个时代的习俗风尚的形成有着不可估量的重要影响。汉代儒学与迷信结合成为社会性的习俗，几乎无人能够脱俗，王充是汉代唯物主义第一家，反谶纬斗士，但其大讲命定骨相：

> 凡人遇偶及遭累害，皆由命也。有死生寿夭之命，亦有贵贱贫富之命。自王公逮庶人，圣贤及下愚，凡有首目之类，含血之属，莫不有命。命当贫贱，虽富贵之，犹涉祸患，[失其富贵]矣；命当富贵，虽贫贱之，犹逢福善，[离其贫贱]矣。故命贵从贱地自达，命贱从富位自危。故夫富贵若有神助，贫贱若有鬼祸。命贵之人，俱学独达，并仕独迁；命富之人，俱求独得，并为独成。贫贱反此，难达，难迁，[难得]，难成；获过受罪，疾病亡遗，失其富贵，贫贱矣。是故才高行厚，未必(可)保其必富贵；智寡德薄，未可信其必贫贱。或时才高行厚，命恶，废而不进；知寡德薄，命善，兴而超踰。故夫临事知愚，操行清浊，性与才也；仕宦贵贱，治产贫富，命与时也。①

张衡在奏疏中也是一方面抨击谶纬，一方面又宣传卦候风角，曰：

> 永元中，清河宋景遂以历纪推言水灾，而伪称洞视玉版。或者至于弃家业，入山林。后皆无效，而复采前世成事，以为证验。至于永建复统，则不能知。此皆欺世罔俗，以昧势位，情伪较然，莫之纠禁。且律历、卦候、九宫、风角，数有征效，世莫肯学，而竞称不占之书。譬犹画工，恶图犬马而好作鬼魅，诚以实事难形，而虚伪不穷也。②

---

① 黄晖：《论衡校释》卷1《命禄篇》，第20页。
② 《后汉书》卷59《张衡列传》，第1912页。

像王充、张衡这些大思想家大学问家都不能例外，一般的儒生方士就更不用言及，他们或大讲天文谶记，或推言数术卦候。另外，在出土的当时的砖石、瓦当、铜镜、墓刻中也有丰富的阴阳五行、神仙方术的内容。比如像汉代的铜镜颇能反映当时人们的观念信仰，铜镜一般是仿照天象而制造，周边铸有天干、地支、四神、八卦、二十八宿等名称，另外还有表现人们理想的铭文。如河南新野县出土的一面汉代铜镜，上面有铭文曰：

> 池氏作(竟)镜大毋伤，天公行出乐未央，左龙右虎居四方，子孙千人富贵昌。①

中国历史博物馆收藏的铜镜拓本中，有一件博局镜铭文：

> 新有善铜出丹阳，和以银锡清且明，左龙右虎□为□，朱雀玄武顺阴阳，八子九孙治中央，刻具博局去不羊(祥)，家常大富宜君王。②

短短的铭文不但反映出时人的富贵理想，甚至还隐含着君权观念。

统治者神化皇权，是由于民间本身就有神鬼的观念，统治者搞天人感应，是因为民间有着深厚的敬天祀鬼传统，民间普遍的鬼神信仰是统治者天命、神授、符瑞、谶纬、五德转换、皇权神授等等宣传发生作用的前提和基础。皇权既神授又可及，前者源于对天、神、鬼的崇敬，后者则与家国同构、君父相连、忠孝一体的文化特点有关。

众所周知，汉代以孝治天下，应该说这有其特殊的原因，那就是五行思想、五德终始学说的影响，即汉为火德，而火德为孝，如东汉荀爽所说：

> 臣闻之于师曰："汉为火德，火生于木，木盛于火，故其德为孝，其象在《周易》之《离》。"夫在地为火，在天为日。在天者用其精，在地者用其形。夏则火王，其精在天，温暖之气，养生百木，是其孝也。冬时则废，其形在地，酷烈之气，焚烧山林，是其不孝也。故汉制使天下诵《孝经》，选吏举孝廉……③

① 刘绍明：《天公出行镜》，《中国文物报》1996 年 5 月 26 日。

② 周铮：《"规矩镜"应改称"博局镜"》，《考古》1987 年 12 期。

③ 《后汉书》卷 62《荀爽列传》，第 2051 页。

家中强调父子长幼之别，不在意对错之分，孝敬家长关键在于顺从其意。由家及国推而广之，对君主的忠顺也是一样。孔子说：

> 君子之事亲孝，故忠可移于君。事兄悌，故顺可移于长。居家理，故治可移于官。是以行成于内，而名立于后世矣。①

汉人则进一步说："国以简贤为务，贤以孝行为首。"②"举孝廉"是汉代最主要的察举科目，利用教育教化、简贤任官，将孝的观念引入治国，引申为忠，宣传灌输忠孝观念以达到掌控全体编户民思想的目的。为此甚至又把忠孝由道德引入法律，奖励孝与惩罚不孝并重，不符合孝的言行做法不仅仅是不道德，而且被视为是不法犯罪，即国家以"不孝入罪"，这是重视孝到极致的一种表现，对于不孝行为，是法律重点要打击惩处的。如西汉时期，杨敞、霍光等大臣在奏疏中曾说"五辟之属，莫大不孝"③，东汉肃宗孝章帝于诏令中也说："《甫刑》三千，莫大不孝。"④由于传统文献史料主要记载的是当时社会上层的事情，许多时候会牵涉到政治斗争，一般来说不孝之罪都要判死刑，甚至是"极刑"，如前所述西汉美阳女子告子不孝一案：

> 美阳女子告假子不孝，曰："儿常以我为妻，妒笞我。"尊闻之，遣吏收捕验问，辞服。尊曰："律无妻母之法，圣人所不忍书，此经所谓造狱者也。"尊于是出坐廷上，取不孝子县磔著树，使骑吏五人张弓射杀之，吏民惊骇。⑤

《二年律令》是20世纪80年代中期出土的张家山汉简的重要组成部分⑥，是有关西汉前期的法律文书⑦，其中包括了惩罚不孝的原始法律条文。如：

---

① 《孝经注疏》卷7《广扬名章第十四》，阮元校刻：《十三经注疏》，第2558页。

② 《后汉书》卷26《韦彪列传》，第917—918页。

③ 《汉书》卷68《霍光传》，第2945页。师古注曰："五辟，即五刑也。"（第2946页）

④ 《后汉书》卷14《齐武王寅列传》，第553—554页。

⑤ 《汉书》卷76《王尊传》，第3227页。

⑥ 张家山二四七号汉墓位于湖北省江陵县（今荆州市荆州区）城西南，于1983年底发现并开始发掘。详见《张家山汉墓竹简〔二四七号墓〕》，文物出版社，2001年。

⑦ 二年，是指吕后二年，即公元前186年。

子贼杀伤父母,奴婢贼杀伤主、主父母妻子,皆枭其首市。

子牧杀父母,殴詈泰父母、父母、叚(假)大母、主母、后母,及父母告子不孝,皆弃市。

贼杀伤父母,牧杀父母,欧〈殴〉詈父母,父母告子不孝,其妻子为收者,皆锢,令毋得以爵偿、免除及赎。①

杀伤大父母、父母,及奴婢杀伤主、主父母妻子,自告者皆不得减。②

总之,家国同构、君父相连、忠孝一体,正是在这样的一种思想观念制约下,编户民崇拜敬畏皇权,轻易不敢违忤君主,更难以直接与皇权对抗。编户从国家的户籍制度逐渐演化为居民的本性,正所谓"安土重迁,黎民之性"③。著籍编户,纳税服役,这是君主专制下良民的标志,脱离户籍谓之"亡命",是秦汉国家极力打击惩处的对象,是"七科谪"之一④,是国家惩罚性戍边的首发人群之一。编户本来是专制国家规制的管理社会的一种制度,长期实行的结果,化成了编户民的本性,不仅在正史,在秦汉时期的诗文中也有生动的反映,如:

行行重行行,与君生别离。相去万余里,各在天一涯;道路阻且长,会面安可知!胡马依北风,越鸟巢南枝。相去日已远,衣带日已缓;浮云蔽白日,游子不顾返。思君令人老,岁月忽已晚。弃捐勿复道,努力加餐饭!⑤

这是古诗十九首中的《行行重行行》,古诗十九首中还有许多类似的诗句,反映的都是对安居生活的赞美和追求。安土重迁是皇权政治下编户民思想观念的主要特点。

---

① 张家山二四七号汉墓竹简整理小组编著:《张家山汉简·二年律令·贼律》,《张家山汉墓竹简〔二四七号墓〕》(释文修订本),第13、14页。

② 张家山二四七号汉墓竹简整理小组编著:《张家山汉简·二年律令·告律》,《张家山汉墓竹简〔二四七号墓〕》(释文修订本),第26页。

③ 《汉书》卷9《元帝纪》,第292页。

④ 古人对"七科谪"的解释并非一致,但学界一般依从张晏的说法。据《汉书·武帝纪》注引张晏曰:"吏有罪一,亡(人)[命]二,赘壻三,贾人四,故有市籍五,父母有市籍六,大父母有市籍七,凡七科也。"

⑤ 《汉诗》卷12《古诗》,逯钦立辑校:《先秦汉魏晋南北朝诗》,中华书局,1988年,第329页。

编户民的皇权思想虽然不像贵族官僚、士大夫思想家那样的系统完备、精深复杂，构成所谓的理论、学说等，而是简单粗糙，但是二者孕育和生长于同一个土壤基础，而当皇权主义不仅仅是君主的思想、统治者的思想、士大夫的思想，而是泛化为广大编户民的思想，被社会普遍接受之后，它就不再是一种精致的学说，而是成为一种社会性的政治思想文化，它看似简单粗糙，不如士大夫的思想那么完备精致，但其作用影响却要大得多，也深远得多。

承认皇帝的最高权力，承认皇权的合理性，因而服从、接受、效力，甚至崇拜、依附，这是编户民皇权主义的一个方面的表现形式。

## 二、秦汉时期编户民对皇权的追求和觊觎

编户民皇权主义再一个方面的表现就是对皇权的羡慕、觊觎、经营和替代，从陈胜“王侯将相宁有种乎”的惊世呐喊①，到刘邦“大丈夫当如此”的喟然感叹②，再到黄巾起义军“苍天已死，黄天当立”的宣言③，都是这种思想的反映。

从更宏观的世界历史范围考察，农民起义领袖不一定都有当皇帝的要求，如欧洲封建社会的农民起义领袖，就很少有想当皇帝、国王的。金观涛、刘青峰在《兴盛与危机——论中国封建社会的超稳定结构》一书中就谈到这一点：“欧洲封建社会的农民起义领袖，很少有想当皇帝的。西欧早期农民起义的目的与口号是：恢复公社自由，恢复氏族神；反对封建化农奴化。公元841～842年，查理帝国内萨克森农民起义，他们的口号是‘照往昔一样地生活’，希望恢复村社制度。西欧封建社会中后期的农民起义、主要是反对农奴制度，要求归还土地。1381年，英国农民起义规模相当大，英国四十个郡中有二十五个郡参加了起义，起义军在泥瓦匠窝特·泰勒和下级教士约翰·保尔的领导下，甚至一度攻占了首都伦敦，英王查理成了阶下囚。但是义军中并没有人想当皇帝，只是杀了一批贪官污吏，要求废除农奴制，把教会土地分给农民。1476年德国汉斯·贝海姆起义，战斗口号是‘从今后不应再有皇帝，亦无诸侯，亦无教皇，亦无其它教会官厅或世俗官厅’。当然，欧洲农民起义也不是没有皇

① 《史记》卷48《陈涉世家》，第1952页。

② 《史记》卷8《高祖本纪》，第344页。

③ 《后汉书》卷71《皇甫嵩列传》，第2299页。

权主义，如沙俄普加乔夫领导农民起义时，诈称是叶卡特琳娜二世的丈夫彼得第三，因受其妻暗算而逃亡。但农民起义首领自称为皇帝的现象是极为罕见的。”①而中国农民起义领袖普遍都想要当皇帝，中西方历史的这种差异的原因是什么？金、刘认为在于社会结构不同，中国家国同构，忠孝一体……（农民）在家庭中往往又是封建家长，享有父权、夫权；而家庭又是国家组织的同构体，孝亲和忠君同构，父权与皇权相对应；因此，中国农民从封建家庭生活中可以获得国家组织原则的精神要素，从而很容易理解和接受以皇权为中心的国家政权形式；在农民大起义时，农民也会以家庭组织形式为模板，建立以宗法家长制为组织原则的政权，这种政权由于同构效应，极易转化为以皇权为中心的政权。金、刘的分析应该承认是深刻的，“家国同构，忠孝一体”的社会结构是中国农民普遍想当皇帝，也能够当皇帝的重要原因，除此之外，笔者认为还与以下几个方面因素有关。

首先，也是社会结构问题。秦汉时期编户民具有皇权思想，敢于想入非非，与当时虽然是等级制社会，但其等级结构是流动而不凝固的社会状况有关。秦汉时期整个等级构成是稳定的，但具体到每个人的等级身份是可以变动的，如官、爵是确定人们等级的主要依据，而编户民可以通过多种途径获得官、爵。秦代就存在以军功入仕、以客卿入仕、以吏入世、以通法入仕、以告奸入仕、以才俊入仕、以幸入仕等，汉代的仕路则更宽，察举、任子、征辟、荐举、学校课试、纳赀等，其中仅察举制就包括了孝廉、茂材、贤良、文学、明经、明法、明阴阳灾异等等。获得爵位的途径也很多：因功、因亲、因幸、因赀等。当时有多种渠道可以改变人们原有的等级身份，等级之间充满了人员的流动。存在决定意识，等级之间的流动造成人们等级观念不强，并因此也活跃了人们的思想和追求，人们不认为眼前的等级身份是固定不变的。这种可变的思想主要源于和始于春秋战国以来的变革，血缘宗法制、贵族世袭官吏制的弱化，任贤使能的官僚制的发展，普通的庶民黔首、编户民不但可以为官占爵，而且可以出将入相，沿着这样一个思维范式推演，称君称王当皇帝，自然也是顺理成章的事情。秦汉时期，刘邦、刘秀均龙兴民间，李斯、韩信、陈平、周勃、公孙弘等布衣将相更是不可胜数，后妃外戚的情况愈加明显，文帝窦后、武

① 金观涛、刘青峰：《兴盛与危机——论中国封建社会的超稳定结构》，湖南人民出版社，1984年，第135—136页。

帝卫后、李夫人、宣帝许后、成帝赵后等均出身低微，所以清人赵翼在《廿二史劄记》中专辟《汉代后妃多出低贱》一目。秦汉时期等级的流动性和等级观念的不严格性，造成了编户民王侯无种、自可为之的观念理想。

再者是秦汉时期下层民众中广泛的政治参与意识。说来很奇怪，秦汉时期是典型的君主专制社会，没有什么民主政治可言，但是一般的老百姓却对政治，对社会上层的事情颇为关注。如《史记·陈涉世家》记载，"尝与人佣耕"的陈胜吴广等这些编户闾左们，对秦朝上层统治者内部的关系，即矛盾斗争就颇为了解。陈胜说：

> 天下苦秦久矣。吾闻二世少子也，不当立，当立者乃公子扶苏。扶苏以数谏故，上使外将兵。今或闻无罪，二世杀之。百姓多闻其贤，未知其死也。项燕为楚将，数有功，爱士卒，楚人怜之。或以为死，或以为亡。今诚以吾众诈自称公子扶苏、项燕，为天下唱，宜多应者。①

吴广也认为是这样。而陈胜吴广等人的信息和当时秦朝宫廷内部的情况是完全相符的，可见他们对当时政治的关注，并加以利用，实际是参与到秦末政治斗争之中。

又据《史记·刘敬列传》载，娄敬是从齐地前往陇西的一名普通戍卒，途经洛阳时，毛遂自荐于汉高祖，劝其迁都秦地，说：

> 秦地被山带河，四塞以为固，卒然有急，百万之众可具也。因秦之故，资甚美膏腴之地，此所谓天府者也。陛下入关而都之，山东虽乱，秦之故地可全而有也。夫与人斗，不搤其亢，拊其背，未能全其胜也。今陛下入关而都，案秦之故地，此亦搤天下之亢而拊其背也。②

之后他又建议与匈奴实行"和亲"，均被刘邦采纳，后来的历史发展证明娄敬的建议是对的，其本人也在这种政治参与中得到了拜官封爵的好处，应该说这种结果也正是下层民众政治参与的目的之一。

在秦汉史料中有比较丰富的民谚、民歌、民谣，反映出当时多层面的社会生活，其中有相当数量的谣谚是与政治相关的，虽然不能说这些民谣民

---

① 《史记》卷48《陈涉世家》，第1950页。

② 《史记》卷99《刘敬列传》，第2716页。

谚均出自下层民众的创造，但其中有些是与民间有关的，即便有些出自官僚士人之手，但也往往由于受到民间的重视和传唱，谣谚才得以广泛流传，发挥巨大的政治效应。略举一些，以示秦汉社会中民众政治参与的又一表现形式。

卫子夫立为皇后后，其弟卫青以大将军封为长平侯，四个儿子全部封侯[①]，甚至有的还在襁褓之中，卫氏家族贵震天下，故天下歌之曰：

> 生男无喜，生女无怒，独不见卫子夫霸天下！[②]

这首歌谣既反映出民众对卫氏家族的羡慕之情，也表现出对皇权专制下外戚无原则富贵的不满和讽刺。

> 小麦青青大麦枯，谁当获者妇与姑。丈人何在西击胡，吏买马，君具车，请为诸君鼓咙胡。[③]

东汉元嘉年间，凉州诸羌一时俱反，南入蜀、汉，东抄三辅，延及并、冀，极大威胁到老百姓的生活和生命。失败的战争破坏了生产，男人去打仗，小麦多委弃，只有妇女在获刈。"吏买马，君具车"，是说调发重及有秩者，"请为诸君鼓咙胡"，是说人们不敢明言，只能私咽语。歌谣表现了人们对汉桓帝时期政治腐败下对羌战争失败和负担的强烈不满。

> 直如弦，死道边。曲如钩，反封侯。[④]
>
> 举秀才，不知书；察孝廉，父别居。寒素清白浊如泥，高第良将怯如鸡。[⑤]

这是两首非常著名的谣谚，讽刺和抨击的是外戚擅政和宦官专权下仕途的黑暗和政治的腐败。

这些流行于民间的歌谣，如果皇帝、朝廷、官府等统治者对其置之不

---

① 四子之中包括长子伉为侯世子。

② 《史记》卷49《外戚世家》，第1983页。

③ 《续汉书·五行志一》，《后汉书》，第3281页。

④ 《续汉书·五行志一》，《后汉书》，第3281页。

⑤ 杨明照：《抱朴子外篇校笺》卷15《审举》（上册），中华书局，1991年，第393页。

理，那会直接影响到民众关注政治和传播谣谚的积极性，而实际的情况恰好不是如此，统治者对此非常重视，民间谣谚一方面成为他们修订政策，以顺应民意的依据，另一方面也成为包括皇帝在内的贵族官僚们利用来进行政治斗争的工具。

汉文帝是历史上的好皇帝，但历来有人认为他具有虚伪的一面，特别表现在对其兄弟淮南王刘长的问题上。刘长谋反当诛，文帝如果按国法将其杀掉，也没什么好说的，但他却以“朕不忍置法于王”而将其流放，刘长受不了囚解流放的耻辱，在流放途中刘长自杀而死。这其实应该是汉文帝希望的结果，既无杀弟之责，又得除患之惠。但其后民间却广泛流传一首民谣：

> 一尺布，尚可缝；一斗粟，尚可舂。兄弟二人不能相容。

文帝闻之后曰：

> 尧舜放逐骨肉，周公杀管蔡，天下称圣。何者？不以私害公。天下岂以我为贪淮南王地邪？

文帝是否贪淮南王国之地是个比较隐晦的问题，但文、景、武三代君主致力于削弱诸侯王势力，包括缩小王国辖地，削夺诸侯王权利，则是没有疑义的问题。这首民谣成为一种社会舆论，促使汉文帝最终没有把淮南国的土地收归汉朝廷，而是迁“徙城阳王王淮南故地，而追尊谥淮南王为厉王，置园复如诸侯仪”①。

王莽作为知识分子出身的政治家，深谙民间舆论和社会思想的作用影响，在其掌权、摄政、代汉、称帝的发展过程中，不但制造了大量的符瑞谶语，也有大批的民歌、谣谚，史书记载说：

> 风俗使者八人还，言天下风俗齐同，诈为郡国造歌谣，颂功德，凡三万言。②

① 《史记》卷118《淮南王列传》，第3080—3081页。

② 《汉书》卷99《王莽传》，第4076页。

估计歌谣要有上千首之多。

秦汉史料中还有大量吏民上书言事的记载，成为下层民众参与政治的重要表现形式。如：

> （第五伦）虽为二千石，躬自斩刍养马，妻执炊爨。受俸裁留一月粮，余皆贱贸与民之贫羸者。会稽俗多淫祀，好卜筮。民常以牛祭神，百姓财产以之困匮，其自食牛肉而不以荐祠者，发病且死先为牛鸣，前后郡将莫敢禁。伦到官，移书属县，晓告百姓。其巫祝有依托鬼神诈怖愚民，皆案论之。有妄屠牛者，吏辄行罚。民初颇恐惧，或祝诅妄言，伦案之愈急，后遂断绝，百姓以安。永平五年，坐法征，老小攀车叩马，啼呼相随，日裁行数里，不得前。伦乃伪止亭舍，阴乘船去。众知，复追之。及诣廷尉，吏民上书守阙者千余人。[①]

当然汉代规模最大的吏民上书还要数王莽专权时期，史载汉平帝元始五年夏四月：

> 吏民上书荐莽者前后四十八万七千五百七十二人，及诸侯王、公卿见者皆叩头言，宜加赏于安汉公。于是诏策加莽九锡之命。[②]

由于汉代吏民上书的普遍性，甚至成为一种受法律规制的制度，据《汉书·艺文志》记载，汉朝律法中规定：

> 吏民上书，字或不正，辄举劾。[③]

不论是民众传播民歌谣谚，还是吏民上书言事，都是编户民政治参与意识的反映，是下层民众曲折地参与到国家政事和上层政治斗争之中，他们或从中体验到自身的力量和影响，或受到统治者的奖赏，拜官赐爵，得到一定的政治经济利益，因而更增强了对政治的热情，对权力的热情，对富贵的渴望和追求。

---

① 《后汉书》卷41《第五伦列传》，第1397页。

② 张烈点校：《汉纪》卷第30《孝平皇帝纪》，《两汉纪》（上册），第527页。

③ 《汉书》卷30《艺文志》，第1721页。

秦汉时期编户民的政治参与意识，从崇拜皇权到觊觎皇位，是与他们追求富贵的思想有着密切关系的。当时人的主要幸福指数就是富贵，而富一般说主要源于贵，是和所具有的权力成正比的，而最大的富贵来源于最大的权力，那就是皇权。一般来说把希冀富贵的普遍思想变为追求社会最高权力皇权是一种质的突变，在这个过程中往往有知识分子、文人士大夫的帮助，点拨提醒，献计献策，规划经营，帮助农民起义领袖实现这种突变，即夺取皇权。农民起义领袖一旦当了皇帝，这些策划经营者也就拜官封侯，同样实现了富贵的理想。拜官封爵的他们与当了皇帝的农民起义领袖后来实现了看似两种不同程度的富贵，但其思想基础是一样的，同样属于觊觎经营皇权的结果。西汉初年是布衣皇帝加布衣将相，东汉初年也是以河南河北为主体的非身份性编户民地主成为“中兴”权贵，就这一点来说，两汉皇权出自编户民。

秦汉时期尽管如前所述，在下层民间普遍存在天命神鬼观念，存在敬天祀鬼的传统，而处于社会上层的统治者则神化皇权，搞天人感应，千方百计地利用符瑞、谶纬、五德转换等等宣传皇权神授，但是中国传统思想文化的特点还是重人事轻鬼神，早在春秋时期著名政治家和思想家子产就说：

> 天道远，人道迩，非所及也，何以知之？灶焉知天道，是亦多言矣，岂不或信？①

孔子也说：

> 未能事人，焉能事鬼？②

① 杨伯峻编著：《春秋左传注》(修订本)，昭公十八年，第1395页。

② 《论语注疏》卷11《先进第十一》：“季路问事鬼神。子曰：‘未能事人，焉能事鬼？’曰：‘敢问死。’曰：‘未知生，焉知死？’”(阮元校刻：《十三经注疏》，第2499页)《盐铁论·论邹》载文学曰：“尧使禹为司空，平水土，随山刊木，定高下而序九州。邹衍非圣人，作怪误，荧惑六国之君，以纳其说。此《春秋》所谓‘匹夫荧惑诸侯’者也。孔子曰：‘未能事人，焉能事鬼神？’近者不达，焉能知瀛海？故无补于用者，君子不为；无益于治者，君子不由。三王信经道，而德光于四海；战国信嘉言，而破亡如丘山。昔秦始皇已吞天下，欲并万国，亡其三十六郡；欲达瀛海，而失其州县。知大义如斯，不如守小计也。”(王利器：《盐铁论校注》(定本)卷9《论邹第五十三》，第551—552页)汉代的文学们又做了进一步的阐释和发挥。

所以统治者搞天命、符瑞也好，搞谶纬、阴阳五行也好，其实并不能使人们笃信天授皇权的绝对，反而是这些做法经常成为觊觎皇位者的工具。陈胜、吴广是这么做的，王莽、刘秀也是如此办的。

秦汉时期编户民的政治参与意识，还与先秦时期的民本思想和原始的民主政治的迤逦影响有关。早在氏族时代，特别是有后来文献所描述的炎黄二帝及尧舜禹时期，中国存在原始的民主政治，据《尚书·洪范》记载，“（周武）王访于箕子”，问“稽疑”，箕子认为“有大疑”时，不但要“谋及乃心，谋及卿士”，“谋及卜筮”，而且要“谋及庶人”。西周时期，以周公旦为代表的统治阶级又从亡殷的教训中看到民众民事的重要性，春秋时期更是形成了重人事、重民事的思想，形成了“以民为本”[①]、“以人为本”[②]的人文思潮，成为儒家民本思想的滥觞。春秋以前的历史，特别是夏朝以前的氏族部落时代距离秦汉已经比较遥远，但由于古代文化典籍的代代传承，特别是儒家为主体的诸子思想的大力传播，使那些古老的故事还影响着秦汉社会中普通民众的思想，特别是儒家极力宣扬的“民惟邦本”的民本论、民主传贤的“禅让制”、尧舜禹以匹夫君临天下的诱人故事等，即便是在民间，知晓度也是很高的。

禅让思想是儒家思想中非常重要的内容，它包含几个重要的思想点：一是天下为公；二是传贤，贤德是为天子的条件；三是只要贤德，天下人均有作天子的平等权力。如孟子就说：

> 匹夫而有天下者，德必若舜禹……[③]

而前些年出土的郭店竹简中的《唐虞之道》也集中反映了儒家传统的禅让思想。如《唐虞之道》中说：

---

① 吴则虞：《晏子春秋集释》卷4《内篇问下第四》：“叔向问晏子曰：‘世乱不遵道，上辟不用义；正行则民遗，曲行则道废。正行而遗民乎？与持民而遗道乎？此二者之于行何如？’晏子对曰：‘婴闻之，卑而不失尊，曲而不失正者，以民为本也。苟持民矣，安有遗道！苟遗民矣，安有正行焉！’”（第281—282页）

② 《管子·霸言》：“夫霸王之所始也，以人为本。本理则国固，本乱则国危。故上明则下敬，政平则人安，士教和则兵胜敌，使能则百事理，亲仁则上不危，任贤则诸侯服。霸王之形，德义胜之，智谋胜之，兵战胜之，地形胜之，动作胜之，故王之。”（黎翔凤撰，梁运华整理：《管子校注》卷9《霸言第二十三》，第472页）

③ 《孟子注疏》卷9下《万章章句上》，阮元校刻：《十三经注疏》，第2738页。

古者埜(尧)之舁(与)叁(舜)也:昏(闻)叁(舜)孝,智(知)丌(其)能羖(养)天下之孝也;昏(闻)叁(舜)弟(悌),智(知)丌(其)能㓜(事)天下之长也;昏(闻)叁(舜)丝(慈)虖(乎)弟□□□□□□为民宔(主)也。

何谓禅?其文中曰:

鐉(禅)也者,上直(德)受(授)叏(贤)之胃(谓)也。①

就是说尧舜禅让,即禅位于贤人舜、禹而不传其子丹朱、商均的原因在于主张和坚持尚德授贤,《唐虞之道》极力赞扬"禅而不传"的精神,认为是"圣之盛也"。

尧不传子而禅让天下于匹夫舜,舜不传子而禅让天下于匹夫禹的故事,不仅仅是儒家津津乐道的"圣之盛也"的圣贤盛事,也是诸子百家普遍认定的历史事实,只是有些陈述略有差异。如韩非子说:

尧欲传天下于舜,鲧谏曰:"不祥哉!孰以天下而传之于匹夫乎?"尧不听,举兵而诛杀鲧于羽山之郊。共工又谏曰:"孰以天下而传之于匹夫乎?"尧不听,又举兵而流共工于幽州之都。于是天下莫敢言无传天下于舜。②

尧舜禹禅代的故事,既是尧舜大公不私传贤的故事,更是舜禹由匹夫变为天子的故事,这个故事在极力张扬尚德传贤的同时,最大限度地拉近了天子与匹夫的距离。天子可以为匹夫,匹夫亦可为天子,这种思想不仅成为儒家思想的重要组成,而且也普遍存在于诸子的言论之中,同时也被历史所接受,并不断地续写匹夫变为天子的历史新篇章。如《吕氏春秋·木生》说:

上为天子而不骄,下为匹夫而不惛;此之谓全德之人。③

---

① 刘钊:《郭店楚简校释》,福建人民出版社,2005年,第149页。

② 王先慎撰,钟哲点校:《韩非子集解》卷13《外储说右上第三十四》,第324页。

③ 陈奇猷:《吕氏春秋新校释》卷1《本生》,第22页。

同书《首时》又曰：

圣人之见时，若步之与影不可离。故有道之士未遇时，隐匿分窜，勤以待时。时至，有从布衣而为天子者，有从千乘而得天下者，有从卑贱而佐三王者，有从匹夫而报万乘者，故圣人之所贵唯时也。①

《慎子·慎子佚文》曰：

尧让许由，舜让善卷，皆辞为天子而退为匹夫。②

《庄子·盗跖》引子张曰：

昔者桀、纣贵为天子，富有天下，今谓臧聚曰，汝行如桀纣，则有怍色，有不服之心者，小人所贱也。仲尼墨翟，穷为匹夫，今谓宰相曰，子行如仲尼墨翟，则变容易色称不足者，士诚贵也。故势为天子，未必贵也；穷为匹夫，未必贱也。贵贱之分，在行之美恶。③

又《孔丛子·居位》载：

子思在齐，尹文子生子不类，怒而杖之。告子思曰："此非吾子也，吾妻殆不妇，吾将黜之。"子思曰："若子之言，则尧舜之妃复可疑也。此二帝圣者之英，而丹朱商均不及匹夫。以是推之，岂可类乎。然举其多者，有此父斯有此子，道之常也。若夫贤父之有愚子，此由天道自然，非子之妻之罪也。"尹文子曰："先生止之，愿无言，文留妻矣。"④

而《大戴礼记·哀公问五义》引孔子曰：

所谓贤人者，好恶与民同情，取舍与民同统，行中矩绳而不伤于本，言足法于天下而不害于其身，躬为匹夫而愿富，贵为诸侯而无财，

① 陈奇猷：《吕氏春秋新校释》卷14《首时》，第773页。

② 王斯睿：《慎子校正》，第56页。

③ 郭庆藩撰，王孝鱼点校：《庄子集释》卷9下《盗跖第二十九》，第1003页。

④ 孔鲋：《孔丛子》卷上《居卫第七》，第42页。

如此则可谓贤人矣。①

等等。

匹夫天子的思想充斥了诸子百家的言论中，这就告诉人们匹夫是可以成为天子的，而这必然影响到整个社会对匹夫为天子的想入非非，那么熟谙秦王朝宫廷内部斗争状况的陈胜，喊出“王侯将相宁有种乎”，亲眼目睹了千古一帝秦始皇风采的刘邦，感慨道“大丈夫当如此矣”，就是自然而不用惊讶的事情了，因为人人都有成为天子的权利和可能。后来司马迁写《史记》，给了陈胜很高的历史地位，将其列入《世家》，无疑是对其“王侯无种”思想和行为的认可，而且是作为历史学家的更为理性地肯定了这一历史现象的合理性。

宋代大思想家朱熹说“人皆可为尧舜”②，又说：

然则人皆可为尧舜，此孔孟所以阐降衷之阃奥，而程氏所以有合于孔孟也。③

而尧舜禹正是匹夫天子的楷模，如古人所曰：

尧为匹夫，不能使家化，至南面而立，则令行禁止。由此观之，贤未足以服不肖，而势位足以屈贤也。④

舜无立锥之地，以有天下，禹无十户之聚，以王诸侯。⑤

“人皆可为尧舜”，就是人人都可以做王、做皇帝，匹夫皆可以为天子。实际上汉代人就已经把这二者密切地联系到了一起，比如像眭弘就是如此做的。据史书记载：

（西汉）孝昭元凰三年正月，泰山莱芜山南匈匈有数千人声，民视

① 方向东：《大戴礼记会校集解》卷1《哀公问五义第四十》，中华书局，2008年，第58页。

② 黎靖德编，王星贤点校：《朱子语类》卷64《中庸第二十一章》，第1567页。

③ 蒋溥编：《御览经史讲义》卷11《书经》，文渊阁四库全书，上海古籍出版社，1987年，第723本。

④ 马骕撰，王利器整理：《绎史》卷119《齐宣王好士》，中华书局，2002年，第3032页。

⑤ 《汉书》卷51《枚乘传》，第2359页。

之,有大石自立,高丈五尺,大四十八围,入地深八尺,三石为足。石立后有白乌数千下集其旁。是时昌邑有枯社木卧复生,又上林苑中大柳树断枯卧地,亦自立生,有虫食树叶成文字,曰"公孙病已立"。孟[1]推《春秋》之意,以为"石柳皆阴类,下民之象,(而)泰山者岱宗之岳,王者易姓告代之处。今大石自立,僵柳复起,非人力所为,此当有从匹夫为天子者。枯社木复生,故废之家公孙氏当复兴者也"。孟意亦不知其所在,即说曰:"先师董仲舒有言,虽有继体守文之君,不害圣人之受命。汉家尧后,有传国之运。汉帝宜谁差天下,求索贤人,禅以帝位,而退自封百里,如殷周二王后,以承顺天命。"[2]

把尧舜禅让的古老故事与当时社会中的匹夫为天子的实际结合了起来。

其实,就匹夫为天子而言,不论是从思想上看,还是从实践上看,都在中国数千年王朝兴替的历史中不断地出现,这就更强化了全社会,包括编户民在内的皇权思想。不管是如刘邦者流的少数成功者还是像陈胜一样的广大失败者,无数编户民均做过皇帝梦,这已经成为中国传统政治史和政治思想史的重要特点和亮点,这种现象被大多数人承认,编户匹夫自不用说,就是处于社会上层的政治家思想家们也不例外,甚至包括一些皇帝君主也不能够否定其自然性与合理性。如清太宗就说:

岂有一姓受命,永久不移之理乎?天运循环,无往不复。有天子而废为匹夫者,亦有匹夫而起为天子者。此皆天意,非人之所能为也。[3]

匹夫有大德,可为天子;天子若无德,可为独夫。[4]

自古天下非一姓所常有,天运循环,几人帝,几人王,有未成而中废者,有既成而复败者。岂有帝之裔常为帝,王之裔常为王者哉?独不观辽金元亦曾君临天下,后复转而属之明。可见皇天无亲,善则培之,否则倾之,乃不易之理也。[5]

---

① 眭弘字孟。

② 《汉书》卷75《眭弘传》,第3153—3154页。

③ 《太宗实录》卷5,天聪三年,《清实录》(第2册)中华书局,1985年,第80页上栏。

④ 《太宗实录》卷28,天聪十年,《清实录》(第2册),第371页下栏。

⑤ 《太宗实录》卷47,崇德四年,《清实录》(第2册),第632页上栏。

总之,秦汉时期的编户民深受先秦以来思想文化传统和当时政治制度的深刻影响,普遍具有皇权主义的思想,既崇拜依附皇权,又渴望觊觎皇位。本来编户民是处在一家一户为单位的独立分散的生产和生活方式之下的,是不易于组织在一起从事争夺皇位的斗争的。但是,编户民制度下的力役制度,即国家通过各种徭役和兵役的征发,把本来分散的编户民集中到了一起,客观上帮助了他们进行组织,最典型的例证就是陈胜吴广等九百戍卒在大泽乡的揭竿而起。此外天灾人祸也会引起编户民脱离户籍,亡命流徙,这些人所汇集成的流民潮,也往往为编户齐民组织起来,为反对官府、朝廷和皇帝提供了便利。而在这种成千上万人汇集一起的气场中,原本就在人们头脑中隐约存在的“人皆可为尧舜”、“匹夫皆可为天子”的思想,就会产生更大的作用和影响,就会变为实际的行动。

# 主要参考文献

**一、典籍(含出土文献)**

[1]司马迁:《史记》,中华书局,1959 年。

[2]班固:《汉书》,中华书局,1962 年。

[3]范晔:《后汉书》,中华书局,1965 年。

[4]陈寿:《三国志》,中华书局,1962 年。

[5]泷川资言:《史记会注考证》,文学古籍刊行社,1955 年。

[6]王先谦:《汉书补注》,中华书局,1983 年。

[7]王先谦:《后汉书集解》,中华书局,1984 年。

[8]卢弼:《三国志集解》,中华书局,1982 年。

[9]程荣纂辑:《汉魏丛书》,吉林大学出版社,1992 年。

[10]徐元诰撰,王树民,沈长云点校:《国语集解》,中华书局,2002 年。

[11]马骕撰,王利器整理:《绎史》,中华书局,2002 年。

[12]诸祖耿:《战国策校注汇考》,江苏古籍出版社,1985 年。

[13]周春生:《吴越春秋辑校汇考》,上海古籍出版社,1997 年。

[14]阮元校刻:《十三经注疏》(附校勘记)(全二册),中华书局,1980 年。

[15]杨伯峻编著:《春秋左传注》(修订本),中华书局,1990 年。

[16]方诗铭、王修龄:《古本竹书纪年辑证》(修订本),上海古籍出版社,2005 年。

[17]张烈点校:《两汉纪》,中华书局,2002 年。

[18]孙楷著,杨善群校补:《秦会要》,上海古籍出版社,2004 年。

[19]袁宏撰,周天游校注:《后汉纪校注》,天津古籍出版社,1987 年。

[20]刘珍等撰,吴树平校注:《东观汉记校注》,中州古籍出版社,1987 年。

[21]徐天麟:《东汉会要》,上海古籍出版社,1978 年。

[22]蔡邕:《独断》,见《汉礼器制度及其他五种》(丛书集成初编本),商务印书馆,1939 年。

[23]常璩撰,刘琳校注:《华阳国志校注》,巴蜀书社,1984 年。

[24]周天游:《八家后汉书辑注》,上海古籍出版社,1986 年。

[25]梁玉绳等撰,吴树平等点校:《史记汉书诸表订补十种》,中华书局,1982 年。

[26]孙星衍等辑,周天游点校:《汉官六种》,中华书局,1990 年。

[27]何宁:《淮南子集释》,中华书局,1998 年。

[28]王利器:《盐铁论校注》(定本),中华书局,1992 年.

[29]汪荣宝:《法言义疏》,中国书店,1991 年。

[30]黎翔凤撰,梁运华整理:《管子校注》,中华书局,2004 年。

[31]郭庆藩辑,王孝鱼整理:《庄子集释》,中华书局,1961 年。

[32]王先慎撰,钟哲点校:《韩非子集解》,中华书局,1998 年。

[33]许维遹:《吕氏春秋集释》,中国书店,1985 年。

[34]王先谦撰,沈啸寰、王星贤点校:《荀子集解》,中华书局,1988 年。

[35]苏舆撰,钟哲点校:《春秋繁露义证》,中华书局,1992 年。

[36]王利器:《颜氏家训集解》(增补本),中华书局,1993 年。

[37]蒋礼鸿:《商君书锥指》,中华书局,1986 年。

[38]王斯睿:《慎子校正》,商务印书馆,1935 年。

[39]孔鲋:《孔丛子》,商务印书馆,1936 年。

[40]王利器:《新语校注》,中华书局,1986 年。

[41]王符著,汪继培笺,彭铎校正:《潜夫论笺校正》,中华书局,1985 年。

[42]吴则虞:《晏子春秋集释》,中华书局,1982 年。

[43]黄晖撰:《论衡校释》(附刘盼遂集解),中华书局,1990 年。

[44]应劭撰,王利器校注:《风俗通义校注》,中华书局,1981 年。

[45]王明编:《太平经合校》,中华书局,1960 年。

[46]方向东:《大戴礼记会校集解》,中华书局,2008 年。

[47]柳宗元著,曹明纲标点:《柳宗元全集》,上海古籍出版社,1997 年。

[48]司马光编著,胡三省音注,“标点资治通鉴小组”校点:《资治通鉴》,中华书局,1956 年。

[49]杜佑撰,王文锦等点校:《通典》,中华书局,1988 年。

[50]马端临:《文献通考》(全二册),中华书局,1986 年。

[51]欧阳询撰,汪绍楹校:《艺文类聚》,上海古籍出版社,1982 年新 1 版。

[52]李昉等撰:《太平御览》,中华书局,1960 年。

[53]王夫之著,舒士彦点校:《读通鉴论》,中华书局,1975年。

[54]长孙无忌等撰,刘俊文点校:《唐律疏议》,中华书局,1983年。

[55]黎靖德编,王星贤点校:《朱子语类》,中华书局,1985年。

[56]俞正燮撰,涂小马等点校:《癸巳类稿》,辽宁教育出版社,2001年。

[57]王鸣盛著,黄曙辉点校:《十七史商榷》,上海书店,2005年。

[58]钱大昕著,方诗铭、周殿杰校点:《廿二史考异》,上海古籍出版社,2004年。

[59]顾炎武著,黄汝成集释,栾保群、吕宗力校点:《日知录集释》(全校本),上海古籍出版社2006年。

[60]赵翼著,栾保群、吕宗力校点:《陔余丛考》,河北人民出版社,1990年。

[61]赵翼著,王树民校证:《廿二史劄记校证》(订补本),中华书局,1984年。

[62]许慎撰,段玉裁注:《说文解字注》,浙江古籍出版社,1998年。

[63]朱骏声编著:《说文通训定声》,中华书局,1984年。

[64]高亨:《诗经今注》,上海古籍出版社,1980年。

[65]汉语大词典编纂处整理:《康熙字典》(标点整理本),上海辞书出版社,2007年。

[66]刘知几撰,浦起龙释:《史通通释》,上海古籍出版社,1978年。

[67]胡厚宣主编,王宇信、杨升南总审校:《甲骨文合集释文》,中国社会科学出版社,1999年。

[68]中国社会科学院考古研究所编:《殷周金文集成释文》,香港中文大学中国文化研究所出版,2001年。

[69]荆门市博物馆:《郭店楚墓竹简》,文物出版社,1998年。

[70]睡虎地秦墓竹简整理小组编:《睡虎地秦墓竹简》,文物出版社,1990年。

[71]湖南省文物考古研究所编著:《里耶发掘报告》,岳麓书社,2007年。

[72]张家山二四七号汉墓竹简整理小组编著:《张家山汉墓竹简〔二四七号墓〕》,文物出版社,2001年。

[73]张家山二四七号汉墓竹简墓整理小组编著:《张家山汉墓竹简〔二四七号墓〕》(释文修订本),文物出版社,2006年。

[74]甘肃省文物考古研究所等编:《居延新简》,文物出版社,1990年。

[75]谢桂华等:《居延汉简释文合校》,文物出版社,1987年。

[76]连云港市博物馆等编:《尹湾汉墓简牍》,中华书局,1997 年。
[77]林梅村、李均明编:《疏勒河流域出土汉简》,文物出版社,1984 年。
[78]吴礽骧、李永良、马建华释校:《敦煌汉简释文》,甘肃人民出版社,1991 年。
[79]李均明,何双全编:《散见简牍合辑》,文物出版社,1990 年。
[80]长沙市文物考古研究所等编:《长沙东牌楼东汉简牍》,文物出版社,2006 年。
[81]魏坚主编,内蒙古自治区文物考古研究所等联合整理:《额济纳汉简》,广西师范大学出版社,2005 年。
[82]孙家洲主编:《额济纳汉简释文校本》,文物出版社,2007 年。
[83]中国科学院考古研究所、甘肃省博物馆编:《武威汉简》,文物出版社,1964 年。
[84]长沙市文物考古研究所、中国文物研究所、北京大学历史学系走马楼竹简整理组编著:《长沙走马楼三国吴简·嘉禾吏民田家莂》,文物出版社,1999 年。
[85]长沙市文物考古研究所、中国文物研究所、北京大学历史学系走马楼竹简整理组编著:《长沙走马楼三国吴简·竹简〔壹〕》,文物出版社,2003 年。
[86]长沙简牍博物馆、中国文物研究所、北京大学历史学系走马楼简牍整理组编著:《长沙走马楼三国吴简·竹简〔贰〕》,文物出版社,2007 年。
[87]长沙简牍博物馆、中国文物研究所、北京大学历史学系走马楼简牍整理组编著:《长沙走马楼三国吴简·竹简〔叁〕》,文物出版社,2008 年。
[88]张传玺主编:《中国历代契约会编考释》(上下册),北京大学出版社,1995 年。
[89]湖北省荆州博物馆编著:《荆州高台秦汉墓:宜黄公路荆州段田野考古报告之一》,科学出版社,2000 年。
[90]洪适:《隶释·隶续》,中华书局,1985 年。
[91]高文:《汉碑集释》(修订本),河南大学出版社,1997 年。
[92]罗振玉:《贞松堂集古遗文》,北京图书馆出版社,2003 年。

**二、论著**

[1]郭沫若:《甲骨文字研究》,科学出版社,1962 年。

[2]杜正胜:《编户齐民——传统政治社会结构之形成》,联经出版事业公司,1990年。

[3]西嶋定生著,武尚清译:《二十等爵制》,国际文化出版公司,1992年。

[4]西嶋定生著,武尚清译:《中国古代帝国的形成与结构——二十等爵制研究》,中华书局,2004年。

[5]西嶋定生著,黄耀能译:《白话秦汉史》,文史哲出版社,1983年。

[6]木村正雄:《中国古代帝国の形成:特にその成立の基礎条件》,不昧堂书店,1965年。

[7]朱绍侯:《军功爵制试探》,上海人民出版社,1980年。

[8]朱绍侯:《军功爵制研究》,上海人民出版社,1990年。

[9]朱绍侯:《秦汉土地制度与阶级关系》,中州古籍出版社,1985年。

[10]柳春藩:《秦汉封国食邑赐爵制》,辽宁人民出版社,1984年。

[11]卜宪群:《秦汉官僚制度》,社会科学文献出版社,2002年。

[12]田昌五、臧知非:《周秦社会结构研究》,西北大学出版社,1996年。

[13]池田温著,龚泽铣译:《中国古代籍帐研究》,中华书局,1984年。

[14]贺昌群:《汉唐间封建土地所有制形式研究》,上海人民出版社,1964年。

[15]冯尔康主编:《中国社会结构的演变》,河南人民出版社,1994年。

[16]林甘泉主编:《中国经济通史·秦汉经济卷》,经济日报出版社,1999年。

[17]林甘泉:《中国古代政治文化论稿》,安徽教育出版社,2004年。

[18]杨光辉:《汉唐封爵制度》,学苑出版社,2001年。

[19]许倬云:《西周史》(增订本),生活·读书·新知三联书店,1994年。

[20]李开元:《汉帝国的建立与刘邦集团——军功受益阶层研究》,生活·读书·新知三联书店,2000年。

[21]王亚南:《中国官僚政治研究》,中国社会科学出版社,1981年。

[22]刘泽华:《中国的王权主义》,上海人民出版社,2000年。

[23]何怀宏:《选举社会及其终结——秦汉至晚清历史的一种社会学阐释》,生活·读书·新知三联书店,1998年。

[24]雷戈:《秦汉之际的政治思想与皇权主义》,上海古籍出版社,2006年。

[25]金观涛、刘青峰:《兴盛与危机——论中国封建社会的超稳定结构》,湖南人民出版社,1984年。

[26]高敏:《秦汉史论集》,中州书画社,1982 年。

[27]堀毅:《秦汉法制史论考》,法律出版社,1988 年。

[28]刘文俊主编:《日本学者研究中国史论著选译》(二)(三),中华书局,1993 年。

[29]饶宗颐、曾宪通:《云梦秦简日书研究》,中文大学出版社,1982 年。

[30]王健文主编:《政治与权力》,中国大百科全书出版社,2005 年。

[31]梁启超:《饮冰室合集》,中华书局,1989 年。

[32]黄侃著,黄焯整理,黄延祖重辑:《黄侃文集·说文笺识》,中华书局,2006 年。

[33]甘肃省文物工作队、甘肃博物馆编:《汉简研究文集》,甘肃人民出版社,1984 年。

[34]刘志远等:《四川汉代画像砖与汉代社会》,文物出版社,1983 年。

**三、论文**

[1]陈直:《论居延汉简八事》,《北京大学学报》1963 年第 4 期。

[2]陈孟东、卢桂兰:《秦陵兵俑爵级考》,《文博》1985 年第 1 期。

[3]晁福林:《关于"发闾左谪戍渔阳"》,《江汉论坛》1982 年第 6 期。

[4]杜正胜:《"编户齐民论"的剖析》,《清华学报》1994 年新 24 卷第 2 期。

[5]高敏:《秦汉的户籍制度》,《求索》1987 年 1 期。

[6]高敏:《从〈长沙走马楼三国吴简·竹简·壹〉看孙权时期的赐爵制度实况》,《中州学刊》2005 年第 4 期。

[7]何清谷:《"闾左"新解》,《陕西师大学报》1989 年第 4 期。

[8]何晋:《"闾左"考释》,《国学研究》第十三卷,北京大学出版社,2004 年。

[9]蒋非非:《秦代谪戍、赘婿、闾左新考》,《北京大学学报》(哲学社会科学版)1995 年第 5 期。

[10]翦伯赞:《对处理若干历史问题的初步意见》,《光明日报》1966 年 12 月 22 日。

[11]翦伯赞:《目前史学研究中存在的几个问题》,《江海学刊》1962 年第 6 期。

[12]栗原朋信:《关于两汉时代的官民爵》,《史观》二二·二三册、二六·二七册,早稻田大学史学会,1930 年、1931 年。

[13]林剑鸣:《秦汉政治生活中的神秘主义》,《历史研究》1991 年第 4 期。

[14]林甘泉:《秦汉帝国的民间社区和民间组织》,林甘泉:《中国古代政治文化论稿》,安徽教育出版社 2004 年。

[15]刘泽华:《王权主义概论》,《锦州师范学院学报》2001 年第 3 期。

[16]卢星:《试论秦汉谪戍的几个问题》,《江西师范大学学报》(哲学社会科学版)1988 年第 4 期。

[17]卢南乔:《"闾左"辨疑》,《历史研究》1978 年第 11 期。

[18]黎虎:《论"吏民"的社会属性》,《文史哲》2007 年第 2 期。

[19]黎虎:《论"吏民"即"编户齐民"——原"吏民"之三》,《中华文史论丛》2007 年第 2 期。

[20]黎虎:《"吏户"献疑——从长沙走马楼吴简谈起》,《历史研究》2005 年第 3 期。

[21]郎业成:《说"闾左"》,《宁夏大学学报》1983 年第 3 期。

[22]裘锡圭:《湖北江陵凤凰山十号汉墓出土简牍考释》,《文物》1974 年第 7 期。

[23]田人隆:《"闾左"试探》,《中国史研究》1979 年第 2 期。

[24]谢雁翔:《四川郫县犀浦出土的东汉残碑》,《文物》1974 年第 4 期。

[25]王好立:《"闾左"辨疑》,《中国史研究》1980 年第 4 期。

[26]袁延胜:《论东汉的户籍问题》,《中国史研究》2005 年第 1 期。

[27]朱绍侯:《军功爵制在西汉的变化》,《河南师范大学学报》1983 年第 1 期。

[28]朱绍侯:《西汉"民爵、吏爵界限森严不可逾越"说质疑》,《河南大学学报》1984 年第 4 期。

[29]朱绍侯:《再谈汉代的民爵与吏爵问题》,《河南大学学报》1984 年第 4 期。

[30]朱绍侯:《西汉初年军功爵制的等级划分——〈二年律令〉与军功爵之研究之一》,《河南大学学报》2002 年第 5 期。

[31]朱绍侯:《对刘劭〈爵制〉的评议》,《南都学坛》2008 年第 4 期。

[32]周铮:《"规矩镜"应改称"博局镜"》,《考古》1987 年第 12 期。

[33]庄春波:《"闾左"钩沉》,《社会科学辑刊》1991 年第 4 期。

[34]张荣强:《孙吴简中的户籍文书》,《历史研究》2006 年第 4 期。

[35]辛德勇:《闾左臆解》,《中国史研究》1996 年第 4 期。

[36]王育成:《闾左贱人说初论——兼说陈胜故里在宿州》,《中国历史博物

馆馆刊》1998 年第 2 期。

[37]王子今:《走马楼竹简"小口"考绎》,《史学月刊》2008 年第 6 期。

[38]王子今:《"闾左"为"里佐"说》,《西北大学学报》(哲学社会科学版)1985 年第 1 期。

[39]李均明:《张家山汉简所反映的二十等爵制》,《中国史研究》2002 年第 5 期。

[40]唐文基:《中国古代农民战争中的皇权主义和反皇权思想》,《福建师范大学学报》1978 年第 4 期。

[41]杨际平:《再论汉无民爵、吏爵之分》,《厦门大学学报》1985 年第 4 期。

[42]谢忠梁:《关于两汉食封制度的几个问题》,《四川大学学报》1959 年第 3 期。

# 后　记

这本书稿是我从事秦汉史研究的部分心得体会，其中有些部分曾经以论文形式发表过，有些尚未单独发表，有些则在原论文基础上进行了修补。

在本书的研究及写作过程中，曾得到许多学者的启发帮助，包括学习他们的论著，也包括和他们之间的研讨论辩。在本书定稿，特别是引文的校对中，张欣博士、张新超和师彬彬两位博士生给予了很大的支持和帮助，在此真诚地感谢他们。

本书为国家社科基金后期资助项目，中华书局惠纳出版，特别是责任编辑罗华彤先生为之付出诸多辛劳，在此也深表谢意。

在本书即将出版之际重新审视书稿，深感许多问题的研究还比较粗糙，不够深入；由于一些部分是单独成文，相互之间兼顾不够，虽然说清了问题，但有史料重复之感。真诚盼望学界同仁不吝批评指教，这会有助我今后的进一步研究，谢谢朋友们！

2013 年 2 月